Kritische Sozialpsychologie

Reihe herausgegeben von

Markus Brunner, Sigmund Freud Privat Universität, Wien, Österreich

Nicole Burgermeister, Psychiatrie Baselland, Liestal, Schweiz

Hans-Dieter König, Goethe-Universität Frankfurt am Main und Ruhr-Universität Bochum, Deutschland

Julia König, Johannes Gutenberg-Universität Mainz, Deutschland

Die Schriftenreihe „Kritische Sozialpsychologie“ veröffentlicht theoretische und qualitativ-interpretative Studien zu einer gesellschafts-, macht- und identitätskritischen Sozialpsychologie. Wo die Psychologie die von ihr untersuchten Subjekte häufig aus dem gesellschaftlichen Kontext, der sie hervorgebracht hat, herauslöst, und die Soziologie oftmals subjektive Prozesse ausblendet oder sie zu unmittelbar aus der sozialen Struktur ableitet, geht es in dieser Schriftenreihe um die kritische Vermittlung von Subjekt und Gesellschaft. Zwei Hauptfragestellungen stehen dabei im Fokus: Einerseits geht es darum, den „subjektiven Bedingungen der objektiven Irrationalität“ (Adorno) nachzugehen, indem individuelle Verarbeitungsprozesse sozialer Widersprüche, Konfliktlagen und von Gewaltverhältnissen in den bewussten und unbewussten Erfahrungen der Individuen analysiert werden. Andererseits interessiert, wie Subjekte soziale Welten konstruieren, sich an gesellschaftliche Herrschaftsverhältnisse anpassen, sich widersetzen oder sie zu verändern suchen. Daran anschließend stellt sich aus der Perspektive kritischer Sozialpsychologie die Frage, wie diese subjektiven Konfliktlagen in gesellschaftlichen Dynamiken widerhallen und diese episodisch oder nachhaltig stabilisieren oder fragmentieren. Individuelle und kollektive Verarbeitungsmuster gesellschaftlicher Anforderungen und Prozesse sollen so im Kontext von Klassenlage, sozialem Milieu, Geschlecht, Behinderung, Rassismus und Antisemitismus sowie im post- oder neokolonialen Kontext untersucht werden.

Der Schwerpunkt der Reihe liegt auf einer psychoanalytisch orientierten Sozialpsychologie, aber es sollen auch Texte mit verwandten Anliegen publiziert werden, die das spannungsreiche Verhältnis von gesellschaftlichen Strukturen und Diskursen, Individuen, Gruppen und Kollektiven mithilfe kritischer Subjekttheorien in den Blick nehmen.

Weitere Bände in der Reihe http://www.springer.com/series/16071

Christoph Müller

Pädagogisch arbeiten in traumatischen Prozessen

Geflüchtete Kinder und Jugendliche in der Schule

Springer VS

Christoph Müller
Hannover, Deutschland

Zugleich Dissertation an der Humboldt-Universität zu Berlin, 2020.
Ich danke der Heinrich-Böll-Stiftung für ihre Unterstützung.

ISSN 2524-3861 ISSN 2524-387X (electronic)
Kritische Sozialpsychologie
ISBN 978-3-658-32875-7 ISBN 978-3-658-32876-4 (eBook)
https://doi.org/10.1007/978-3-658-32876-4

Die Deutsche Nationalbibliothek verzeichnet diese Publikation in der Deutschen Nationalbibliografie; detaillierte bibliografische Daten sind im Internet über http://dnb.d-nb.de abrufbar.

Planung/Lektorat: Stefanie Eggert
Springer VS ist ein Imprint der eingetragenen Gesellschaft Springer Fachmedien Wiesbaden GmbH und ist ein Teil von Springer Nature.
Die Anschrift der Gesellschaft ist: Abraham-Lincoln-Str. 46, 65189 Wiesbaden, Germany

Den geflüchteten Kindern und Jugendlichen und den mit ihnen arbeitenden Lehrkräften gewidmet.

Inhaltsverzeichnis

Teil II Empirische Untersuchung

1 Einleitung

Die vorliegende Arbeit untersucht die Forschungsfragen, wie sich die emotionalen Belastungen und potenziellen Traumatisierungen geflüchteter Schüler*innen in der Schule zeigen, wie sie sich im Erleben und Handeln der Lehrkräfte widerspiegeln und welche pädagogischen Konsequenzen sich daraus ergeben.

In diesen Themenbereich führen in exemplarischer Weise die folgenden vier Ausschnitte aus den Interviews mit Lehrkräften ein:

Frau Ahlert ist Sonderpädagogin und unterrichtet eine Sprachlernklasse[1] einer Gesamtschule. Sie hat viele Jahre Berufserfahrung. Im Interview erzählt sie:

> „Ich habe Schüler, die waren im Taliban-Lager mmh verschleppt, wurden ja, ihn wurde versucht, eine Gedächtnis- mmh oder, oder eine oder eine Kopfwäsche (..)[2], also sie sozusagen umzukrempeln, mmh dann wurde das Lager mmh bombardiert, mmh der Schüler hat sein Gedächtnis verloren, konnte nicht mehr hören, konnte nicht mehr sehen, hat ganz viele Splitter abbekommen, wurde deshalb aus dem Lager, weil er sozusagen, ja schwer, schwer verletzt war (.) evakuiert, rausgebracht – wie auch immer – kam dann auf Umwege nach Deutschland und mmh (.) ja (.) versucht jetzt hier, gesundheitlich wieder auf die Füße zu kommen und natürlich, ja, Anschluss zu finden" (Interview 1, Z. 100–107).

---

[1] Sprachlernklassen heißen in Niedersachen die Klassen für „neu zugewanderte Schülerinnen und Schüler ohne ausreichende Deutschkenntnisse" (Niedersächsisches Kultusministerium 2019a). In anderen Bundesländern heißen diese Willkommensklassen, Begrüßungsklassen, Migrationsklassen, Übergangsklassen oder Seiteneinsteigerklassen.

[2] Bei den Zitaten aus den Interviews stehen die Punkte zwischen den runden Klammern für je eine Sekunde Sprechpause.

C. Müller, *Pädagogisch arbeiten in traumatischen Prozessen*, Kritische Sozialpsychologie, https://doi.org/10.1007/978-3-658-32876-4_1

Frau Diecks ist an einer Gesamtschule Lehrerin einer Sprachlernklasse und einer Regelklasse. Sie ist erst seit ungefähr einem Jahr an der Schule. Vorher war sie im Vorbereitungsdienst. Sie kommt selbst aus dem Irak. Sie berichtet im Interview:

> „[…][3] die beschäftigen sich auch mit Can und da hat es sich herausgestellt, dass er, also der hat ein mmh langen Fluchtweg hinter sich, der, wurden auch im Schiff, also die Familie mit dem Schiff hier sind mit dem Schiff hier hergekommen durch auch ganz großer Umweg und (.), und äh das Schiff ist auch gesunken und die wurden dann rausgeholt und auf ein ander Schiff gebracht und der hat auch mit eigenen, mit eigenen Augen gesehen, wie ein Schiff unter, untergegangen ist, also es ist (.), wie Leute gestorben sind, und da ist er anscheinend hoch traumatisiert“ (Interview 4, Z. 187–193).

Frau Behrens ist Klassenlehrerin einer Grundschule. Sie hat viele Jahre Berufserfahrung. Sie erzählt im Interview von einer Schülerin:

> „Ja, wie gesagt, das ist Amelie. Das ist mh (.) ein Mädchen, das mh hier in die erste Klasse einge, eingeschult wurde, die Mutter ist auf der Flucht verschwunden gewesen. Der Vater hat sie dann hier eingeschult und Amelie weint jetzt immer noch. […] dann mh ist es so, dass Amelie dieses, wirklich dieses Trauma dieses Verlustes immer noch mit sich rumträgt und obwohl die Mutter wieder da ist […], aber trotzdem, Amelie hindert das sehr, sehr, sehr am Lernen. Sie kann sich selten auf die Schule konzentrieren“ (Interview 2, Z. 177–195).

Frau Claus ist eine junge Grundschullehrerin. Zum Erhebungszeitpunkt ist sie seit ungefähr einem Jahr an der Schule, zuvor hat sie ihren Vorbereitungsdienst gemacht. Sie ist Klassenlehrerin einer Eingangsstufenklasse (Klasse eins und zwei zusammen). Sie berichtet:

> „Mmh und jetzt halt bei Xezal, hatte ich ja vorhin schon ein bisschen angesprochen, die kam halt mit Windeln mmh (.), war am Anfang lag sie immer so verdeckt auf dem Tisch *(macht mit ihrem Armen vor, wie Xezal auf dem Tisch lag, den Kopf in der Armbeuge versteckt)*. Also mich hat sie noch angeguckt, aber meine Kollegin, die halt, also ich hab die Hälfte der Stunden, meine Kollegin hat die andere Hälfte der Stunden, wir teilen uns ja die Klasse (.) mmh, da fing sie immer an zu schreien, wenn die reinkam, also das war immer absolut schrecklich für sie, irgendwann ging es dann und jetzt ist sie auch hier gut angekommen und tanzt hier rum und ist alles glücklich, aber gefühlt hat sie immer noch ne komplette Blockade, also wie gesagt, sie kann einen Buchstaben sicher. Und das seit einem Jahr mmh“ (Interview 3, Z. 183–192).

[3] Drei Punkte in eckigen Klammern kennzeichnen in dieser Arbeit Auslassungen in Zitaten.

Die vier zitierten Interviewausschnitte ermöglichen aus zwei Perspektiven einen Einstieg in das Thema:

Zum einen ermöglichen sie eine Annäherung an mögliche zentrale Erfahrungswelten geflüchteter Kinder und Jugendlicher. Die Geschichte des Schülers, der von den Taliban in ein Lager *verschleppt*, dort einer *Gehirnwäsche* unterzogen worden ist und, als das Lager bombardiert wurde, durch Splitter verletzt wurde, ist ein Beispiel, das die Verhältnisse, die einen jungen Menschen zur Flucht veranlassen, sehr eindrücklich zeigt. Die so gemachten Erfahrungen führen zu der schmerzhaften und schwierigen Entscheidung zur Flucht und damit zur Aufgabe des bisher Vertrauten. Deutlich wird am Beispiel des Schülers auch, dass hier schon eine Trennung von seinen primären Bezugspersonen stattfand – dies ist für den traumatischen Prozess von hoher Bedeutung, da es besonders bei Kindern und Jugendlichen stets zentral auf die Beziehungserfahrungen ankommt.

Die Erfahrungen von Can, der mit dem Boot über das Mittelmeer nach Europa gekommen ist, dessen Boot gesunken ist, der auf ein anderes Schiff gerettet wurde und von da aus sah, wie ein anderes Boot untergegangen ist und Menschen gestorben sind, illustriert in exemplarischer Weise die Flucht selbst. Es wird deutlich, dass diese oft mit existenziellen Ängsten einhergeht und dass oft lebensbedrohliche Situationen durchstanden werden.

Die Erzählung über Amelie verweist nochmals auf die enorme Bedeutung der Beziehungserfahrungen während der Flucht. Für Amelie war die entscheidende Verletzung die zeitweise abrupte Trennung von ihrer Mutter.

Der Bericht über Xezal deutet auf die Schwierigkeiten der Anfangszeit am Ankunftsort hin. Xezal lebt unter prekären Bedingungen in einer Flüchtlingsunterkunft. Der Schulbesuch ist anfänglich offensichtlich durch eine existenzielle Überforderung gekennzeichnet.

In den Interviewausschnitten von Frau Behrens und Frau Claus wird zudem schon in Ansätzen deutlich, wie sich solch sequenziell traumatische Erfahrungen im Unterricht zeigen. Die Lehrerinnen berichten, dass die Erfahrungen der Schülerinnen sie sehr am Lernen hindern würden, diese sich selten auf die Schule konzentrieren könnten, sie manchmal eine komplette Blockade hätten und sich nichts merken könnten. Diese Phänomene sind typisch für Schwierigkeiten in der Schule, die aus traumatischen Erfahrungen resultieren (vgl. Ding 2013; Möhrlein und Hoffart 2014).

Zum anderen ermöglichen die kurzen Ausschnitte eine erste Annäherung an die Gefühlswelten der Lehrkräfte. Es wird deutlich, wie schwer es den Lehrerinnen fällt, von den schrecklichen Erlebnissen ihrer Schüler*innen zu berichten. An diesen Stellen fehlen ihnen Worte, sie geraten ins Stocken und sie wechseln, wie im weiteren Verlauf der Interviews deutlich wird, oft schnell wieder das Thema.

Dies verweist darauf – wie ich in der vorliegenden Arbeit zeigen werde –, dass auch die Lehrkräfte in der pädagogischen Arbeit mit geflüchteten Schüler*innen, inmitten deren sequenziell traumatischen Prozessen, in Dynamiken verwickelt werden, die sie herausfordern und an ihre Grenzen bringen.

Im Gegensatz zur bisherigen öffentlichen und wissenschaftlichen Debatte, die sich sehr stark auf das Erlernen von Deutsch als Fremdsprache konzentriert (Zimmermann und Lindmeier 2016, S. 6), werden in diesen kurzen Interviewausschnitten die vielfältigen psychosozialen Herausforderungen in der pädagogischen Arbeit mit geflüchteten Kindern und Jugendlichen in der Schule deutlich, die in der vorliegenden Arbeit eingehend analysiert werden sollen.

Dabei geht es darum, zu verstehen, was die emotionalen Belastungen, welche die geflüchteten Schüler*innen unter den gegebenen politischen Bedingungen (Krieg, Verfolgung, illegalisierte Flucht, unsicherer Aufenthaltsstaus usw.) beinahe zwangsläufig mitbringen, für die Schule und die Dynamiken zwischen Lehrkräften und Schüler*innen bedeuten.

Der Gegenstandsbereich „Geflüchtete Kinder und Jugendliche in der Schule“ wird im momentanen wissenschaftlichen Diskurs oftmals zentral unter der Perspektive Sprachförderung/Umgang mit Mehrsprachigkeit verhandelt (vgl. beispielsweise Massumi et al. 2015; Gambaro et al. 2017; Quehl 2018). Außerdem wird häufig die Ansicht vertreten, dass geflüchtete Kinder und Jugendliche grundsätzlich *eine andere Kultur* hätten (und die nicht Geflüchteten alle die gleiche Kultur) und dass es daher für die pädagogische Arbeit spezieller *Integrationsmaßnahmen* oder interkultureller Kompetenzen bedürfe (vgl. dazu die Abschnitt *7.5.4Latenter Rassismus* und *8.4Rassismuskritische Professionalisierung von (angehenden) Lehrkräften*).

Wenn zusätzlich die emotionalen Belastungen und Traumatisierungen geflüchteter Kinder und Jugendlicher betrachtet werden, wird häufig das medizinisch-psychiatrische Traumakonzept „Posttraumatische Belastungsstörung“ (PTBS) verwendet. Mit der dem PTBS-Konzept zugrundeliegenden Idee, dass es immer *ein* auslösendes Ereignis für eine Traumatisierung und daraus resultierende typische Symptommuster gibt (vgl. Zimmermann 2016a), können aber die vielfältigen Belastungen und psychischen Auswirkungen im Kontext von zum Beispiel Krieg, Flucht und unsicherem Aufenthaltsstatus kaum erfasst werden. Außerdem geraten mit dem PTBS-Konzept die politischen Verhältnisse und die Bedeutung der Beziehungserfahrungen nach den unmittelbaren Katastrophen aus dem Blick (siehe Abschnitt *3.6PTBS-Konzept*). Diese lassen sich mit dem Ansatz *Sequenzielle Traumatisierung* (Keilson 1979/2005) erfassen. Der Ansatz wurde von Becker und Weyermann (2006) und Becker (2006/2014) auf den Kontext Flucht angewendet und von Zimmermann (2012b) in den pädagogischen Fachdiskurs eingeführt und empirisch auf junge Geflüchtete angewandt. In den letzten Jahren wurde diese Anwendung vielfach aufgegriffen (vgl. beispielsweise Bär 2016; Hargasser 2016; Kühn und Bialek 2016; Müller und Schwarz 2016; Müller 2017; Piesker et al. 2018) und die Sinnhaftigkeit der Übertragung des Ansatzes auf den Kontext *Pädagogische Arbeit mit geflüchteten Kindern und Jugendlichen* nachgewiesen. Dabei wurde immer wieder unterstrichen, dass geflüchtete Kinder und Jugendliche nicht einfach durch ein einmaliges Erlebnis aus der Vergangenheit automatisch traumatisiert sind, sondern dass sie sich inmitten eines Prozesses befinden, in dem sie auch im Ankunftsland noch vielfältigen emotionalen Belastungen ausgesetzt sind. Wie sich diese innerpsychisch niederschlagen und ob sich dabei Traumata ausbilden, hängt zentral von den Beziehungserfahrungen nach der Flucht ab. Das macht klar, dass auch die Lehrkräfte in der Schule unmittelbar an diesem Prozess beteiligt sind. Bislang liegen jedoch keine umfangreichen Forschungsarbeiten vor, die untersuchen, *wie* sich die sequenziell traumatischen Prozesse in der Schule zeigen und wie die Lehrkräfte auf die potenziellen Traumatisierungen der geflüchteten Kinder und Jugendlichen reagieren.

Zum einen mangelt es an empirischen Studien, die vor dem Hintergrund der Rahmenkonzeption *Sequenzielle Traumatisierungen im Kontext von Flucht* den Fokus auf die Schulen legen und danach fragen, welche Rolle diese im sequentiell traumatischen Prozess spielen und welche Auswirkungen die potenziellen Traumatisierungen der geflüchteten Schüler*innen auf die Lehrkräfte und damit einhergehend die Schulerfahrungen der Schüler*innen haben.

Zum anderen liegt auch ein Desiderat in der theoretischen Auseinandersetzung vor. So werden Grundideen der Psychoanalytischen Pädagogik wie die *Reinszenierung vergangener Erfahrungen* oder die *korrigierenden Beziehungserfahrungen* auf den Traumakontext angewandt – ohne den Unterschied zwischen emotionalen Belastungen auf einem neurotischen Konfliktniveau und traumatischen Erfahrungen, welche zu einer Zerstörung der Repräsentationsfunktion führten, ausreichend zu würdigen.

Des Weiteren werden auch die institutionellen Zwänge sowie die gesellschaftlichen Funktionen von Bildung und Schule oftmals ausgeklammert, etwa wenn vorschnell traumapädagogisch die Schule als heilsamer *sicherer Ort* entworfen wird, ohne die systemimmanenten Widersprüche angemessen zu berücksichtigen.

Ausgehend von diesem Forschungsstand ergeben sich für diese Arbeit folgende erkenntnisleitende Fragestellungen: Wie zeigen sich die emotionalen Belastungen und potenziellen Traumatisierungen der geflüchteten Schüler*innen in der Schule und was bedeuten sie für die mit diesen arbeitenden Lehrkräfte? Was sind darauf aufbauend Konsequenzen für die pädagogische Arbeit inmitten des sequenziell traumatischen Prozesses?

Diese Fragestellungen führen einerseits zu einer theoretischen Darstellung

- der politischen Situation geflüchteter Kinder und Jugendlicher und einer Annäherung an ihre möglichen Erfahrungswelten (Kapitel 2),
- der (psychoanalytischen) Traumatheorie (Kapitel 3),
- Psychoanalytisch Pädagogischer Paradigmen wie dem *Wiederholungszwang* und der *Reinszenierung* im Kontext emotionaler Belastungen – und (potenzieller) Traumatisierungen (Kapitel 4),
- der gesellschaftlichen Funktionen der Schule und der Komplexität des Lehrkräftehandelns (Kapitel 5)

und andererseits zu einer empirischen Untersuchung, bei der die Fragen danach im Mittelpunkt stehen, welche Herausforderungen und Schwierigkeiten Lehrkräfte im Umgang mit geflüchteten Kindern und Jugendlichen erleben; wie sich die psychischen Belastungen und potenziellen Traumatisierungen der geflüchteten Kinder und Jugendlichen in der Schule zeigen und wie sie sich im Erleben und Handeln der Lehrkräfte widerspiegeln.

Um diese latenten Dynamiken, die nicht quantifizierbar und abfragbar sind und sich kaum manifest äußern, aufzudecken, sind spezifische methodische Zugänge und damit einhergehend methodologische Überlegungen nötig (Kapitel 6). Ich werde begründen, warum ich Daten mithilfe *themenzentrierter Tiefeninterviews* (Schorn 2000; König 2016a) und am *Tavistock-Konzept* angelehnter teilnehmender Einzelbeobachtungen (Bick 2009; Trunkenpolz et al. 2010) erhoben und *tiefenhermeneutisch* (Lorenzer 1970/2000, 1986; König 2019) ausgewertet habe. Im Mittelpunkt der Arbeit stehen die empirischen Ergebnisse (Kapitel 7). Die Interviews mit vier Lehrkräften und die Beobachtungen jeweils einer Unterrichtsstunde dieser Lehrkräfte werden zunächst zusammengefasst. Sodann werden die tiefenhermeneutischen Einzelinterpretationen vorgestellt. Die empirischen Ergebnisse werden anschließend gebündelt zusammengefasst und mit theoretischen Erkenntnissen ins Verhältnis gesetzt.

Aufbauend auf diesen Erkenntnissen werden im achten Kapitel Konsequenzen für die pädagogische Praxis, die Professionalisierung von Lehrkräften und im Hinblick auf einen strukturellen Handlungsbedarf gezogen, der sich aus der empirischen Forschung ergibt.

Teil I
Theoretische Darstellung

2 Geflüchtete Kinder und Jugendliche

Flucht und Migration sind keine neuen Phänomene. Im Gegenteil: Sie sind der „historische Normalfall“ (Mecheril et al. 2013, S. 9). Sie können als eine Grundkonstante der Menschheitsgeschichte gekennzeichnet werden und bilden aus soziologischer Perspektive von Beginn der Geschichte der Menschheit an ein zentrales Element gesellschaftlichen Wandels (vgl. Han 2016; Oltmer 2017). Schon die ersten Menschen waren als Jäger*innen und Sammler*innen stets auch Nomad*innen (Bauman 2016, S. 69).

Dennoch kommt den Phänomenen in der Gegenwart eine besondere Bedeutung zu. Die aktuelle globale Situation ist durch ein Paradox gekennzeichnet. Einerseits leben wir im „Zeitalter der Migration“ (Castles et al. 2014). Mecheril (2016) macht dafür drei wesentliche Faktoren verantwortlich: Aufgrund moderner kommunikations- und transporttechnischer Entwicklungen ist die Welt „geschrumpft“, d. h., Menschen können sich heute weltweit „im Verhältnis zu den sich verändernden Zeit- und Raumverhältnissen handelnd deuten“ (ebd.). Es herrscht eine globale Ungerechtigkeit, „wobei der stärkste Prädiktor für soziale Ungleichheit die geopolitische Position ist“ (Mecheril 2018; vgl. auch Bauman 2016, S. 12 f.). Die expandierende moderne Idee, als Individuum „im Hinblick auf bedeutsame Dinge, die einen selbst betreffen, mitzureden“ (ebd.), führt dazu, dass immer mehr Menschen „Einfluss auf ihr eigenes, nicht zuletzt auch mit dem jeweiligen geographischen, ökologischen, politischen und kulturellen Ort verbundenes Schicksal“ nehmen wollen (Mecheril 2016, S. 9).

Andererseits ist „das so lange verkündete ‚Ende des Zeitalters des Nationalismus‘ […] nicht im Entferntesten in Sicht. Das Nation-Sein ist vielmehr der am universellsten legitimierte Wert im politischen Leben unserer Zeit“ (Anderson 2005, S. 12). Trotz ihres Charakters als Konstrukte, als imaginierte Gemeinschaften (ebd.) mit erfundener oder verfälschter Geschichte (Hobsbawm und Ranger

C. Müller, *Pädagogisch arbeiten in traumatischen Prozessen*, Kritische Sozialpsychologie, https://doi.org/10.1007/978-3-658-32876-4_2

1983/2017; vgl. Müller 2016b) sind Nationen und damit die Idee, man könne Menschen vorschreiben, wo sie leben dürften und wo nicht, sehr wirkmächtig.

Unter diesen Bedingungen provoziert Migration, weil sie die Wirkmächtigkeit und damit verbundene „weiße Privilegiertheit" infrage stellt (Piening 2018, S. 51). Dies mobilisiert eine rassistische Reaktion. „[...] es ist ja sehr oft so, daß Überzeugungen und Ideologien gerade dann, wenn sie eigentlich durch die objektive Situation nicht mehr recht substantiell sind, ihr Dämonisches, ihr wahrhaft Zerstörerisches annehmen" (Adorno 1967/2019, S. 13).

Auch die momentan vor Krieg und Terror flüchtenden Menschen, die vor allem aus Syrien, dem Irak und Afghanistan kommen (vgl. UNHCR 2019b), stellen unter diesen Bedingungen eine Provokation für die europäischen Gesellschaften dar und mobilisieren daher rassistische Reaktionen – wie sich schon an der menschenfeindlichen Debatte darüber ablesen lässt, ob es legitim sei, in Seenot geratende Flüchtende aus dem Mittelmeer zu retten (vgl. Lobenstein und Lau 2018).

In dieser Debatte werden die Versäumnisse der Vergangenheit deutlich. Nachdem in der BRD Migrationsbewegungen spätestens seit der „Einwanderung großer Zahlen von Arbeitsmigranten seit der Mitte der 1950er Jahre" (Han 2016, S. 1) Thema waren und es zu Beginn der 1990er Jahre zu rassistischen Pogromen (in Hoyerswerda, Rostock-Lichtenhagen, Mölln, Solingen und anderswo) kam, die unmittelbar zu einer massiven Einschränkung des Asylrechts führten (vgl. beispielsweise Scherr 2014), wurde in der bundesrepublikanischen Öffentlichkeit lange verleugnet, dass Deutschland ein „Einwanderungsland" ist (vgl. Bade 2018, S. 309).

Das Denken in binären Konstruktionen (vgl. Haubl 2017, S. 9 f.), wonach, wer als deutsch gelesen wird, dazugehört und wer von außerhalb kommt (bzw. wem zugeschrieben wird, von außerhalb zu kommen), fremd und bedrohlich ist, hat eine lange Tradition und wird durch die momentanen Fluchtbewegungen und die entsprechende mediale Berichterstattung aktualisiert.

Aus einer sozialpsychologischen Perspektive ist klar, dass die Konstruktion *der Flüchtlinge, der Fremden* immer mehr mit den Konstrukteuren selbst und weniger mit den Konstruierten zu tun hat.

> „Der Fremde, Figur des Hasses und des anderen, ist weder das romantische Opfer unserer heimischen Bequemlichkeit noch der Eindringling, der für alle Übel des Gemeinwesens die Verantwortung trägt. Er ist weder die kommende Offenbarung noch der direkte Gegner, den es auszulöschen gilt, um die Gruppe zu befrieden. Auf befremdliche Weise ist der Fremde in uns selbst: Er ist die verborgene Seite unserer Identität [...]",

schreibt Kristeva (2013, S. 11). Wie diese „verborgene Seite unserer Identität" auf *die Fremden* kommt, erklärt die psychoanalytische Sozialpsychologie mit dem Begriff *Projektion*.

Die Vorstellung, dass die Nation eine homogene Gemeinschaft ist, ist eine fiktive. Es gibt innerhalb einer Nation riesige soziale, kulturelle, lebensweltliche Unterschiede, viele soziale Konfliktlagen zwischen verschiedenen Klassen und Schichten, zwischen Stadt und Land, zwischen Bildungsschichten, zwischen Geschlechtern, verschiedenen politischen Lagern (Brunner 2019b). Dass sie eine Gemeinschaft ist, ist nur eine Vorstellung, selbst die Mitglieder der kleinsten Nation kennen die meisten anderen nicht, begegnen ihnen nicht und werden nie voneinander hören (Anderson 2005, S. 15). Das heißt, auch die Mitglieder der *eigenen Nation* sind *fremd*. Die vorgestellte Homogenität erfüllt die Funktion, die real existierenden Unterschiede und sozialen Konflikte zu übertünchen (vgl. Brunner 2019b). Um die Homogenität imaginieren zu können, braucht es die Konstruktion eines *Anderen*, um die Differenz dorthin auszulagern (ebd.).

Über diese soziale Funktion hinaus hat diese Homogenitätsfunktion und die Konstruktion von *den Anderen* auch eine psychische Funktion (ebd.). Sie bietet ein „Schiefheilungsangebot" für lebensgeschichtlich erworbene Konfliktlagen (ebd.; vgl. Freud 1921/2003, S. 132; Busch et al. 2016). Innere Konflikte, schwer aushaltbare Ambivalenzen, verpönte Wünsche, nicht eingestandene Aggressionen und nicht integriertes Begehren können mithilfe der Projektion ausgelagert werden. „Regungen, die vom Subjekt als dessen eigene nicht durchgelassen werden und ihm doch eigen sind, werden dem Objekt zugeschrieben: dem projektiven Opfer", schreiben Adorno und Horkheimer (1947/2004, S. 196)[1]. Zurückgegriffen wird dabei – von rechter Propaganda forciert – auf schon früh verinnerlichte, gesellschaftlich existierende, historisch entstandene Feindbilder (Brunner 2019b). Diese Feindbilder – zum Beispiel das des „patriarchalen", „sexuell übergriffigen Flüchtlings" oder des „faulen, die Arbeit anderer ausnutzenden Wirtschaftsflüchtlings" – bieten in dem Sinne ein Schiefheilungsangebot, als dass eben die eigenen tabuisierten sexuellen Impulse und das eigene Unbehagen mit dem ökonomischen Unrecht und der Position im Kapitalismus nicht mehr im Inneren ausgehalten werden müssen, sondern auf den so konstruierten Anderen projektiv ausgelagert (und dort bekämpft) werden.

---

[1] Adorno und Horkheimer formulieren diesen Satz mit Bezug auf Antisemitismus. Dieser spezielle Satz trifft auch auf andere Formen der Projektionen wie im Rassismus oder zum Beispiel in Schwulenfeindlichkeit zu. Dennoch sei hier betont, dass Antisemitismus nicht nur eine Form des Rassismus ist, sondern als „negative Leitidee der Moderne" (Salzborn 2010) eine andere strukturelle Funktion erfüllt.

Die Flüchtlinge sind einerseits eine solche konstruierte Gruppe, die als Projektionsfläche genutzt wird. Andererseits beschreiben die Begriffe „Flüchtlinge“ oder „geflüchtete Kinder und Jugendliche“ auch reale (potenzielle) Erfahrungen unter bestimmten gegebenen politischen Verhältnissen, die sich nicht einfach dekonstruieren lassen. Es wird in dieser Arbeit immer wieder zu reflektieren sein, dass es um bestimmte soziale und politische Verhältnisse geht, unter denen bestimmte Erfahrungen wahrscheinlich sind, ohne dabei im projektiven Sinne eine homogene Gruppe zu konstruieren und deren Mitglieder zu „Fremden“ zu machen.

Eine Annäherung an diese durch die politischen Verhältnisse real existierende Gruppe findet im Folgenden über statistische Daten statt, die mit individuellen Erzählungen und Bildern, welche exemplarisch die politischen Verhältnisse verdeutlichen, verknüpft werden.

Das UN-Flüchtlingshilfswerk UNHCR hat für das Jahr 2018 weltweit zum ersten Mal mehr als 70 Millionen Menschen auf der Flucht gezählt (UNHCR 2019b). Dies ist zugleich die höchste Zahl von Flüchtlingen[2], welche das UNHCR (geschaffen 1950) je gezählt hat (ebd.). Jeder zweite Flüchtling ist ein Kind oder ein*e Jugendliche*r (jünger als 18 Jahre) (ebd.). Viele von ihnen sind von ihren Familien getrennt (ebd.). Die größte Gruppe sind mit 41.3 Millionen die Binnenvertriebenen, also Menschen, die innerhalb ihres Heimatlandes auf der Flucht sind (ebd.). Von denen, die ihr Herkunftsland verlassen mussten, haben 80 % in einem direkten Nachbarland Schutz gefunden (ebd.).

Laut Zählungen des UNHCR (2019a) ertranken 2018 im Schnitt jeden Tag sechs Menschen bei dem Versuch, das zentrale Mittelmeer zu überqueren. Insgesamt starben dabei 2018 mindestens 2.275 Menschen (ebd.). Zwischen Libyen und Europa bezahlte jede*r 15. Flüchtende den Überquerungsversuch mit dem Leben (ebd.). Diese Zahlen sind seit Jahren konstant hoch (2015: 3.771 Tote, 2016: 5.096 Tote, 2017: 3.139 Tote) (ebd.). Das Projekt „Missing Migrants“ (2019), welches Zahlen über Tote auf Flüchtlingsrouten zur Verfügung stellt, zählt für das laufende Jahr 2019 (Stand 09.12.19) bereits 3.098 Tote, davon 1.235 im Mittelmeer Ertrunkene.[3]

Die Zahl der in Europa ankommenden Geflüchteten „wird aus europäischer, auch aus deutscher Sicht dramatisiert. Nur ein ausgesprochen kleiner Teil der

[2] In dieser Arbeit benutze ich in der Regel den Begriff „Geflüchtete“ (bzw. geflüchtete Kinder und Jugendliche), um die konkrete Erfahrung des Geflohen-Seins zu betonen. Den Begriff „Flüchtling“ verwende ich an dieser Stelle, weil er auf den rechtlichen Bedeutungshorizont verweist.

[3] Das Buch „Todesursache: Flucht. Eine unvollständige Liste“ (Milz und Tuckermann 2019) setzt diesen abstrakten Zahlen so weit wie möglich konkrete Namen und Geschichten entgegen und versucht so, daran zu erinnern, dass hinter jeder Zahl ein Mensch steht.

weltweit Flüchtenden gelangt bis nach Deutschland“ (Rohr 2020, S. 107). 91 Prozent aller Flüchtlinge leben nicht in der EU (UNHCR 2019b). Im Jahr 2018 beantragten 185.853 Menschen in Deutschland Asyl (Bundeszentrale für politische Bildung 2019b). Im laufenden Jahr 2019 wurden bislang 84.866 Erst- oder Folgeanträge auf Asyl gestellt (Stand 5.7.2019, ebd.). 2016 erreichte die Anzahl der Asylanträge einen Höchststand: Zwischen Januar und Dezember 2016 zählte das BAMF 745.545 Erst- und Folgeanträge auf Asyl (ebd.). Seitdem sind die Antragszahlen wieder zurückgegangen. Der Rückgang ist nicht darauf zurückzuführen, dass weniger Menschen fliehen mussten, vielmehr hat Deutschland das Asylrecht zwischen 2014 und 2017 weiter verschärft (vgl. Pichl 2017) und die „Festung Europa“ (Freie Assoziation 2015) hat sich weiter abgeschottet (vgl. Pichl und Tohidipur 2019). Die Mehrheit der Antragstellenden ist jünger als 30 Jahre (Bundeszentrale für politische Bildung 2019d). Die größte Gruppe sind Kinder und Jugendliche unter 16 Jahren (ebd.). Das heißt, sie sind im schulpflichtigen Alter. Weitere Kinder sind so jung, dass sie erst in den nächsten Jahren schulpflichtig werden. Im Jahr 2018 wurden 23.617 Menschen aus Deutschland abgeschoben (Bundeszentrale für politische Bildung 2019a). Sie wurden vor allem nach Albanien, Serbien und in den Kosovo, aber auch in den Irak und nach Afghanistan sowie in andere EU-Staaten nach der sogenannten Dublin-Verordnung abgeschoben (ebd.).

Viele von denjenigen, deren Asylanträge positiv beschieden wurden, haben *subsidiären Schutz* erhalten (2016: 153.700 Personen, 2017: 98.074 Personen, 2018: 25.055 Personen) (Bundeszentrale für politische Bildung 2019c). Gleichzeitig hat die Bundesrepublik gegen die Idee der EU-Asylrichtlinie den *subsidiären Schutz* zu einem geringwertigen Schutz gemacht, der zunächst nur für ein Jahr erteilt wird und der das Recht auf Familiennachzug aussetzt[4] (vgl. Habbe 2018).

Hinter all diesen Zahlen stecken individuelle Menschen mit individuellen Erfahrungen. Bei der Annäherung an mögliche Erfahrungswelten geflüchteter Kinder und Jugendlicher mithilfe individueller Erzählungen besteht die Schwierigkeit darin, dass manche Erlebnisse so schlimm sind, dass, wenn man sie schildert, sie bloß Abwehr auslösen. Die Konfrontation mit potenziell traumatischen Erlebnissen, mit unerträglichen Gefühlen löst im Gegenüber den Impuls aus, „wegzuschauen, zu verleugnen und zu vergessen“ (Leuzinger-Bohleber und Hettich 2018, S. 16). Dieser Impuls wird im vorliegenden Datenmaterial immer wieder zutage treten. Das, was die geflüchteten Schüler*innen erlebt haben und

[4]Natarajan (2019, S. 13) weist darauf hin, dass die Einschränkung des Familiennachzugs „Frauen und Mädchen überproportional trifft und geschlechterpolitisch gesehen eigentlich eine frauenfeindliche Schieflage darstellt“.

erleben, ist auch für (nicht selbst geflüchtete) pädagogische Professionelle manchmal kaum auszuhalten. Bilder von Giftgasangriffen auf syrische Städte, bei denen viele Kinder verletzt und getötet werden, von brutaler Folter durch die Taliban oder den Daesch[5]; Bilder von dramatischen Situationen auf dem Mittelmeer, bei denen Menschen sterben oder von der libyschen „Küstenwache“ unter Gewalt zurückgebracht werden; Bilder von rassistischen Übergriffen auf Flüchtlingsunterkünfte oder Bilder von gewaltvollen Abschiebungen sind einerseits medial präsent und lassen jeden Rezipierenden ansatzweise erahnen, welches Grauen Geflüchteten potenziell widerfährt. Sie können aber andererseits auch im professionellen Kontext, gerade dann, wenn aus Bildern konkrete Personen werden, zu denen man in Beziehung steht, so unangenehm werden, dass sie *irgendwie – wie* wird im Laufe der vorliegenden Arbeit deutlicher werden – weggeschoben werden müssen und man dann auch oft mit den Betroffenen keine Beziehung mehr führen kann.

Wie zentral der Versuch einer Annäherung an die möglichen Erlebenswelten geflüchteter Kinder und Jugendlicher für die vorliegende Arbeit ist, illustrieren die folgenden Zitate von Betroffenen:

> „Überall in der Stadt fielen Bomben. Das ließ sich nicht berechnen. Nur Glück, der Zufall entschied, ob man überlebte oder nicht. Bekannte von mir sind abends zum Chor gegangen und nie wiedergekommen. […] Das waren alles Punkte, die Angst erzeugt haben, vor Entführungen zum Beispiel. Die Angst davor, in der Stadt zu sein und zu sterben, hat mich immer begleitet“ (Hannah aus Damaskus in Farin und Schami 2018, S. 25).

In diesem Zitat werden die fluchtauslösenden Ursachen deutlich. Sie sind in diesem Fall, wie oft, von Lebensgefahr, Angst und Unsicherheit geprägt und führen zu der unfreiwilligen Entscheidung zur Flucht.

> „In der Türkei suchte mein Vater einen Schlepper. Ich glaube, er gab ihm über 6.500 Euro. Dafür kritzelte ein Mann eine Nummer auf einen Papierschnipsel – das war unser Fahrschein. Mitten in der Nacht stiegen wir dann ins Schlauchboot. Alle hatten Angst, besonders mein kleiner Bruder. Ein anderer Flüchtling lenkte. Er gab mir sein Handy mit einem Navigationsprogramm. Ich musste dafür sorgen, dass wir richtig fahren und nicht auf Klippen zusteuern. Ich starrte auf den Bildschirm und sagte nur: ‚Links. Mehr rechts.‘ Alle anderen waren ganz still. Gegen fünf Uhr in der Früh kamen wir am Strand der Insel Samos an. Sie gehört zu Griechenland […]. Insgesamt waren wir 37 Tage unterwegs. Von Griechenland ging es dann nach Mazedonien, durch Serbien, Ungarn, Österreich bis nach Deutschland. Wir sind tagelang gelaufen, waren

[5] „Daesch“ ist eine alternative Bezeichnung für die Terror-Organisation „Islamischer Staat“. Sie ist im Gegensatz zu „Islamischer Staat“/„IS“ keine Selbstbezeichnung, die einen Machtanspruch unterstreicht (vgl. Drach 2015).

> mit Bussen, Taxis und Zügen unterwegs. Oft war es gefährlich. Eigentlich will ich gar nicht mehr daran denken" (Abean aus Daraa in Schädlich 2016, S. 5 f.).

Der Bericht verdeutlicht, dass die Flucht, da sie illegalisiert ist, in der Regel Lebensgefahr bedeutet. Zudem wird die hohe Abhängigkeit von anderen Menschen deutlich, und die existenzielle Angst wird benannt. Abean musste während der Flucht viel Verantwortung tragen und Entscheidungen treffen, die über das Leben seiner Familie und Fremder entschieden haben, und damit Aufgaben übernehmen, die üblicherweise Erwachsenen vorbehalten sind – auch das ist typisch im Kontext von Flucht (vgl. Zimmermann 2012b, S. 64 ff.).

> „Wenn man neu in Deutschland ist, gibt es viele Sachen, wo wir viel drüber nachdenken. Wir machen uns Sorgen um unsere Familie, unsere Freunde, der Asylantrag, dann Schule, dann Bewerbung, viele Sachen. Das macht Stress" (Autor*innenkollektiv »Jugendliche ohne Grenzen« 2018, S. 35).

Dies verdeutlicht, dass die Anfangszeit am Ankunftsort häufig durch existenzielle Überforderung gekennzeichnet ist (vgl. Becker 2006/2014, S. 181). Es ist sehr schwer, irgendwo anzukommen, während Angehörige und andere geliebte Menschen noch in Gefahr sind und der unsichere Aufenthaltsstatus auch immer wieder die Angst nährt, dass die eigene Sicherheit nur vorläufig ist.

Die beiden folgenden kontrastierenden Zitate verweisen auf die Bedeutung der Schule und der Lehrkräfte nach der Flucht:

> „Einschulung. Er kann einige Wortbrocken, seine Mutter kann einige Wortbrocken. Gemeinsam stehen sie am ersten Schultag vor der Tür der Rektorin. Sie haben sich verspätet. *Klasse 1b*, sagt die Rektorin, *im zweiten Stock*. Sie deutet nach oben. Eine breite Treppe. Als sie in den Gang biegen, wird eine Tür zugeschlagen. Die Mutter klopft an die Tür. *Herein!* Ein Raum voller Kinder in seinem Alter. Er beginnt sich zu schämen. Die Rede seiner Mutter ein Radebrech. Er kann es nicht besser. *Nein, nein, nein*, wehrt die Lehrerin mit beiden Händen ab, *ich habe schon vier Türken in meiner Klasse*. Und scheucht Mutter und Sohn davon. Die Treppe hat beim Hinabsteigen mehr Stufen. Er weiß, was passieren wird. Sie werden wieder zur Rektorin gehen müssen. Er schämt sich noch mehr. Die Rektorin erhebt sich. Sie marschiert durch den Gang, die Treppe hinauf, den oberen Gang entlang, zur Klassenzimmertür. Sie reißt die Tür auf und spricht ein kurzes Wort. Er setzt sich in die letzte Reihe. Weil er wenig versteht, schaut er sich verstohlen um. Wer wohl die vier türkischen Kinder sind?" (Trojanow 2017, S. 12 f.).

> „[...] Ich war in der Willkommensklasse und meine Mathelehrerin war sehr nett und so, und ich habe immer noch Kontakt zu ihr. Und ich schwöre, wenn jemand so eine

Lehrerin findet, das ist ein Geschenk von Gott“ (Autor*innenkollektiv »Jugendliche ohne Grenzen« 2018, S. 49).

Lehrkräfte sind besonders für geflüchtete Kinder und Jugendliche enorm wichtige Bezugspersonen, die oft auch stellvertretend den Ankunftsort repräsentieren. Lehrkräfte können wie im ersten Beispiel verletzende Ausschlüsse produzieren, zurückweisen und diskriminieren, sie können aber auch Beziehung anbieten und Erfahrung von Stärkung und Akzeptanz ermöglichen (vgl. Jäckle 2016, S. 154).

In Anbetracht der vielfältigen emotionalen Belastungen, die sich aus den Zitaten ableiten lassen, kommt man schnell zu dem Trauma-Begriff, der momentan teilweise inflationär verwendet wird (vgl. Hirsch 2011, S. 9). Inwiefern *Trauma* ein geeignetes Konzept ist, um das Leiden, das unter den gegenwärtigen politischen Bedingungen in der Regel mit Flucht einhergeht, zu beschreiben, wird im nächsten Kapitel diskutiert. Das Unterkapitel *3.8Traumatische Sequenzen im Kontext von Flucht* greift die Annäherung an mögliche Erfahrungswelten geflüchteter Kinder und Jugendlicher wieder auf und vertieft sie weiter.

3 Psychotraumatologie

> „Die Vergangenheit ist niemals tot. Sie ist nicht einmal vergangen.“
>
> *William Faulkner (1951, S. 93)*

Es gibt viele verschiedene Perspektiven und unterschiedliche wissenschaftliche Disziplinen, von denen aus sich das Phänomen „Trauma“ betrachten lässt.

> „Psychiatrisch-psychopathologisch lassen sich die Folgeerscheinungen im Rahmen einer Definition der posttraumatischen Belastungsstörung beschreiben; die neurobiologischen Folgen der Traumatisierung lassen sich mit naturwissenschaftlich-medizinischen Methoden messen; kognitionswissenschaftlich lassen sich Gedächtnisvorgänge in und nach einem Trauma erforschen; psychologisch können die erlebnisreaktiven Folgen, der Vertrauensverlust, die Scham über das Ereignis, die Selbstvorwürfe etc. erfaßt werden; semiotisch können die Sprachverluste, der Verlust an kognitiver Traumabewältigung beschrieben werden“ (Küchenhoff 2004, S. 822).

Im Folgenden wird vor allem eine psychoanalytische Perspektive als Zugang zu Traumatisierungen gewählt. Die Psychoanalyse kann meines Erachtens besonders differenziert das komplexe Gefüge aus *vorher* (beispielsweise im Sinne erworbener Resilienzen, verinnerlichter Beziehungserfahrungen), *nachher* (beispielsweise die Rolle der Beziehungserfahrungen nach den potenziell traumatisierenden Ereignissen, nachträgliche Umschriften der Erfahrungen), *außen* (beispielsweise das potenziell traumatische Ereignis, die jeweiligen spezifischen sozialen und politischen Kontexte und Rahmenbedingungen) und *innen* (beispielsweise die psychischen Verarbeitungsprozesse, die Veränderung der psychischen Struktur und die Rolle von Fantasien) erfassen – und dabei stets auch die Dualismen von

C. Müller, *Pädagogisch arbeiten in traumatischen Prozessen*, Kritische Sozialpsychologie, https://doi.org/10.1007/978-3-658-32876-4_3

vorher und *nachher* (beispielsweise durch das Prinzip der Nachträglichkeit) sowie von *außen* und *innen* (beispielsweise durch das Konzept Introjektion, oder durch die Konzeption der Triebe als verinnerlichte ursprüngliche äußere Befriedigungs- und Frustrationserlebnisse) in Frage stellen.

Im Folgenden wird es darum gehen, *Trauma* psychoanalytisch zu charakterisieren und von sonstigen emotionalen Belastungen und Konflikten abzugrenzen (3.1 *Trauma und Konflikt*), sich dem Verhältnis von äußeren Ereignissen und innerpsychischen Dynamiken im Traumaverständnis zu nähern (3.2 *Trauma und Trieb*), die fundamentale Bedeutung *des Anderen* in der Entstehung von psychischen Traumatisierungen zu erfassen (3.3 *Trauma und Beziehung*), einige Folgen psychischer Traumatisierungen zu beschreiben (3.4 *Trauma und Dissoziation*) sowie die Rolle von Traumadiskursen zu beleuchten (3.5 *Trauma und Gesellschaft*). Außerdem wird in das derzeit bekannteste Traumakonzept, die Posttraumatische Belastungsstörung (*PTBS*), eingeführt (3.6 *PTBS-Konzept*) – und ihm der Ansatz der *Sequenziellen Traumatheorie* gegenübergestellt (3.7 *Sequenzielle Traumatheorie*). Dieser wird auf geflüchtete Kinder und Jugendliche angewendet (3.8 *Traumatische Sequenzen im Kontext von Flucht*) und um das psychoanalytische Konzept der Nachträglichkeit erweitert (3.9 *Das Konzept der Nachträglichkeit*).

3.1 Trauma und Konflikt

Krisen sowie (inter- und intrapsychische) Konflikte gehören zur Entwicklung und zum Leben aller Menschen dazu. Diese banale Feststellung gilt umso mehr aus einer psychoanalytischen Perspektive, aus der unbewusste Konflikte den „Motor menschlichen Verhaltens" bilden (Quindeau 2008, S. 25). Der Mensch ist demnach grundlegend konfliktbelastet, einerseits durch unterschiedliche und widersprüchliche Begehren *(Es)*, das Gewissen, die verinnerlichten Moral- und Idealvorstellungen *(Über-Ich)* und die Kontrolle und Vermittlung dieser Instanzen und die Verbindung zur Außenwelt *(Ich)*; und andererseits durch Grundkonflikte, die sich in den ersten Lebensjahren eines Kindes entfalten und lebenslang bestehen bleiben (wie etwa Trennungskonflikte, Individuationskonflikte, Triangulierungskonflikte und Selbstwertkonflikte)[1] (ebd., S. 28 ff.). Mit diesem Selbstverständnis vom Menschen ist der Unterschied zwischen psychisch „krank"

[1] Vgl. dazu auch die primären Konflikte bei Mentzos (2013, S. 123 ff.): a) symbiotische Verschmelzung versus Subjekt-Objektdifferenzierung, b) Abhängigkeit versus Autonomie, c) dyadische versus triadische Beziehung: der ödipale Konflikt, d) Sicherheit der Primärgruppe versus Risiken (und Chancen) der Sekundärgruppen, e) Genitalität und Identität versus infantile Bindungen und Identitätsdiffusion.

und „gesund“ immer nur ein gradueller und kein prinzipieller. Das Neurotische ist „nur ein (unter ungünstigen Bedingungen fast zwangsläufig) abgewandeltes ‚Normales‘“ (Mentzos 2013, S. 19). Inwiefern es zu einer neurotischen Konfliktverarbeitung kommt und ob dabei ein Leidensdruck entsteht, der einen subjektiv „krank“ werden lässt, ist dabei stets von vielen äußeren und inneren Faktoren abhängig.

Ein Trauma ist von dieser neurotischen Konfliktverarbeitung abzugrenzen. Es zeichnet sich dadurch aus, dass die traumatischen Erfahrungen die individuellen Verarbeitungsmöglichkeiten eines Subjekts übersteigen. Dieses „zu viel“, auf welches das Subjekt nicht angemessen reagieren, das es nicht integrieren kann und daher in einer Not-Reaktion abspaltet, spiegelt sich auch in den verschiedenen Trauma-Definitionen wider.

Im *Vokabular der Psychoanalyse* wird Trauma definiert als:

> „Ereignis im Leben des Subjekts, das definiert wird durch seine Intensität, die Unfähigkeit des Subjekts, adäquat darauf zu antworten, die Erschütterung und die dauerhaften pathogenen Wirkungen, die es in der psychischen Organisation hervorruft“ (Laplanche und Pontalis 2008, S. 513).

Fischer und Riedesser (2016, S. 84) definieren Trauma als ein

> „vitales Diskrepanzerlebnis zwischen bedrohlichen Situationsfaktoren und den individuellen Bewältigungsmöglichkeiten, das mit Gefühlen von Hilflosigkeit und schutzloser Preisgabe einhergeht und so eine dauerhafte Erschütterung von Selbst- und Weltverständnis bewirkt.“

Traumata beinhalten schmerzhafte Ereignisse, die sich von den sonst im Leben zu überwindenden (oder auszuhaltenden) Konflikten und Krisen in ihrem Ausmaß unterscheiden.

Zur Abgrenzung von Trauma und Konflikt sind die repräsentationstheoretischen Überlegungen von Küchenhoff (2005, S. 314 ff.) hilfreich: In diesen argumentiert Küchenhoff (ebd., S. 314), dass durch ein Trauma „die Repräsentationsmöglichkeit selbst, die Matrix, in Frage gestellt“ wird. Emotionale belastende Erfahrungen und Konflikte sind zwar häufig verdrängt und unbewusst, aber doch psychisch repräsentiert – und können daher im Akt der Bewusstwerdung auch verbalisiert werden (Bohleber 2014, S. 777). Traumatische Erfahrungen werden dagegen nicht verdrängt und dann im Unbewussten repräsentiert, sondern sie bleiben (an Bion (1992) angelehnt) unverdaute „Dinge an sich“.

> „Wenn die Repräsentationsfunktion unterbrochen ist, werden traumatische Erfahrungen auch nicht unbewusst. Denn das Unbewusstwerden von Vorstellungen zerstört normalerweise ihre Repräsentation nicht, sondern verändert sie bloß, und zwar vor allem auch die Repräsentationsregeln, die nun nach den Gesetzen des Primärprozesses ablaufen. […] Traumatische Erlebnisse werden also nicht verdrängt" (Küchenhoff 2005, S. 315).

Daher sei es auch ungewöhnlich, dass Betroffene die Erfahrungen in Träumen wiederbeleben würden.[2] Wenn traumatisierte Patient*innen wieder anfangen würden, zu träumen, sei dies ein großer Fortschritt (ebd.). An die Stelle der Symbolstruktur trete durch das Trauma „eine andere Struktur, die sich durch eine binäre oder gar keine Logik mehr" (ebd.) auszeichne. Daher müssten „Versuche der Traumaverarbeitung" auch zum Ziel haben, „die Repräsentationsfunktion zurückzugewinnen" (ebd.).

Verdeutlichen lässt sich dieser Charakter des Traumas mit den Begrifflichkeiten von Bion. Bion (1992) zeigt, wie sich die Fähigkeit des Säuglings zu denken bzw. überhaupt der ganze psychische Apparat in der Interaktion mit der primären Bezugsperson entwickelt und nutzt dafür mathematische Zeichen:

> „Die unmittelbaren, konkretistischen Sinneseindrücke, mit denen das Kleinkind konfrontiert ist, nennt Bion Beta-Elemente. Sie sind ‚unverdaute Fakten', deren Bedeutung das Kind, das noch über keinen Verarbeitungsapparat verfügt, nicht erkennen kann" (Brunner 2011, S. 47).

In diesem Rohzustand sind Beta-Elemente unerträglich und ängstigend. Das Kind ist auf eine erwachsene Bezugsperson angewiesen, in die es die Beta-Elemente mithilfe des von Melanie Klein (1946/2011) beschriebenen Mechanismus der *projektiven Identifizierung* hineinprojizieren kann und die diese Elemente aufnimmt, modifiziert und dann verdaulich zurückgibt. Diese Funktion der Bezugsperson nennt Bion die Alpha-Funktion (Bion 1992, S. 53; vgl. Lüders 2013, S. 89). Durch die Alpha-Funktion werden Beta-Elemente zu Alpha-Elementen: Alpha-Elemente sind durch die Alpha-Funktion verdaut und so für das Denken verfügbar gemacht (Bion 1992, S. 53). Beta-Elemente sind weder bewusst noch unbewusst, sie sind sehr körpernah, zeigen sich zum Beispiel in einem diffusen Unbehagen und gehen mit unerträglichen, unbekannten Gefühlen einher, die, werden sie nicht modifiziert, vernichtend und ängstigend sind. Dadurch, dass eine primäre Bezugsperson

---

[2] Umso bemerkenswerter, dass in der ICD-10 ausgerechnet „das wiederholte Erleben des Traumas in […] Träumen" (Dilling et al. 2015, S. 173) als Kennzeichen eines Traumas aufgeführt wird.

die Alpha-Funktion übernimmt, also die Beta-Elemente aufnimmt und modifiziert, werden sie zu Alpha-Elementen. Diese stehen dem Denken potenziell zur Verfügung, sie sind verdaulich und können bewusst und unbewusst gemacht werden, also auch verdrängt werden. Die Alpha-Elemente „halten zusammen" (ebd., S. 63) und dadurch entsteht die Möglichkeit zum psychischen Wachstum, zum emotionalen Denken und zum Lernen durch Erfahrung (vgl. Lüders 2013, S. 85).

Ein späteres Trauma kann quasi als erneutes Beta-Element qualifiziert werden. Es lässt sich nicht übersetzen, nicht modifizieren und bleibt dadurch ein „Ding an sich" (vgl. Bion 1992, S. 52). Die Erfahrung des Ausfalls der Alphafunktion – dass die Bezugsperson das auf sie Projizierte nicht transformiert, sondern es unverdaut zurückgibt und das betroffene Kind nun also mit etwas nicht Übersetztem, sondern Unübersetzbaren allein gelassen ist – ist das Charakteristische des Grauens des Traumas und führt zu einer *namenlosen Angst.*

So lässt sich auf den Begriff bringen, wieso die traumatischen Erfahrungen nicht symbolisierbar sind und daher auch selten von ihnen geträumt werden kann, sie auch nicht *verdrängt* sind. Es sind unverdaubare Fakten, namenlose Schrecken, die als solche ängstigend und vernichtend, abgespalten und nicht repräsentierbar sind.

Daraus ableitend lässt sich festhalten, dass ein zentraler Faktor der Traumabearbeitung beinhalten muss, dass sich eine Beziehungsperson anbietet, die *projektiven Identifizierungen* aufzunehmen, die diese aushalten kann, mitfühlt und standhält und somit Möglichkeiten schafft, die Beta-Elemente zumindest ansatzweise wieder zu transformieren. Dieser Prozess kann im Anschluss an Bion *Containment* genannt werden.

> „Kurz gefaßt ist Containment projektive Identifizierung und deren Bearbeitung durch Alpha-Funktion. Containment ist also kein passives Geschehen, kein bloßes Halten, sondern ein aktiver Prozess des In-sich-Aufnehmens, In-sich-Bewahrens, Verstehens und Benennens und damit der Transformation" (Lüders 2013, S. 94 f.).

3.2 Trauma und Trieb

In der Geschichte der Psychoanalyse gibt es eine lange Kontroverse zwischen Trieb- und Traumatheorie. Der frühe Freud (1896/2006) interpretierte die häufigste psychische Diagnose seiner Zeit, die Hysterie, ursprünglich als Folge innerfamiliärer Traumatisierungen (vgl. Hirsch 2011, S. 17). Er nahm an, dass

> „in jedem Fall einer konversationsneurotischen Symptomatik ein reales sexuelles Verführungstrauma in der Kindheit stattgefunden habe, das verdrängt worden war und in der Adoleszenz aktualisiert in verschlüsselter Form durch die Symptomatik wieder in Erscheinung trete“ (ebd., S. 18).

Freud erklärte die Symptome nicht monokausal aus diesen Erlebnissen, sondern wies mithilfe des Konzepts der Nachträglichkeit (vgl. Abschnitt *3.9Das Konzept der Nachträglichkeit*) darauf hin, dass erst durch spätere Erlebnisse das ursprüngliche Erlebnis nachträglich seine pathologische Wirkung entfaltet:

> „Das heißt, bereits in dieser vergleichsweise frühen Fassung seiner ätiologischen Theorie stellt sich Freud die pathogene Wirkung nicht über einen simplen Reiz-Reaktions-Mechanismus spontan zustande gekommen vor. Er sieht vielmehr eine *zwei*zeitige Pathogenese, in deren Zentrum – neben der sexuellen Verführung – die Verdrängung steht. Schon das Trauma-Modell in Gestalt der Verführungstheorie postuliert demnach einen komplexen kausalen Zusammenhang, indem äußere *und* innere, d. h. soziale, psychische und somatische Bedingungen vielfältig miteinander vernetzt sind und im Wirkungsrhythmus der heute vieldiskutierten *Nachträglichkeit* umgearbeitet werden“ (Grubrich-Simitis 2007, S. 644).

Von der Annahme, dass *alle* hysterischen Patient*innen in der Kindheit tatsächliche „Verführungen“, also in diesem frühen Verständnis nach sexuellen Missbrauch, erlebt haben, rückte Freud in der weiteren Theoriebildung immer mehr ab (vgl. Bohleber 2012, S. 87).

> „In dem Brief an Fließ vom 21.9.1897 (Freud 1985, S. 283 ff.) nennt er die Gründe, die ihn bewogen haben, die Verführungstheorie aufzugeben: zum einen erzielte er in den Analysen nicht die Erfolge, die er durch diese Aufklärung erwartete, zum anderen erzwang die Häufigkeit der hysterischen Neurosen den Rückschluß auf einen massenhaft verbreiteten sexuellen Mißbrauch in Familien. Der dritte Grund, den Freud angibt, liegt in der Beschaffenheit des unbewußten Materials selbst. Da es im Unbewußten keine Realitätszeichen gebe, könne auch über Wahrheit oder affektbesetzte Fiktion nicht sicher entschieden werden“ (ebd.).

Die neue Erkenntnis Freuds war, dass es möglich ist, „eine Phantasie als Realität wahrzunehmen, und daß uns Phantasien auf dieselbe Weise wie reale Ereignisse beeinflussen können“ (ebd.).

Von diesem Punkt an entspann sich die Kontroverse um die Bedeutung der äußeren Realität bzw. der intrapsychischen Konflikte. Dabei warf die eine

Seite der anderen vor, reale traumatische Erlebnisse wie Erfahrungen *sexueller Gewalt*[3] in ihrer fundamentalen Bedeutung für die Psyche zu missachten, während die andere Seite mit dem Vorwurf konfrontiert wurde, es sei nicht psychoanalytisch, wenn nur äußere Ereignisse fokussiert würden und die komplexen intrapsychischen Prozesse und Konflikte aus dem Blickfeld gerieten.

Noch heute gibt es viele Veröffentlichungen, die entweder vorschnell innerpsychische Dynamiken anstelle realer familiärer und sozialer Traumatisierungen in den Fokus rücken oder ausschließlich die äußeren Gewalterfahrungen betrachten, ohne die komplexen innerpsychischen Dynamiken zu würdigen. Es gibt aber auch aktuelle Theoretiker*innen (vgl. Grubrich-Simitis 1987, 2007; Bohleber 2012), die argumentieren, dass der Gegensatz zwischen Trieb- und Traumatheorie nicht so unversöhnlich war und ist, wie es scheint. Sicher haben andere wie zum Beispiel Ferenczi (1933) stärker für die Anerkennung der Bedeutung realer Kindheitserfahrungen in der Ätiologie von psychischen Störungen gestritten, aber auch Freud kommt immer wieder „in seinen Schriften auf die traumatische Genese zu sprechen, und auch dabei auf den sexuellen Missbrauch, den er als eine der Ursachen neurotischer Konflikte nie aufgab" (Bohleber 2012, S. 88). Freud wollte mit der Psychoanalyse aber mehr, als die Wirkung besonders belastender Erfahrungen zu untersuchen – er wollte darstellen, welche Konflikte und Leiden *jeder* Mensch auch unabhängig von solchen Erfahrungen im Laufe seines Lebens durchmacht. Daher widmete er sich stärker den *Trieben und Triebschicksalen* (Freud 1915/2010), dem Sexualleben der Kinder und den verschiedenen Phasen der Libidoentwicklung sowie dem Phänomen des Ödipuskomplexes (vgl. Grubrich-Simitis 2007, S. 645).

> „Das Skandalon des Trieb-Modells bestand und besteht wahrscheinlich bis heute darin, daß es von *jedermann* handelt: von der Tatsache unserer eigenen unvergänglichen infantilen Wünsche von der Unentrinnbarkeit unserer im Körper verankerten Triebnatur, von unser aller gefährdeten psychischen Struktur, die aufgrund ihrer störanfälligen Entwicklungsgeschichte die Anknüpfungspunkte für die Entstehung von Neurose, Psychose und Perversion untilgbar in sich trägt" (ebd., S. 645).

[3]Ich spreche von „sexueller Gewalt", wohlwissend, dass sonst oft von „sexualisierter Gewalt" gesprochen wird, da das „Sexuelle" für das Verständnis von „sexueller Gewalt" zentral ist: Im Anschluss an Pohl lässt sich festhalten, dass in der Ausbildung männlicher Heterosexualität in der hegemonial männlichen Gesellschaft stets eine ambivalente bis feindselige Haltung gegenüber Frauen und Weiblichkeit eingelagert ist und dass es auch zum Verständnis von „sexueller Gewalt" nötig ist, nicht nur über Macht und Gewalt, sondern auch über (männliche) *Sexualität* nachzudenken. Pohls These ist, dass „bei allen Formen von sexueller Gewalt [...] die Frau für das Begehren bestraft [wird], das sie im Mann auslöst" (Pohl in Tlusty 2018).

Freud hatte die Sorge, „das vergleichsweise gefällige, dem gesunden Menschenverstand unmittelbar einleuchtende Trauma-Modell könne das damals radikal neue, unliebsame, ‚schwierigere und unwahrscheinlichere' Triebmodell gefährden" (ebd., S. 649).

Freud hatte so schon zu Beginn seiner Theorie eine komplexe Traumatheorie, die er aber immer weiter verkomplizierte, weil er sich zunehmend dem phantasmatischen Innenraum und damit auch den innerpsychischen Umarbeitungsprozessen von Erlebnissen zuwandte. Ihm war wichtig zu betonen, dass ein äußeres Ereignis nicht automatisch zu einer Traumatisierung führt, sondern dass dies immer auch abhängig von den intrapsychischen Prozessen ist. Zudem führte er aus, wie auch intrapsychische Prozesse an sich, etwa übermäßige Angst vor Bestrafung, pathologisch wirken können (vgl. Freud 1926/2006). Bohleber (2012, S. 89) fasst zusammen: „Für Freud kann eine traumatische Situation sowohl durch übermäßige Triebregungen als auch durch äußere, reale Erlebnisse entstehen."

Dies ist aber nicht als ein ausschließender Gegensatz gedacht, denn „je mehr psychische Energie zur Aufrechterhaltung früherer Verdrängungen aufgewendet werden muss, desto weniger kann das Ich Erregungsquanten binden und desto anfälliger ist es für Traumatisierungen" (ebd., S. 90). In diesem Sinne sind Trieb- und Traumatheorie nicht alternative oder gar konkurrierende, sondern durchaus komplementäre Theorien. Die so von „Freud begonnene Arbeit einer Zusammenführung von Trauma-Modell und Triebmodell" ist bis heute vielfach fortgesetzt worden (Grubrich-Simitis 2007, S. 651).

Die Sinnhaftigkeit, beide Ansätze zusammen zu denken, wird unterstrichen, wenn man verdeutlicht, dass sich *innen* und *außen* ohnehin nicht hermetisch voneinander abgrenzen lassen, sondern in einem dialektischen Verhältnis zueinander stehen: Das lässt sich etwa an der Freudschen Konzeption des *Über-Ichs* zeigen: Das *Über-Ich* ist die modifizierte *Verinnerlichung* ursprünglich *äußerer* „elterlicher und anderer ausgesprochener, vor allem aber vorgelebter bewußter und unbewußter Gebote und Verbote, Wert- und Idealvorstellungen" (Auchter und Strauss 2003, S. 169). Die Frage, ob das *Über-Ich* stärker „ich-unterstützend und orientierungsvermittelnd" wirkt oder mehr als „Richter oder Zensor" (ebd.) auftritt, ist dabei auch abhängig davon, wie die frühen (äußeren) Erfahrungen waren. Und auch bei der Entstehung des Begehrens bzw. der Triebe, die häufig missverstanden werden als ausschließlich biologische Instinkte, sind die ursprünglich *äußeren* Erfahrungen prägend: Dies gilt umso mehr, wenn man die Triebe mithilfe von Lorenzers (1972) materialistischer Sozialisationstheorie und Laplanches (1987/2017) Verführungstheorie (re-)konzipiert. Das Begehren entsteht demnach im Verlauf der kindlichen Entwicklung und besonders „durch die ganz gewöhnlichen Pflegehandlungen der Erwachsenen" und deren unbewusste Fantasien dabei

(Quindeau 2008, S. 26). Das Begehren ist somit eine Art Erinnerungsspur, die durch Befriedigungserfahrungen mit den versorgenden Personen in den Körper eingeschrieben wird (Quindeau 2008, S. 26; vgl. auch ausführlich Quindeau 2011).

Diese kurzen Ausführungen darüber, wie *Über-Ich* und *Triebe* entstehen, verdeutlichen, dass die Betonung innerer Konflikte keineswegs bedeutet, dass man die äußeren Erfahrungen geringschätzt. Keine äußere Erfahrung allein macht automatisch eine Traumatisierung aus, es kommt immer auch darauf an, auf welche intrapsychischen Dynamiken und auf welche Resilienzen die Erlebnisse treffen. Trotzdem ist es für eine Traumabearbeitung von fundamentaler Bedeutung, die äußeren Ereignisse anzuerkennen, solidarisch zu verurteilen und nicht zu verleugnen oder zu relativieren.

Das heißt, auch im Kontext von Flucht kommt es auf die realen äußeren erlebten Zusammenhänge ebenso an wie auf die innerpsychischen Prozesse wie zum Beispiel unbewusste Fantasien.

> „Unbewusste Fantasien können Geflüchtete zusätzlich zu den realen Traumatisierungen und erlittenen Erfahrungen unerkannt innerlich belasten, aber auch den Umgang mit Geflüchteten bei den Helfern beeinflussen" (Leuzinger-Bohleber 2018, S. 113).

Solche Fantasien im Kontext von Flucht können sich beispielsweise in Form des „Überlebendensyndroms" (vgl. Niederland 1980) äußern: Die Betroffenen fühlen eine Schuld, überlebt zu haben, während andere, wahrscheinlich auch geliebte Menschen, zurückgelassen worden und womöglich weiter in Gefahr oder verstorben sind. Möglich ist auch eine Delegation einer Mission an die nächste Generation (vgl. Stierlin 1982): Den Kindern wird dann vermittelt, dass man ihnen zuliebe die gefährliche und belastende Flucht auf sich genommen hat und sie dies irgendwie rechtfertigen müssen, zum Beispiel durch Bildungserfolg oder „Glücklich-Sein". Böker et al. (2020, S. 63) sprechen in diesem Zusammenhang von „Migration als einem *intergenerationalen Erwartungsprojekt*". Dies kann dazu führen, dass die Kinder keinen Raum für schmerzhafte Gefühle und Leiden finden, weil sie die Fantasie haben, damit ihre Eltern zu verletzen, die ihretwegen so Schlimmes erleben mussten. Wenn die Möglichkeit der eigenen Entwicklung durch diese Prozesse eingeschränkt ist, kann dies zu starken Loyalitätskonflikten führen (vgl. ebd.).

Diese Formen der Bedeutungszuschreibungen und Fantasien, der intrapsychischen Prozesse sind für das Verständnis eines potenziell traumatischen Prozesses von genauso großer Bedeutung wie die äußeren Ereignisse.

3.3 Trauma und Beziehung

Sinnvoll ergänzen lässt sich diese Verbindung ebenfalls mit psychoanalytischen Objektbeziehungstheorien (vgl. Grubrich-Simitis 2007, S. 652; Bohleber 2012, S. 114). Finger-Trescher (2004, S. 130) schreibt:

> „Das Trauma ist häufig nicht als ein objektives Ereignis verstehbar, es ist keine Qualität an sich. Es ist psychologisch, in seiner Bedeutung für das Individuum also, nur zu verstehen als ein subjektives Erleben. Besonders beim Kind steht das Trauma immer auch in Verbindung zur Qualität seiner Beziehung zu den primären Bezugspersonen, die ja im Zentrum seiner Welt-Erfahrung stehen" (Finger-Trescher 2004, S. 130).

Hirsch (2011, S. 11) betont: „Das traumatische Ereignis kann geradezu erst durch Beziehungsanteile zum Trauma werden: Verlustdrohungen, Verrat, unterlassener Schutz durch Verweigerung der Zeugenschaft" (Hirsch 2011, S. 11). Das zentrale Kennzeichen des Traumas, den objektbeziehungstheoretisch ausgerichteten Traumatheorien von beispielsweise Ferenczi (1933) und Balint (1970) folgend, ist das Fehlen von schützenden Objekten. Demnach sind es sogar häufig die Bezugspersonen selbst, die Teil der traumatisierenden Situation werden, wenn sie – etwa aus biographischen oder strukturell-gesellschaftlich bedingten Gründen – das Geschehene verschweigen und verleugnen bzw. selbst nicht aushalten und transformieren können.

Selbst bei Traumatisierungen im Kontext von Kriegserlebnissen sind die Beziehungen mitentscheidend, wie Brunner (2010, S. 7) mit Bezug zu Simmel (1944/1993) und Anna Freud (1973) ausführt:

> „Als entscheidender Faktor für die Entstehung von Kriegsneurosen ist damit laut Simmel meist der Verlust der schützenden Objektbeziehung zu sehen, die eine ‚*innere* Gefahrensituation' darstellt, welche ‚aus der Reaktion auf die *äußere* Gefahr ein seelisches Trauma werden lässt.' […] Eine Traumaimmunisierung durch die Bindung an schützende Personen hatte übrigens auch Anna Freud in ihren Berichten über Londoner Kinder während der Luftangriffe im Zweiten Weltkrieg bemerkt: diese Kinder reagierten auf die Kriegserfahrungen kaum mit Angstentwicklung, solange sie von den Eltern umgeben waren und sich dadurch geschützt fühlten. Erst wenn sie von ihren Eltern getrennt wurden oder diese selbst starke Angstsignale aufwiesen, wirkten sich Kriegserlebnisse auf das Kind traumatisch aus."

In der enormen Bedeutung der Beziehungserfahrungen für die Entstehung von Traumata spiegelt sich die grundlegende Bedeutung *des Anderen* für den Menschen wider. „Der Mensch wird am Du zum Ich", wie Buber (1923/2011, S. 32) schreibt. Der Mensch ist eine „physiologische Frühgeburt" (Portmann 1969). Im

Vergleich zu anderen höheren Säugetieren wird der Mensch zu früh geboren: Er ist bei der Geburt völlig hilflos und „extrem abhängig davon, dass sich jemand seiner absoluten Abhängigkeit entsprechend verhält“ (Busch 2006, S. 8). Wird der Säugling von einer primären Bezugsperson *ausreichend gut*[4] versorgt und erlebt so „bestätigendes, beruhigendes oder aufmunterndes Eingehen“ auf sich sowie „regelmäßige, vorhersehbare Abläufe“ (ebd., S. 9), entwickelt sich ein Vertrauen, so dass sich Unbehagen in Behagen wandeln wird (ebd., S. 8).

Gibt es eine *ausreichend gute* Versorgung und einen sicheren Rahmen, kann das Kind allmählich zunehmend zeitweise Trennungen von den primären Bezugspersonen aushalten. Diese Trennungen sind Voraussetzung für die Entstehung von Repräsentationen (vgl. Küchenhoff 2005, S. 85). Durch auf der einen Seite die Trennung von den Bezugspersonen und auf der anderen Seite die reale Erfahrung, dass diese wiederkommen, wenn sie benötigt werden, entsteht ein inneres Abbild von den signifikanten Anderen – die Objekterfahrungen werden verinnerlicht (vgl. ebd., S. 85 f.). Durch die Introjektion, die Verinnerlichung der Bezugspersonen als verlässliche Objekte, entsteht die Repräsentationsfähigkeit an sich.

Ein späteres Trauma kann die Repräsentationsfähigkeiten wieder zerstören. Das entscheidende ist, ob die betroffenen Kinder und Jugendlichen an ihren inneren Vorstellungen von den primären Bezugspersonen als stabile und schützende Objekte festhalten können. Wenn diese guten inneren Objekte zerstört werden, ist auch eine Zerstörung der Repräsentationsfähigkeit und in der Folge der Symbolisierungsfähigkeit wahrscheinlich:

> „Annihilierung verinnerlichter guter Objektrepräsentanzen – also nicht nur Objektverlust, sondern Verlust von Objektrepräsentanzen –, verknüpft mit der Zerstörung sinnstiftender Symbolisierungsfähigkeit überhaupt, hat zur Folge, daß das traumatische Geschehen in seiner Rohheit bloß noch im Körper des Traumatisierten, also somatisch pseudo repräsentiert vorkommt“ (Grubrich-Simitis 2007, S. 652).

Die Zerstörung der verinnerlichten Repräsentanzen von guten Objekten steht so in direktem Zusammenhang mit der Repräsentationsfunktion und der Symbolisierungsfähigkeit: „Der Verlust des empathischen inneren Anderen zerstört die Fähigkeit, das Trauma zu erzählen. Es kann nicht in ein Narrativ eingebunden werden“ (Bohleber 2012, S. 114).

Es lässt sich zusammenfassen: Traumata unterscheiden sich von neurotischen Konflikten in ihrer Funktionsweise im Subjekt. Traumata übersteigen die

[4] Die Formulierung ist eine Anspielung auf Winnicotts (1992) Begriff der „good enough mother“.

individuellen Abwehr- und Bewältigungsmechanismen und zerstören die Repräsentationsfunktionen an sich. Die Erfahrungen können daher nicht symbolisiert werden. Dabei führen äußere Extremsituationen nicht automatisch zu einem Trauma, es kommt immer auch auf die subjektiven Resilienzen und inneren Konfliktdynamiken an. Dieses „untrennbare Zusammenwirken von außen und innen" (Zimmermann 2012b, S. 35) lässt sich je nur im Einzelfall entschlüsseln. Eine mögliche Traumatisierung hängt – besonders deutlich bei Kindern und Jugendlichen – immer auch mit den vergangenen, verinnerlichten und aktuellen Beziehungserfahrungen zusammen. Die Fähigkeit äußere Ereignisse zu verarbeiten, hängt zentral damit zusammen, ob davor ausreichend gute Beziehungen da waren, gleichzeitig zeichnen sich Traumata dadurch aus, dass sie die vorher in ausreichend guten Beziehungen entstandenen Repräsentationsfähigkeiten wieder zerstören können. In diesem Sinne ist der Begriff des Traumas ein relationaler Begriff, in dem – mit Bezug auf die schon eingeführte Definition von Fischer und Riedesser (2016) – stets „die bedrohlichen Situationsfaktoren" und die „individuellen Bewältigungsmöglichkeiten" miteinander ins Verhältnis gesetzt werden müssen (Küchenhoff 2004, S. 823) und es zudem immer von der Qualität der Beziehungserfahrungen nach den potenziell traumatischen Erfahrungen abhängt, wie sich diese innerpsychisch niederschlagen.

3.4 Trauma und Dissoziation

Wenn es auf die beschriebene Art und Weise zu einer Zerstörung der Repräsentationsfähigkeit gekommen ist, ist es möglich, dass sich dies in Dissoziationen äußert. Der Begriff „Dissoziation" wird in der Literatur über Trauma sehr unterschiedlich verwendet (van der Hart et al. 2008, S. 17). „Selbst die Forschung ist bis heute zu keiner übergreifenden Einigung gekommen, was genau als dissoziativ und was als nicht dissoziativ zu bezeichnen ist" (Weiß et al. 2014, S. 9). Dissoziation lässt sich grob als eine „Spaltung der Persönlichkeit oder des Bewusstseins" (van der Hart et al. 2008, S. 17) definieren und mit den Methapern „weggetreten sein", „nicht man selbst sein", „neben sich stehen" oder „sich losgelöst fühlen" beschreiben (Sonnenmoser 2004, S. 372).

Dissoziation kann als ein psychischer Schutz- und Abwehrvorgang verstanden werden, der notwendig wird, wenn die sonst üblichen Abwehrfunktionen nicht greifen. Der Prozess der Dissoziation „geht mit einer Veränderung oder Störung in den normalen integrativen Funktionen der Identität, des Gedächtnisses und des

Bewusstseins einher“ (Streeck-Fischer 2014, S. 151). Die Fähigkeit zur Dissoziation ist eine Überlebensstrategie. Das, was ansonsten unaushaltbar wäre, wird aufgespalten (vgl. Friedrich 2014, S. 13).

> „In extremen Belastungssituationen dient der Mechanismus der Dissoziation dazu, eine Überstimulation des Bewusstseins und seine Überflutung mit unerträglichen Angst- und Schmerzgefühlen zu verhindern (Loewenstein und Ross 1992; Carlson et al. 1998). Weil die Fähigkeit des Ichs, Selbstzustände affektiv und mental zu verarbeiten, in solchen Situationen zusammenbricht, zerreißt die psychische Textur des Selbst und ein dissoziativer Zustand taucht auf“ (Bohleber 2012, S. 154).

Dissoziation ist das begriffliche Gegenteil von Assoziation und bezeichnet stets einen Prozess der Trennung, des Zerfalls, der Unterbrechung oder der Abspaltung (Friedrich 2014, S. 15). Während einer Dissoziation sind Gedanken, Gefühle und Wahrnehmungen, die sonst miteinander assoziiert sind, gleichzeitig und stimmig erlebt werden, voneinander getrennt (Streeck-Fischer 2014, S. 151).

Dissoziation umfasst eine Vielzahl verschiedener Symptome (Friedrich 2014, S. 15).

Sie umfasst einen komplexen Prozess, der:

> „1. Die Erinnerung an die Vergangenheit verhindert oder verändert,
> 2. Das Identitätsbewusstsein stört,
> 3. Das Erleben von Kontrolle über Körperempfindungen und Körperbewegungen stört sowie
> 4. Aktuelle Wahrnehmungen und Emotionen von anderen psychischen Prozessen abspaltet“ (ebd., S. 16).

Es ist möglich, dass Emotionen von Erinnerungen abgespalten sind und an Stellen auftauchen, zu denen sie anscheinend gar nicht gehören. Das kann sich so äußern, dass von einer belastenden Situation auffällig kühl und emotionslos berichtet wird. Die eigentlich dazugehörigen Emotionen sind abgespalten und tauchen dann möglicherweise an anderer Stelle auf, an der sie gar nicht zugeordnet werden können. Weil die traumatischen Erfahrungen als Ganzes so schrecklich sind, dass sie die üblichen Abwehr- und Schutzmechanismen sprengen, tauchen sie so als unverbundene isolierte und dekontextualisierte Teile wieder auf.

Dissoziationen sind gleichwohl mehr als bloß Spaltungen:

> „Ein wichtiges Unterscheidungsmerkmal zwischen Spaltung und Dissoziation kann meines Erachtens darin gesehen werden, dass die Radikalität der Vernetzungsunterbrechung unterschiedlich groß ist. Bei Spaltungen nehmen wir noch einen Ich-Anteil an, der um den Widerspruch weiß, der zwischen den Inszenierungen liegt, auch wenn er persönlich nicht mehr zu bewältigen ist. Bei der Dissoziation wird, jedenfalls im

Zustand der Dissoziation selbst, diese potentielle Verbindung auch noch durchgeschnitten, dann sind die Erfahrungsberichte getrennt. Wesentlich ist Spaltung und Dissoziation in ihrem Bezug zum Objekt zu verstehen, Spaltungen dienen der Bewahrung der Beziehung; Erfahrungsbereiche, die das Objekt gefährden könnten, werden an einem anderen Ort ausgedrückt, das Objekt ist also davon befreit" (Küchenhoff 2005, S. 133).

Es ist auch möglich, dass traumatische Erfahrungen, da sie nicht symbolisiert werden können, den Weg in den Körper finden und somatisiert werden (vgl. Hirsch 2011, S. 58).

„Wenn die Überwältigung durch den Affekt nur so gelöst werden kann, dass die affektbeladene Vorstellung verworfen wird, dann können nur vorsymbolische, sensomotorisch wirksame Repräsentationssysteme aktiviert werden, also Erregungszustände, die körperhaft ablaufen und zu Somatisierungen führen" (Küchenhoff 2005, S. 322).

Denkbar wäre, dass sich dies – um hier Beispiele aus dem schulischen Kontext zu verwenden – im Unterricht zum Beispiel durch motorische Unruhe zeigt. Wenn die motorische Unruhe traumabedingt ist, lässt sich diese nicht durch kognitive Appelle verändern. Leider wird motorische Unruhe im Unterricht häufig sofort mit ADHS assoziiert und bei der ADHS-Diagnose eine traumatische Genese häufig verschleiert (vgl. Retz-Junginger et al. 2015).

Darüber hinaus können sich die traumabedingt gestörten Repräsentations- und Symbolisierungsmöglichkeiten auch auf die Fähigkeiten zu lernen auswirken. Die Folge sind Schwierigkeiten bei Gedächtnisleistungen, Konzentrationsfähigkeit und der Fertigkeit, Aufgaben zu zergliedern und nach Plan anzugehen (Möhrlein und Hoffart 2014, S. 92). In Anbetracht der ständigen Fokussierung auf das Überleben im Hier und Jetzt sei es nicht verwunderlich, dass „sequenziell traumatisierte Kinder sich schwer damit tun, sich auf die Schule zu konzentrieren, schulische Aufgaben zu zergliedern oder sich gar für langfristige abstrakte Bildungsziele zu motivieren", schreiben Möhrlein und Hoffart (2014, S. 92). Ding (2013, S. 58) führt aus, dass es vor allem die Unsicherheit sei, die mit hypothetischen Überlegungen im Lernprozess verbunden ist, die traumabedingt nicht ausgehalten werden könnte. Kommt es zu solchen traumabedingten Schwierigkeiten in der Schule, ist es wichtig, dass Lehrkräfte diese Zusammenhänge verstehen – auch um sich selbst zu schützen: Erkennen sie diese Zusammenhänge nicht, kann dies dazu führen, dass sie ihre „pädagogische Integrität" in Frage stellen

(Ding 2014, S. 170). Die Erfahrungen mit diesen Kindern „können in Lehrkräften das Gefühl der Hilflosigkeit und Vergeblichkeit auslösen: ‚Das macht ja doch keinen Sinn, sie behält einfach nichts'" (ebd.).

Vor allem aber wirken sich potenziell traumatische Erfahrungen auf die Beziehungsgestaltung aus. Wenn durch das Trauma die verinnerlichten Bilder von guten Objekten zerstört wurden, wirkt sich das auch auf die Beziehungen zu den Lehrkräften aus. Unverarbeitete und unverdaute Erfahrungen werden immer wieder inszeniert, in der Hoffnung, einen anderen Ausgang zu finden, oder brechen plötzlich ungesteuert heraus (vgl. Küchenhoff 2005, S. 323). Mit diesem Phänomen werde ich mich im Kapitel *4. Reinszenierung und Wiederkehr belastender und traumatischer Erfahrungen in den pädagogischen Beziehungen* ausführlich beschäftigen.

3.5 Trauma und Gesellschaft (wieso Trauma immer auch ein politischer Begriff ist)

Ob eine Erfahrung (oder mehrere Erfahrungen) als traumatisch anerkannt wird (werden), ist neben diesen psychischen Aspekten immer auch von politischen Verhältnissen und herrschenden Diskursen abhängig. Der Traumadiskurs war „immer schon sehr dezidiert Teil politisch-moralischer Debatten" (Brunner 2019a, S. 25).

Brunner (ebd.) fasst die Entwicklung des Traumadiskurses mit (José) Brunner (2014) und Fassin und Rechtman (2009) wie folgt zusammen: Der Diskurs über psychische Traumatisierungen kam erstmals in der zweiten Hälfte des 19. Jahrhunderts auf, ausgehend von einem demokratischen Ethos, der das Individuum als ein „vor Unrecht zu beschützendes Wesen konzipierte" (Brunner 2019a, S. 25). Anfänglich herrschte ein „Verdachtsdiskurs" – in dem Traumatisierte stets gegen Verdacht und Zweifel um Anerkennung kämpfen mussten: so auch in Deutschland, als beispielsweise auch Arbeiter*innen versuchten, vor Gericht Renten einzuklagen, die nicht physisch versehrt waren, aber psychische Schädigungen geltend machten (ebd.). „Ähnliche Debatten wie bei den Arbeitsunfallklagen gab es bei den Soldaten des Ersten Weltkrieges, wo die ‚Kriegszitterer' als Simulanten oder sogenannte Rentenneurotiker abgetan wurden" (ebd., S. 25 f.). Erst im Zuge des Wandels des Traumadiskurses im Rahmen der Debatten über die Shoa-Überlebenden entwickelte sich allmählich ein „Authentizitätsdiskurs":

> „Die Überlebenden verkörperten nun die Leiden der Verfolgung, ihr Trauma wurde zum lebenden ‚Zeugnis für das Unaussprechbare', das für die erlebten Schrecken bürgte. Die autobiographischen Analysen von Bruno Bettelheim oder Primo Levi

> und andere Auseinandersetzungen mit der Verfolgung und Vernichtung der europäischen Juden und ihren psychischen Auswirkungen, allen voran natürlich in der US-Fernsehserie »Holocaust«, wurden breit rezipiert […]. Der Verdachts- und Simulationsdiskurs war damit an den Rand gedrängt worden" (ebd., S. 26 f.).

Seit ungefähr 30 Jahren ist „Trauma" nun in verschiedenen wissenschaftlichen Disziplinen und in manchen öffentlichen Diskursen ein geradezu inflationär gebrauchter Begriff (vgl. Hirsch 2011, S. 9). Becker (2006/2014, S. 8) spricht in diesem Zusammenhang von einem „Traumaboom":

> „Kindersoldaten in Sierra Leone, Tsunami-Opfer in Thailand, Überlebende der Zerstörung der Twin-Towers in New York, die Opfer der Aggression in Tschetschenien und viele, viele mehr (die Aufzählung ließe sich beliebig verlängern), sind allesamt durch die Tatsache geeinigt, dass man sie als traumatisiert bezeichnet" (ebd., S. 7).

Dass der Begriff nicht immer so inflationär verwendet wurde, lässt sich auch anhand des Umgangs mit sexueller Gewalt verdeutlichen. Sexuelle Gewalt war lange so tabuisiert, dass man öffentlich – und wohl auch in manchen Therapiezimmern – wenig darüber sprach, geschweige denn die Opfer als traumatisiert anerkannte (vgl. Herman 1992/2010, S. 20). In einem anderen Kontext und vor dem Hintergrund anderer Diskurse – speziell dem neu inszenierten deutschen Opferdiskurs (vgl. Salzborn 2002; Müller 2016b) – geht dagegen von der Traumakategorie eine affektiv verlockende Anziehungskraft aus. Hier wird sogar von „kollektiven Traumata" gesprochen, die je nach Diskurs alle Überlebenden des „Bombenkriegs", alle „Kriegskinder" oder gleich alle Deutschen erlitten haben sollen (vgl. zur Kritik daran Lohl 2006; Brunner 2010, 2012). Das Perfide daran ist, dass damit ein Begriff, der vor allem von der KZ-Überlebendenforschung geprägt wurde, auf die ehemaligen Verfolger*innen übertragen wird (vgl. Brunner 2012, S. 3, 2015, S. 45). Und genau das macht auch das affektive Angebot aus, welches von der Traumakategorie in diesem Zusammenhang ausgeht: Das Sprechen von den traumatisierten Deutschen stellt diese auf eine Stufe mit den Opfern des Nationalsozialismus und verschleiert und relativiert so die historischen Täter*innen-Opfer Verhältnisse. Dieses Beispiel macht deutlich, wieso vom „Trauma" niemals ohne Einbezug der konkreten jeweiligen gesellschaftspolitischen Verhältnisse gesprochen werden sollte.

Während auf Täter*innenseite heute in deutschen Diskursen inflationär von Trauma gesprochen wird, war es für die Opfer des Nationalsozialismus zuerst noch ein langer politischer und rechtlicher Kampf, als traumatisiert anerkannt zu werden. So mussten beispielsweise die KZ-Überlebenden jahrelang für die Anerkennung ihrer erworbenen Verletzungen kämpfen.

> „Trotz der nicht zu leugnenden Verbrechen in den KZs haben sich die deutschen Entschädigungsämter in den 1950er Jahren nicht nur die Befugnis herausgenommen, jeden Einzelfall zu prüfen, sondern mit Hilfe rassistischer Professoren, wie dem Neuroseforscher Prof. Dr.h.c. Ernst Kretschmer, eine Rechtsprechung sicherzustellen, die grundsätzlich KZ-Überlebenden das Recht absprach, am KZ krank geworden zu sein" (Becker 2006/2014, S. 152 f.).

So wie hier aus explizit politischen Gründen Traumata bestritten wurden, so wurde auch in späteren Jahren immer wieder direkt politischer Einfluss auf die Frage genommen, wer wann als traumatisiert zu bezeichnen ist.

Dies geschah etwa im Kontext von Flucht und vor dem Hintergrund dessen, dass, zumindest bis zu den Änderungen im Asylrecht 2016 (Asylpaket II), nicht abgeschoben werden sollte, wer durch eine *PTBS*-Diagnose als traumatisiert anerkannt war. Um aber die Zahl der betroffenen Flüchtlinge so gering wie möglich zu halten, wies beispielsweise der damalige Berliner Innensenator Jörg Schönbohm (CDU) die Gutachterstellen an, nur dann eine traumatische Belastungsstörung anzuerkennen, wenn die Bewältigung des Alltags ohne fremde Hilfe nicht mehr möglich sei (ebd., S. 154 f.) – ein Kriterium, das sich in den offiziellen Diagnoseklassifikationssystemen ICD und DSM selbst nicht finden lässt.

Mit dem sogenannten Gesetz zur „Einführung beschleunigter Asylverfahren" – kurz „Asylpaket II" hat die Große Koalition im Jahr 2016 dieses Vorgehen weiter verschärft, indem sie die Bedeutung der Trauma-Diagnose politisch motiviert in ihrer Bedeutung weiter herabgemildert hat:

> „Nach den Erkenntnissen der Praktiker werden insbesondere schwer diagnostizier- und überprüfbare Erkrankungen psychischer Art (z. B. Posttraumatische Belastungsstörungen [*PTBS*]) sehr häufig als Abschiebungshindernis (Vollzugshindernis) geltend gemacht, was in der Praxis zwangsläufig zu deutlichen zeitlichen Verzögerungen bei der Abschiebung führt. Der Gesetzgeber geht nunmehr davon aus, dass lediglich lebensbedrohliche und schwerwiegende Erkrankungen, die sich durch die Abschiebung wesentlich verschlechtern würden, die Abschiebung des Ausländers hindern. Mit dieser Präzisierung wird klargestellt, dass nur äußerst gravierende Erkrankungen eine erhebliche konkrete Gefahr für Leib oder Leben nach Satz 1 darstellen. Eine solche schwerwiegende Erkrankung kann hingegen zum Beispiel in Fällen von *PTBS* regelmäßig nicht angenommen werden: In Fällen einer *PTBS* ist die Abschiebung regelmäßig möglich, es sei denn, die Abschiebung führt zu einer wesentlichen Gesundheitsgefährdung bis hin zu einer Selbstgefährdung" (Deutscher Bundestag 2016, S. 18).

Dies zeigt, dass der „Verdachts- und Simulationsdiskurs" in Bezug auf Geflüchtete aktuell eine Renaissance erlebt. Die momentane Situation ist auf diese Art und Weise von einer irritierenden Gleichzeitigkeit gekennzeichnet. Auf der einen

Seite wird der Begriff „Trauma" massiv inflationär benutzt: Nach jedem Unfall und jeder Naturkatastrophe wird in öffentlichen Diskursen davon ausgegangen, dass die Betroffenen quasi automatisch traumatisiert seien. Auf der anderen Seite wird Opfern politischer Verfolgung und Geflüchteten der Status als traumatisiert nur durch viele Hürden und Hindernisse hindurch zugesprochen, weil man die politischen und rechtlichen Konsequenzen einer Anerkennung umgehen will.

Diese beispielhaften Ausführungen zeigen, dass bei Traumatisierungen neben den psychischen Kriterien immer auch der politische Kontext eine Rolle spielt. Da

> „der Begriff die Auswirkungen von so unterschiedlichen Erfahrungen wie einem KZ-Aufenthalt, eines Zugunfalls, frühkindlicher sexueller Übergriffe, dem Verlust von Angehörigen wie auch von strukturell belasteten Eltern-Kind-Beziehungen fassen soll" (Brunner 2010, S. 6),

ist es stets nötig, ihn für den jeweiligen (politischen) Kontext zu konkretisieren, soll er nicht in Beliebigkeit abdriften. Nur dann kann sich das kritische Potenzial des Traumabegriffs, das darin liegt, „den Zusammenhang zwischen gesellschaftlicher Gewalt und dem durch diese verursachten Leid herzustellen und zu benennen" (ebd., S. 2; Brunner 2015, S. 46), entfalten. Mit dem momentan populärsten Traumakonzept, dem *PTBS*-Konzept, ist dies aber kaum möglich.

3.6 Das Konzept der posttraumatischen Belastungsstörung (PTBS)

Das momentan am meisten verbreitete Traumakonzept ist die *Posttraumatische Belastungsstörung* (*PTBS*). Wenn im Kontext von Flucht von Trauma gesprochen wird, etwa wenn mit Statistiken und Zahlen argumentiert wird, wie viele Geflüchtete traumatisiert seien, wird in der Regel das *PTBS*-Konzept verwendet.

Die *PTBS* ist eine symptomorientierte Trauma-Klassifikation, die auf einem „Kriterienkatalog von möglichen psychischen, am Verhalten erkennbaren oder bewusst erlebbaren Reaktionen auf extreme Belastungssituationen" beruht (Zimmermann 2012b, S. 31). Die *PTBS* ist im Diagnostischen und Statistischen Manual Psychischer Störungen (DSM) der American Psychiatric Association (APA) und in der Internationalen statistischen Klassifikation der Krankheiten (ICD) der Weltgesundheitsorganisation (WHO) verankert.

Der Aufnahme der PTBS in diese Klassifikationsmanuale gingen ebenfalls gesellschaftspolitische (Anerkennungs-)Kämpfe voraus. Sie wurde von friedensaktivistischen Ärzt*innen und Psycholog*innen, wie zum Beispiel Robert Lifton, vorangetrieben (Brunner 2019a, S. 27). Vietnamkriegsveteranen als zuweilen durch ihre eigenen Taten traumatisierte Opfer des Krieges halfen mit, die Diagnose im medizinischen und öffentlichen Diskurs zu etablieren (ebd.).

Die *PTBS* ist durch die ICD-10 (F43.1) wie folgt definiert:

> „Diese entsteht als eine verzögerte oder protrahierte Reaktion auf ein belastendes Ereignis oder eine Situation kürzerer oder längerer Dauer, mit außergewöhnlicher Bedrohung oder katastrophenartigem Ausmaß, die bei fast jedem eine tiefe Verzweiflung hervorrufen würde. Prädisponierende Faktoren wie bestimmte, z. B. zwanghafte oder asthenische Persönlichkeitszüge oder neurotische Krankheiten in der Vorgeschichte können die Schwelle für die Entwicklung dieses Syndroms senken und seinen Verlauf erschweren, aber die letztgenannten Faktoren sind weder notwendig noch ausreichend, um das Auftreten der Störung zu erklären. Typische Merkmale sind das wiederholte Erleben des Traumas in sich aufdrängenden Erinnerungen (Nachhallerinnerungen, Flashbacks), Träumen oder Albträumen, die vor dem Hintergrund eines andauernden Gefühls von Betäubtsein und emotionaler Stumpfheit auftreten. Ferner finden sich Gleichgültigkeit gegenüber anderen Menschen, Teilnahmslosigkeit der Umgebung gegenüber, Freudlosigkeit sowie Vermeidung von Aktivitäten und Situationen, die Erinnerungen an das Trauma wachrufen könnten. Meist tritt ein Zustand von vegetativer Übererregtheit mit Vigilanzsteigerung, einer übermäßigen Schreckhaftigkeit und Schlafstörung auf. Angst und Depression sind häufig mit den genannten Symptomen und Merkmalen assoziiert und Suizidgedanken sind nicht selten. Der Beginn folgt dem Trauma mit einer Latenz, die wenige Wochen bis Monate dauern kann. Der Verlauf ist wechselhaft, in der Mehrzahl der Fälle kann jedoch eine Heilung erwartet werden. In wenigen Fällen nimmt die Störung über viele Jahre einen chronischen Verlauf und geht dann in eine andauernde Persönlichkeitsänderung (F62.0) über“ (Dilling et al. 2015, F43.1).

Auch wenn in der Definition wichtige und richtige Punkte enthalten sind, ist die Definition an sich und die Verwendung des Konzepts im Kontext von Flucht aus den folgenden Gründen problematisch:

Eine der wichtigsten Kritiken an dem Konzept lautet, dass sie „Trauma“ fälschlicherweise auf ein Ereignis (oder eine Situation) begrenzt (vgl. Becker 2006/2014, S. 173). Dies scheint besonders im Kontext geflüchteter Kinder und Jugendlicher kaum passend, da sie nicht durch ein Ereignis und auch nicht durch eine Situation wie „Krieg“ plötzlich und automatisch traumatisiert sind und danach unter einer *post*traumatischen Störung leiden, sondern durch ein komplexes Zusammenspiel aus den fluchtauslösenden Ursachen, der Flucht selbst und der Aufnahmesituation hierzulande schwer belastet sind (vgl.

Abschnitt *3.8Traumatische Sequenzen im Kontext von Flucht*). Wie sich ihr Leiden entwickelt und ob sich etwa traumabezogene Symptome ausbilden, hängt dabei immer wieder davon ab, welche Erfahrungen Kinder und Jugendliche nach der Flucht im Aufnahmeland machen (vgl. auch Abschnitt *3.9Das Konzept der Nachträglichkeit*).

Auch Preitler (2016, S. 23) problematisiert die Konzeption des„Post“: Post – danach – suggeriere, dass die traumatische Situation vorbei und abgeschlossen sei. „Aber gerade AsylbewerberInnen wissen nicht, ob sie nicht wieder in die Krisenregion zurückmüssen, sie wieder erneut gleichen oder ähnlichen Situationen ausgesetzt werden“ (ebd.). Ihre Lebenssituation sei – auch nach der Flucht – permanent von massivem akuten Stress gekennzeichnet (ebd.). Trotz dieser Fokussierung eines einzigen Ereignisses spielt das konkrete Ereignis selbst – entgegen den Positionierungen einiger ihrer früheren Verfechter*innen (vgl. Young 2001; Fassin und Rechtman 2009) – heute in der Konzeption selbst keine Rolle, weil es einfach als Stressor klassifiziert wird. „Dabei ist nicht von Bedeutung, ob wir in Belfast, Santiago de Chile oder in Auschwitz sind, ob das Trauma Folge von Folter, eines Autounfalls oder eines Herzinfarkts ist“ (Becker 2006/2014, S. 173). Auf diese Art und Weise werden die konkreten gesellschaftlichen und politischen Bedingungen, in denen Traumatisierungen entstehen, verschleiert und ein „soziales und politisches Problem in ein psychopathologisches umgewandelt“ (ebd.). Das *PTBS*-Konzept sei so „im Kern individualistisch, westlich-abendländisch und keineswegs generell anwendbar“, schreibt Weiß (2013a, S. 18 f.).

Hinzu kommt, dass auch der Begriff „Störung“ schon eine gewisse Täter*in-Opfer-Umkehr impliziert, wie Preitler (2016, S. 22) anmerkt:

> „Wir sagen mit der Diagnose also der betroffenen Person, dass sie eine Störung hat. Meiner Meinung nach ist dies eine Entwertung der Opfer und auch eine Opfer/TäterInnen-Verschiebung. Ja, es gab eine Störung. Die liegt aber bei Menschrechtsverletzungen immer bei den TäterInnen und nicht bei den Menschen, die aufgrund der ausgeübten Gewalt verletzt worden sind!“[5]

Becker (1997, S. 31) schreibt:

---

[5]Für jede psychische *Störung* sollte gelten, dass derjenige, der sie hat, nicht einfach *selbst schuld* ist, sondern lebensgeschichtlich etwas erleiden musste, das die Ausbildung der Störung nötig gemacht hat.

> „Das PTSD[6] wird, ohne dieses, wie bereits gesagt, den Autoren als bewußtes Interesse unterstellen zu wollen, insofern zum Sprachrohr der Interessen der Unterdrücker, da in ihrer Definition des Stresses die Täterschaft verleugnet und damit konzeptionell zum Verschwinden gebracht wird. Wenn man bedenkt, daß genau diese Verleugnungsleistung das tägliche Brot der Unterdrücker ist – die vorgeben, niemanden zu unterdrücken, sondern die Gesellschaft von einem Krebsgeschwür befreien zu wollen –, so wird evident, daß dieses ‚wissenschaftliche Konzept' die existierenden Machtstrukturen spiegelt und fortsetzt."

Statt dazu anzuregen, die komplexen Wechselwirkungen zwischen äußeren Extremerfahrungen im Kontext sozialpolitischer Prozesse und der Entwicklung innerpsychischer Belastungen in den Blick zu nehmen, zählt das *PTBS*-Konstrukt einfach Symptome auf. Dazu äußert Becker (2006/2014, S. 175):

> „Während man durchaus sagen kann, dass die Wahrscheinlichkeit, dass Trauma stattgefunden hat, relativ hoch ist, wenn sich PTDS[sic!]-Symptome zeigen, so gibt es keine Garantie dafür, dass kein Trauma vorliegt, wenn sie fehlen. Selbst als Symptomliste ist der[sic!] PTSD also ungeeignet. Aber wichtiger noch ist, dass ein simpler Katalog sowieso an der Problematik vorbeigeht" (Becker 2006/2014, S. 175).

Hinzu kommt, dass die Aufzählung der Symptome verhindert, dass „Verleugnungsstrategien und Verschiebungen auf nicht unmittelbar mit dem Ereignis in Verbindung stehende Symptomatiken, etwa Zwangshandlungen" (Zimmermann 2012b, S. 32), als traumabezogen erfasst werden können. Es gibt kein psychisches Symptom, das nicht traumabedingt auftreten kann.

Den Grund dafür, dass das Konzept trotz der deutlichen Kritik daran weiter weltweit am bekanntesten und verbreitetsten ist, sieht Becker (2006/2014, S. 173) in der „verführerische[n] Kraft der Einfachheit". Eine Traumakonzeption, welche der Komplexität gesellschaftlicher, intra- und innerpsychischer Dynamiken gerecht würde, sei kompliziert und unhandlich (ebd.). Deswegen werde das Konzept trotz der Kritik daran weiter benutzt (ebd.).

Gerade in pädagogischen Kontexten sollte nicht mit dem *PTBS*-Konzept gearbeitet werden, weil es aufgrund der beschriebenen Fokussierungen die Betrachtung der individuellen Lebensgeschichte genauso wie den Einbezug der aktuellen Beziehungssituationen der Kinder und Jugendlichen verstellt (Zimmermann 2012b, S. 33). Bei Verwendung des *PTBS*-Konzepts „besteht die deutliche Gefahr der Schaffung einer neuen klassisch-sonderpädagogischen Kategorie, die stereotypisierenden Charakter trägt und demnach Teil des eigentlichen Behinderungsprozesses wird" (ebd.).

---

[6]PTSD (posttraumatic stress disorder) ist die englische Schreibweise von PTBS.

3.7 Sequenzielle Traumatheorie

Oftmals hilfreich im Kontext von Flucht und Pädagogik ist die Anwendung der *sequenziellen Traumatheorie* (vgl. Becker 2006/2014; Zimmermann 2012b; Bär 2016; Hargasser 2016; Müller und Schwarz 2016; Müller 2017; Piesker et al. 2018).

Keilson (1979/2005) hat den Ansatz im Rahmen seiner *Untersuchung zum Schicksal jüdischer Kriegswaisen* entwickelt. Die Studie wurde in den Jahren 1967–1978 durchgeführt. Als Follow-up-Studie untersuchte Keilson, wie die jüdischen Kinder, die nach der Besetzung der Niederlande durch die deutschen Nationalsozialist*innen antisemitisch verfolgt wurden, sich im Versteck oder im KZ aufhalten mussten und die zu Waisen geworden waren, weil ihre Eltern in der Shoa oder im Krieg umgebracht wurden, unter diesen traumatischen Erfahrungen in ihrem späteren Leben litten und was dabei positive und negative Faktoren für ihre Gesundheitsperspektiven waren. Keilson wertete eine große Menge Material aus, welches sich aus Dossiers von Organisationen zusammensetzte, die nach dem Ende des Zweiten Weltkriegs für die Entscheidungen hinsichtlich der Vormundschaft der zu Waisen gewordenen jüdischen Kinder verantwortlich waren (vgl. ebd., S. 5). Mithilfe dieser Informationen erfolgte eine Auswahl der Betroffenen und ihnen kam ein Fragebogen zu (vgl. ebd., S. 18 ff.). Außerdem wurden Interviews geführt und die überdauernden Persönlichkeitsveränderungen als Effekte der Traumatisierung untersucht (vgl. ebd., S. 21). Anhand der Informationen und theoretischer Auseinandersetzungen ließen sich drei „traumatische Sequenzen" festlegen, welche die untersuchten Personen durchlitten hatten:

> „(1) Die feindliche Besetzung der Niederlande mit dem beginnenden Terror gegen die jüdische Minderheit. Angriffe auf die soziale und psychische Integrität der jüdischen Familien.
> (2) Die direkte Verfolgung: Deportation von Eltern und Kindern, resp. Trennung von Mutter und Kind; Versteck in improvisierten Pflegemilieus; Aufenthalt in Konzentrationslagern.
> (3) Die Nachkriegsperiode, mit der Vormundschaftszuweisung als zentralem Thema" (ebd., S. 427).

In der dritten Sequenz wurde noch eine Unterscheidung vorgenommen, ob das Kind im „(nicht-kongenialen) Kriegspflegemilieu" in beispielsweise christlichen Familien aufgenommen wurde (möglicherweise mit einem Glaubenswechsel durch Taufe und damit im Zusammenhang stehenden Loyalitäts- und Identitätskonflikten) oder in das „kongeniale, seinerseits traumatisierte jüdische Milieu" zurückkehrte, was möglicherweise eine erneute Trennung von dem

„(Kriegspflege-)Erziehungsmilieu“ bedeutete, in dem das Kind bis dorthin leben konnte (ebd.).

Mit diesen Sequenzen hat Keilson explizit die äußeren politischen Verhältnisse als Bedingungsfelder für Traumatisierungen in den Blick genommen – und damit an die Tradition psychoanalytischer Arbeiten wie zum Beispiel von Bernfeld (1921) und Ferenczi (1933) (und nicht zuletzt im Freudschen Werk selbst) angeknüpft und den Zusammenhang von individuellem Leiden und gesellschaftspolitischen Verhältnissen wieder in den Mittelpunkt der Analyse gerückt. Der am *PTBS*-Konzept hervorgebrachten Kritik, dass die politischen Ursachen und die Verursacher*innen der Traumatisierungen verschleiert werden, wird mit der Anwendung von Keilsons Konzept entgegengetreten.

Das entscheidende Ergebnis der Studie ist, dass ein Zusammenhang zwischen „den Befunden der Nachuntersuchung und dem Maß der Traumatisierung in der dritten traumatischen Sequenz“ gefunden wurde, „während der Zusammenhang mit der zweiten traumatischen Sequenz weniger überzeugend war“ (ebd., S. 430). Keilson (ebd.) fasst die Studie wie folgt zusammen:

> „Unsere Untersuchung über Kinder, die durch *man made disaster* Waisen wurden, zeigt im *follow up*, daß nicht nur die Zeitspanne der unmittelbaren Katastrophe (zweite traumatische Sequenz), sondern auch die darauf folgende Periode (dritte traumatische Sequenz) für die adäquate Erfassung und Einschätzung des traumatisierten Entwicklungsganges von Wichtigkeit ist. Kinder mit einer günstigen zweiten, aber einer ungünstigen dritten traumatischen Sequenz zeigen ca. 25 Jahre später ein ungünstigeres Entwicklungsbild als Kinder mit einer ungünstigeren zweiten, aber einer günstigen dritten traumatischen Sequenz. Die Bedeutung der dritten Sequenz liegt in der Qualität des Pflegemilieus, in seinem Vermögen, die Traumatisierungskette zu brechen und dadurch das Gesamtgeschehen zu mildern, nämlich selbst die erforderliche Hilfe zu bieten oder rechtzeitige Hilfe und Beratung zu suchen, resp. in seinem Unvermögen hierzu, wodurch die Gesamttraumatisierung verstärkt wird.“

Dabei war nicht grundsätzlich entscheidend, ob die Kinder in der dritten Sequenz in christlichen oder jüdischen Familien bzw. Milieus untergebracht wurden, sondern konkret welche Form der Unterstützung, der Solidarität, der Bindungserfahrungen sie in dieser Zeit machen konnten. Die zentrale Erkenntnis von Keilsons Arbeit ist also, dass die Erfahrungen *nach* der „unmittelbaren Katastrophe“ entscheidender für die Gesundheitsperspektive sind als das Ereignis selbst. Das beinhaltet eine große Chance: Auch nach schlimmsten Erlebnissen ist niemand automatisch psychisch krank, es kommt immer auch darauf an, welche Erfahrungen jemand *danach* macht. Gleichzeitig wird dadurch die große Verantwortung auch von professionellen Bezugspersonen von Menschen, die Extremsituationen erlebt haben, deutlich. Sie können sich nicht länger darauf zurückziehen, dass das Trauma abgeschlossen ist und sie es nur noch mit den Folgen und Symptomen zu tun haben, sondern sie sind unmittelbar an dem potenziell traumatisierenden Prozess beteiligt.

3.8 Traumatische Sequenzen im Kontext von Flucht

Keilsons Ansatz lässt sich sinnvoll auf die Erfahrungen Flüchtender übertragen. Wichtig ist dabei, dass man nicht versucht, die Erfahrungen von jüdischen Kriegswaisen und Geflüchteten gleichzusetzen. Dann würde man den jeweiligen politischen Verhältnissen wiederum nicht gerecht werden, im Gegenteil: Das wäre relativistisch. Es muss bei der Übertragung stets darum gehen, für den jeweiligen Kontext zutreffende eigene Sequenzen zu beschreiben. Becker und Weyermann (2006) und Becker (2006/2014, S. 180 ff.) haben Keilsons Konzept weiterentwickelt und dabei sechs Sequenzen für den Kontext Flucht beschrieben. Zimmermann (2012b, S. 45 f.) hat diese Sequenzen aufgegriffen, aktualisierend für geflüchtete Kinder und Jugendliche beschrieben und in den pädagogischen Diskurs eingeführt. Im Folgenden werde ich die sechs Sequenzen angelehnt an diese Arbeiten beschreiben und dabei jeweils mit eigenen Überlegungen und zur Verdeutlichung mit eigenen Fallbeispielen[7] bebildern (vgl. hierzu und im Folgenden Müller und Schwarz 2016, S. 25 ff.; Müller 2017, S. 102 ff.).

[7]Die Fallbeispiele stammen aus dem Projekt „Pädagogische Professionalisierung mittels Begleitung von Kindern und Jugendlichen in Krisensituationen" (Wissenschaftliche Leitung: Jun.Prof. Dr. David Zimmermann. Projektdurchführung: M.Ed. Ulla Johanna Schwarz (02/2015-01/2016), M.Ed. Christoph Müller (02/2016-01/2017)). In dem Projekt begleiteten Studierende der Sonderpädagogik ein Jahr lang geflüchtete Jugendliche und gestalteten eine pädagogische Beziehung mit ihnen, die regelmäßig in Seminaren systematisch reflektiert wurde (vgl. dazu Schwarz und Müller 2015; Müller und Schwarz 2016; Zimmermann et al. 2017; siehe auch Abschnitt *8.2Die Bedeutung der Emotionen und der pädagogischen Beziehungen*).

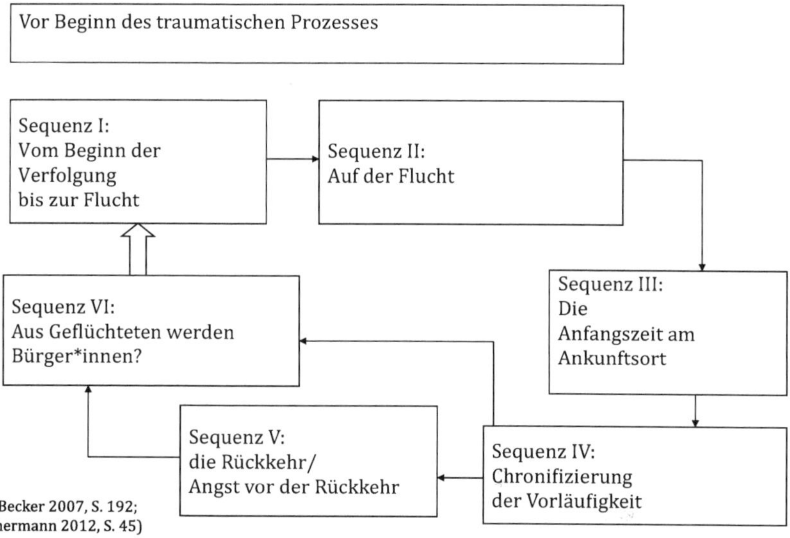

(Vgl. Becker 2007, S. 192; Zimmermann 2012, S. 45)

Vor Beginn des traumatischen Prozesses

Ob sich aus belastenden Situationen und Umständen innerpsychisch Traumata entwickeln, ist stets auch abhängig von den vorherigen Lebenserfahrungen und den damit in Zusammenhang stehenden eigenen Resilienzen. Dabei ist vor allem entscheidend, welche Bindungserfahrungen jemand in der frühen Kindheit machen konnte. Waren die primären Bezugspersonen *ausreichend gut*? Haben die Betroffenen in der Kindheit Schutz und Sicherheit erfahren und eine sichere Bindung zu den primären Bezugspersonen aufbauen können? Verfügt die Person somit über eine innere Vorstellung, in der die Bezugspersonen als zuverlässig repräsentiert sind? Oder gab es Erfahrungen von Verlassenheit, Deprivation und schon früheren Traumata?

Sequenz eins: Vom Beginn der Verfolgung bis zur Flucht

Der traumatische Prozess beginnt nicht erst mit der Flucht, sondern schon vorher mit den später fluchtauslösenden Gründen wie etwa Krieg, Verfolgung, struktureller Diskriminierung oder absoluter Armut. Diese Phase kann einen längeren oder kürzeren Zeitraum umfassen. Daraufhin findet die oft schmerzhafte und schwierige Entscheidung zur Flucht statt und damit die Aufgabe des bisher Vertrauten. Oft findet schon in dieser Sequenz für Kinder und Jugendliche eine Trennung von ihren (primären) Bezugspersonen statt oder diese sind durch die

Umstände so belastet, dass sie ihre Kinder nicht wie gewohnt emotional ausreichend versorgen können. Es herrscht große Angst angesichts der aktuellen Umstände und ungewissen Zukunft.

> Firas[8] ist 14 Jahre alt und wurde zusammen mit seiner Familie als Jeside im Irak vom Daesch verfolgt. Die Trennung von seiner Mutter fand schon vor der Flucht statt: Seine Mutter wurde vom Daesch verschleppt und als *„Sexsklavin"*[9] ausgebeutet.

Dies macht deutlich, dass auch in Firas Fall der traumatische Prozess schon vor der Flucht beginnt, durch die zeitweise Trennung von der Mutter und deren Erlebnisse, die sie später wahrscheinlich unbewusst transgenerational weitergibt.[10]

Es ist sehr unwahrscheinlich, dass man mit seinem gesamten Bezugssystem fliehen kann. Die Trennungen von Bezugspersonen, die in dieser Sequenz daher die Regel sind, sind für den traumatischen Prozess von hoher Bedeutung, da es wie ausgeführt besonders bei Kindern und Jugendlichen stets zentral auf die Beziehungserfahrungen ankommt.

Sequenz zwei: Auf der Flucht

Die Flucht selbst ist oft von großen Gefahren und existentiellen Ängsten geprägt. Da es kaum legale, sichere Fluchtwege gibt, werden die Flüchtenden zur illegalisierten Flucht gezwungen. Die Konsequenzen sind häufig das Erleben lebensbedrohlicher Situationen – etwa bei der Überquerung des Mittelmeers. Aber auch „exzessive Gewalt, Schläge, Misshandlungen" (Tillack und Nau 2019) durch Frontex und durch nationale Grenzbeamte gehören zum Alltag an Europas Grenzen. Dabei werden eklatant Menschenrechte missachtet. Das Recht, einen Asylantrag zu stellen, wird durch sogenannte Push-Backs unterlaufen: Unter Einsatz von „Gewalt und Drohungen" werden Flüchtlinge direkt über die Grenze zurückgebracht (ebd.) – in inzwischen veröffentlichten internen Dokumenten der Organisation Frontex ist von „exzessiver Gewaltanwendung", „Schlagen mit Draht" und „Misshandlung von Flüchtlingen" die Rede (ebd.).

> Zur Flucht gehören häufig „Konfrontationen mit bewaffneten staatlichen und nichtstaatlichen Milizen, willkürliche Inhaftierungen (vgl. Ärzte ohne Grenzen 2017), Folter, Menschenhandel und natürliche sowie menschengemachte Grenzen (vgl. Heck

---

[8]Alle Namen sind zum Schutze der Anonymität verändert worden. Außerdem wechseln in den Beispielen zwei Personen ab, damit von einer Person nicht so viele Informationen preisgegeben werden, dass die Anonymität nicht mehr gewährleistet wäre.

[9]Zur Auseinandersetzung mit der Nutzung sexueller Gewalt als Kriegswaffe durch den Daesch siehe Kizilhan und Cavelius (2016).

[10]Zur transgenerationalen Weitergabe von Traumata siehe Moré (2013) und Rauwald (2013).

> 2008), bei deren Überquerung viele Flüchtende verletzt oder getötet werden" (Kaulertz et al. 2017, S. 6).

Für Kinder und Jugendliche ist es besonders traumatisierend, wenn sie (auf der Flucht oder davor) direkte (sexuelle) Gewalt gegenüber ihren Bezugspersonen mitansehen müssen (Zimmermann et al. 2020, S. 19). Die Sequenz ist dabei, besonders für Kinder und Jugendliche, durch eine Unfähigkeit, abschätzen zu können, was als Nächstes passiert, eine Unmöglichkeit, die eigene Lage kontrollieren zu können, und eine extreme Abhängigkeit von Anderen geprägt (Schon hier kann festgehalten werden, dass es für die pädagogische Arbeit später von fundamentaler Bedeutung ist, für Transparenz, Partizipation und Selbstbestimmung zu sorgen und so die Erfahrung der hohen Abhängigkeit von Anderen und der Unmöglichkeit, einschätzen zu können, was als Nächstes passiert, quasi umzukehren, vgl. Abschnitt *8.5.1Die Pädagogik des sicheren Ortes.*).

> Während der Flucht aus Afghanistan musste Liah, 15 Jahre alt, heftige Kälte erdulden, sich versteckt halten und „viel zu lange laufen". Die damit einhergehenden körperlichen Strapazen lassen sie nach ihrer Ankunft in Deutschland zunächst zusammenbrechen und verursachen ihr noch lange Beschwerden in den Beinen. Hinzu kommen auf dem Fluchtweg Erfahrungen wie das Eingesperrt-Sein auf einem Lastwagen und die Tötung eines Mitflüchtenden durch eine Tretmine. Wälder und Dunkelheit meidet Liah seitdem.

In der schulpädagogischen Arbeit ist es oft so, dass die Lehrkräfte nicht die gesamte Lebensgeschichte ihrer Schüler*innen kennen oder in den konkreten Situationen keine Verbindung zu dieser Geschichte herstellen können, sie das Verhalten ihrer Schüler*innen erst einmal irritiert und es unverständlich bleibt, wenn beispielsweise eine 15-jährige Schülerin auf einer Klassenfahrt auf einmal Angst vor Wäldern und Dunkelheit zeigt. (Bereits hier soll betont werden, dass es daher von enormer Wichtigkeit ist, dass die Lehrkräfte eine pädagogische Haltung einnehmen, nach der sie ihre Schüler*innen und deren Verhalten ernst nehmen, auch wenn sie sie nicht verstehen können, im Sinne der traumapädagogische Haltung des *guten Grundes*: „Alles, was ein Mensch zeigt, macht einen Sinn in seiner Geschichte!") (vgl. Lang et al. 2013, S. 87; vgl. Abschnitt *8.5.3Die Annahme des guten Grundes*).

Wie schon in der ersten Sequenz besteht auch in der zweiten Sequenz die Gefahr, den Tod von Angehörigen und anderen mitzuerleben. Aber selbst wenn Kinder und Jugendliche gemeinsam mit Bezugspersonen flüchten und diese nicht dabei sterben, haben die äußeren Erfahrungen auch oft Auswirkungen auf die inneren Objekte: Für Kinder ist es, wie ausgeführt, sehr wichtig, ein inneres

Bild von ihren Bezugspersonen als schützende Personen/Objekte, die sie vor fundamentalen Bedrohungen bewahren, zu entwickeln. Die äußere Erfahrung, dass ihre Bezugspersonen hilflos und unter Umständen ohnmächtig sind angesichts existentieller Bedrohungen, kann auch diese inneren Bilder gefährden.

Sequenz drei: Die Anfangszeit am Ankunftsort

Die Anfangszeit am Ankunftsort bedeutet in der Regel keine Sicherheit. Sie ist oft von der Ungewissheit geprägt, bleiben zu können, eingesperrt zu werden, weiter flüchten zu müssen oder abgeschoben zu werden. Dazu kommt oft eine große Überforderung angesichts der vielfältigen zu klärenden Probleme. Gleichzeitig findet in dieser Sequenz oft eine erste Auseinandersetzung mit den vergangenen Erlebnissen statt. Hierbei ist für die weitere Entwicklung von Leidensdruck wesentlich, wie mit den Erlebnissen der ersten Sequenzen umgegangen wird. Dabei ist insbesondere entscheidend, ob es traumasensible Unterstützung gibt – oder eher retraumatisierende Verhöre[11]. Oft fehlt es an Privatsphäre und Kontinuität.

Liah erlebt zunächst erneute Trennungen: Erst kommt sie bei einer Pflegemutter unter, bevor sie in die Wohngruppe einer Jugendhilfeeinrichtung umzieht. Dort kommt es ebenfalls mehrfach zu einem Wechsel der Betreuer*innen. Auch die Vormundschaft bleibt nicht bei derselben Person. Liah kann nachts kaum schlafen.

Dieses Fehlen von Stabilität und Kontinuität, vor allem auch in den Beziehungen zu pädagogischen Professionellen wie im Falle Liahs, ist deswegen besonders problematisch, weil es innerpsychisch mit den beschriebenen Beziehungsabbrüchen der vorausgegangenen Sequenzen zusammenwirkt.

Sequenz vier: Chronifizierung der Vorläufigkeit

Die Umstände, die diese Sequenz prägen, verlangen es, sich den neuen Gegebenheiten anzupassen und gleichzeitig die ungewisse Zukunft auszuhalten. Dies kann zu vielfältigen intrapsychischen Konflikten führen. Wer beispielsweise nur eine *Duldung* hat oder auf das Ergebnis langer Asylverfahren wartet, lebt in ständiger Angst vor einer Abschiebung und empfindet das Ankommen in Sicherheit daher permanent nur als *vorläufig*. Dadurch kann es auch besonders schwer sein,

[11]Ein großes Problem stellen hierbei die Anhörungen im Rahmen von Asylverfahren dar. Der Anspruch, möglichst die ganze eigene (Flucht-)Geschichte detailliert und chronologisch korrekt zu erzählen, steht häufig im Widerspruch zu einem traumasensiblen Umgang u. a. wegen der beschriebenen eingeschränkten Symbolisierungsfähigkeit und der Gefahr, von den traumatischen Erfahrungen dann erneut überflutet zu werden.

sich emotional auf das Ankunftsland einzulassen. Manchmal werden daher Bindungen an das Herkunftsland besonders stark aufrechterhalten.[12] Dazu kommt häufig die Angst und Sorge um geliebte zurückgebliebene oder verlorengegangene Menschen.

> Firas Vater lebt noch im Irak. Er trägt eine Kette um den Hals, dessen Anhänger aus einem Stein aus dem Haus seines Vaters im Irak gemacht ist. Sein Vater arbeitet dort als Polizist und Firas hat immer wieder Angst um ihn.

Gleichzeitig kommt spätestens in dieser Sequenz die Schule im Aufnahmeland ins Bild. Während die Eltern möglicherweise noch keine Arbeitserlaubnis haben, die Unterkunft noch sehr prekär ist und der Aufenthaltsstatus für kaum absehbare Zeit unsicher ist, führt die gesetzliche Schulpflicht in der Regel dazu, dass die Kinder nach einigen Monaten (je nach Bundesland nach spätestens sechs Monaten) zur Schule gehen müssen. Die Verantwortlichen in den Schulen haben die Möglichkeit, der Chronifizierung der Vorläufigkeit entgegenzuwirken, indem sie den Schüler*innen Zugehörigkeit vermitteln. Gleichzeitig sollten sie einen sensiblen Umgang mit den äußeren Bedingungen finden, die sie nicht beeinflussen können. Sie stehen damit vor der schwierigen Aufgabe, einen möglichst sicheren Ort zu bieten, während die äußeren Bedingungen wahrscheinlich sehr unsicher sind (vgl. Abschnitt *8.5Traumapädagogik im Kontext von Flucht und sequenzieller Traumatisierung*).

Sequenz fünf: Die Rückkehr oder Angst vor der Rückkehr[13]

Diese Sequenz beinhaltet verschiedene Möglichkeiten bezüglich des Themas Rückkehr. Entweder es kommt real zur Rückkehr. Diese kann erzwungen sein, wie im Falle einer Abschiebung – was als sehr belastende Erfahrung im potenziell traumatischen Prozess gewertet werden muss. Oder es kommt zur freiwilligen Rückkehr, etwa weil die unmittelbare Bedrohung im Herkunftsland vorüber ist oder weil beispielsweise der Familiennachzug nicht wie erhofft ermöglicht wird. Auch eine freiwillige Rückkehr ist häufig von Unsicherheit und Zweifel darüber geprägt, ob dies die richtige Entscheidung ist – und auch oft voller familiärem Konfliktpotenzial, etwa wenn die Eltern zurückkehren, aber die Kinder, die möglicherweise stärker im Ankunftsort verankert sind, bleiben wollen.

---

[12]Dieses Phänomen kennt man auch aus der Migrationsforschung, wenn Personen nach einer Migration nationalistischer ihrem Herkunftsland gegenüber eingestellt sind als vor der Migration. Vgl. dazu die Arbeiten von Tiesler (2017a, 2017b), die mit dem Begriff *Ethnoheterogenese* beschreibt, wie solche Phänomene aus Dynamiken von rassistischen Zuschreibungen und Identifikationen mit diesen Zuschreibungen entstehen.

[13]Bei Becker (2006/2014, S. 182): „Die Rückkehr“.

Eine andere Möglichkeit ist, dass es nicht zur realen Rückkehr kommt, aber diese permanent als bedrohliche Möglichkeit erlebt wird, etwa wenn Aufenthaltserlaubnisse immer nur für einen begrenzten Zeitraum verlängert werden und es zu Ketten-Duldungen kommt. Dies kann zur weiteren *Chronifizierung der Vorläufigkeit* beitragen und einen Beginn der Verarbeitung der vergangenen Erlebnisse verunmöglichen.

Da traumatische Inhalte häufig nicht direkt ausgesprochen werden können, zeigen sich diese vor allem indirekt im Verhalten, wenn sie „szenisch" ins aktuelle Geschehen eingebracht werden: Die aufkommende Angst vor Abschiebung zeigt sich bei Liah durch eine große Angst vor einem Hilfeplangespräch. Diese irritiert die mit ihr arbeitenden Pädagog*innen zuerst. Erst später stellt sich heraus, dass Liah angenommen hat, dort werde über ihren Aufenthaltsstatus verhandelt.

Bei einem anderen Kind kommt die Begleitung im Rahmen des Projekts gar nicht zu Stande, weil es vorher abgeschoben wird.

Eine Abschiebung ist nicht nur für das betroffene Kind eine extreme Belastung, sondern auch für die Mitschüler*innen bedrohlich – besonders in einer Sprachlernklasse, in der mehrere Kinder einen unsicheren Aufenthaltsstatus haben.

Sequenz sechs: Aus Geflüchteten werden Bürger*innen[14]

Zurück im ursprünglichen Herkunftsland kann die Verfolgung erneut beginnen, wenn sich an den fluchtauslösenden Ursachen nichts geändert hat. Oder es beginnt eine neue Verankerung, wobei die Erfahrung der Zeit des Exils prägend ist.

Wenn die Geflüchteten dauerhaft im Ankunftsland bleiben (können), hängt es auch von den gesellschaftlichen Rahmenbedingungen und den damit zusammenhängenden individuellen Erfahrungen ab, ob sie immer wieder durch Rassismus zu Fremden gemacht werden und sich der Ankommensprozess so innerpsychisch nie abschließen lässt oder ob sie ein Leben in Sicherheit mit einem haltenden sozialen Netzwerk führen können. Dies ist nicht als ein sich ausschließendes Entweder-oder zu verstehen, sondern beschreibt vielmehr ein Kontinuum, in dem die individuellen Erfahrungen stattfinden. Der Schule kommt dabei eine besondere Bedeutung zu. Sie hat das Potenzial, die geflüchteten Kinder und Jugendlichen in ihrer Würde zu unterstützen und ihnen Zugehörigkeit zu vermitteln. Gleichzeitig können in der Schule auch besonders stark Scham und Ausgrenzung erlebt werden. Wie sich die Belastungen der vergangenen Sequenzen innerpsychisch

[14] Bei Becker (2006/2014, S. 182): „Aus Flüchtlingen werden RemigrantInnen".

niederschlagen, ist zentral davon abhängig, welche konkreten Erfahrungen die Betroffenen zwischen diesen beschriebenen Polen machen.

Aus dem so konzipierten Modell *sequenzieller Traumatisierungen* im Kontext von Flucht lässt sich nicht automatisch auf die Lebensrealitäten Einzelner schließen. Das Verstehen der Erlebnisse von konkreten Personen ist immer nur individuell durch das Entschlüsseln der subjektiven, objektiven und szenischen Informationen[15] dieser konkreten Person möglich. Das Modell kann aber helfen zu fragen, was ein*e Schüler*in in den unterschiedlichen Sequenzen erlebt hat. Und es verdeutlicht, dass das Trauma nicht nur in der Vergangenheit liegt und abgeschlossen ist, sondern dass es sich um einen Prozess handelt, in dem auch die aktuellen Erfahrungen dafür mitverantwortlich sind, wie sich die vergangenen Belastungen innerpsychisch niederschlagen. Dieses Zusammenwirken von Gegenwart und Vergangenheit lässt sich treffend mit dem psychoanalytischen Konzept der *Nachträglichkeit* verdeutlichen.

3.9 Das Konzept der Nachträglichkeit

Das Konzept der Nachträglichkeit umfasst die spezifischen psychoanalytischen Erkenntnisse zu Zeitlichkeit und psychischer Kausalität:

> „Erfahrungen, Eindrücke, Erinnerungsspuren werden später aufgrund neuer Erfahrungen und mit dem Erreichen einer anderen Entwicklungsstufe umgearbeitet. Sie erhalten somit gleichzeitig einen neuen Sinn und eine neue psychische Wirksamkeit" (Laplanche und Pontalis 2008, S. 313).

In diesem Sinne funktioniert die menschliche Psyche nicht chronologisch. Die Vergangenheit ist nicht einfach unveränderbar abgeschlossen, sondern kann im Nachhinein eine neue Bedeutung erhalten. Etwa der Verlust einer primären Bezugsperson, der ursprünglich in Ansätzen betrauert und überwunden werden konnte, kann durch den erneuten Verlust eines geliebten Menschen im Nachhinein einen traumatischen Charakter erhalten. Oder eine frühkindliche Erfahrung sexuellen Missbrauchs, die vielleicht nicht unmittelbar zu Traumareaktionen führte, bekommt, wenn die[16] Betroffene eine neue Entwicklungsstufe erreicht und dann versteht, was ihr damals angetan wurde, im Nachhinein traumatischen Charakter.

---

[15] Zu den verschiedenen Informationsebenen siehe Zimmermann (2012a) und vergleiche Abschnitt *8.1Die Notwendigkeit von Supervision.*

[16] Aus Gründen der besseren Lesbarkeit gendere ich im Singular so, dass ich nur den weiblichen Artikel nutze.

Diese Erkenntnisse bezüglich der spezifischen Wirkungsweise von *Vergangenem* in der menschlichen Psyche sprechen nochmals deutlich gegen eine auf ein einmaliges äußeres Ereignis fokussierte Sichtweise von Traumata. Freud (1896/2006, S. 58) fasst zusammen: „Wir haben erfahren, daß kein hysterisches Symptom aus einem realen Erlebnis allein hervorgehen kann, sondern daß alle Male die assoziativ geweckte Erinnerung an frühe Erlebnisse zur Verursachung des Symptoms mitwirkt." Damit wird klar, dass sich die potenziell traumatischen Erfahrungen zurückliegender Erlebnisse oft erst nachträglich, im Zusammenhang mit anderen Erlebnissen innerpsychisch entfalten (vgl. Kirchhoff 2018, S. 12). Freud (1885/1987) verdeutlicht dies anhand der Fallgeschichte „Emma". Diese war wegen vielfältiger Symptome bei Freud in Behandlung. U. a. litt sie unter dem Problem, dass sie nicht allein in einen Kaufladen gehen konnte. Die Erklärung, die Freud dafür zuerst von ihr zu hören bekam, konnte die Symptome nicht erklären: Als sie zwölf Jahre alt gewesen sei, habe sie beim Betreten eines Ladens gehört, wie zwei Verkäufer gelacht hätten. In einem Schreckaffekt sei sie davongelaufen. Damit verbunden seien Fantasien, dass die Verkäufer über ihr Kleid gelacht haben könnten und sie ihnen sexuell gefallen haben könnte. Erst als eine zweite Erinnerung, die der Patientin während des Erlebens der ersten Szene nicht bewusst gewesen war, erinnert werden kann, werden die Bedeutung dieser Erfahrung und der damit verbundenen Fantasien deutlich. Als sie mit acht Jahren einmal allein in einem Laden eingekauft hätte, habe sich ein Verkäufer ihr gegenüber übergriffig verhalten und sie durch die Kleider in die Genitalien gekniffen. Trotz dieser Erfahrung sei sie noch ein zweites Mal in diesen Laden gegangen und habe sich danach Vorwürfe gemacht, sie hätte damit möglicherweise einen weiteren Übergriff provozieren können. Durch diese zweite Erfahrung, die „assoziativ mit der früheren Szene" verknüpft ist (Kirchhoff 2018, S. 13), entwickelt sich das pathologische Potenzial der ersten – in diesem Falle zusätzlich im Zusammenhang damit, dass Emma inzwischen eine neue Entwicklungsstufe erreicht hat, sexuell wissend und bedürftig geworden ist (ebd.).

Bezogen auf das Thema Flucht und den Ansatz der *sequenziellen Traumatheorie* bedeutet dies, dass die *potenziell* traumatischen Erlebnisse der ersten Sequenzen möglicherweise erst durch belastende Erlebnisse in den späteren Sequenzen im Nachhinein ihr traumatisches Potenzial entfalten. „So kann ein Verlust- oder Angsterleben im Herkunftsland zum Beispiel erst durch rassistische Verfolgung im Aufnahmeland traumatischen Charakter erhalten" (Zimmermann 2012b, S. 49). Dies bedeutet zum einen eine große Verantwortung für die Lehrkräfte geflüchteter Schüler*innen, die möglicherweise die wichtigsten außerfamiliären Bezugspersonen in den Sequenzen drei bis fünf sind – aber auch eine große Chance: Auch bei dramatischen äußeren Extremerfahrungen sind die Kinder nicht automatisch traumatisiert: Es kommt immer auch auf die (Beziehungs-)Erfahrungen im Nachhinein an.

Das Konzept der Nachträglichkeit pointiert so einerseits den zentralen Aspekt des Konzepts „Sequenzielle Traumatisierung“: dass die Erfahrungen *nach* den potenziell traumatisierenden Ereignissen oftmals innerpsychisch eine größere Bedeutung haben als die unmittelbare Katastrophe selbst. Andererseits geht das Prinzip noch darüber hinaus, indem es betont, dass das Vergangene seine Bedeutung immer erst in der Gegenwart erhält und sich somit auch *verändert*. Dieses Prinzip der Nachträglichkeit zeigt sich nicht nur im pathologischen Kontext: „Auch wenn die Nachträglichkeit allein im klinisch Auffälligen zu sehen ist, nämlich dann, wenn in der Konstitution psychisch bedeutsamer Momente die nachträgliche Bedeutung traumatisch wirkt, nicht bewusst ertragen werden kann und Symptome zeitigt, so ist die Nachträglichkeit doch auch im sogenannten Normalen zu finden“ (Kirchhoff 2009, S. 14).

Diese Nachträglichkeit im Nicht-Pathologischen lässt sich an einer Passage aus Freuds „Studien über Hysterie“ verdeutlichen: Dort schreibt Freud (1895, S. 223) über das Verliebtsein: „Es fanden sich hier alle jene kleinen Vorzeichen und Ahnungen, aus denen eine vollentwickelte Leidenschaft in der Rückschau so viel zu machen versteht.“ Kirchhoff (2009, S. 221) bemerkt dazu:

> „All diese kleinen Zeichen, von denen Freud hier spricht, erhalten ihren Sinn als Vorboten einer großen Liebe erst nachträglich. Beim Ausbleiben selbiger würden sie diese Bedeutung nicht erhalten. Beim Eintreten erscheint es den Beteiligten jedoch, als hätte all dies schon immer auf das hingewiesen, was später daraus geworden ist.“

Dies verdeutlicht, dass alle Erfahrungen beständig umgeschrieben werden und sich ihre Bedeutung psychisch verändert.

Eine besondere Bedeutung bekommt dieses allgemeine Prinzip der Nachträglichkeit aber für das Erlebte, „was in dem Augenblick, in dem es erlebt worden ist, nicht vollständig in einen Bedeutungszusammenhang integriert werden konnte. Das Vorbild für ein solches Erleben ist das traumatisierende Ereignis“ (Laplanche und Pontalis 2008).

In Hinblick auf die Beschreibung des Traumas mit Bezug zu Bion (1992) als erneutes *Beta-Element*, für das niemand die *Alpha-Funktion* übernimmt und das so unverdaut als eine alles überflutende namenlose Angst verbleibt, wird deutlich, dass sich immer erst nachträglich entscheidet, ob eine potenziell traumatische Erfahrung ihr traumatisches Potenzial entfaltet, nämlich dann, wenn versucht wird, die *Beta-Elemente* auszustoßen und die Bezugspersonen ebenfalls beim Versuch, diese zu modifizieren, scheitern (vgl. Brunner 2011, S. 50). Dies verweist

– besonders bei Kindern, welche die *Alpha-Funktion* ohnehin noch nicht allein für sich selbst übernehmen können – immer auch auf die Qualität der Beziehungen nach potenziell traumatischen Erfahrungen. Bezogen auf den Kontext Flucht und Schule rückt diese Erkenntnis die Beziehungserfahrungen mit den pädagogischen Bezugspersonen in der Schule in den Fokus.

Die „ständige Wechselwirkung zwischen Gegenwart und Vergangenheit" (Erdheim 1993, S. 941) bedeutet aber auch, dass nicht nur die Gegenwart in die Vergangenheit wirkt, sondern die vergangenen Erfahrungen auch im hohen Maße die gegenwärtigen und zukünftigen Beziehungen prägen. Es erfordert ein hohes Maß an Professionalität und Reflexivität, die bloße *Reinszenierung* belastender Erfahrungen zu verhindern.

4 Reinszenierung und Wiederkehr belastender und traumatischer Erfahrungen in den pädagogischen Beziehungen

> „Nur an einem Thema kann ich nicht so leicht vorbeigehen, […] es ist so überaus wichtig, so reich an Hoffnungen für die Zukunft, vielleicht das Wichtigste von allem, was die Analyse betreibt. Ich meine die Anwendung der Psychoanalyse auf die Pädagogik, die Erziehung der nächsten Generation."
>
> *Sigmund Freud (1933/2007, S. 575)*

Das Phänomen, dass Menschen leidvolle und traumatische Erfahrungen in ihrem Leben immer wieder auf ähnliche Weise wiederholen und dabei auch ihre jeweiligen Gegenüber offenbar *irgendwie* dazu bringen, sich so zu verhalten, dass sich die ursprünglich belastenden Erfahrungen reinszenieren, lässt sich mithilfe psychoanalytischer Theorie verstehen. Diese wird im Folgenden skizzierend eingeführt und dann auf die Situation geflüchteter Schüler*innen und die mit ihnen arbeitenden Lehrkräfte bezogen.

Dabei folge ich zuerst den psychoanalytischen Grundannahmen, die auch für die Psychoanalytische Pädagogik eine entscheidende Rolle spielen, indem ich den Zusammenhang von Wiederholungszwang, den Phänomenen Übertragung und Gegenübertragung und der Idee der Reinszenierung darstelle. Daran anschließend werde ich dann diesen Ansatz mithilfe der traumatheoretischen Überlegungen des vorherigen Kapitels für den Traumakontext kontrastieren und konkretisieren.

Freud (1900/2015) hat in seinen Untersuchungen der menschlichen psychischen Mechanismen ursprünglich das Herrschen des *Lustprinzips* festgestellt. Das heißt, dass die Gesamtheit der psychischen Aktivität demnach das Ziel verfolgt, „Unlust zu vermeiden und Lust zu verschaffen" (Laplanche und Pontalis 2008,

C. Müller, *Pädagogisch arbeiten in traumatischen Prozessen*, Kritische Sozialpsychologie, https://doi.org/10.1007/978-3-658-32876-4_4

S. 297). Umso mehr er dieses Prinzip bestätigt sah, stellte sich aber die Frage, wieso doch die allgemeinste Erfahrung dem energisch widerspreche, dass die übergroße Mehrheit unserer Seelenvorgänge von Lust begleitet sei oder zur Lust führen würde (Freud 1920/2012, S. 219). Die Erklärung für diesen Widerspruch fand Freud (ebd.) in der Existenz eines anderen allgemeinen Prinzips – dem *Wiederholungszwang*. *Wiederholungszwang* meint den

> „Prozess unbewusster Herkunft, wodurch das Subjekt sich aktiv in unangenehme Situationen bringt und so alte Erfahrungen wiederholt, ohne sich des Vorbilds zu erinnern, im Gegenteil den sehr lebhaften Eindruck hat, dass es sich um etwas ausschließlich durch das Gegenwärtige Motiviertes handelt" (Laplanche und Pontalis 2008, S. 627).

In *Jenseits des Lustprinzips* stellt Freud (1920/2012) dazu erste Überlegungen an und führt das Prinzip anhand eines Beispiels ein: Ein eineinhalb Jahre alter Junge spielt dabei mit einer Holzspule, die mit einem Bindfaden umwickelt ist. Er schmeißt diese immer wieder weg und zieht sie dann wieder an sich heran. Beim Verschwinden der Holzspule äußert das Kind Enttäuschung, beim Wiedererscheinen Freude. Freud (ebd., S. 225) interpretiert, dass das Kind so das Verschwinden und Wiederkommen seiner Mutter „mit den ihm erreichbaren Gegenständen selbst in Szene setzt". Zugleich interpretiert Freud (ebd.), dass sich im Spiel mehr zeigt als das allgemeine Phänomen, dass Kinder alles nachspielen, was sie erleben, und dass es dem Kind weniger um das lustvolle Wiedererscheinen geht als um das enttäuschende Verschwinden. So wiederholt es vor allem den ersten Teil – das Verschwindenlassen der Holzspule – und lässt das mit Freude begleitete Wiedererscheinen weg (ebd.).

Diese Beobachtung hat sich in der psychoanalytischen Theorieentwicklung vielfach bestätigt. Es sind gerade die unangenehmen Erfahrungen und die damit verbundenen inneren Konflikte, welche das Subjekt, wenn sie nicht verarbeitet sind, quasi unausweichlich immer wieder reinszeniert (vgl. Auchter und Strauss 2003, S. 178). Diese oftmals verdrängten Anteile sind im Unbewussten gespeichert und sind von dort aus wirksam. Sie nötigen das Subjekt, dieses „Verdrängte[1] als gegenwärtiges Ereignis zu wiederholen" (Freud 1920/2012, S. 228).

[1]Die Verwendung des Begriffs „Verdrängung" macht deutlich, dass es sich nicht um Traumata in dem definierten Sinne (vgl. Kapitel 3), sondern um sonstige emotionale Belastungen handelt. Mit dem heutigen begrifflichen und theoretischen Inventar müsste man in Bezug auf Traumata dagegen von Spaltung statt von Verdrängung sprechen, aber zu dem Zeitpunkt hatte Freud „noch keine weiteren Formen der abwehrenden Bewältigung zur Verfügung wie Verleugnung, Introjektion, Projektion und Verwerfung (Ausschließung, Exklusion), die alle auf Spaltung beruhen oder zu ihr führen" (Hirsch 2011, S. 20).

Das Unbewältigte drängt aufgrund des „unbewussten Auftriebs im Wiederholungszwang zu einer Aufhebung der Verdrängung und einer Wiederkehr des Verdrängten“ (Auchter und Strauss 2003, S. 143).

Mit Wiederholungen ist immer einerseits die Hoffnung verbunden, noch einen anderen Ausgang für die schrecklichen Erfahrungen zu finden, andererseits besteht immer die Gefahr, dass sich das Gegenüber so verhält, dass es auch äußerlich zu einer Wiederkehr der belastenden Szenen kommt. Dass sich auch das Gegenüber regelmäßig für eine solche *Reinszenierung* einspannen lässt, wird durch die Phänomene *Übertragung* und *Gegenübertragung* verständlich. Übertragung „bezeichnet in der Psychoanalyse den Vorgang, wodurch die unbewussten Wünsche an bestimmten Objekten im Rahmen eines bestimmten Beziehungstypus, der sich mit diesen Objekten ergeben hat, aktualisiert werden“ (Laplanche und Pontalis 2008, S. 550). Das klassische Beispiel Freuds (1940/2007, S. 413) dafür ist, dass die Patient*in in der Analyse unbewusst die Analytiker*in an die Stelle eines Elternteils, des Vaters oder der Mutter, setzt. Dies ist „einerseits ein Hilfsmittel von unersetzlichem Wert“ (ebd.), weil die Analysand*in dadurch „mit plastischer Deutlichkeit ein wichtiges Stück [ihrer] Lebensgeschichte vorführt, über das [sie] uns wahrscheinlich sonst nur ungenügende Auskunft gegeben hätte“ (ebd., S. 414). Es ermöglicht zudem, den ursprünglichen Konflikt mit der primären Bezugsperson nun stellvertretend mit der Analytiker*in neu zu bearbeiten und eine korrigierende Erfahrung zu machen. Gleichzeitig spricht Freud (ebd., S. 413) davon, dass die Übertragung „andererseits eine Quelle ernster Gefahren“ sei – und zwar dann, wenn die Analytiker*in sich ihre unbewusste Reaktion auf die Übertragungen der Patient*in – also ihre Gegenübertragung (vgl. Laplanche und Pontalis 2008, S. 164) – nicht bewusst macht. Dann läuft sie Gefahr, sich tatsächlich wie einst z. B. die Mutter zu verhalten und die so fatale Szene für die Analysand*in nur zu wiederholen (vgl. Freud 1940/2007, S. 414).

> „Mit der Bezeichnung Gegenübertragung werden Körperempfindungen, Gefühle, Phantasien und Handlungsimpulse versehen, die als Reaktion auf das Verhalten und die innere Welt des Gegenübers angesehen werden, sich in oder nach der Interaktion einstellen, oft irritieren und nicht unmittelbar eingeordnet werden können“ (Rauh 2010, S. 175).

Man unterscheidet zwischen *konkordanten* und *komplementären* Gegenübertragungen. Konkordante Gegenübertragungen beinhalten eine „partielle Identifikation mit Persönlichkeitsanteilen des Gegenübers“ (ebd.): Die Therapeut*in erlebt sich wie das Kind selbst in früheren Beziehungskonstellationen, zum Beispiel ohnmächtig. Bei komplementären Gegenübertragungen fühlt sich die Therapeut*in hingegen wie die (einstige) Beziehungspartner*in des Kindes – hat zum Beispiel den Impuls, das Kind zu strafen oder zu verstoßen – oder fühlt sich wie die einst ersehnte Beziehungspartner*in, die es nie gab, die zum Beispiel *nur* gut ist.

Übertragungen und Gegenübertragungen entfalten sich aber nicht nur im psychoanalytischen Setting, sondern überall, wo wir auf bedeutende Andere stoßen und speziell in festen Rahmenverhältnissen wie zwischen „Arzt-Patient, aber auch Lehrer-Schüler, Beichtvater-Beichtkind etc." (Laplanche und Pontalis 2008, S. 551). Was bedeutet dies nun für das Geschehen zwischen potenziell traumatisierten geflüchteten Schüler*innen und ihren Lehrkräften?

Die Schule ist ein *emotionaler Raum*, „in dem Sinne, dass die Institution Schule einen Interaktions- und Erfahrungsraum darstellt, in dem permanent vielfältige Emotionen bei den Betroffenen ausgelöst werden und verarbeitet werden müssen" (Göppel und Hirblinger 2010, S. 9). Das bedeutet, dass sich permanent zwischen allen täglichen Besucher*innen der Schulen Übertragungs- und Gegenübertragungsdynamiken entfalten – besonders zwischen den Schüler*innen und ihren Lehrkräften. Emotionale Belastungen und potenzielle Traumatisierungen der Schüler*innen bergen für diese Dynamiken ein besonders destruktives Potenzial, wenn sie nicht reflektiert werden.

Die geflüchteten Kinder und Jugendlichen haben – wie bereits ausgeführt (vgl. Kapitel 2; 3.8) – mit hoher Wahrscheinlichkeit vielfach belastende Szenen erlebt, haben möglicherweise einen Elternteil, beide Eltern und/oder andere wichtige Bezugspersonen verloren, haben unmittelbare Gewalt erlebt (Zimmermann 2012a, S. 308), mussten während der Flucht große Gefahren und existentielle Ängste aushalten usw. Und auch zum Zeitpunkt des Schulbesuchs im Aufnahmeland ist die Wahrscheinlichkeit hoch, dass sie noch „schwere neue Belastungen, etwa Unsicherheit über Bleibemöglichkeiten und Abschiebedrohungen, unwürdige Lebensbedingungen in Wohnheimen und eine sehr schlechte finanzielle Situation" erleben müssen (ebd.). Diese Belastungen bringen sie mit in die Schule und setzen sie dort möglicherweise unbewusst in Szene. Auf die Lehrkräfte übertragen sie dabei mit hoher Wahrscheinlichkeit eben diese vielfachen belastenden und/oder traumatisierenden, ambivalenten, nicht verlässlichen Erfahrungen mit Erwachsenen.

Es kann aber auch sein, dass bei ihnen die Fantasie vorherrscht, dass die Schule einen Neuanfang darstellt, mit dem alles Belastende hinter sich gelassen werden kann – dann handelt es sich um die Übertragung ersehnter Beziehungserfahrungen. Zimmermann (2012a, S. 308) spricht in diesem Zusammenhang von einer „geteilten Fantasie eines Neuanfangs":

> „Es ist hier von einer geteilten Fantasie die Rede, weil sowohl die Pädagoginnen und Pädagogen als auch die Jugendlichen und ihre Eltern selbst ihr anhängen. [...] Diese Fantasie ist letztlich von dem Gedanken beherrscht, es gebe einen von der Außenwelt unabhängigen schulischen Raum, in dem alle Beziehungen neu aufgebaut werden könnten. Dabei wird weitgehend verleugnet, dass traumatische Erfahrungen sich immer auch in den aktuellen Beziehungen widerspiegeln, dass sie – in psychoanalytischer Terminologie – reinszeniert werden“ (ebd.).

Ein Beispiel für solche Verstrickungen gibt auch Yecheskiel Cohen (2014, S. 61 ff.) in seinem Werk *Das traumatisierte Kind*. Cohens Überlegungen bauen auf seinen Erfahrungen als Leiter des Kinderheims B'nai B'rith in Israel (Jerusalem) auf, das anfänglich vor allem Kinder, die die Naziverfolgung überlebt hatten, aufnahm. Die zentrale Säule des Konzepts des Heims ist die kontinuierliche Betreuung der Kinder durch feste pädagogische Beziehungspartner*innen, die ihre Arbeit regelmäßig supervidieren. Das, was sich dabei häufig in den Beziehungen zwischen den Kindern und den Mitarbeiter*innen inszeniert, nennt Cohen die „goldene Fantasie“. Bei den „misshandelten Kindern“ würde bei der Unterbringung im Heim die Fantasie heraufbeschworen, sie seien jetzt endlich nicht nur in Sicherheit, sondern es gebe da auch jemanden, der *nur* gut sei, der alle Wünsche erfüllen würde und all ihre vergangenen Verletzungen wieder gut machen werde (ebd., S. 61 f.). Bei den Betreuer*innen und/oder Therapeut*innen würde „durch Gegenübertragung und projektive Identifizierung“ ebenfalls die Fantasie entstehen (ebd., S. 62): Die Betreuer*in fühlt sich durch die Idealisierung geschmeichelt und es entsteht bei ihr die Fantasie, sie könne wirklich diejenige sein, die das Kind rettet und alles wieder für es gut macht.

Die notwendige Folge einer solchen geteilten *goldenen Fantasie* ist ein zweites Stadium, welches Cohen „Enttäuschung und Verzweiflung“ nennt (ebd., S. 69 ff.). Merkt das Kind, dass die Pädagog*in diesen Anspruch nicht erfüllen kann (der ja unmöglich zu erfüllen ist), folgt die andere Seite der Spaltung: Nun gehört die Pädagog*in zur Seite der Bösen, die *nur* schlecht ist und daher massiv entwertet wird. Die Betreuer*in reagiert darauf ebenfalls enttäuscht und verzweifelt. Es besteht die Gefahr, dass sie jetzt die Rolle des „misshandelnden Elternteils“ übernimmt (*komplementäre Gegenübertragung*). Möglich ist, dass sie nun denkt, dass Kind sei in der Einrichtung nicht tragbar, *mit dem könne man nicht arbeiten* etc.

Ähnliches ist für den Schulbesuch geflüchteter Kinder und Jugendlicher denkbar. Auch hier ist möglich, dass die geflüchteten Schüler*innen denken, mit dem Schulbesuch sei alles Belastende hinter sich gelassen und von nun an werde alles positiv. Auf Seiten der Lehrkräfte wäre möglich, dass sie *Rettungsfantasien* entwickeln und annehmen, sie könnten für die geflüchteten Schüler*innen alles wieder gut machen oder sie zumindest vor existentiellen Bedrohungen schützen (was aber beispielsweise bei drohenden Abschiebungen gar nicht in ihrer Macht liegt). Und auch hier ist denkbar, dass, wenn diese hohen Erwartungen sich nicht erfüllen lassen, es zu Enttäuschung, Entwertung und Aggressionen kommt – und dann zu dem gegenteiligen Wunsch, das Kind wieder „loszuwerden".

Beispiele für solche Dynamiken geben Freyberg und Wolff (2006, 2009) in ihrer Studie *Störer und Gestörte*. Darin zeigen sie in exemplarischen Einzelfallstudien, wie emotional belastete Schüler*innen „ihre Erzieher, Lehrer und Sozialarbeiter in schier endlose und eskalierende Konflikte verstricken. Konflikte, aus denen es schließlich nur noch einen Ausweg zu geben scheint: den Abbruch der Arbeit und der Beziehung" (Freyberg und Wolff 2009). Dabei decken sie zentral auf, wie solche beschriebenen, affektiven Reaktionen (Gegenübertragungen) mit institutionellen Logiken des separierenden Schulsystems zusammenwirken.

Die Kernidee der Psychoanalytischen Pädagogik ist, dass die Übertragungsdynamiken reflektiert werden müssen, um solch destruktive Dynamiken und die ständige Wiederholung und Reinszenierung belastender Erfahrungen zu durchbrechen. Aufbauend auf den Überlegungen von Lorenzer (1970/2000), mit denen ich mich noch ausführlich im Auswertungsmethoden-Kapitel (Abschnitt *6.5Tiefenhermeneutik*) auseinandersetzen werde, hat Leber (1988) die pädagogische Methode des *Szenischen Verstehens und fördernden Dialogs* entwickelt. Leber (ebd., S. 54) geht dabei explizit vom *Wiederholungszwang* und der dadurch drohenden *Reinszenierung* aus:

> „Was für das Kind in der frühen Beziehung nicht oder nur schwer zu ertragen war, bleibt aus der Benennung und damit aus der Selbstreflexion und so auch aus dem Selbstverständnis ausgeschlossen, geht aber gerade deshalb in jede neue Beziehung ein. […] Wir versuchen, andere – ohne dies zu bemerken – in unsere frühen, ungelösten Probleme hineinzuziehen, diese ihnen anzuhängen, an ihnen abzuarbeiten oder aber auch mit ihnen die ideale, ungestörte Beziehung einzugehen, wie wir sie uns als Kind ersehnt haben. Im Alltag führt das leicht zu Missverständnissen und Verwirrungen oder zu Illusionen, die nur allzu oft zusammenbrechen, weil die dafür ausersehene Person weder für die Reinszenierung schlimmer Erlebnisse herhalten noch ideale Rollen erfüllen kann und will."

Die Aufgabe der Pädagog*innen sei dabei, sich auf diese Szenen erst einmal einzulassen, sie wahrzunehmen und sich auf die Übertragung einzustellen, sich dann aber gleichzeitig davon innerlich zu distanzieren, das heißt, ihre durch die Übertragung ausgelösten Impulse nicht affektiv auszuleben, sondern „über die wahrgenommene szenische Gestaltung wie über [ihre] eigenen Gefühlsreaktionen nach[zu]denken" (ebd., S. 55).

Das bedeutet, dass die Pädagog*innen sich erst einmal auf eine „Gefühlsbeziehung“ mit den Kindern einlassen und die dabei ausgelösten Emotionen zulassen müssen (vgl. Dörr 2017, S. 36). Nur dann kann ein „Spielraum“ im Sinne Winnicotts (1971/2012) entstehen (ebd.), der wichtig ist, um Belastungen verarbeiten zu können. Die dann in der pädagogischen Arbeit ausgelösten Emotionen müssen reflektiert werden. Aufbauend auf diesen selbstreflexiven Gedanken, sollen die Pädagog*innen eine Antwort im Rahmen eines Dialogs einbringen und dabei abwägen, was sie den Kindern oder Jugendlichen dabei zumuten können (Leber 1988, S. 56).

Heinemann (1997) hat diese Überlegungen auf die Arbeit im Unterricht bezogen und zeigt mit Beispielen aus der eigenen Arbeit, wie *das Szenische Verstehen und der fördernde Dialog* unter diesen Bedingungen funktionieren können. So berichtet sie beispielsweise von einem Schüler, dessen aggressives Verhalten im Unterricht in ihr als seiner Lehrerin affektiv „Aggression und den Wunsch zu strafen“ auslösten (ebd., S. 51). Anstatt ihm nachzugeben, hat Heinemann diesen Impuls als Gegenübertragungsreaktion auf den Schüler interpretiert, sich innerlich davon distanziert und ihm stattdessen eine überlegte, zumutende Antwort (Gelegenheit zur Wiedergutmachung) gegeben und dabei gleichzeitig die haltende Beziehung zu ihm aufrechterhalten.

Unmittelbar ersichtlich ist hierbei aber nun, dass diese in der Psychoanalytischen Pädagogik vorgesehene „Tiefenhermeneutische Doppelstrategie“ (Heinrich 1994, S. 78) – bestehend aus der unmittelbaren Teilhabe an den Reinszenierungen der Schüler*innen und der inneren Distanzierung davon, welche ein auf Selbstreflexion beruhendes Verstehen ermöglicht – enorm hohe Ansprüche an die Lehrkräfte stellt. Diese sind in der Regel weder psychoanalytisch geschult noch haben sie psychoanalytische Selbsterfahrung – die im therapeutischen Setting als Voraussetzung zum Entschlüsseln der Übertragungsdynamiken gilt. Dazu kommen die institutionellen Bedingungen: Im klassischen Schulsetting ist eine Lehrkraft Projektionsfläche für die Wünsche und Reinszenierungsversuche von über zwanzig Schüler*innen. Außerdem haben die Lehrkräfte neben der Gestaltung der Beziehungen zu ihren Schüler*innen eine Reihe weiterer Aufgaben und institutioneller Vorgaben (vgl. Kapitel 5. *Die Institution Schule*). Regelmäßige Supervision oder kollegiales Fallverstehen scheinen wichtige Voraussetzungen dafür zu sein, die dadurch vielfältig ausgelösten eigenen Emotionen reflektieren zu können. Tatsächlich sind diese Formen der Reflexion aber bisher an Schulen sehr wenig verbreitet.

Diese klassische Idee der Psychoanalytischen Pädagogik, dass Kinder und Jugendliche emotionale Belastungen – das, was für sie in früheren Beziehungen nicht oder nur schwer zu ertragen war (Leber 1988, S. 54) – in den

Beziehungen zu den Pädagog*innen übertragen und reinszenieren; und dass die Pädagog*innen dies durch die Reflexion ihrer Gegenübertragungen entschlüsseln können und darauf aufbauend eine Antwort in den Rahmen des Dialogs einbringen können, die eine korrigierende Beziehungserfahrung ermöglicht, bezieht sich zudem implizit auf emotionale Belastungen und Konflikte auf einem neurotischen Niveau – in der Sprache der *Operationalisierten Psychodynamischen Diagnostik* (OPD) (vgl. Arbeitskreis OPD-KJ-2 2016) auf Kinder und Jugendliche mit einem Strukturniveau, welches gut oder eingeschränkt integriert ist.

Vor dem Hintergrund von strukturell gestörten Kindern – oder vor dem Hintergrund einer Traumatheorie, die davon ausgeht, dass traumatische Erfahrungen schon erworbene Strukturen wieder zerstören – müsste der Ansatz meines Erachtens nach umformuliert werden: Was eine *korrigierende emotionale Erfahrung* im Traumakontext bedeutet, ist eine in der Literatur vernachlässigte Frage (vgl. Neudecker 2019 und Abschnitt *8.5.2Die Fokussierung der pädagogischen Beziehungen*). Eine Übertragung ersehnter Beziehungserfahrungen beispielsweise setzt die Repräsentanz des Mangels voraus – wird dieser nicht repräsentiert, müsste man eher von einer unspezifischen und ungerichteten Suche nach Resonanz und Repräsentanz ausgehen. Wiederholung ist sowohl ein Charakteristikum des Traumas als auch kennzeichnend für neurotische Konflikte (Küchenhoff 2005, S. 316). Die Art der Wiederholungen lässt sich aber bei Konflikt und Trauma voneinander unterscheiden: Die Wiederholung bei Konflikten ist eine *variierende Wiederholung*, bei der eine Form bei wechselnden Inhalten wiederholt wird (ebd.). Die Wiederholung bei Traumata ist sehr viel starrer und ist eher eine *Wiederkehr*, „ein repetitives Muster hereinbrechender Repräsentationen, das die beschriebene Dynamik der Neubearbeitung von Repräsentationen gerade stilllegt“ (ebd.).[2]

Auf die Pädagog*innen werden dabei nicht konkrete Erfahrungen mit früheren Bezugspersonen übertragen, sondern abgespaltene rohe Beta-Elemente mithilfe des archaischen Abwehrmechanismus der *projektiven Identifizierung*. Diese werden nicht einfach nur durch Übertragung angeheftet, sondern gleichsam in das Innere des Gegenübers eingepflanzt (Pohl 2010, S. 43; vgl. Klein 1946/2011). Verbunden ist damit die Möglichkeit, dass das Gegenüber die *Beta-Elemente* aufnimmt und *contained* – also es dadurch, dass sie es selbst aushalten kann, modifiziert und in aushaltbarerer Form zurückspiegelt. Gelingt das *Containment* nicht, weil das Gegenüber die *Beta-Elemente* selbst nicht verdauen kann, reintrojiziert das Kind diese *Beta-Elemente* wieder und erlebt sie als namen- und bildloses Grauen (Bohleber 2014, S. 780; Crepaldi 2018, S. 32).

[2] Möglicherweise sind auch die „Flashbacks“, von denen die ICD in Bezug auf PTBS spricht, als solche plötzlich hereinbrechenden Repräsentationen zu verstehen.

Die *Reinszenierung* besteht nicht darin, dass das Kind eine erlebte oder ersehnte Erfahrung in Szene setzt (dies setzt strukturelle Fähigkeiten bzw. Repräsentationen voraus), sondern darin, dass die mit den traumatischen Erfahrungen verbundenen rohen sensorischen Daten immer wieder ausgestoßen und introjiziert werden und dabei schreckliche unerträgliche Affekte im Gegenüber wie im Kind selbst ausgelöst werden, welche dann immer wieder erlebt werden. Mehr als nur bei der Reflexion von üblichen Gegenübertragungsgefühlen sind die Pädagog*innen im Kontext von potenziellen Traumata und *projektiven Identifizierungen* gefordert, die abgespalteten Anteile der Kinder selbst zu verdauen – was umso mehr einen regelmäßigen geschützten super- oder intervisorischen Rahmen erfordert.

Für den Kontext *Geflüchtete Kinder und Jugendliche in der Schule* ist beides denkbar: Ob es sich um die Wiederholung und Reinszenierung emotional belastender Erfahrungen handelt oder um *projektive Identifizierung* und die Wiederkehr abgespaltener dekontextualisierter traumatischer Erfahrungen, lässt sich je nur im Einzelfall feststellen. Mehr noch, im Sinne der Nachträglichkeit wird sich diese Unterscheidung regelmäßig erst in der Gegenwart und Zukunft ergeben.

Was bedeutet dies für die momentane Situation? Geht man davon aus, dass *erstens* belastende Erfahrungen, die verdrängt wurden, immer wieder zur Wiederholung drängen und somit potenziell immer wieder in neuen Beziehungen reinszeniert werden und dass traumatische Erfahrungen abgespalten werden und mithilfe des archaischen Abwehrmechanismus der *projektiven Identifizierung* ins Gegenüber *eingepflanzt* werden; dass *zweitens* die geflüchteten Schüler*innen aller Wahrscheinlichkeit nach vielfach belastet sind *und* sich inmitten eines potenziell sequenziell traumatischen Prozesses befinden; und dass *drittens* die Schule ein *emotionaler Ort* ist, in dem sich das Verhältnis zwischen Schüler*innen und Lehrkräften besonders für Übertragungsdynamiken anbietet – und rechnet dem noch hinzu, dass die Lehrkräfte für geflüchtete Schüler*innen als möglicherweise erste Bezugspersonen, welche den „Neuanfang" im Ankunftsland repräsentieren, eine noch gesteigerte Bedeutung haben –, dann wird klar, dass sich die emotionalen Belastungen und potenziellen Traumatisierungen der geflüchteten Kinder und Jugendlichen in den Beziehungen zu ihren Lehrkräften zeigen, möglicherweise reinszenieren und sich im Erleben der Lehrkräfte widerspiegeln.

Wie genau eine solche Dynamik aussehen kann, ist ein Forschungsdesiderat. Es ist deutlich geworden, dass man bei der Beantwortung dieser Frage nicht auf Klischees oder vereinfachte Schemata zurückgreifen kann – nach dem Muster: Ein Kind hatte einen strafenden Vater, daher bringt es mit seinem Verhalten die Lehrkraft dazu, entweder den Impuls zu haben, den Schüler zu strafen, oder sich selbst wie ein gestraftes Kind zu fühlen. Ein solches monokausales Denken ist ohnehin problematisch, betrachtet man aber die vielfältigen unterschiedlichen und ambivalenten Erfahrungen im Kontext von Krieg, Flucht und unsicherem Aufenthalt, wird klar, dass solche Klischees die komplexe Realität nicht angemessen abbilden können.

Daher werde ich im empirischen Teil dieser Arbeit anhand von vier Einzelfallschilderungen den Fragen nachgehen, wie konkret die Belastungen und potenziellen Traumatisierungen der geflüchteten Kinder und Jugendlichen in den Beziehungen zu ihren Lehrkräften wiederkehren und sich reinszenieren und wie sich dies im Erleben und Verhalten der Lehrkräfte beispielhaft zeigt. Zuvor werde ich im Folgenden noch einen Blick auf die Schule aus erziehungswissenschaftlicher Perspektive werfen.

5 Die Institution Schule

> „Selbst wenn die Erziehung die vernünftig-harmonische Perfektion aller Menschen erreichen könnte, wäre dieses Ergebnis mit den Erfordernissen der Gesellschaft nicht zu vereinbaren."
>
> *Niklas Luhmann (2002/2014, S. 17)*

Diese Arbeit ist von Überlegungen dazu geprägt, wie Lehrkräfte geflüchtete Schüler*innen bestmöglich im potenziell sequenziell traumatischen Prozess in ihren jeweils einzigartigen fallspezifischen, lebensgeschichtlichen Kontexten verstehen können und wie sie diese darauf aufbauend im Rahmen ihrer Möglichkeiten unterstützen können. Um dabei aber kein ausschließlich abstraktes Ideal zu entwerfen, welches im Schulalltag unerreichbar bleibt, ist es wichtig, diese Überlegungen mit den gesellschaftlichen Funktionen der Schule (Abschnitt 5.1) und den widersprüchlichen Anforderungen, von denen sich Lehrkräfte nie ganz unabhängig verhalten können (Abschnitt 5.2), zu kontrastieren. Das Wissen um die Schule als Institution ist eine Voraussetzung dafür, zu einem reflexiven Verständnis der eigenen Lehrkräfterolle zu gelangen (vgl. Kiper 2013) und Spannungen zwischen unaufhebbaren Antinomien (vgl. Helsper 2004), den (eignen) Idealen und dem individuellen Berufsverständnis aushalten zu können.

C. Müller, *Pädagogisch arbeiten in traumatischen Prozessen*, Kritische Sozialpsychologie, https://doi.org/10.1007/978-3-658-32876-4_5

5.1 Die Funktionen der Schule

Die Schule ist ein Teil der Gesellschaft und von dieser – auch wenn dies in vielen Bildungsreformdebatten nicht reflektiert wird[1] – nicht losgelöst zu verstehen.

> „Schule ist eine Institution *der* Gesellschaft. Sie ist auch eine *für* die Gesellschaft. Sie wird deshalb von bestimmten gesellschaftlichen Interessen bestimmt, gleich, ob es sich um eine Schule in staatlicher oder freier Trägerschaft handelt" (Reh et al. 2015, S. 121).

Sie ist Teil des *Erziehungssystems der Gesellschaft* und damit eines Funktionssystems der Gesellschaft (Luhmann 2002/2014, S. 13). „Systemtheoretisch gesprochen bereitet die Schule die Schüler_innen auf die Eingliederung in weitere Teilsysteme der Gesellschaft vor" (Sello 2016). Die gesellschaftliche Aufgabe der Schule ist es demnach gerade nicht, alle Kinder gleich gut zu erziehen, sondern „die Gesellschaft verlangt, daß verschiedene Menschen verschieden erzogen werden" (Luhmann 2002/2014, S. 17), und zwar nicht primär, weil die Kinder unterschiedliche Begabungen hätten, sondern weil die Gesellschaft bzw. die wirtschaftlichen Bedingungen und Gesetzmäßigkeiten unterschiedlich ausgebildete Personen verlangen. „Selbst wenn die Erziehung die vernünftig-harmonische Perfektion aller Menschen erreichen könnte, wäre dieses Ergebnis mit den Erfordernissen der Gesellschaft nicht zu vereinbaren" (ebd.). Zugleich gibt es Aspekte, welche die Schule doch allen Kindern vermitteln soll. Sie soll dafür Sorge tragen, dass die gesellschaftlichen Verhältnisse grundsätzlich „eine humane Ausrichtung haben" (Luhmann 2002/2014, S. 18), und sie soll der Funktionsweise der Gesellschaft nicht schaden bzw. dem Staat nicht schaden. „Die Aneignung von Bildung macht den Menschen ungefährlich; sie entwaffnet ihn gewissermaßen" (ebd.).

Fend (1980) hat die nach wie vor geltenden Funktionen des Schulsystems systematisch theoretisch gebündelt dargestellt. Er unterteilt dabei in die *Qualifikationsfunktion*, die *Selektionsfunktion* und die *Legitimationsfunktion* des Schulsystems.

Die *Qualifikationsfunktion* meint „die Vermittlung von Fertigkeiten und Kenntnissen, […] die zur Ausübung ‚konkreter' Arbeit und zur Teilhabe am gesellschaftlichen Leben erforderlich sind" (ebd., S. 16). Welche Fertigkeiten und Kenntnisse das sind, unterliegt dem gesellschaftlichen Wandel. Brauchte es im

---

[1] So wird beispielsweise die Inklusionsdebatte häufig ausschließlich schulformbezogen geführt und dabei kaum die Un-/Möglichkeiten eines inklusiven Schulsystems in einer hierarchischen, nicht inklusiven Gesellschaft reflektiert. So wird verkannt, „dass die Schule [auch, CM] auslesen und nicht [nur, CM] zusammenführen soll" (Herz 2014b, S. 6).

Fordismus noch ein großes Heer an Arbeiter*innen, die nur Grundkenntnisse im Lesen, Schreiben, Rechnen hatten, sind die Anforderungen im Postfordismus komplexer geworden: So benötigt die postfordistische kapitalistische Gesellschaft u. a. hochqualifizierte Personen für technologische Innovationen und Personal für die steigende Nachfrage nach Dienstleistungen[2].

Die *Selektionsfunktion* meint, dass die Schule „den Zugang zu hohen oder niedrigen beruflichen Positionen und damit zu Prestige, Macht und Einkommen reguliert" (Fend 1980, S. 29). Schüler*innen sollen im „Hinblick auf verschiedene Schullaufbahnen und Lebenschancen sortiert werden" (Rekus und Mikhail 2013, S. 122). Dies bedeutet aber nicht, dass die Schule die Kinder entschieden *neu* sortiert. Im Wesentlichen manifestiert und reproduziert sie nur die unterschiedlichen Herkunftswelten. Dies gilt besonders in der Bundesrepublik Deutschland: In kaum einem anderen OECD-Staat bestimmt die soziale Herkunft der Eltern so unmittelbar über den Bildungserfolg der Kinder wie hierzulande (vgl. Zeit Online 2018). Die Schule erfüllt die *Selektionsfunktion* schon durch die „prinzipielle Ignoranz der häuslichen Herkunftswelten" (Ilien 2009, S. 27) und das missverstandene Prinzip der Gerechtigkeit als Gleichbehandlung.

> „Die schulorganisatorisch benötigte ‚Gerechtigkeit' macht die verschwiegene Voraussetzung, dass im Prinzip *alle* Kinder häuslich einigermaßen günstige und förderliche Aufwachsbedingungen erfahren haben. Insofern Letzteres aber nicht zutrifft, erweist sich die schulische Gerechtigkeit für die Kinder mit ungünstigen Voraussetzungen als ungerecht, und die Schule bestraft sie gewissermaßen für die häuslichen Versäumnisse *zusätzlich* mit schuleigenen Mitteln, etwa Zensuren und Laufbahnempfehlungen" (Ilien 2009, S. 28).

Mit Bourdieu und Passeron (1971) lässt sich darlegen, dass es dabei noch nicht einmal mehr um „ungünstige Voraussetzungen" gehen muss, sondern dass das Bildungswesen, auch das höhere, soziale Hierarchien schon dadurch reproduziert, dass sie ein bestimmtes kulturelles Kapital, die Art und Weise des Sprechens, des Verhaltens, des Geschmacks etc. des Bildungsmilieus voraussetzt. Bourdieu (1979/1998, 2018) zeigte in seinen kultursoziologischen Schriften, wie Formen der *symbolischen Herrschaft* subtil existieren und zugleich Machtverhältnisse verschleiern, kaschieren und naturalisieren (Moebius 2019, S. 405). Dadurch, dass Lehrkräfte einen bestimmten Habitus, das heißt ein bestimmtes Denk-,

---

[2]Das Ausmaß dessen wird in der offiziellen Ökonomie geleugnet und wird seit Jahrzenten hauptsächlich unbezahlt von Frauen geleistet und oft „schwarz" bezahlt und von Migrantinnen und Illegalisierten geleistet – besonders in der Alten- und Krankenpflege, in der Kinderbetreuung und in der Hausarbeit (vgl. Sassen 2003; Ayse 2008; Hochschild 2001; Hess 2009).

Wahrnehmungs- Verhaltens- und Beurteilungsschema (ebd., S. 401), favorisieren, bewerten sie Schüler*innen mit diesem Habitus immer dann, wenn es keine eindeutigen Bewertungskriterien gibt, automatisch besser. Durch den Schein der Auslese aufgrund allgemeiner Leistungskriterien wird dies verschleiert. Durch diese „Illusion der Chancengleichheit" wird die *Selektionsfunktion* der Schule legitimiert. Empirische Untersuchungen wie von Silkenbeumer und Wernet (2012, S. 10) zeigen, dass auch heute noch ein Schulformwechsel „nach oben" im Gegensatz „zu der starren intentionellen Regeln folgenden Abwärtsmobilität in Richtung niedriger Schulformen" mit „erheblichen inneren Anstrengungen, Belastungen und ‚verkrampften' Handlungsstrategien" einhergeht (ebd., S. 7) und die Betroffenen oftmals das, „was sie schulisch erstreben, nicht rückbinden können an tragfähige Identitätskonzepte" (ebd., S. 91).

Die *Legitimitätsfunktion* meint, dass der Schulbesuch dazu führen soll, dass die Schüler*innen als Bürger*innen den Staat und die gesellschaftliche Ordnung als legitim anerkennen und ihm bzw. ihr gegenüber loyal sind (vgl. Fend 1980, S. 39 ff.). Diese Funktion wird auch die *Integrationsfunktion* genannt. „Schulsysteme sind Instrumente der gesellschaftlichen Integration. In ihnen ist die Reproduktion von solchen Normen, Werten und Interpretationsmustern institutionalisiert, die zur Sicherung der Herrschaftsverhältnisse dienen" (Fend 1980, S. 16). „Dies geschieht durch das Einüben gesellschaftlich erwünschter Verhaltensweisen und durch die Vermittlung entsprechender Einstellungen, Überzeugungen und Haltungen" (Rekus und Mikhail 2013, S. 122).

Da die Schule so das Bestehende festigt, indem sie die Kinder und Jugendlichen so versucht, zu qualifizieren, wie es die aktuellen Bedingungen des Wirtschaftssystems erfordern (*Qualifikationsfunktion*), da sie die bestehenden Machtverteilungen reproduziert und legitimiert (*Selektionsfunktion*) und den Staat und die gesellschaftliche Ordnung dabei integrierend vermittelt (*Legitimationsfunktion*), kann im Anschluss an Bernfeld (1925/2012, S. 119) formuliert werden, dass die (Schul-)Erziehung konservativ ist. „Sie [die Erziehung] erhält den gewonnenen Strukturzustand, die neue Machtverteilung, und vermehrt sie dadurch zuweilen. Es ist eine Potenzierung sozusagen der Konservation" (Bernfeld 1925/2012, S. 121).

Neben dieser makrosoziologischen Betrachtung der grundlegenden Aufgaben des Erziehungssystems in der kapitalistischen Gesellschaft gibt es eine Reihe weiterer Faktoren, die zur Komplexität der Dynamik der Schule beitragen: Unterschiedliche politische Parteien und Akteure versuchen, mit Konzepten und Reformen unterschiedliche Zielsetzungen durchzusetzen, einzelne Lehrkräfte haben eigene Ideale, die den gesellschaftlichen Funktionen entgegenstehen können, und versuchen, ihren Spielraum zu nutzen, um diese umzusetzen. Das alles führt dazu,

> „dass Schule in innere Widersprüche gerät, sie durch unvereinbare Forderungen nicht leisten darf, was sie soll: Bildung verbreiten und knapp machen, Chancengleichheit gewähren und Ungleichheit produzieren, soziale Tugenden vermitteln und auf den Konkurrenzkampf vorbereiten" (Gonschorek und Schneider 2000, S. 40).

Die unterschiedlichen Funktionen, Ansprüche und Anforderungen auf den unterschiedlichen Ebenen sind also grundlegend ambivalent und widersprüchlich. Dieser Ambivalenzen und Widersprüche sollten sich Lehrkräfte stets bewusst sein. Versuchen sie individuell, diese gesellschaftlichen Widersprüche einseitig zu lösen, ist es wahrscheinlich, dass sie das beständige An-Grenzen-Stoßen fälschlicherweise als eigenes Scheitern interpretieren und nicht als systemimmanente Grenzen der Schulpädagogik.

Ein Beispiel für diese Grenzen der individuellen Lösungsversuche gibt die Geschichte der Sabine Czerny (2011). Die Grundschullehrerin wurde 2008 von der bayerischen Schulbehörde strafversetzt, weil ihre Schüler*innen zu gut benotet wurden (vgl. Bleher 2008). 91 Prozent der Kinder ihrer Klasse hatten sich für das Gymnasium oder die Realschule qualifiziert. Dafür erhielt sie zwar bundesweite Aufmerksamkeit und einen „Courage-Preis", wurde aber offiziell abgestraft und strafversetzt, da der Notenspiegel ihrer Klasse nicht wie die Glockenkurve der Gaußschen Normalverteilung aussah (vgl. Füller 2009). Czerny war schlicht der *Selektionsfunktion* nicht nachgekommen. Dies ist ein gutes Beispiel dafür, wieso Bernfeld (1925/2012, S. 114) Erziehung innerhalb der kapitalistischen Gesellschaft mit Sisyphos vergleicht, der der griechischen Mythologie zufolge einen Felsblock einen steilen Hang hinaufrollen musste, der ihm aber jedes Mal kurz vor dem Gipfel entglitt, sodass er von vorne anfangen musste.

In Bezug auf geflüchtete Kinder und Jugendliche bedeutet dies, sich auch darüber im Klaren zu sein, dass eine – aus theoretischer, pädagogischer und humanistischer Sicht – *bestmögliche* Förderung und emotionale Begleitung aller Schüler*innen gar nicht unbedingt gesellschaftlich vorgesehen ist. Welche Ressourcen der Staat zur Verfügung stellen wird, hängt systemtheoretisch betrachtet im besonderen Maße davon ab, welchen wirtschaftlichen Nutzen die politisch

Verantwortlichen sich davon versprechen (im Sinne der *Qualifikations-* und *Selektionsfunktion*) bzw. welche Gefahr sie in einer geringen schulischen Unterstützung sehen (im Sinne der *Integrations-* bzw. *Legitimationsfunktion*).[3]

Dennoch ist die Tätigkeit der (Schul-)Erziehung nicht so wirkungslos, wie es der systemtheoretische Ansatz und der Sisyphos-Vergleich vielleicht zuerst glauben machen – das gesteht auch Bernfeld zu und spiegelt sich auch in seinem realen pädagogischen Engagement wider (vgl. Barth 2010). Das Potenzial liegt neben dem Versuch der Schaffung alternativer Strukturen im Kleinen vor allem in der Gestaltung pädagogischer Beziehungen auf Grundlage der Reflexion der eigenen dabei ausgelösten Gefühle (vgl. hierzu das Kapitel *4. Reinszenierung und Wiederkehr belastender und traumatischer Erfahrungen in den pädagogischen Beziehungen*). Damit lässt sich keine Gesellschaftsveränderung herbeiführen – dafür bräuchte es Handeln auf politischer Ebene – und auch nicht der Umstand ausgleichen, dass der Herkunftsort entscheidender für den Lebensverlauf ist als der Einfluss der Pädagog*innen[4] – aber die einzelnen konkreten Beziehungserfahrungen mit Lehrkräften haben einen enormen psychischen Einfluss auf die individuellen Schüler*innen. Dies gilt umso mehr für geflüchtete Schüler*innen inmitten des potenziell sequenziell traumatischen Prozesses. Die Bedeutung einzelner schulischer Beziehungspersonen wird auch immer wieder in Erfahrungsberichten junger Geflüchteter unterstrichen (vgl. Delen und Nafilo 2006, S. 101 ff.; Zimmermann 2012b, S. 151; Autor*innenkollektiv »Jugendliche ohne Grenzen« 2018, S. 50 ff.). In einer Beziehung zu den Schüler*innen sind die Lehrkräfte in ihrer komplexen Rolle als Lehrkräfte unvermeidlich.

---

[3] Darüber hinaus führen unterschiedliche politische Akteure und Parteien „Kämpfe um Migrationspolitik" (vgl. Forschungsgruppe »Staatsprojekt Europa« 2014). So kämpfen in Deutschland etwa Vertreter*innen eines „konservativen Hegemonieprojekts" gegen Migration, auch wenn diese Deutschland wirtschaftlich nutzen würde, während Vertreter*innen des „neoliberalen Hegemonieprojekts" Migration nach wirtschaftlichen Nützlichkeitsüberlegungen steuern wollen und das „linksliberal-alternative Hegemonieprojekt" in der Migrationsfrage zusätzlich Menschen- und Bürger*innenrechte in den Mittelpunkt stellt. Diese politischen Kämpfe haben neben den systemimmanenten Faktoren ebenfalls eine große Bedeutung für die Schulpolitik im Zusammenhang mit geflüchteten Kindern und Jugendlichen.

[4] Auch der „heilige Gral der Schul- und Unterrichtsforschung" (Terhart 2014), die „Hattie-Studie" (Hattie 2013), eine Meta-Analyse über Meta-Analysen, kommt zu dem Fazit, dass es bei der Frage, ob Schüler*innen erfolgreich sind oder nicht, einerseits stark auf die Lehrkraft als Person ankommt, andererseits aber die soziale Herkunft nach wie vor entscheidend ist. Moser (2017) fasst Hattie (2013) zusammen, indem er beschreibt, dass „etwa 30 Prozent der Varianz von Schüler(innen)leistungen auf Merkmale der Lehrkräfte und des Unterrichts rückführbar [sind], wohingegen etwa 50 Prozent den individuellen Eingangsvoraussetzungen und sozialen Herkunftsmerkmalen der Schüler/innen zugerechnet werden."

5.2 Die Aufgaben der Lehrkräfte

Die Komplexität des Lehrkräftehandelns deutet sich schon bei einem Blick in die Schulgesetze (die Ländersache sind) an. In den dort verankerten „Bildungsaufträgen" geht es zuallererst nicht um die Vermittlung von Unterrichtsinhalten, sondern darum, die Schüler*innen in ihren Persönlichkeiten zu Staatsbürger*innen mit entsprechenden Werten zu fördern. Die *Legitimitätsfunktion* prägt so die Schulgesetze. Im niedersächsischen Schulgesetz (NSchG) steht exemplarisch direkt am Anfang:

> „§ 2 Bildungsauftrag der Schule (1) Die Schule soll im Anschluss an die vorschulische Erziehung die Persönlichkeit der Schülerinnen und Schüler auf der Grundlage des Christentums, des europäischen Humanismus und der Ideen der liberalen, demokratischen und sozialen Freiheitsbewegungen weiterentwickeln. Erziehung und Unterricht müssen dem Grundgesetz für die Bundesrepublik Deutschland und der Niedersächsischen Verfassung entsprechen; die Schule hat die Wertvorstellungen zu vermitteln, die diesen Verfassungen zugrunde liegen" (Land Niedersachsen).

Zur Komplexität der Lehrkräfteaufgaben gehörte immer schon, neben der Vermittlung von Fachinhalten, die Vermittlung einer kulturellen Haltung. Für beides ist eine Beziehung zu den Schüler*innen Voraussetzung.

Die durch die Analyse der Funktionen der Schule (Abschnitt 5.1) herausgestellten Ambivalenzen und Widersprüche lassen sich durch einen Blick auf die Aufgaben der Lehrkräfte noch unterstreichen. Die grundlegenden beruflichen Aufgaben und Anforderungen an Lehrkräfte sind laut Terhart (2011, S. 206) durch folgende grundsätzlich nicht auflösbare Antinomien bestimmt:

> „Nähe versus Distanz zum Schüler: einerseits begegnen sich in der Schule, im Unterricht ‚ganze' Personen – zugleich aber ist rollenspezifisches Handeln geboten.
>
> Subsumption versus Rekonstruktion: jeder Schüler, jede Situation ist anders, muss anders rekonstruiert werden – und zugleich muss dies im Lichte des allgemeinen Regelwerks der Schule und der Lehrerarbeit geschehen.
>
> Person des Schülers versus Anspruch der Lern-Sachen: individuelle Besonderheiten jedes Lernenden sind zu berücksichtigen – zugleich müssen curriculare, inhaltliche Ansprüche allgemeiner Art durchgesetzt werden.
>
> Einheitlichkeit versus Differenz: einerseits ist die formale Gleichbehandlung aller Schüler geboten, andererseits müssen individuelle Lagen Berücksichtigung finden und Schüler insofern unterschiedlich ‚behandelt' werden.

Organisation versus Interaktion: die administrativen Regel-Zwänge des Schul-Apparates und die lebendige Interaktion zwischen allen Beteiligten sind aufeinander zu beziehen.

Autonomie versus Heteronomie: Schüler sollen autonom werden, aber durch den Pflicht-Apparat Schule, womit schulbezogen die Grundparadoxie jeder freisetzenden pädagogischen Ambition formuliert ist: Aufforderung zur Selbsttätigkeit."

Freud sprach angesichts solcher in sich widersprüchlichen Aufgaben des Erziehens von einem „unmöglichen Beruf" (Freud 1925/1955, S. 565, 1937/1997, S. 388). Da die Aufgaben der Lehrkräfte in sich widersprüchlich sind, können sie nie perfekt erfüllt werden, sondern immer nur hinreichend gut.

Ilien (2008, 2009) versucht in seinen Werken, die Komplexität des Lehrkräfteberufs professionstheoretisch zu fassen. Er zeigt, dass Lehrkräfte sehr unterschiedliche Selbstverständnisse von ihrem Beruf haben. Zwei Extrempositionen könnten dabei unterschieden werden: die „Inhaltsvertreter", die sich vor allem über den Fachbezug identifizieren würden, und die „Schülerfreunde", die Inhalte eher vernachlässigen würden und sich vor allem auf die personenzugewandte Förderung von Schüler*innen konzentrieren würden (vgl. Ilien 2008, S. 23). Beide Seiten hätten auch ein unterschiedliches Wissenschaftsverständnis: Während die „Inhaltsvertreter" häufig eine vorgestellte Objektivität, Beweisbarkeit und Eindeutigkeit schätzen würden und so, möglicherweise Emotionen abwehrend, persönliche Bestätigung und Sicherheit suchen würden, hätten die „Schülerfreunde" eher ein defensives Verhältnis zu einer so vorgestellten Wissenschaft, „dem man in vielen Fällen die Angst vor eigenen Begabungsdefiziten leicht anmerken" könne (ebd., S. 24). Beide Positionen seien angstbestimmt (ebd.). In ihnen kämen unterschiedliche „Formen des Selbstschutzes vor berufsbedingter Kränkungsangst" zum Ausdruck (ebd., S. 27). Die Schüler*innenfreund*innen seien eher von einer Distanzangst geprägt, während bei den Inhaltsvertreter*innen Näheangst zum Ausdruck komme.

Tatsächlich kann aber die Komplexität der Lehrkräfteprofession nicht einseitig aufgelöst werden. Lehrkräfte brauchen immer einen hinreichend guten Sach-Bezug und hinreichend gute Schüler*innen-Beziehungen (Ilien 2009, S. 61) und beides bedingt sich gegenseitig:

„Selbst der fähigste und engagierteste Lehrer ‚hält' [...] niemals einfach ‚Unterricht'. Damit ‚Unterricht' stattfindet, müssen Schüler mitarbeiten, wenigstens irgendwie mitmachen. [...] Auch bei seinem denkbar besten Unterrichtsangebot bleibt der Lehrer von der Resonanz der Schüler abhängig" (Ilien 2009, S. 58).

Selbst die Inhaltsvertreter*innen sind demnach auf die Beziehungsresonanzen angewiesen (vgl. ebd., S. 60). Dazu kommt, dass alle Lehrkräfte, wie schon der Blick in die Schulgesetze der Länder zeigte, neben fachbezogenen Inhalten und Kompetenzen immer auch ein individuelles Arbeitsverhalten und eine kulturelle Grundhaltung vermitteln sollen (vgl. Ilien 2008, S. 73).

Mit Oevermann (2009, S. 113) lässt sich Professionalität als „stellvertretende Krisenbewältigung" konzeptualisieren. In allen professionalisierungsbedürftigen Berufspraxen – und dies gilt besonders für die pädagogischen und therapeutischen – geht es nicht um die Bewältigung eigener Krisen, „sondern um die Bewältigung von Krisen anderer" (ebd., S. 114). Daher ist diesen Praxen immer eine Dialektik von Autonomie und Abhängigkeit (bei Oevermann (ebd.) „De-Autonomisierung") gegeben: Man will mit seiner Unterstützung Autonomie fördern und macht die Betroffenen gleichzeitig ein Stück weit von der eigenen Expertise abhängig (ebd.). Dies gilt besonders in der Schule, die einerseits Schüler*innen so fördern will, dass sie autonome sich selbst versorgende Bürger*innen werden, und sie andererseits dafür für die Zeit des Schulbesuchs entmündigt (vgl. Terhart 2011, S. 206).

Oevermann (2009, S. 115 f.) zeigt darüber hinaus, wie in diesen Professionen nur sehr begrenzt auf Wissen zurückgegriffen werden kann, das standardisiert und verallgemeinert ist, da es ja um die „jeweils einzigartige, auf Individualisierung zurückgehende Subjektivität in ihrer Dialektik von Allgemeinen und Besonderen" geht. Es gehe daher immer auch zentral um Probleme, die die Beantwortung technischer Fragen überschreitet. Daher sind Lehrkräfte als Professionelle immer auch als „ganze Person" gefragt, die sich persönlich engagieren muss (vgl. Terhart 2011, S. 206).

> Ilien (ebd., S. 14) folgert daraus, „dass der Lehrerberuf, wird er professionell ausgeübt, aus strukturellen Gründen (also unaufhebbar) kränkungsausgesetzt ist: dadurch, dass Lehrer sich einerseits für guten Unterricht auch innerlich-persönlich engagieren müssen, dass sie genau dadurch aber auch andererseits von der Resonanz der Schüler, was ihren pädagogischen Erfolg betrifft, emotional abhängig werden. Damit müssen sie produktiv umgehen können, ohne ihr Engagement je ganz einzufrieren".

Der Umgang mit eigenen Verletzungen, die durch die Schüler*innen ausgelöst werden, werde in der Lehrkräfteausbildung aber nicht thematisiert und gar tabuisiert, sodass die Lehrkräfte hierbei sich selbst überlassen seien (ebd.).

Eigentlich müsste dies zentrales Thema im Lehramtsstudium sein und auch darüber hinaus eine Auseinandersetzung mit der eigenen Schul-Biografie angeregt und begleitet werden (Ilien 2009, S. 152 ff.). Dies gilt umso mehr, falls Lehrkräfte in der Schule selbst kränkende Erfahrungen mit ihren damaligen Lehrkräften und

Mitschüler*innen gemacht haben und diese nun drohen, im Sinne einer *Identifikation mit dem Aggressor* unreflektiert an ihren Schüler*innen zu wiederholen. Die Institution Schule sei mit ihrer *Selektionsfunktion* und ihrem „disziplinierenden Charakter" sonst ein perfekter Ort, um diese Kränkungen zu agieren (ebd.). Leider macht Ilien kaum konkrete Vorschläge dazu, wie eine Auseinandersetzung mit den unausweichlichen Kränkungen des Lehrkräfteberufs und mit der eigenen (Schul-)Biografie ins Lehramtsstudium integriert werden könnte.

Für die Aufgabe der Beschulung geflüchteter Kinder und Jugendlicher bedeutet dies, dass schon ein Blick in die Schulgesetze bzw. ein theoretischer Blick darauf, was Lehrkräftehandeln ausmacht, zeigt, dass die Vermittlung von Deutsch als Zweitsprache bzw. als Fremdsprache, im Gegensatz zu dem bisher einseitigen Fokus in der wissenschaftlichen und öffentlichen Debatte, lediglich *ein* Aspekt der zentralen Aufgaben ist. Lehrkräfte sind mit ihren Schüler*innen immer auch in einer Beziehung und haben einen pädagogischen Auftrag, ihre Schüler*innen in ihrer emotionalen Entwicklung zu unterstützen und ihre Integration in die Gesellschaft zu fördern. Die bisherige Vernachlässigung der dabei beständig drohenden Kränkungen in der Professionalisierung von Lehrkräften zeigt sich möglicherweise im Unterricht von emotional belasteten und potenziell traumatisierten Schüler*innen besonders deutlich.

Welche Dynamiken entfalten sich, wenn potenziell traumatisierte geflüchtete Schüler*innen unter diesen strukturellen Bedingungen auf die Lehrkräfte treffen? Um diese Frage beantworten zu können, stelle ich im Folgenden eine empirische Untersuchung vor, die dieser Frage nachgegangen ist.

Teil II
Empirische Untersuchung

6 Methodische Überlegungen

6.1 Überleitung und Fragestellung

Ich fasse die bisherigen theoretischen Überlegungen knapp zusammen: „Die Flüchtlinge“ sind einerseits eine Projektionsfläche, von der gesprochen wird, um das scheinbar Eigene zu konstruieren, zu stabilisieren und zu homogenisieren und alles Störende und Konflikthafte auf die explizit fremd Gemachten auszulagern. Andererseits werden aktuell so viele Menschen wie nie zuvor (seit Beginn der Zählung durch das UNHCR 1950) durch die herrschenden Verhältnisse real zur Flucht gezwungen und machen dabei Erfahrungen, die sich nicht diskursiv dekonstruieren lassen. Geflüchtete Kinder und Jugendliche haben aufgrund der herrschenden politischen Bedingungen potenziell Schreckliches erleben müssen. Lebensgefahr durch Krieg und Verfolgung, eine Trennung von geliebten Menschen, eine illegalisierte lebendbedrohliche, angstauslösende Flucht und ein prekärer Aufenthaltsstatus mit Angst vor Abschiebungen und um Angehörige prägen möglicherweise ihre Erlebenswelten.

Die Auseinandersetzung mit der Psychotraumatologie, speziell mit der psychoanalytischen Traumatheorie und der *sequenziellen Traumatheorie* haben gezeigt, dass ein Trauma nicht einfach ein isoliertes Ereignis umfasst, nachdem man automatisch unter *PTBS*-Symptomen leidet, sondern sich vielmehr als ein langer und komplizierter Prozess verstehen lässt, in dem es immer wieder von inneren und äußeren Faktoren abhängt, inwiefern sich aus massiven Belastungen Leiden und Symptome herausbilden (Müller und Schwarz 2016, S. 24). Dabei sind speziell die Beziehungserfahrungen *nach* den unmittelbar bedrohlichen Ereignissen entscheidend. Ein Trauma lässt sich durch die Zerstörung der Repräsentationsfunktion kennzeichnen – dass es dazu kommt, ist besonders

C. Müller, *Pädagogisch arbeiten in traumatischen Prozessen*, Kritische Sozialpsychologie, https://doi.org/10.1007/978-3-658-32876-4_6

wahrscheinlich, wenn die verinnerlichten guten Objektrepräsentanzen annihiliert werden. Geflüchtete Kinder und Jugendliche befinden sich bei Schuleintritt hierzulande potenziell in einem sequenziell traumatischen Prozess. Das bedeutet, dass auch die Erfahrungen in der Schule und speziell mit den Beziehungen zu ihren Lehrkräften mitentscheidend dafür sein werden, ob sich aus den bisherigen belastenden Erfahrungen Traumata ausbilden werden.

Die Schule ist ein *emotionaler Ort* und die Lehrkräfte sind unabhängig davon, ob sie sich selbst stärker den Inhalten oder den Schüler*innen verbunden fühlen, unausweichlich in einer Beziehung zu den Schüler*innen. In diese Beziehungen werden die bisherigen unbewältigten Belastungen immer wieder unbewusst eingebracht und damit potenziell reinszeniert. Offen ist dabei, wie die nicht repräsentierten traumatischen Erfahrungen in den Beziehungen zu den Lehrkräften wiederkehren.

Die Lehrkräfte müssen den widersprüchlichen Funktionen der Schule gerecht werden und sind bei der Bewältigung ihrer komplexen Aufgaben immer auch auf die Resonanz der Schüler*innen angewiesen, dadurch sind sie strukturell immer auch potenziellen Kränkungen ausgesetzt.

Vor dem Hintergrund dieser theoretischen Überlegungen ergeben sich für die empirische Untersuchung folgende Forschungsfragen:

- Welche Herausforderungen und Schwierigkeiten erleben Lehrkräfte im Umgang mit geflüchteten Kindern und Jugendlichen und wie gehen sie mit diesen um?
- Wie integrieren sie die Aufgabe, geflüchtete Kinder und Jugendliche bei der Bewältigung der Belastungen und Traumatisierungen zu unterstützen, in ihr alltägliches Handeln in der Schule?
- Wie reinszenieren sich die psychischen Belastungen und kehren die potenziellen Traumatisierungen geflüchteter Kinder und Jugendlicher in der Schule wieder?
- Wie spiegeln sie sich im Erleben und Handeln der Lehrkräfte wider?
- Welche pädagogischen Konsequenzen lassen sich daraus ableiten?

Um diese Fragestellungen zu beantworten, habe ich mit vier Lehrkräften *themenzentrierte Tiefeninterviews* geführt und habe zusätzlich jeweils eine Unterrichtsstunde von ihnen angelehnt an das *Tavistock-Konzept* teilnehmend beobachtet. Die Transkripte und Protokolle dieser Erhebungen habe ich *tiefenhermeneutisch* ausgewertet. Dieses methodische Vorgehen werde ich im Folgenden begründen.

6.2 Qualitative Forschung

„Nicht bemitleiden, nicht auslachen, nicht verabscheuen, sondern verstehen."

Pierre Bourdieu (1993/2010, S. 13)

Dieses Credo, das Bourdieu (ebd.) in seiner Studie „Das Elend der Welt" in Anlehnung an Spinoza formuliert, will ich mir in meiner empirischen Arbeit zu eigen machen. Verstehen will ich mit meinem empirischen Teil, was Lehrkräfte alltäglich im Unterricht mit geflüchteten Schüler*innen erleben. Zentral möchte ich herausfinden, wie sich die emotionalen Belastungen und potenziellen Traumatisierungen der geflüchteten Kinder und Jugendlichen im inneren Erleben der Lehrkräfte widerspiegeln und wie sich dies im unterrichtlichen Geschehen inszeniert. Was bedeutet es, inmitten des potenziell sequenziell traumatischen Prozesses pädagogisch in der Schule zu handeln?

Ich gehe davon aus, dass man diesem Erkenntnisinteresse nicht mit quantitativen Erhebungsmethoden gerecht werden kann. Die Emotionen von Menschen und die sich daraus ergebenden Dynamiken lassen sich nicht quantifizieren. Menschliche Emotionen und ihr Handeln sind so komplex, widersprüchlich und grundlegend von Konflikten innerhalb der Subjekte, zwischen Subjekten und zwischen Subjekten und der Gesellschaft geprägt, dass sie sich nicht quasi naturwissenschaftlich quantifizieren lassen. Adorno (1969/1993, S. 87 ff.) argumentierte im Positivismusstreit in den 1960er Jahren gegen eine Übertragung quasi naturwissenschaftlicher Logik auf soziale Gegenstände. Diese würden nicht „die Art Homogenität besitzen", mit der Naturwissenschaften rechnen könnten (ebd., S. 91). Das „Moment von Spontanität" lasse sich vom „Gesetz der großen Zahl" nicht einfangen (ebd.). Der allgemeine Trend, alles zu quantifizieren und damit zu generalisieren, würde der Gesellschaft und den in ihr lebenden Menschen, die ja keine „bloßen Gattungswesen" seien, nicht gerecht werden können (ebd.).

Adornos Kritik lässt sich auf einen aktuellen Trend in Teilen der Erziehungswissenschaften und der Sonderpädagogik beziehen: In diesem wird versucht, in Meta-Analysen von Meta-Analysen viele zehntausende (quantitative) Studien zusammenzusetzen und pädagogisches Handeln auf klare Wirkungsfaktoren zu reduzieren (so etwa in der Hattie-Studie (2013); zur Kritik daran siehe z. B. Brügelmann (2015)). Mit dem Label „evidenzbasiert" werden solche Studien vermarktet, die mit einer positivistischen Logik eine klare „Kausalität von erzieherischen oder unterrichtlichen Interventionen und deutlich zu Tage tretenden Effekten auf Seiten von Kindern und Jugendlichen" (Gerspach 2016) unterstellen. Das Konzept „evidenzbasiert" kommt aus der Medizin, „wo die empirische

Überprüfung von Wirkungseffekten mittels kontrollierter, randomisierter Studien" (ebd.) Forschungsstandard ist.

Damit wird unterlaufen, dass pädagogische Professionalität sich gerade dadurch auszeichnet, dass sie „die jeweils einzigartige, auf Individuierung zurückgehende Subjektivität in ihrer Dialektik von Allgemeinen und Besonderen statt durch Subsumtion durch Rekonstruktion ihrer Fallstruktur" begreift (Oevermann 2009, S. 116). Pädagogisches Handeln macht neben diesem subjektzentrierten Verstehen ein zwar auf Wissen beruhendes, aber gleichzeitig immer auch in der konkreten Situation improvisorisches Handeln aus. „Pädagogisches Handeln ist deswegen Handeln unter Ungewissheit, weil wir nie im Voraus sagen können, welche Lerndimension und welches Lebensalter sich als maßgeblich für unsere pädagogischen Bemühungen herausstellen" (Hechler 2016, S. 66 f.). Das Versprechen, dass pädagogische Handlungen genauso klar isolierbare Effekte auf Kinder und Jugendliche haben könnten wie Medikamente auf den Körper, wirkt auf Teile der Forschungsgemeinschaft und der Öffentlichkeit dennoch verheißungsvoll.

Gerspach (2012, S. 82) argumentiert, dass sich solcherlei „rigider Mess-, Steuerungs- und Planbarkeitswahn […] als unbewusst gewordener gesellschaftlicher Projektions- und Bewältigungsversuch amorpher Beängstigungen lesen lässt". Diese Beängstigungen entstehen, wie Devereux (1967/2018, S. 17) dargelegt hat, durch die „Überschneidung von Objekt und Beobachter" – die bei jeder Forschung über den Menschen gegeben ist. Die Angst wird häufig durch eine Methode abgewehrt, die eine „fiktive Objektivität" behauptet (ebd., S. 18). Aber gerade durch dieses Vorgehen werden die Ängste, die Subjektivität und Emotionalität der Forscher*innen verschleiert und dadurch „zu einer Quelle unkontrollierter und unkontrollierbarer Irrtümer" (ebd.). Wenn man sich verweigere, mit der immer gegebenen Subjektivität, der Emotionalität und den Ängsten schöpferisch umzugehen, dann

> „[…] kann man es nur zu einer Sammlung von immer bedeutungsloseren, zunehmend segmentären, peripheren und sogar trivialen Daten bringen, die das, was am Organismus lebendig oder am Menschen menschlich ist, fast gänzlich unbeleuchtet lassen" (Devereux 1967/2018, S. 19).

Holzkamp (1972, S. 10) stellte fest, „dass die experimentelle Forschung in immer wachsendem Maße mit exakten Methoden Belanglosigkeiten und Trivialitäten zutage fördert".

Für viele Fragestellungen in sozialwissenschaftlichen und pädagogischen Forschungskontexten ist der Ansatz weitestgehend unbrauchbar, weil menschliches Verhalten, welches nicht einfach ein Produkt der bewussten Intention ist (vgl.

Hallway 2004, S. 39), komplexer ist, als es die scheinbar klaren und objektiven kausalen Zusammenhänge glauben lassen wollen. Dies wird besonders deutlich, wenn man einer psychoanalytischen Anthropologie folgt, wonach der Mensch sich vor allem durch seine inneren Konflikte, das dynamische Unbewusste und die komplexen intersubjektiven Prozesse zwischen Menschen charakterisieren lässt (ebd., S. 35).

Die zentrale Fragestellung dieser Arbeit – wie die emotionalen Belastungen und potenziellen *sequenziellen Traumatisierungen* geflüchteter Schüler*innen in der Beziehung zu ihren Lehrkräften wiederkehren und sich möglicherweise reinszenieren, wie sie sich im Erleben der Lehrkräfte widerspiegeln und wie die Lehrkräfte damit umgehen – lässt sich daher nicht mit quantitativen Methoden beantworten.

Es ließe sich mithilfe quantitativer Verfahren zwar abfragen, ob Lehrkräfte sich allgemein darauf vorbereitet fühlen, geflüchtete Schüler*innen bei der Bewältigung ihrer emotionalen Belastungen zu unterstützen – oder nicht; und ob (oder wie stark) sie sich durch die Arbeit mit geflüchteten Schüler*innen selbst belastet fühlen. Die Aussagekraft eines solchen bloßen Abfragens wäre aber sehr begrenzt. Zudem wäre so gar nicht überprüfbar, was die Lehrkräfte unter *emotionaler Belastung* verstehen und was sie für eine angemessene Unterstützung der Schüler*innen halten – und vor allem wäre so nicht zu ermitteln, welche Art von Belastungen das bei ihnen auslöst und wie diese wiederum mit den Belastungen der Schüler*innen zusammenhängen. Das komplexe Zusammenspiel der emotionalen Belastungen und potenziellen Traumatisierungen der geflüchteten Kinder und Jugendlichen und der (emotionalen) Reaktionen der Lehrkräfte darauf, welche ebenfalls von gesellschaftlichen und eigenen biographischen Bedingungen abhängig sind, lässt sich nicht mittels Fragebögen oder Kurzinterviews abbilden (angelehnt an Zimmermann (2016b, S. 70), der so in Bezug auf quantitative Traumaforschung argumentiert).

Aber auch bei der Anwendung von qualitativen Methoden ergibt sich die Herausforderung, dass wesentliche Teile dessen, was erhoben werden soll, sich dem bewussten Zugang entziehen: Viele der Aspekte, von denen theoretisch begründet erwartet werden kann, dass sie eine Rolle spielen – wie zum Beispiel Überlastungen, Rettungsfantasien, Rassismus, Wut, Enttäuschung und Ohnmacht –, sind möglicherweise (im pädagogischen Kontext) tabuisiert und verpönt und entziehen sich daher dem direkt, offen, manifest Benennbaren. Um diese Affekte und die u. a. daraus entstehende Dynamik im Unterricht dennoch verstehen zu können, bedarf es Erhebungsmethoden, die über das direkt Benannte hinaus auch das szenische Geschehen festhalten, und einer Auswertungsmethode, die den so festgehaltenen latenten Sinngehalt zu entschlüsseln weiß. Ich habe mich auf Grundlage dieser Überlegungen für Erhebungen mit Hilfe *themenzentrierter Tiefeninterviews*, ergänzt durch am *Tavistock-Konzept* angelehnte teilnehmende Einzelbeobachtungen, und für eine *tiefenhermeneutische* Auswertung entschieden – dieses Vorgehen werde ich im Folgenden begründen.

6.3 Themenzentrierte Tiefeninterviews

Will man etwas über das Erleben von Lehrkräften erfahren, liegt es auf der Hand, zuallererst mit diesen zu sprechen, also eine Interviewmethode zu nutzen. Interviews gehören so auch zu den am häufigsten eingesetzten qualitativen Forschungsmethoden in den Sozial- und Erziehungswissenschaften (vgl. Friebertshäuser und Langer 2013, S. 437). Dies kann nicht verwundern, ist es doch die Sprache, mithilfe derer Menschen Sinn konstruieren und mithilfe derer sie sich primär über diese Konstruktionen verständigen.

> „Den von ihnen entwickeln [sic!] spezifischen Ansichten von Welt, von sich selbst, ihren Werten, Normen und Verhaltensweisen können wir uns annähern, indem wir mit ihnen reden, uns ihre Lebensgeschichten und Lebensansichten erzählen lassen" (Friebertshäuser und Langer 2013, S. 437).

Es gibt dabei eine Vielzahl verschiedener qualitativer Interviewformen (vgl. Hopf 2012b; Friebertshäuser und Langer 2013). Ich habe mich bei meinem Vorgehen von den Ausführungen von Schorn (2000) zum *themenzentrierten Interview* und von König (2016a) zum *(narrativen) Tiefeninterview* leiten lassen.

Themenzentrierte Interviews sind teilstrukturierte Interviews, die mit einem flexibel gehandhabten Leitfaden realisiert werden. „Das themenzentrierte Interview gibt den Interviewpartnern die Möglichkeit, ausführlich ihre besondere Sichtweise zu entfalten" (Schorn 2000, S. 2). Die dabei erzeugten Erzählungen sollen aber stärker als bei einem *narrativen Interview* (Schütze 1977; Küsters 2006) auf einen Themenkomplex fokussiert werden. Dafür wird auf Grundlage vorausgegangener theoretischer Überlegungen ein Leitfaden entwickelt, der während der Interviews aber nicht streng abgearbeitet wird, sondern lediglich als Gerüst fungiert, als flexible Orientierungshilfe während der Interviews. Der Leitfaden enthält daher hauptsächlich Erzählaufforderungen zu bestimmten Themenfeldern.

Das *themenzentrierte Interview* ähnelt dem bekannteren *problemzentrierten Interview* (Zimmermann 2012b, S. 95), wurde aber von Schorn (2000) in Anlehnung an die von Leithäuser und Volmerg (1979) entwickelte *themenzentrierte Gruppendiskussion* von Anfang an für eine *tiefenhermeneutische* Auswertung konzipiert. Abgesehen von dieser inhaltlichen Differenzierung wäre es ohnehin sprachlich problematisch, ein Interview zum Thema „Geflüchtete Schüler*innen" als ein „problem-"fokussiertes Interview zu bezeichnen, weil somit Geflüchtete a priori als Problem konstruiert werden würden.

Bezüglich der Spezifika, die bei der Erhebung zu berücksichtigen sind, wenn ein Interview tiefenhermeneutisch ausgewertet werden soll, habe ich mich an König (2016a) gehalten. Demnach ist es besonders wichtig, den *szenischen Gehalt* des Interviews, also das Beziehungsgeschehen zwischen Interviewer und Interviewten, festzuhalten. Daher habe ich immer direkt vor und nach den Interviews, wie von König (ebd.) vorgeschlagen, protokolliert, „unter welchen Umständen das Interview zustande gekommen ist, in welcher Atmosphäre es stattfand und wie man oder frau die interviewte Person und die Gesprächssituation erlebt hat".

Bourdieu (1993/2010, S. 394) betont in den methodischen Überlegungen zu der Studie „Das Elend der Welt", dass es wichtig ist, dass die Interviewer*in sich klar macht,

> „wie groß und welcher Art das Gefälle zwischen dem Gegenstand der Umfrage, wie er vom Befragten verstanden und interpretiert wird, und dem Gegenstand in seinen eigenen Augen ist, um die daraus entstehenden Verzerrungen mindern oder um zumindest verstehen zu können, was gesagt werden kann und was nicht."

Das Verstehen sei besonders erschwert, wenn sich Interviewer*in und Interviewte im *sozialen Raum* (vgl. Bourdieu 1985) nicht sonderlich nahe seien, wenn beispielsweise „der Interviewer in der Hierarchie der verschiedenen Kapitalsorten, besonders des kulturellen Kapitals, eine höhere Position als der Befragte besetzt" (Bourdieu 1993/2010, S. 395).

Für die Interviews dieser Studie gehe ich davon aus, dass ich als Interviewer den Befragten im *sozialen Raum* sehr nahe bin. Unmittelbar klar ist, dass ich mit den Befragten zumindest ein gemeinsames „institutionalisiertes Kulturkapital" (vgl. Bourdieu 1979/1998) teile: ein Staatsexamen bzw. einen Abschluss in einem Lehramtsstudiengang – aber auch ansonsten kann eine Nähe im *sozialen Raum* vorausgesetzt werden. Die Asymmetrie könnte gleichwohl dadurch entstehen, dass ich in der Position des Forschers komme und die Befragten die Perspektive der täglichen Praxis vertreten. Dies könnte beispielsweise zu gegenseitigem Misstrauen führen – etwa aus Sicht der Lehrkräfte: „Jemandem, der nur in der Bibliothek sitzt und sich dem Thema theoretisch widmet, kann man in einem Gespräch nicht klarmachen, was wir hier alltäglich leisten müssen." Oder aus der Sicht des Forschenden: „Die Lehrkräfte wissen ja gar nicht, was sie aus einer theoretischen Perspektive alles falsch machen." Eine solche oder ähnliche latente Dynamik wird es in der Auswertung zu reflektieren gelten – funktionieren kann dies nur, weil sie in einer heterogenen Gruppe von Forschenden stattfindet.

Eine völlige Abwesenheit von Asymmetrie und Hierarchie in der Forschung sei ohnehin ein „positivistischer Traum" (Bourdieu 1993/2010, S. 394). Die Asymmetrie zwischen (sonder-)pädagogischen Forschenden und Praktiker*innen ist aber verschwindend gering, im Vergleich zu der, die auftreten würde, würden die geflüchteten Schüler*innen selbst interviewt werden. Ein solches Vorgehen wäre im Kontext von Forschungsfragen zur Gegenwart von Traumata ohnehin kaum mit Grundsätzen der Forschungsethik zu vereinen (vgl. Hopf 2012a). Kennzeichen von Traumata ist, wie im Abschnitt *3.1Trauma und Konflikt* dargelegt, dass Erfahrungen abgespalten sind; dass diese Erfahrungen nicht verdrängt und dann im Unbewussten repräsentiert sind, sondern dass sie die Repräsentationsmöglichkeit und damit die Symbolisierbarkeit selbst in Frage stellen; dass das Trauma somit ein unverdautes Ding an sich ist und dadurch, dass niemand bei der Verdauung hilft, eine nicht aushaltbare *namenlose Angst* bleibt.

Würde man nach genau diesen Erfahrungen offensiv interessiert nachfragen, könnte es passieren, dass die Interviewte von ihren Erinnerungen bzw. den eigentlich damit verbundenen Affekten quasi überflutet wird. Ein solches Geschehen könnte in einem einmaligen Interview von einem Fremden selbstredend nicht kontrolliert, gehalten und *contained*, im Sinne Bions (1992), werden und hätte damit selbst hohes retraumatisierendes bzw. sequenziell traumatisches Potenzial.

Da in dieser Studie aber ohnehin die Frage im Mittelpunkt steht, wie sich die emotionalen Belastungen und potenziellen Traumatisierungen der geflüchteten Schüler*innen im Erleben und Handeln *der Lehrkräfte* widerspiegeln, ist eine direkte Befragung der geflüchteten Schüler*innen auch gar nicht zweckdienlich. Gleichwohl werden die Ergebnisse in Bezug auf das Erleben und die Erlebnisse der geflüchteten Schüler*innen aussagekräftig sein, sind sie doch in der Schule in einem hohen Maße abhängig von dem Handeln der Lehrkräfte.

Die Methode der *themenzentrierten Tiefeninterviews* ermöglicht es mir, mich den Erfahrungen von Lehrkräften von geflüchteten Schüler*innen zu nähern, die Offenheit im Erhebungsprozess zu bewahren und gleichzeitig den Themenfokus zu gewähren. Darüber hinaus stellt die Orientierung an den von König (2016) genannten Aspekten sicher, dass sich die erhobenen Daten zur Rekonstruktion der latenten Sinnebene mithilfe der tiefenhermeneutischen Auswertungsmethode eignen.

6.4 Am Tavistock-Konzept angelehnte teilnehmende Einzelbeobachtungen

Um über die Interviews hinaus einen Eindruck über das unterrichtliche Geschehen im Kontext der schulischen Arbeit mit geflüchteten Schüler*innen zu gewinnen, habe ich jeweils in den Klassen meiner Interviewpartner*innen eine Schulstunde mithilfe der Methode der Beobachtung nach dem *Tavistock-Konzept* beobachtet.

Die Methode der Beobachtung nach dem *Tavistock-Konzept* wurde ursprünglich nicht explizit als Forschungsmethode entwickelt. Stattdessen wurde sie in ihrer ursprünglichen Form als *Infant Observation* von Esther Bick im Jahre 1960 als Teil des psychoanalytischen Ausbildungsgangs für angehende Kinder- und Jugendlichenpsychotherapeut*innen an der Tavistock Clinic in London konzipiert (Datler 2009, S. 42). Bick entwickelte die Methode allerdings ausgehend von forschungsmethodischen Fragestellungen: Schon in ihrer Dissertation kritisierte sie 1935 einerseits „das theorielose Sammeln und Inventarisieren von kindlichem Verhalten" und andererseits auch „jene Formen des Beobachtens, in denen vor dem Hintergrund bestehender Theorien Kategorien definiert und kindliche Verhaltensweisen mittels Strichlisten diesen Kategorien zugeordnet werden" (ebd., S. 43). Bei der Methode der *Infant Observation* stand dann aber ursprünglich der Lernzuwachs der Beobachter*innen im Vordergrund: Diese sollten lernen, „sich lebendig vorzustellen, was ihre Kinderpatienten als Säuglinge erlebt hatten" (Bick 2009, S. 19), und es sollte „die Verstehensmöglichkeit des Kandidaten für das nonverbale Verhalten und das Spiel des Kindes erweitern, wie auch für das Verhalten des Kindes, das weder spricht noch spielt" (ebd.). Dafür sollten die Ausbildungskandidat*innen über zwei Jahre hinweg einen Säugling (und seine primäre Bezugsperson) einmal die Woche für eine Stunde in seinem alltäglichen familiären Umfeld beobachten und möglichst viel aufnehmen, ohne sich dabei Notizen zu machen (Datler 2009, S. 47).

> „Das Mitschreiben während des Beobachtens stellte sich schnell als unpassend und störend heraus, weil es die gleichschwebende Aufmerksamkeit beeinträchtigte und die Ausbildungskandidaten davon abhielt, mit den emotionalen Bedürfnissen der Mutter entspannt umzugehen" (Bick 2009, S. 20).

Bick nimmt hier mit der Formulierung „gleichschwebende Aufmerksamkeit" Bezug auf die von Freud entwickelte psychoanalytische Behandlungsmethode. Freud (1912/2007, S. 172) grenzt diese Art der Aufmerksamkeit von dem „absichtlichen Aufmerken" ab. Bei der absichtlichen Aufmerksamkeit würde man

„ein Stück besonders scharf“ fixieren, dafür ein anderes eliminieren und bei dieser Auswahl seinen Erwartungen und Neigungen folgen (ebd.). Dadurch sei man in Gefahr, „niemals etwas anderes zu finden, als was man bereits wüsste“ (ebd.). Stattdessen solle man sich „alle bewussten Einwirkungen von seiner Merkfähigkeit“ fernhalten und sich völlig seinem „unbewussten Gedächtnis“ überlassen (ebd.). Diese Form der Aufmerksamkeit übertrug Bick auf die Beobachtungsmethode, die sie entwickelt hat. Statt auf ein spezielles Verhalten zu achten und Strichlisten zu führen, solle man sich in der Beobachtungssituation ganz zur Verfügung stellen, alles aufnehmen und sich auf sein „unbewusstes Gedächtnis“ verlassen – und erst im Nachhinein ein Protokoll aus diesen Erinnerungen anfertigen.

Es zeigt sich im Folgenden, dass sich diese Art des Beobachtens nicht nur als Ausbildungsmethode, sondern auch explizit zur Anwendung in Forschungskontexten eignet (Trunkenpolz et al. 2010, S. 175). Dabei wurde das Feld, in dem die Methode angewendet wird, von Forschenden kontinuierlich erweitert von der Beobachtung von Säuglingen zu Kleinkindern, alten Menschen, Organisationen und anderen Bereichen (vgl. ebd., S. 186).

Geblieben ist dabei die Reihenfolge des Vorgehens:

(1) Durchführung der Beobachtungen: Dafür stellt sich die Beobachter*in als Mensch mit all ihren Sinnen und speziell mit ihren Emotionen zur Verfügung, nimmt an der Situation teil, ohne mitzuagieren oder anders aktiv zu werden. Sie versucht, nichts Spezielles wahrzunehmen, aber achtet besonders auf die eigenen inneren Regungen und Impulse während der Beobachtung.

(2) Verfassen von Beobachtungsprotokollen: Unmittelbar im Anschluss an die Beobachtungsstunde fertigt man ein Protokoll an, welches möglichst genau festhält, was während der Stunde passiert ist. Kursiv hält man zusätzlich fest, was man während der Beobachtung selbst empfunden hat.

(3) Auswertung der Beobachtungsprotokolle: In der klassischen Variante der *Infant Observation* wird die Auswertung der Protokolle in Supervisionsgruppen organisiert. Das Vorgehen ist dabei dem der Tiefenhermeneutik sehr ähnlich[1]:

> „In diesen Infant Observation Seminaren wird pro Treffen jeweils ein Beobachtungsprotokoll zunächst vorgelesen. Dies dient dazu, dass bei allen Gruppenmitgliedern Bilder und Gefühle entstehen und ‚unterschiedliche Assoziationen aktiviert werden, die verschiedene Rückschlüsse auf die latenten Inhalte des Textes und auf das Erleben des beobachteten Kindes eröffnen‘ (Datler et al. 2008)“ (Trunkenpolz et al. 2010, S. 170).

[1] Siehe auch *Abschnitt 6.5 Tiefenhermeneutik.*

Der Unterschied zur tiefenhermeneutischen Auswertung ergibt sich durch zwei Spezifika: Erstens wird das Material nach diesem Vorlesen und Sammeln von spontanen Reaktionen streng Satz für Satz durchgearbeitet: ein Vorgehen, das mehr dem der *Objektiven Hermeneutik* (Oevermann 2001; Wernet 2009) ähnelt denn der *Tiefenhermeneutik*[2]. Und zweitens ist bei der klassischen Auswertung entscheidend, dass die Supervisionsgruppen immer von einer erfahrenen psychoanalytisch geschulten Person geleitet werden – was einer spezifischen Hierarchie in der Auswertungsgruppe gleichkommt, die ich eher für Ausbildungszwecke denn für den Forschungsprozess als sinnvoll erachte. Ich habe daher für die Auswertungen die Methode der Tiefenhermeneutik genutzt, was ich im folgenden Kapitel begründen und erläutern werde.

Die meisten Forschungsarbeiten, welche die Methode des *Tavistock*-Beobachtens nutzen, arbeiten mithilfe einer Vielzahl von aufeinanderfolgenden Beobachtungen von ein und derselben Konstellation (für einen Überblick siehe Trunkenpolz et al. 2010). Dies folgt der Tradition der Ausbildungsmethode analytischer Kinder- und Jugendlichenpsychotherapeut*innen, die ein bis zwei Jahre lang einmal wöchentlich ein und dasselbe Baby (und seine primäre Bezugsperson) beobachten. Dies ermöglicht nicht nur, eine Entwicklung in den Dynamiken zu sehen, sondern auch eine einmal ausgearbeitete Interpretation in anderen Beobachtungsprotokollen zu überprüfen. In dem hier entworfenen Forschungsdesign ist ein anderes Vorgehen vorgesehen: Es wird jeweils eine einzige Unterrichtsstunde beobachtet – dies aber jeweils in Unterrichtsstunden der Lehrkräfte, die ich zuvor (oder danach) interviewt habe, sodass die einzelnen Beobachtungsprotokolle nicht für sich genommen werden, sondern mit den Interviews zusammen als ein Fall beschrieben und interpretiert werden. Die Beobachtungsprotokolle sollen lediglich die Funktion erfüllen, die in den Interviews gewonnenen Informationen um eine Perspektive zu erweitern. Darum spreche ich hier distanzierend von „am Tavistock-Konzept *angelehnten* teilnehmenden *Einzel*beobachtungen". Ich gehe aber davon aus, dass die Beobachtungsprotokolle für den Forschungsprozess sehr wertvolle Informationen liefern werden. Das *Teilnehmende* an den Beobachtungen beinhaltet auch explizit ein emotionales Teilhaben an der Situation, d. h., dass die forschende Person sich mit ihren Gefühlen während der Beobachtung „zur Verfügung stellt", indem sie diese nicht, wie sonst in Alltagssituationen oder auch in anderen Forschungsmethoden, abtut und wegdrängt, sondern indem sie diese wahrnimmt und für *wahr* nimmt und im Nachhinein mit in die Beobachtungsprotokolle schreibt. Ein solches Vorgehen enthält insbesondere im Forschungskontext von Flucht und Trauma ein großes Potenzial. Es wird nicht durch Sprachbarrieren

[2] Siehe *Abschnitt 6.5Tiefenhermeneutik.*

gehindert und ermöglicht, ansonsten latent bleibende Dynamiken im Unterricht, beispielsweise Scham- und Wutdynamiken, wahrzunehmen und somit der Forschung zugänglich zu machen. Dafür müssen diese subjektiven Eindrücke aber methodisch reflektiert ausgewertet werden – hier eignet sich die Methode der Tiefenhermeneutik im besonderen Maße.

6.5 Tiefenhermeneutik

„Our feelings are our most genuine paths to knowledge."

Audre Lorde (2004, S. 91)

Die *themenzentrierten Tiefeninterviews* und die an der Methode des Beobachtens nach dem *Tavistock-Konzept* angelehnten teilnehmenden Einzelbeobachtungen dieser Studie wurden mithilfe der Methode der *Tiefenhermeneutik* ausgewertet.

Tiefenhermeneutik ist der Versuch, die psychoanalytische Methode des Verstehens für die kultur- bzw. später auch für die sozial- und erziehungswissenschaftliche Forschung verwendbar zu machen, um so „der unterschlagenen Wirklichkeit in den Subjekten auf die Spur zu kommen" (Morgenroth 1990, S. 32). König (2019, S. 19) grenzt dabei diesen tiefenhermeneutischen Versuch der Übertragung explizit von einer naiven Anwendung psychoanalytischer Konzepte auf soziale und politische Phänomene ab. Mit einer „naiven Anwendung" sind Versuche gemeint, bei denen psychoanalytische Theorie und vor allem einzelne psychoanalytische Begriffe unvermittelt benutzt werden, um beispielsweise gesellschaftliche und politische Phänomene zu erklären. Dies geschieht etwa in Werken wie „Bush auf der Couch" (Frank 2004), in denen versucht wird, mit einer Art Ferndiagnose den ehemaligen amerikanischen Präsidenten zu analysieren und damit seine politischen Entscheidungen zu erklären; oder wenn der Versuch unternommen wird, etwas über den Nationalsozialismus zu verstehen, indem Hitlers Beziehung zu seiner Mutter interpretiert wird. In diesen Versuchen wird nicht nur vergessen, dass für eine therapeutische Diagnostik die direkte Begegnung zwischen Analytiker*in und Analysand*in eine zwingende Voraussetzung ist, sondern auch die Ebenen Individuum und Gesellschaft auf unzulässige Weise unvermittelt vermengt und so der soziale Gegenstand psychologisiert und pathologisiert. Mit den Worten Lorenzers (1986, S. 17): „Umstandslose Theorieübernahme verbietet sich ohnehin; sie würde die fraglichen Erkenntnisgebiete pathologisieren bzw. medizinalisieren."

In Abgrenzung dazu versucht die Tiefenhermeneutik nicht, einzelne Begriffe oder Diagnosen aus der Psychoanalyse, sondern die spezifische psychoanalytische

Form des Verstehens auf eine methodologisch aufgeklärte und dem Gegenstand angepasste Weise zu übertragen (vgl. Lorenzer 1986, S. 18 f.; König 2019).

Entwickelt wurde die Methode von Alfred Lorenzer (1981, 1986) am Beispiel der Interpretation literarischer Texte in den 1980er Jahren in Frankfurt. Lorenzer (1970/2000) hat zuvor theoretisch sehr genau nachvollzogen, wie die Psychoanalytiker*in das Unbewusste ihrer Patient*in versteht, und ausgehend davon überlegt, wie dieses Verstehen so modifiziert werden kann, dass es auch außerhalb der psychoanalytischen Praxis angewendet werden kann. Lorenzer (1986, S. 27) definiert das Unbewusste wie folgt:

> „Das Unbewusste ist das Verbotene. Es sind Wünsche, die der allgemeine Konsens verpönte; sie widersprechen den Normen und Werten der geltenden Kultur. Vor allem widersprechen sie denjenigen Normen und Werten, die das Individuum sich aufzwängen ließ; diese innere Sicherung ist das Entscheidende. [...] Das Unbewusste, auf das diese Hermeneutik zielt, sind die vom gesellschaftlichen Konsens ausgeschlossenen Lebensentwürfe."

Dazu gehören einerseits Inhalte, die nie bewusstseinsfähig geworden sind, d. h., die auch niemals sprachlich symbolisiert waren, also präsymbolisch geblieben sind, und solche, die im Laufe des Lebens wieder aus dem sprachlichen Zusammenhang ausgeschlossen werden (vgl. Morgenroth 2010, S. 52).

Das Verstehen des so bestimmten Unbewussten in der psychoanalytischen Therapie geschieht in einer Kombination aus drei verschiedenen Verstehensarten, die Lorenzer (1970/2000, S. 138 ff.) *logisches*, *psychologisches* und *szenisches Verstehen* nennt. Ausgangspunkt seiner Überlegungen ist die psychoanalytische Konstellation, also eine Patient*in, die frei assoziiert, und eine Analytiker*in, die mit gleichschwebender Aufmerksamkeit zuhört (vgl. Freud 1912/2007, S. 171 ff.).

Die Analytiker*in versucht dabei, logisch nachzuvollziehen, was die Patient*in erzählt, und sucht nach einem roten Faden in den unterschiedlichen angesprochenen Inhalten (Lorenzer 1970/2000, S. 138). Dies nennt Lorenzer das *logische Verstehen.* Außerdem versucht die Analytiker*in, die Stimmung, in der die Patient*in sich äußert, nacherlebend zu begreifen und mit den Mitteilungen der Patient*in zu verknüpfen (ebd.). Dies nennt Lorenzer das *psychologische Verstehen.*

Beim *Szenischen Verstehen* – dem Kern des psychoanalytischen Verstehens – geht es schließlich darum, die Szene zu verstehen, die die Patient*in unbewusst in der Interaktion mit der Analytiker*in entstehen lässt (vgl. König 2019, S. 18). Im Verhalten der Patient*in zeigen sich Wiederholungen von erlebten Szenen und die Erdichtung von ersehnten Szenen (Lorenzer 1970/2000, S. 143). Das Verstehen dieser Szenen gelingt dadurch, dass

> „[…] die Analytiker_in die Worte der Patient_in (logisches Verstehen) und ihre Stimmungslage (psychologisches Verstehen) auf das eigene Erleben wirken lässt und beobachtet, mit welchen Emotionen und mit welchen Gedanken und Phantasien sie auf unbewusste Wünsche, Ängste und Phantasien reagiert (Gegenübertragung), welche die Patient_in im Zuge des Erzählens in der Interaktion mit ihr inszeniert (Übertragung)" (König 2019, S. 18).

Für diese Art des Verstehens ist es daher notwendig, dass sich die Analytiker*in „unmittelbar teilhabend" verhält (Lorenzer 1974, S. 138). Nur wenn sie sich selbst auf das angebotene Drama einlässt, können sich Übertragungen und Gegenübertragungen entfalten. „Übertragung meint, dass der Patient im Analytiker eine wichtige Person zumeist aus seiner Kindheit erblickt und deshalb Gefühle und Reaktionen auf ihn überträgt, die ursprünglich der Person aus der Vergangenheit gegolten haben" (Morgenroth 1990, S. 36). Durch das aus der unbewussten Übertragung entstehende Verhalten bzw. die daraus entstehenden Aussagen wird „ein Teil der Lebensgeschichte wachgerufen, wird agiert und erneut in Szene gesetzt, das Geschehen nimmt die Gestalt des ursprünglichen Dramas an, das reinszeniert wird" (ebd.). Die Analytiker*in merkt dies, indem sie ihre Gegenübertragung, also ihre unbewussten Reaktionen auf die Übertragung, wahrnimmt – beispielsweise wird sie gedrängt, sich so zu fühlen wie damals die Patient*in (konkordante Gegenübertragung) oder ihr signifikantes Objekt (komplementäre Gegenübertragung) (vgl. Kapitel *4. Reinszenierung und Wiederkehr belastender und traumatischer Erfahrungen in den pädagogischen Beziehungen*). Wenn sie dies versteht und damit die aktuelle Szene versteht, hat sie einen wichtigen Schlüssel zur Erschließung der ursprünglichen Konstellation, die für die Patient*in so prägend war.

Die Analytiker*in hat dabei eine langjährige Lehranalyse durchlaufen, die es ihr ermöglicht, so weit wie möglich zu trennen, was eigene Übertragungen und was Gegenübertragungen sind, die ihr diesen Weg zeigen. Außerdem hat sie in der analytischen Situation stets die Möglichkeit, eine Deutung anzubieten und diese anhand der Reaktionen der Patient*in darauf zu überprüfen und ggf. zu modifizieren.

Diese Aspekte fehlen bei der tiefenhermeneutischen Arbeit mit Texten. Aber auch in Texten steckt in einem gewissen Sinne Unbewusstes. Als Transkripte einer Unterhaltung zwischen Subjekten bzw. frei geschriebene Protokolle von Beobachtungen von Interaktionen zwischen Menschen sind diese Textproduktionen doppelbödig. Das heißt, dass unterhalb der Ebene manifester Kommunikation immer noch eine latente, unbewusste Sinnebene existiert. In den konkreten

Äußerungen bzw. in den protokollierten Gedanken und beobachteten Interaktionsszenen sind verschleiert, auf einer latenten Ebene, auch nicht bewusst gewordene und verdrängte verpönte Komponenten dokumentiert.

Dieses Unbewusste der Interviewten, des Interviewenden und der Teilhabenden der Beobachtungsszenen ist nicht direkt aus den manifesten Aussagen ablesbar und ist dennoch in der Sprache verschlüsselt vorhanden. Es zeigt sich beispielsweise durch *Sprachzerstörung* – etwa, wenn ein Satz begonnen, aber nicht beendet wird, wenn ein plötzlicher Themenwechsel vorgenommen wird oder eine Person plötzlich beginnt, stark zu stocken oder zu stottern. Diese Momente von *Sprachzerstörung* irritieren beim Lesen. Das Gefühl der Irritation ist in der tiefenhermeneutischen Arbeit zentral. Es zeigt, dass dort möglicherweise etwas noch nicht Bewusstes an die Oberfläche drängt (Morgenroth 1990, S. 35). Lorenzer (2006, S. 183 f.) schreibt:

> „Gewiss, jede Hermeneutik wird von der Korrektur der Vorannahmen durchs Material bestimmt. Das, was ich hier ‚Irritation' nenne, treibt diese hermeneutische Anstrengung aber auf die Spitze. Nicht nur zeigt sich hier der Gegensatz zweier Positionen (der im Text vertretenen und der an den Text herangetragenen), nicht nur bricht hier im Text ein Widerspruch als Ungereimtheit, die von einer strengeren Logik zu beseitigen wäre, auf, vielmehr erschließt sich im Bruch der Zugang zur zweiten Leistung, die bei der psychoanalytisch-tiefenhermeneutischen Analyse auf die ‚Festigkeit des Textes' übergeht. Im Text eröffnet sich eine ‚Vertikale', die ausdrücklich aus der Sinnebene, in der der Text üblicherweise gelesen wird, herausführt und die eine, neue, im Text wirksam angelegte, aber verborgene Bedeutungsebene öffnet."

An diesen Irritationen setzt eine tiefenhermeneutische Interpretation häufig an. Angelehnt an das oben beschriebene Verstehen des Unbewussten in der psychoanalytischen Praxis lassen sich die drei Arten des Verstehens auf die interpretative Arbeit mit Texten übertragen. Beim *logischen Verstehen* geht es um die Rekonstruktion des manifesten Sinnes (Morgenroth 2010, S. 54), also um die Fragen: „Worüber wird in den Interviews gesprochen?" und „Was wird in den Protokollen beschrieben?" (vgl. Morgenroth 1990, S. 41). Das *psychologische Verstehen* ist ein „nacherlebendes Verständnis der besonderen Art und Weise des Kommunikationsstils" (Morgenroth 2010, S. 54). Die Frage „In welcher Weise wird gesprochen?" (vgl. Morgenroth 1990, S. 41) steht im Vordergrund. Schließlich wird sich auch hier um ein *Szenisches Verstehen* bemüht. Morgenroth (ebd.) bringt dies mit der Frage „Warum wird gerade in dieser Art und Weise kommuniziert?" in Verbindung.

Um das *Szenische Verstehen* in der Interpretation von Interviewtranskripten und Beobachtungsprotokollen zu ermöglichen, müssen sich auch die Interpretierenden, wie die Analytiker*innen in ihrer Praxis, auf das Material emotional einlassen und darauf schauen, was die Texte bei ihnen persönlich auslösen. Wenn die Interpretierenden sich mit ihrer Subjektivität einlassen, löst auch ein Text Gegenübertragungen im weiteren Sinne in ihnen aus.

Die Betonung der Bedeutung der Subjektivität und der eigenen Emotionen dürfte besonders in positivistisch geprägten Forschungskulturen Irritation und auch Ablehnung auslösen. Und auch viele qualitative Methoden versuchen, vorschnell eine fiktive Objektivität zu erreichen, bevor überlegt wurde, wie das Erkenntnispotenzial der Subjektivität genutzt werden kann. Der Mensch, seine Gefühle und sein Verhalten, ist aber so komplex, widersprüchlich und einzigartig, dass er sich nicht objektivierbar und quantifizierbar erfassen lässt. „Erkenntnis über die Außenwelt nimmt überwiegend ihren Ausgang in der Kenntnis der Innenwelt und über die Auseinandersetzung mit der eigenen Persönlichkeit des Erkennenden" (Hechler 2018b, S. 175). Wenn ernsthaft etwas über die auch unbewussten Dynamiken zwischen Menschen – hier über die Auswirkungen der emotionalen Belastungen geflüchteter Schüler*innen auf die Emotionen und das Verhalten der Lehrkräfte – verstanden werden soll, müssen sich auch Forschende mit ihrer Subjektivität und ihren Gefühlen auf das zu interpretierende Material einlassen. Schon Devereux (1967/2018, S. 18) formulierte daher: Die wissenschaftliche Erforschung des Menschen müsse „sich die aller Beobachtung inhärente Subjektivität als den Königsweg zu einer eher authentischen als fiktiven Objektivität dienstbar machen."

Im Vergleich zur klinisch arbeitenden Psychoanalytiker*in fehlt den Interpret*innen in der Tiefenhermeneutik oft die Erfahrung einer Lehranalyse. Auch die Möglichkeit, eine Deutung auszusprechen und diese anhand der Reaktionen des Analysanden zu überprüfen, fehlt. Daher ist es wichtig, eine einmal herausgearbeitete Interpretation auch an anderen Stellen im Text zu überprüfen. Um nicht in Gefahr zu laufen, die Interpretationen *idiosynkratisch* zu trüben, indem eigene Gefühle und Übertragungen fälschlicherweise den zu interpretierenden Sprecher*innen zugeschoben werden, ist es unabdingbar, dass tiefenhermeneutische Arbeit immer in Gruppen stattfindet. Die Gruppe bietet ein direktes Korrektiv, indem andere Gruppenmitglieder unmittelbar zurückmelden, wenn sie eine Interpretation bzw. Reaktion auf das Material nicht nachvollziehen können.

> „Dies [das Interpretieren in Gruppen] ist ein wesentliches Instrument, um die eigene, subjektiv getönte Brille zu überprüfen und die eigene szenische Teilhabe an den latent wirksamen Sinninhalten zu überprüfen. Diskussionen in Interpretationsgruppen bilden

daher ein notwendiges Korrektiv und ermöglichen eine relativierte Sichtweise auf den Forschungstext. Unterschiedliche Lesarten kommen zu Wort, und Perspektiven werden zusammengetragen, wie sie in einsamer Beschäftigung mit dem Material nur schwerlich zustande kommen" (Klein 2009).

Zwar hat Lorenzer eine ausführliche Methodologie vorgelegt, er hat aber nie das konkrete methodische Vorgehen bei tiefenhermeneutischen Interpretationen beschrieben. Dies haben auf Lorenzer aufbauend andere systematisch weiterentwickelt: Zu nennen sind hier Leithäuser und Volmerg (1979) in Bremen, Prokop (2006, 2009) in Marburg, König (1993, 2012) und Haubl (1994) in Frankfurt, Morgenroth in Hannover (1990, 2010) und andere[3].

Das Vorgehen in dieser Arbeit orientiert sich besonders an der Weiterentwicklung der Tiefenhermeneutik von König (2012, 2019). Um der intersubjektiven Nachvollziehbarkeit, einem der Gütekriterien qualitativer Forschung (vgl. Steinke 2012), gerecht zu werden, werde ich im Folgenden das konkrete Vorgehen bei der tiefenhermeneutischen Auswertung der Interviewtranskripte und Beobachtungsprotokolle dieser Studie möglichst genau darstellen:

(1) Die Interpretationsgruppenmitglieder bekommen vor den Interpretationsgruppentreffen die jeweiligen Texte (Transkripte der Interviews und Beobachtungsprotokolle) zugesandt. Sie lesen sie einmal für sich komplett mit einer Haltung *gleichschwebender Aufmerksamkeit*, das heißt, ohne konkrete Forschungsfragen im Hinterkopf zu haben, aber mit einer besonderen Haltung der Selbstbeobachtung, die ihnen erlaubt, zu bemerken, was mit ihnen während des Lesens passiert: welche affektiven Reaktionen (an welchen Stellen sie lachen müssen, wütend werden etc.), leiblichen Reaktionen (an welchen Stellen das Atmen schwerfällt, sich der Hals zuschnürt etc.) und Irritationen ausgelöst werden (vgl. hierzu und im Folgenden auch Müller 2016a, S. 46 ff.).

(2) Zu Beginn des Interpretationsgruppentreffens findet jeweils eine Blitzlichtrunde statt. In dieser berichtet jedes Interpretationsgruppenmitglied von seinen Leseerfahrungen. Hierbei werden in der Regel schon unterschiedliche Lesarten und unterschiedliche affektive Reaktionen deutlich. Zum Beispiel sind die einen möglicherweise identifiziert mit der Lehrerin und haben einen positiven Eindruck von ihr, während andere eher wütend auf sie werden (oder auf den Interviewer und Protokollanten).

(3) Nach einer ersten Blitzlichtrunde, in der jeder von seinen Leseeindrücken berichtet hat, folgt üblicherweise eine Phase der wilden Diskussion: Die Interpretationsgruppenmitglieder sind während der Interpretationstreffen aufgefordert,

[3]Für eine umfängliche Literaturliste zur *Tiefenhermeneutik* siehe https://www.tiefenhermeneutik.org/literatur/.

sich nicht, wie sonst in der Universität üblich, „verkopft" und mit möglichst umfassenden theoretischen Bezügen zu äußern. Dieses theoretische Interpretieren wird explizit zurückgestellt. Stattdessen sollen die Interpret*innen affektiver sprechen. Das bedeutet beispielsweise auch, den Widerspruch, der sich möglicherweise in ihnen regt, wenn ein anderes Interpretationsgruppenmitglied etwas sagt, direkt auszusprechen.

Der Konflikt in der Interpretationsgruppe hat dabei für die tiefenhermeneutische Interpretation eine besondere Bedeutung. Ausgehend von der psychoanalytisch inspirierten Grundannahme, dass der Mensch an sich ein widersprüchliches Wesen ist, das nicht das eine will und das andere nicht, sondern das von inneren Konflikten geprägt ist und daher möglicherweise zwei gegensätzliche Dinge gleichzeitig will usw., versucht Tiefenhermeneutik, genau diese Widersprüche und Ambivalenzen abzubilden. Dies geschieht dadurch, dass in der Interpretationsgruppe unterschiedliche Lesarten und affektive Reaktionen aufeinanderprallen und dass diese nicht aufgelöst werden, sondern als solche dargestellt werden und als mögliche Widersprüche und Ambivalenzen in den sprechenden Subjekten selbst interpretiert werden.

(4) Während dieser Diskussionen entsteht in der Regel das Bedürfnis, konkrete Textstellen zu diskutieren, die besondere Affekte oder Irritationen ausgelöst haben. Eine solche Stelle wird dann noch einmal gemeinsam szenisch, das heißt mit verteilten Rollen (bei den Interviews), laut vorgelesen. Dies soll die Szene wieder *lebendig werden lassen* und löst üblicherweise noch einmal andere Fantasien, Assoziationen und Irritationen als beim stillen Alleinlesen aus.

(5) Über diese unterschiedlichen Lesarten, die ausgelösten Fantasien, Assoziationen, affektiven und leiblichen Reaktionen wird dann in der Gruppe weiter diskutiert. In diesen Diskussionen zeigt sich häufig auch, wenn einzelne Interpretationsgruppenmitglieder zu stark Eigenes in das Material hineinprojizieren – die anderen Teilnehmenden äußern dann Einspruch und fordern beispielsweise dazu auf, wieder stärker an den Text gebunden zu diskutieren. Dies ist ein zentraler Punkt tiefenhermeneutischen Arbeitens: einerseits auch den eigenen Fantasien und Assoziationen Platz einzuräumen, aber dann immer wieder zurück zum Material zu kommen und diese an ihm zu überprüfen. Die Doppelbödigkeit, die in der tiefenhermeneutischen Interpretation herausgearbeitet werden soll, entfaltet sich „in der Spannung zwischen einem manifesten und einem latenten Sinn" (König 2016b) – daher muss die eigene Leseart sich immer wieder an das Material zurückbinden lassen.

(6) Nach einer gewissen Zeit des so kontrovers lebendigen Diskutierens in der Interpretationsgruppe ist es immer wieder sinnvoll, auf die Gruppe selbst zu achten und offen zu fragen: Wie diskutieren wir miteinander? Haben sich Fronten

gebildet? Sind wir selten einig? Fühlt sich jemand ausgeschlossen, gar beleidigt oder verletzt? Dies ist deshalb so wichtig, weil die Idee ist, dass das Geschehen in der Interpretationsgruppe immer auch etwas mit dem Material zu tun hat. Dazu folgt ein Beispiel aus einem anderen Forschungsprojekt, an dem ich beteiligt war (Horstmann et al. 2015): In diesem hat die Interpretationsgruppe während der Interpretation viel darum gestritten, wer in der Gruppe *das Sagen* hat, wessen Meinung mehr zählt und ob die männlichen Interpretationsgruppenmitglieder zu dominant auftreten und die Aussagen weiblicher Interpretationsgruppenmitglieder dagegen klein gemacht werden. Letztlich ließ sich interpretieren, dass es kein Zufall war, dass diese Debatte in der Interpretation dieses Materials so stark in den Mittelpunkt rückte: Im Gegenteil – in dem interpretierten Material war genau das u. a. latent angelegt: Sexismus sowie ein ständiger Kampf um Hierarchien und Konkurrenz. In der Interpretationsgruppe hat sich also während der Interpretation etwas aus dem Material reinszeniert. Dadurch, dass das Geschehen in der Gruppe bewusst wahrgenommen wurde und nicht einfach unbeachtet abgetan wurde, konnte es zum Erkenntnisgewinn genutzt werden. Immer wieder auch auf die Dynamik in der Gruppe selbst zu blicken und zu fragen, ob sich dort etwas aus dem zu interpretierenden Material entfaltet, ist ein zentraler Aspekt tiefenhermeneutischen Arbeitens.

(7) In der Interpretationsgruppe kommt es danach normalerweise zu einer ersten Ergebnissicherung, d. h., es wird als These festgehalten, was sich auf einer manifesten Ebene und was sich möglicherweise auf einer latenten Ebene zeigt.

(8) Diese These wird dann noch einmal – mit dem gleichen Vorgehen wie Punkt vier bis sieben – an einer anderen Textstelle überprüft und ggf. in Frage gestellt, modifiziert oder gestärkt.

(9) Der Ton der gesamten Interpretationssitzung wird dabei stets mitgeschnitten. Mit der Aufnahme ist der Forschende nach der Interpretationssitzung wieder allein und muss die Diskussion bündeln und zusammenfassend darstellen. Wichtig ist dabei, die Konflikte der Interpretationsgruppe nicht einseitig aufzulösen. Es geht „nicht um Widerspruchsfreiheit – diese alte Kampfparole der Positivisten gegen die Dialektik“ (Lorenzer 1970/2000, S. 24), sondern darum, die Konflikte zur Interpretation zu nutzen und diese so darzustellen, dass die Lesenden, die nicht bei der Interpretationssitzung dabei waren, nachvollziehen können, wie es von dem Text zu der Interpretation gekommen ist.

(10) Es hat sich als hilfreich erwiesen, diese Ergebnisse noch einmal zu einem späteren Zeitpunkt an die Interpretationsgruppe zurückzugeben und zu überprüfen, ob für diese die Zusammenfassung nachvollziehbar ist. Auch kann

die Interpretation noch einmal in einer anders zusammengesetzten Interpretationsgruppe diskutiert werden, um zu überprüfen, ob auch für diese die Interpretation nachvollziehbar ist.

(11) Schließlich wird neues Material, also andere Interviews und Beobachtungen, aus der Studie interpretiert und dann eine Zusammenfassung der Ergebnisse aller Interpretationssitzungen geschrieben.

(12) Die so erarbeiteten Ergebnisse werden anschließend an Theorie zurückgebunden und durch ein *theoretisches Begreifen* unterfüttert oder wieder in Zweifel gezogen. Dafür wird auf psychoanalytische, (sonder-)pädagogische, erziehungs- und sozialwissenschaftliche Erkenntnisse zurückgegriffen, um „das Neue, das durch die szenische Fallrekonstruktion entdeckt wurde, zu typisieren und auf einen angemessenen Begriff zu bringen" (König 2012, S. 565).

(13) Schließlich geht es darum, den ganzen Prozess so aufzuschreiben, dass er für die Lesenden nachvollziehbar ist und die Ergebnisse für die wissenschaftliche Community nutzbar sind. Dafür werden in dieser Arbeit zuerst – dem logischen und psychologischen Verstehen folgend – die manifesten Aussagen einzelner Interviews und das manifeste Geschehen, welches die Beobachtungsprotokolle festhalten, zusammengefasst (Abschnitt 7.1.1, 7.2.1, 7.3.1, 7.4.1). Dann werden die tiefenhermeneutischen Ergebnisse vorgestellt, am Text transparent gemacht und ausschnitthaft das Geschehen in der Interpretationsgruppe transparent gemacht (Abschnitt 7.1.2, 7.2.2, 7.3.2, 7.4.2). Schließlich werden die theoretischen Bezüge (Abschnitt 7.5) und die sich daraus ergebenden Konsequenzen für die pädagogische Praxis (Kapitel 8) diskutiert.

Das Besondere an der Tiefenhermeneutik im Vergleich zu anderen qualitativen Interpretationsmethoden, wie beispielsweise der *objektiven Hermeneutik* (vgl. Oevermann 2001; Wernet 2009), ist, dass sich die gesamte Interpretationsgruppe auf das gesamte Material emotional einlässt – und keine einzelnen Forschenden vorher Sequenzen auswählen. Außerdem folgen tiefenhermeneutische Interpretationsgruppen keinem starren Plan, indem sie etwa Satz für Satz interpretieren, sondern lassen sich stets auf einen kreativen und dynamischen Prozess ein. So ist jede Interpretationssitzung anders und es steht nie vorher fest, welche und wie viele Textausschnitte gelesen werden. Diese Offenheit ist nötig, damit sich Gegenübertragungen und daraus resultierende Szenen entfalten können, so wie es in der analytischen Situation nötig ist, dass die Analytiker*in gleichschwebend aufmerksam ist und nicht vorher schon festgelegte Fragestellungen im Kopf hat. Darüber hinaus ist das Besondere der Tiefenhermeneutik, dass sie – wie ausgeführt – das Geschehen und speziell die Uneinigkeiten und Konflikte in der Interpretationsgruppe als solche zur Interpretation produktiv nutzt (um der verborgenen Widersprüchlichkeit in den Subjekten nahezukommen) und diese

Konflikte nicht in den Ergebnissen unsichtbar macht – wie etwa häufig in *objektiv hermeneutischen* Arbeiten, wenn sich für *eine* Lesart entschieden wird.

In dem erhobenen Material stecken bereits auf der manifesten Ebene wichtige und relevante Informationen. Lehrkräfte berichten über ihren Arbeitsalltag mit geflüchteten Schüler*innen, wo sie die größten Herausforderungen dabei sehen, wie sie damit umgehen und wo sie strukturellen Handlungsbedarf sehen. Darüber hinaus dokumentieren die Protokolle der teilnehmenden Beobachtung einen ausschnitthaften Einblick in das unterrichtliche Geschehen, über die angewandte Didaktik, über die Stimmung in der Klasse und die Dynamiken zwischen Lehrkräften und Schüler*innen.

Außerdem erwarte ich aber, dass auch Aspekte, die im Lorenzerschen Sinne verpönt, also unbewusst gemacht sind, in dem Material enthalten sind. Das betrifft dabei die Interaktionen als Ganzes, also das Unbewusste des Interviewers genauso wie der Interviewten – in tiefenhermeneutischen Interpretationen wird diese Dynamik immer als Ganzes in die Auswertung miteinbezogen.

6.6 Sample

Im Juni 2017 wurde mein Antrag zur Forschung an Schulen von einer Landesschulbehörde genehmigt. Im Zeitraum von Juni 2017 bis Januar 2018 habe ich insgesamt elf Grund- und Gesamtschulen angefragt. Ich habe diese Schulformen gewählt, weil diese viele geflüchtete Schüler*innen besuchen und weil damit sowohl Lehrkräfte aus dem Primarbereich wie auch aus dem Sekundarbereich in der Untersuchung vertreten sind.

Bei der Auswahl der angefragten Schulen bin ich kontrastierend vorgegangen (Stadt – Land, bürgerliches Viertel – „Brennpunkt", Schulen mit und ohne Sprachlernklassen, große – kleine Schulen). Die Kontrastierung dient dem Anspruch, der Heterogenität des Feldes gerecht zu werden (vgl. Kruse 2017).

Zuerst habe ich hauptsächlich ablehnende Rückmeldungen von den Schulen auf meine Forschungsanfrage hin erhalten. Auch auf mehrfaches, regelmäßiges Nachhaken per Mail und Telefon – nachdem auf den offiziellen Brief keine Antwort gekommen war – habe ich zuerst wenige positive Antworten erhalten. Teilweise haben Schulleiter*innen ihren Lehrkräften die Teilnahme an der Untersuchung untersagt; eine Lehrerin hat einen schon vereinbarten Termin kurzfristig unbegründet abgesagt. Ich gehe davon aus, dass dafür ein Zusammenspiel der folgenden Gründe verantwortlich ist: 1. Viele Akteur*innen in der Schule haben aufgrund der strukturellen Umbruchssituation und des Ressourcenmangels sehr viel zu tun. 2. Es gibt ein enormes Forschungsaufkommen an den Schulen (vgl.

Mertens und Gräsel, S. 1114). 3. Es gibt – auch vor dem Hintergrund des vergifteten politischen Diskurses (vgl. Hunsicker 2018; Gadinger 2019) – eine Angst, bei dem Thema[4] etwas *Falsches* zu sagen. 4. Die angegebenen Erhebungsmethoden (Interview + teilnehmende Beobachtung) könnten ängstigend wirken.

Dennoch ist es gelungen, wie vorgesehen, vier Lehrkräfte für die Teilnahme an der Untersuchung zu gewinnen. Dies wird der Bedeutung der Einzelfallstudien für die (psychoanalytisch) pädagogische Forschung gerecht (vgl. Fatke 1995; Datler und Steinhardt 1999; Datler et al. 2004) und ermöglicht die intensive und ausführliche Auswertung der einzelnen Interviewtranskripte und Beobachtungsprotokolle mithilfe der aufwendigen Methode der Tiefenhermeneutik. Bei der qualitativen empirischen Forschung kommt es weniger auf die Größe der beforschten Gruppen denn auf die Art des reflexiven Auswertens und auf den Facettenreichtum des Samples an (vgl. Merkens 2012, S. 291).

Auch bei der Auswahl der Lehrkräfte habe ich auf die Kontrastierung geachtet (junge – ältere Lehrkräfte, Berufsanfänger*innen – Erfahrene, Sonderpädagog*innen – Grundschullehrkraft – Sekundarstufenlehrkraft, Lehrkräfte einer Sprachlernklasse – einer Regelklasse, mit und ohne eigene Migrationserfahrung).

Die Interviews und Beobachtungen fanden in den jeweiligen Schulen statt. Die Lehrerinnen suchten einen Ort innerhalb der Schule aus, der ihnen geeignet erschien. Teilweise fand zuerst die teilnehmende Beobachtung statt, teilweise zuerst das Interview – dies konnten die Lehrerinnen nach organisatorischen Gesichtspunkten entscheiden. Vor dem Interview und vor Einschalten der Aufnahme stellte ich mich jeweils nochmals persönlich vor und erzählte etwas über meine Arbeit. Ich sicherte noch einmal die Anonymisierung zu und versuchte, eine vertrauensvolle Atmosphäre herzustellen.

Im Folgenden werden die Ergebnisse der empirischen Untersuchung wie folgt dargestellt: Zuerst werden die auf den Interviews und den Beobachtungen beruhenden vier Einzelfalldarstellungen jeweils inhaltlich zusammengefasst. Dies folgt dem Prinzip des logischen und psychologischen Verstehens. Das heißt, es sind Zusammenfassungen des manifesten Sinnes: Es wird rekonstruiert, worüber und in welcher Art und Weise in den Interviews gesprochen wurde. Dabei versuche ich, möglichst dicht an der Sprache des Interviews zu bleiben. Von Bourdieu (1993/2010) angeregt, nutze ich wörtliche Zitate aus den Interviews als Zwischenüberschriften. Dies soll den Lesenden eine Annäherung an die individuelle Art

[4]Angegeben hatte ich anfänglich nur „Ich schreibe meine Doktorarbeit über ‚Geflüchtete Kinder und Jugendliche in der Schule' und interessiere mich vor allem für die Perspektive und Erfahrungen der Lehrkräfte."

des Sprechens der Interviewten ermöglichen. Dann folgen jeweils die tiefenhermeneutischen Interpretationen. In Abschnitt 7.5 werden die Ergebnisse schließlich gebündelt und mit theoretischen Ergebnissen ins Verhältnis gesetzt.

7 Ergebnisse der empirischen Untersuchung

7.1 Frau Ahlert (Gesamtschule eins)

7.1.1 Frau Ahlert: Zusammenfassung

Die Schule ist eine integrierte Gesamtschule in Osnabrück. Sie liegt in einem Stadtteil, der durch eine vielfältige Gastronomieszene und viele Studierende geprägt ist. Frau Ahlert ist Sonderpädagogin und unterrichtet eine Sprachlernklasse der IGS. Sie hat viele Jahre Berufserfahrung.

Die (gekürzte, aber ansonsten meinen Notizen wörtlich entsprechende) Beobachtung:

Bevor das Interview stattfindet, nehme ich als teilnehmender Beobachter an einer Unterrichtsstunde der Sprachlernklasse teil. Vor der Unterrichtsstunde begrüße ich Frau Ahlert im Eingangsbereich der Schule. Viele Schüler*innen laufen durcheinander und Frau Ahlert wird auf dem Weg in die Klasse mehrfach angesprochen.

Frau Ahlert begrüßt eine Schwarze[1] Frau, die offenbar die Mutter einer Schülerin ist. Die Schülerin sagt etwas zu Frau Ahlert. Es ist laut im Eingangsbereich, viele Kinder schreien. Frau Ahlert versteht nicht, was die Schülerin gesagt hat, und fragt noch einmal nach. Dann merkt sie, dass die Schülerin spanisch spricht, und sagt: „Ich verstehe kein Spanisch!“ Die Schülerin verdreht die Augen. Frau

[1] Mit der Bezeichnung folge ich Sow, die „Schwarz“ als die „politisch korrekte und vor allem selbst gewählte Bezeichnung für Schwarze Menschen“ sieht (Sow 2008, S. 20). Dass „Schwarz“ immer „groß geschrieben wird, soll darauf aufmerksam machen, dass es kein wirkliches Attribut ist, nichts ‚Biologisches‘, sondern dass es eine politische Realität“ bedeutet (ebd., S. 19).

C. Müller, *Pädagogisch arbeiten in traumatischen Prozessen*, Kritische Sozialpsychologie, https://doi.org/10.1007/978-3-658-32876-4_7

Ahlert sagt: „Wir klären das gleich oben!" und geht weiter. Auf dem Weg in die Klasse ermahnt sie noch eine Gruppe Schüler*innen, ruhiger zu sein.

Zu Beginn der Unterrichtsstunde stellt Frau Ahlert mich der Klasse vor und bittet dann die Schüler*innen auch, sich mir reihum vorzustellen. Es gibt Schüler*innen aus dem Irak, Syrien, der Türkei, Spanien, Portugal, Griechenland und Brasilien. In dem Klassenraum entdecke ich eine große Landkarte, auf der die Fahnen der Herkunftsländer und dazu die Namen der Kinder angebracht sind. Die Schüler*innen sind zwischen zehn und 16 Jahre alt. Sie sind zwischen zwei Wochen und einem Jahr in Deutschland: die meisten seit ein paar Monaten. Manchen fällt das leicht, *ich habe das Gefühl, sie haben den Satz mit genau diesen Informationen schon oft gesagt.*[2] Anderen fällt es schwerer: Einzelne werden von Frau Ahlert aufgefordert, sich zu mir nach hinten zu drehen und die Vorstellung in meine Richtung zu sprechen, nicht nach vorne. *Mir ist das etwas unangenehm, den Schüler*innen diese für sie teilweise unangenehme Vorstellung zuzumuten.* Ein Schüler bringt keinen Satz zu Stande. Es ist der Schüler, der erst seit zwei Wochen in Deutschland ist und aus Brasilien kommt. Die anderen Schüler*innen helfen ihm und sprechen ihm den Satz vor, bis er ganz leise flüsternd nachspricht.

Danach klärt Frau Ahlert einige organisatorische Fragen mit einzelnen Schüler*innen. Dabei geht es immer wieder um Bescheinigungen vom Amt, welche die Kostenübernahme von Schulbüchern zusichern sollen. Wenn die Schüler*innen nicht verstehen, was Frau Ahlert von ihnen will, behilft Frau Ahlert sich mit Zeichensprache, spricht auf Englisch oder bittet Mitschüler*innen zu übersetzen.

Schließlich leitet sie einen Stuhlkreis ein, in dem alle Schüler*innen von ihrem Wochenende erzählen sollen. Auch Frau Ahlert und ich beteiligen uns daran, mit Berichten von unserem Wochenende. Danach leitet Frau Ahlert die Lernplan-Arbeit an. Die Schüler*innen holen ihre Lernplanmappen, setzen sich an ihre Tische und beginnen größtenteils mit der Arbeit. Frau Ahlert geht umher und hilft den Schüler*innen bei Fragen. Frau Ahlert fordert mich auf, auch umherzugehen und die Schüler*innen zu unterstützen, was ich nach einigem Zögern auch mache. So geht das, bis die Stunde vorbei ist.

Die Schüler*innen gehen in die Pause. Ich gehe mit der Lehrerin in Richtung Lehrkräftezimmer. Kaum im Treppenhaus angekommen, fragt sie mich: „Und wie fanden Sie es?" *Ich bin etwas überrascht, jetzt ein Fazit ziehen zu müssen, suche kurz nach Worten und finde schließlich lobende*: Ich sage in etwa: „Ja, ich war überrascht, wie gut alles funktioniert und was für eine positive Atmosphäre herrscht.

[2]Im Beobachtungsprotokoll sind eigene Fantasien, Mutmaßungen, Gefühle, Interpretationen etc. kursiv geschrieben.

Die Schüler*innen scheinen den Ablauf schon gut zu kennen, obwohl sie teilweise erst seit ein paar Wochen in Deutschland sind – und ich finde es toll, dass sie sich gegenseitig so viel helfen, immer wieder füreinander übersetzen und so.“ *Frau Ahlert scheint es zu freuen.* Sie bringt mich zu einem Schreibtisch im Lehrkräftezimmer, wo ich mein Protokoll schreiben kann. Eine Stunde später sind wir zum Interview verabredet.

Das Interview:

„In der Förderschule hatte ich schon immer 80, 90 Prozent ausländische Schüler und Schülerinnen und dann hab ich gedacht, naja, diese 5 oder 10 Prozent, was jetzt noch fehlt, die schaffe ich auch.“

Frau Ahlert berichtet zu Beginn des Interviews, als Antwort auf die Frage, inwiefern das Thema „Geflüchtete Kinder und Jugendliche“ in ihrem Berufsalltag eine Rolle spiele, dass sie Förderlehrerin sei und im Zuge der Inklusion an die IGS gekommen sei. Als das Thema „Sprachlernklassen“ aufgekommen sei, habe sie sich gedacht, sie habe auch schon auf der Förderschule immer viele ausländische Schüler[3] gehabt und habe sich gedacht, dann schaffe sie das auch.

Die größte Herausforderung in der Sprachlernklasse sei die hohe Heterogenität der Schüler: Die Kinder seien zwischen zehn und 18 Jahre alt, sie kämen aus bis zu acht verschiedenen Nationen, sprächen unterschiedliche Sprachen, hätten unterschiedliche Religionen und unterschiedliche Bildungshintergründe. Auch der Leistungsstand der Schüler sei sehr unterschiedlich. Manche hätten in ihrem Herkunftsland noch keine Schule besucht, seien in ihrer Muttersprache noch nicht alphabetisiert, andere seien viele Jahre auf der Flucht gewesen und würden jetzt erst wieder mit der Schule anfangen. Es gebe aber auch Schüler, die kämen schon mit einem Abschluss aus ihrem Herkunftsland hier an. Vom Förderkind bis zum Gymnasiasten habe sie alles in der Klasse.

„Also ich habe einige Schüler, wo auch die Eltern von den Taliban oder von dem IS verschleppt, getötet, bedroht wurden, das ist eigentlich bei den an der Tagesordnung.“

Außer der Heterogenität seien die Begleiterscheinungen wie Traumatisierungen die größte Herausforderung. Nicht nur durch Krieg, auch durch Scheidung, Trennung von den Eltern oder Todesfälle seien Schüler traumatisiert. Diese

[3] Bei der Wiedergabe der Aussagen aus den Interviews habe ich mich gegen das nachträgliche Gendern und gegen das Abändern von Begriffen entschieden, um möglichst nah an der Sprache des Gesprächs zu bleiben und den tatsächlichen Charakter des Gesprächs nicht durch eine geänderte Ausdruckweise zu verschleiern.

Traumata würden sich ganz unterschiedlich im Unterricht zeigen. Einige seien sehr verschlossen, andere genau das Gegenteil. Manche seien sehr angepasst, überangepasst, andere überhaupt nicht angepasst.

Auf die Bitte, von einem konkreten Schüler als Beispiel zu erzählen, berichtet Frau Ahlert, dass sie einen Schüler habe, der in ein Taliban-Lager verschleppt wurde und bei dem dort versucht wurde, eine Gehirnwäsche durchzuführen. Das Lager sei währenddessen bombardiert worden und so habe der Schüler sein Gedächtnis verloren. Sie habe einige Schüler, deren Eltern von den Taliban oder vom IS verschleppt, getötet und bedroht wurden.

Auf die Frage, wie sie mit den emotionalen Belastungen im Unterricht umgehe, antwortet Frau Ahlert, dass sie nur zehn Stunden in der Sprachlernklasse sei und keine Therapie machen könne. Wenn die Schüler etwas von sich aus erzählen würden, dann würden sie darüber sprechen. Wenn sie merke, da stecke mehr dahinter, versuche sie, über die Betreuer oder Erziehungsberechtigten eine Therapie in die Wege zu leiten.

„Meine Erfahrung, das ist eine ganz andere Kultur. Und ja, man darf es halt nicht so mit nach Hause nehmen."

Auf die Frage, was die emotionalen Belastungen der Schüler*innen mit ihr machen würden, antwortet Frau Ahlert zuerst mit Aussagen zu dem Stadtteil der Schule. Dieser sei ein Brennpunkt, in dem viele Ausländer leben würden. Sie habe sich in ihrer Kindheit nicht vorstellen können, dass es so etwas gebe. Das sei eine ganz andere Kultur und man dürfe das nicht mit nach Hause nehmen. Sie bekomme viele Berichte ihrer Schüler über deren Flucht zu hören. Dies habe für sie dazu geführt, dass sie keinen Urlaub mehr in Italien, Griechenland, Lampedusa oder Kroatien machen wolle. Durch ihre sonderpädagogische Ausbildung wisse sie aber, wie man es schaffe, die Sachen nicht an sich heranzulassen, sie nicht mit nach Hause zu nehmen.

Dafür brauche man einen Ausgleich. Sie spiele Hockey, es könne aber auch irgendetwas anderes sein. Hauptsache sei, man könne dabei komplett abschalten. Sobald sie die Halle betrete, sehe sie nur noch den Ball. Sie kenne aber auch Kollegen, denen das Abschalten nicht gelinge und die dann zu Hause sitzen würden und nur brüten würden. Sie habe für sich beschlossen, damit sei Schluss. Nach der Schule wolle sie nicht mehr an die Schüler denken. Meistens klappe das ganz gut.

Auf die Frage, ob Frau Ahlert eine Szene, eine Situation beschreiben könne, in der das nicht funktioniert habe, die sie länger beschäftigt habe, erzählt Frau Ahlert, es gebe ein doofes Alter zum Flüchten. Wenn die Jugendlichen mit 15 oder 16 hier ankämen und dann mit 17 oder 18 an die Schule kämen, hätten sie nur ein Jahr Zeit, Deutsch zu lernen, bis zur Abschlussprüfung. Das könne gar nicht gehen. Dies habe sie am Anfang sehr belastet. Bei einem Schüler, der sie da besonders beschäftigt habe, habe sie ihn dann trotz seines Fleißes an eine Berufsschule übergeben. Die Berufsschulen nähmen die Schüler im passenden Alter auch ohne Schulabschluss und der Unterricht sei dort stärker handlungsorientiert.

„Und wir brauchen die Sprachlernklassen, damit die Schüler, das ist so eine Art Schonraum, sag ich immer. Das ist ihre erste Anlaufstelle. Das ist so ne kleine Heimat in der Schule, wo sie erst mal behutsam so ein bisschen aufgenommen werden.“

Auf die Frage nach der aktuellen Debatte in der Politik, die Sprachlernklassen wieder zurückzufahren, betont Frau Ahlert, dass man die Sprachlernklassen weiter brauche. Selbst das eine Jahr in den Sprachlernklassen sei eigentlich zu wenig, in einem Jahr könne man kein Deutsch lernen. Die Sprachlernklassen der Schule seien alle voll und es kämen weiter Flüchtlinge, welche die Schule schon ablehnen müsse. Die Sprachlernklassen seien für die neu Ankommenden ein wichtiger Schonraum, in dem sie behutsam aufgenommen werden könnten und in dem mit klaren Regeln, festen Ritualen und festen Strukturen gearbeitet werden könne. Die Schule und die Klassen der Schule seien sehr groß, weswegen solch ein Schonraum besonders wichtig sei. Außerdem seien die Regelklassen durch die vorhandenen fünf Gruppen (Gymnasial-, Real-, Hauptschul-Niveau, Förderkinder und Sprachlernkinder) überlastet. Daher bräuchte es auch mehr Förderung nach dem Wechsel in die Regelklassen. Die aktuell genehmigten vier Stunden pro Woche würden nicht ausreichen.

Frau Ahlert berichtet, dass sie meistens allein vor ihrer Sprachlernklasse stehe und nur wenige Stunden in der Woche „doppelt gesteckt“ sei. Aber sie erhalte regelmäßig Unterstützung von Ehrenamtlichen, von Praktikanten und FSJ-Leistenden.

Die Frage, was sich aus ihrer Sicht ändern müsse, um die Schüler optimaler zu unterstützen, beantwortet Frau Ahlert mit einem Hinweis auf ein konkretes Problem: Der Rechtsstatus der Sprachlernschüler müsse geändert werden. Im Moment sei es so, dass, wenn Schüler in die Sprachlernklassen aufgenommen werden würden, sie nicht automatisch auch als Schüler der Schule aufgenommen seien. Daher könne es theoretisch passieren, dass Schüler nach dem Jahr in den Sprachlernklassen die Schule noch einmal wechseln müssten, wenn die Regelklassen voll seien. Das sei eine große Hürde für die Schüler.

„Also so so rechtsradikale Äußerungen sind mir jetzt hier in A-Bezirk überhaupt nicht begegnet.“
Auf die Frage, welche Rolle die gesellschaftliche Stimmung gegenüber Geflüchteten in ihrer Arbeit spiele, sagt Frau Ahlert, der Stadtteil, in dem die Schule liege, sei generell bunt. Rechtsradikale Äußerungen seien ihr dort überhaupt noch nicht begegnet. Es sei inzwischen normal, dass es auch Sprachlernklassen und Sprachlernschüler an der Schule gebe. Des Weiteren geht es um Supervision. Frau Ahlert sagt, für sie sei das nichts. Das mache ihr keinen Spaß. Das sei nicht ihres.

Zum Schluss des Interviews fragt Frau Ahlert mich noch einmal, wie schon nach der Beobachtung, wie mein Eindruck vom Unterricht gewesen sei. Sie sei gespannt, eine Rückmeldung zu bekommen. Ich sage, dass es mir gut gefallen habe, dass offenbar der Rhythmus des Unterrichts bei allen Schülern verinnerlicht sei und alle wüssten, wann sie nach vorne zum Stuhlkreis kommen sollten und wann die Lernplanarbeit anstehe und wie die aussehe, und dass mir aufgefallen sei, dass sich die Schüler viel gegenseitig helfen würden. Frau Ahlert freuen meine Antworten und sie bestätigt noch einmal, dass ihr dieses sonderpädagogische Arbeiten wichtig sei.

Im Postskriptum habe ich notiert, dass irgendetwas an dem Gespräch merkwürdig gewesen sei, ich aber nicht sagen könne, was. Weiter habe ich unmittelbar im Anschluss an das Gespräch meinen Eindruck wie folgt festgehalten: Irgendwie hatte ich insgesamt das Gefühl, dass sie das Interview nicht gerne gegeben hat, dass sie dabei ganz schön unter Druck stand und dass sie sich irgendetwas anderes davon erwartet hatte.

Zwischendurch – so steht weiter im Postskriptum – hatte ich das Gefühl, sie könne gleich anfangen zu weinen oder sehr wütend werden. Gelächelt hat sie nur am Ende, als ich ihre Unterrichtsstunde gelobt habe. Als ganz kritisch habe ich die Fragen nach ihren eigenen Emotionen und danach, warum sie keine Supervision mag und ob sie mal eine Szene schildern kann, erlebt. Da war sie irgendwie sehr ablehnend und hat mir signalisiert, dort auf keinen Fall weiter nachzuhaken. Da hatte ich das Gefühl, bloß nicht weiter nachfragen. Irgendwie hat es nicht richtig funktioniert, dass Frau Ahlert eine Szene schildert und beschreibt, was das mit ihr gemacht hat. Während des Interviews hatte ich das Gefühl, dass sie sehr genervt ist.

7.1.2 Frau Ahlert: Tiefenhermeneutische Interpretation

Wie im Rahmen tiefenhermeneutischer Vorgehensweise üblich, nehme ich auch hier im Folgenden direkt Bezug sowohl auf mein emotionales Erleben, da es ein zentraler Bestandteil für die Interpretation ist, als auch auf den Prozess in der Interpretationsgruppe in Bezug auf die einzelnen Interviewstellen.

Zu diesem Interview ist zu erwähnen, dass es das erste war, das ich geführt habe. Es war für mich geprägt von der Frage, ob sich mit dieser Herangehensweise überhaupt der Beantwortung meiner Forschungsfragen nähern lässt. Diese Zweifel entstanden vor allem dadurch, dass ich während des Interviews das Gefühl hatte, dass die eigentliche Idee des Interviews – dass die Interviewte von einer konkreten Schüler*in berichtet, was diese erlebt hat, wie sich deren emotionale Belastungen im Unterricht zeigt und vor allem, was dieses in der Lehrerin auslöst und wie sie damit umgeht – kaum direkt gelingt.

Zudem war ich sehr irritiert davon, dass ich während des Interviews stets den Eindruck hatte, dass Frau Ahlert von mir und meinen Fragen sehr genervt ist, dass sie das Interview ungern gibt, *irgendwie* sauer auf mich ist und nicht über die Themen sprechen will, die ich in dem Interview fokussiere und dass ich ihr daher mit meinen Fragen permanent zu nahekomme.

Als wir in uns in der einige Monate später stattfindenden Interpretationsgruppensitzung als erstes im Rahmen einer Blitzlichtrunde (alle äußern spontan ihr eigenes subjektives Erleben) austauschen, fällt Folgendes auf: Viele Interpretationsgruppenmitglieder äußern, dass sie keine Lust auf das Interview gehabt hätten, dass es sie genervt habe, dass sie die Lehrerin, aber auch der Interviewer genervt hätten, dass sie sich distanziert gefühlt hätten, es langweilig gefunden hätten, dass es nicht in die Tiefe gehe und kaum Emotionen in ihnen ausgelöst habe.

7.1.2.1 Schwierigkeiten, konkrete Erfahrungen zu schildern

Frau Ahlert antwortet stets recht allgemein und distanziert auf die Fragen. Am konkretesten berichtet sie am Anfang des Interviews von den Erfahrungen ihrer Schüler*innen:

> **Interviewer:** Mhm *(bejahend)*. Können Sie vielleicht ein, an einen speziellen Schüler oder eine Schülerin denken, ein Beispiel nennen, was (.) wo Sie meinen sich möglicherweise eine traumatische Erfahrung dann auch im Unterri//[4]
>
> **Frau Ahlert:** Ich habe Schüler, die waren im Taliban-Lager mmh verschleppt, wurden ja, ihn wurde versucht, eine Gedächtnis- mmh oder oder eine oder eine Kopfwäsche (..) also sie sozusagen umzukrempeln, mmh dann wurde das Lager mmh bombardiert, mmh, der Schüler hat sein Gedächtnis verloren, konnte nicht mehr hören, konnte nicht mehr sehen, hat ganz viele Splitter abbekommen, wurde deshalb aus dem Lager, weil er sozusagen, ja schwer, schwer verletzt war (.) evakuiert, rausgebracht – wie auch

[4] Bei den Zitaten aus den Interviews steht das Symbol „//" dafür, dass sich Interviewte und Interviewer unterbrochen haben/gleichzeitig gesprochen haben.

> immer – kam dann auf Umwege nach Deutschland und mmh (.) ja (.) versucht jetzt hier, gesundheitlich wieder auf die Füße zu kommen und natürlich, ja, Anschluss zu finden. Also ich habe einige Schüler, wo auch die Eltern von den Taliban oder von dem IS, (..) mmh, ja, verschleppt, getötet, bedroht (.) wurde, das ist (.) eigentlich bei den an der Tagesordnung. Hört sich leider so traurig an, ist aber so (Interview 1, Z. 96–110).

Frau Ahlert beginnt ihre Erzählung im Plural: Sie habe Schüler, die von den Taliban verschleppt wurden. Dann wechselt sie unvermittelt in den Singular und berichtet von einem konkreten Schüler, der verletzt wurde, als ein Taliban-Lager bombardiert wurde. Zum Schluss wechselt sie wieder ebenso unvermittelt in den Plural und erzählt, dass sie *einige* Schüler habe, deren Eltern von den Taliban oder vom IS „verschleppt, getötet, bedroht" wurden. Sie beendet die Sequenz schließlich mit der verallgemeinernden Aussage: „Das ist eigentlich bei den an der Tagesordnung". Die plötzlichen Wechsel vom Plural in den Singular zurück in den Plural hin zu einer starken Verallgemeinerung machen es schwer, Frau Ahlert auf Anhieb zu folgen. Sie nennt keinen Namen. Ein Bild von einem konkreten Schüler vermittelt sich nicht.

Bei dem letzten Satz („Das ist eigentlich bei den an der Tagesordnung. Hört sich leider so traurig an, ist aber so.") bleibt offen, wer mit „bei den(en)" gemeint ist: Bei den geflüchteten Familien? Bei den Afghanen und Syrern? Offen bleibt, ob Frau Ahlert mit der Formulierung die Erfahrungen bagatellisiert und Geflüchtete latent abwertet oder dem Ausdruck verleiht, dass möglicherweise viele der geflüchteten Schüler*innen, die aus Ländern kommen, in denen Terrorgruppen sehr verbreitet sind, mit solchen Erfahrungen direkt oder indirekt konfrontiert waren. Es ist eine klare Distanzierung und markiert deutlich: Ich bin kein Teil davon. Die Kategorisierung (bei *denen* ist das an der Tagesordnung) scheint dazu beizutragen, die kaum aushaltbaren Erfahrungen erträglicher zu machen.

Irritierend ist außerdem die doppelte Verwendung des Begriffs „Gedächtnis" in diesem kurzen Ausschnitt:

> „Ich habe Schüler, die waren im Taliban-Lager mmh verschleppt, wurden ja, ihn wurde versucht, eine **Gedächtnis** mmh oder, oder eine oder eine Kopfwäsche (..), also sie sozusagen umzukrempeln, mmh dann wurde das Lager mmh bombardiert, mmh, der Schüler hat sein **Gedächtnis** verloren" (Interview 1, Z. 100–103, Hervorhebungen CM).

Das Wort, nach dem Frau Ahlert im ersten Teil des Satzes sucht, ist wahrscheinlich „Gehirnwäsche": „Der Begriff ‚Gehirnwäsche' ist eine Metapher für die psychologische Manipulation von Menschen für politische Zwecke" (Taylor 2011). So wie Frau Ahlert es formuliert, scheint es, als habe der Junge erst sein Gedächtnis gewaschen bekommen und dieses dann durch das Bombardement verloren.

Es lässt sich vermuten, dass die Erlebnisse, von denen Frau Ahlert hier berichtet, so schlimm, das heißt psychisch so bedrohlich sind, dass sie nur schwer symbolisiert und versprachlicht werden können und dass Frau Ahlert deshalb an dieser Stelle der Begriff „Gehirnwäsche" nicht einfällt, die Sprache insgesamt brüchig wird und deswegen der Bericht über den konkreten Schüler so knapp ausfällt und Frau Ahlert schnell wieder ins Allgemeine und Abstrakte wechselt.

Auch in der Interpretationsgruppe reinszeniert sich dies ein Stück weit: Interpretationsgruppenmitglieder wechseln immer wieder ins Allgemeine und kommen auf andere Textstellen zu sprechen. Die Interpretationsgruppe verbleibt nicht lange bei dieser Szene.[5]

7.1.2.2 Ablehnung der eigenen emotionalen Involviertheit

Wie Frau Ahlert damit umgeht, mit solchen schrecklichen Erlebnissen ihrer Schüler*innen konfrontiert zu werden, beschreibt sie wenig später im Interview:

> **Interviewer:** Ja (.). Und was macht das mit Ihnen?
>
> **Frau Ahlert:** (..) *(genervter Tonfall)* Was macht das mit mir. (...) Ich war vorher schon in A-Bezirk gearbeitet, ich habe jetzt 16 Jahre in A-Bezirk und A-Bezirk, finde ich, ist schon ein Brennpunkt. A-Stadtteil. Es gibt immer sehr viele Ausländer, also vor allen Dingen in A-Stadtteil (..) mmh, am Anfang, als ich hier angefangen habe vor 15–16 Jahren, habe ich immer gedacht, boah, was hatte ich für eine tolle Kindheit und mmh, ich komme aus der Nähe von A-Stadt, ich denke immer so 20 km entfernt, hätte ich mir nicht vorstellen können, dass es so ist. Aber es war schon immer so. (..) Meine Erfahrung mmh, das ist eine ganz andere Kultur (.) ist. Und ja, man darf es halt nicht so mit nach Hause nehmen. Manche Sachen berühren einen schon, wenn die dann gerade jetzt in der Sprachlernklasse, wenn die das so erzählen, (.) man hört es sonst immer nur im Fernsehen und ich hab die Live-Berichte (..) ne, also die erzählen ihren ganzen Fluchtweg *(genervter Tonfall)* und wie viel Tote sie da gesehen haben (.), und das geht mir schon nah, also es geht mir so nah, dass ich zum Beispiel kein Urlaub momentan in Italien oder Griechenland, ne Lampedusa oder so, würde ich jetzt keinen Urlaub machen, ne. **Interviewer:** Ja. **Frau Ahlert:** Das ist für mich ganz klar. Da möchte ich nichts mit zu tun haben und als die große Flüchtlingswelle war, möchte ich auch nicht nach Kroatien fahren. (.) *(genervter Tonfall)* Weil, das habe ich hier und die unterstütze ich, aber das mmh (.) brauche ich da nicht. (..) Aber ansonsten mmh (..). Ich habe halt ne sonderpädagogische Ausbildung und dann haben wir da halt schon einiges gelernt, eben was (...) ne wie wie was lässt man an sich ran *(angestrengtes Ausatmen)* (...),

---

[5] Der Interpretationsprozess wird hier nur resümierend dargestellt. Es handelt sich um eine Zusammenfassung eines oftmals länger – in der Regel über mehrere Interpretationssitzungen – dauernden Analyseprozesses.

> wie schafft man es äh, so ein paar Sachen nicht mit nach Hause zu nehmen, wirklich in der Schule zu lassen, und dadurch, dass ich das jetzt auch mmh im Ganzen schon fast 20 Jahre schon mache, jetzt ne wir hatten schon immer auch Flüchtlinge, (….) mmh, geht's mir eigentlich ganz gut damit, also es macht mir total viel Spaß, ich möchte die Arbeit in der Sprachlernklasse nicht missen (Interview 1, Z. 168–194).

Es ist zuerst irritierend, dass Frau Ahlert die Frage noch einmal wiederholt, eine kurze Pause macht, als würde sie darüber nachdenken, sie aber dann nicht beantwortet, zumindest nicht in dem Sinne, dass sie konkret schildert, was die emotionalen Belastungen und das Verhalten ihrer Schüler*innen in ihr auslösen. Stattdessen holt sie sehr weit aus und spricht allgemein über den Stadtteil, in dem die Schule liegt. Dass sie diesen als „Brennpunkt" bezeichnet, ist für mich auch etwas irritierend, weil ich selbst den Stadtteil eher als sehr beliebt und belebt einordnet hätte.[6] Der Satz „Es gibt immer sehr viele Ausländer, also vor allen Dingen in A-Stadtteil" scheint Frau Ahlerts Begründung dafür zu sein, dass sie den Stadtteil als Brennpunkt sieht. Verstärkt wird dieser Eindruck dadurch, dass Frau Ahlert nun auf ihre Kindheit zu sprechen kommt und sagt:

> „Am Anfang, als ich hier angefangen habe vor 15–16 Jahren habe ich immer gedacht, boah, was hatte ich für eine tolle Kindheit und mmh, ich komme aus der Nähe von A-Stadt, ich denke immer so 20 km entfernt, hätte ich mir nicht vorstellen können, dass es so ist. Aber es war schon immer so" (Interview 1, Z. 173–176).

In dieser Sequenz bleibt unklar, worüber Frau Ahlert eigentlich spricht. Sie habe sich nicht vorstellen können, dass es *so* sei – wie es aber ist, was sie sich nicht habe vorstellen können, benennt sie nicht, nur, dass es ganz anders sei, als sie es kenne. Diese erneute Distanzierung wird noch verstärkt durch den nächsten Satz „Meine Erfahrung mmh, das ist eine ganz andere Kultur". So deutet sich hier eine Wahrnehmung von „Ausländern" gleich „eine ganz andere Kultur" gleich ein Problem bzw. ein „Brennpunkt" an, also ein latenter Rassismus[7], der sich,

---

[6]Der Begriff „Brennpunkt" ist nicht eindeutig definiert. Mit der Definition des *Deutschen Städtetags* (1979) („in denen Faktoren, die die Lebensbedingungen ihrer Bewohner und insbesondere die Entwicklungschancen beziehungsweise Sozialisationsbedingungen von Kindern und Jugendlichen negativ bestimmen, gehäuft auftreten") lässt sich der Stadtteil nicht als Brennpunkt klassifizieren.

[7]Es geht nicht darum, den Lehrkräften zu unterstellen, sie seien irgendwie rechts oder gar rechtsradikal. Es geht lediglich darum, den banalen (Terkessidis 2004) alltäglichen (Sow 2008) und institutionellen (Gomolla und Radtke 2009; Jäger und Kauffmann 2002) Rassismus in seiner latenten Wirkungsweise für das vorliegende Thema zu verstehen (vergleiche Abschnitt 7.5.4 und 8.4).

wie im Folgenden gezeigt wird, auch an anderen Textstellen bestätigen lässt (vgl. hierzu Abschnitt 7.1.2.3).

Warum Frau Ahlert in ihrer Antwort über den Stadtteil und ihre Kindheit spricht, wird im nächsten Satz verständlicher: „Man darf es halt nicht so mit nach Hause nehmen." Dass es sich dabei um einen Grundsatz handelt, wird an weiteren Textstellen deutlich:

Interviewer: Gibt es irgendwie, machen Sie sowas wie Supervision oder kollegiale Fallreflexion oder irgendwie so was in der//

Frau Ahlert: ne//

Interviewer: Wird das nicht angeboten, oder//

Frau Ahlert: Doch// es gibt ja Fortbildungen. Das kann man machen. Aber **Interviewer:** Fortbildungen? **Frau Ahlert:** Genau, also Fortbildungen, so, es gibt ja auch übers x[8] wird das ja immer angeboten, (.) mmh, oder gab es zumindest mal. Aber das ist. Also ich bin ja auch, ich bin zwölf Stunden in der Sprachlernklasse und ich bin mit 15 Stunden als Förderlehrerin im fünften Jahrgang. **Interviewer:** Mhm *(bejahend).* **Frau Ahlert:** Ne. Also ich muss mich da ja auch teilen. Und ähm (.), aber bin ich auch nicht der Typ für.

Interviewer: Für Supervision?

Frau Ahlert: Ja.

Interviewer: Warum?

Frau Ahlert: Macht mir keinen Spaß. (.) Also ich mmh, früher an der E-Name-Schule haben wir uns eher mal zusammengesetzt und so, aber ich *(schnell, sich überschlagend)* bräuchte-das-brauche-das-möchte-das nicht so professionell eingeleitet haben. (.) Ist nicht meins.

Interviewer: Ja (.) ok (Interview 1, Z. 474–500).

Dies zeigt, dass Frau Ahlert die Beschäftigung mit den Schüler*innen und speziell mit den Emotionen nicht nur nicht „mit nach Hause nehmen" will, sondern auch nicht „professionell eingeleitet" thematisieren will.

Stattdessen setzt Frau Ahlert auf einen „Ausgleich":

Frau Ahlert: Ich glaube, man braucht einen Ausgleich. *(jedes Wort einzeln betonend:)* Man braucht ein Hobby, soll es, ich spiele jetzt Hockey, aber es kann auch was Musikalisches sein oder Theater, man muss einfach was haben, wo man komplett abschaltet. (.) Und sobald ich die Hockeyhalle betrete, dann ist nur noch der Ball (.) im Fokus. Und ich kenne aber viele Kollegen, die wirklich zu Hause dann sitzen und brüten, brüten,

[8] Landesspezifische Einrichtung. Zur Wahrung der Anonymität herausgenommen.

> brüten, *(scharf:)* und das will ich nicht! **Interviewer:** Mhm *(bejahend)*. **Frau Ahlert:** Also ich habe für mich beschlossen, irgendwann ist auch mal gut! Ich komme nach Hause, ich bereite noch vor, aber dann muss auch mal Schluss sein, es klappt nicht immer, (.) ich habe auch ganz *(langezogen:)* schwierige Fälle, wo das natürlich nicht klappt (..), aber ansonsten (…) geht's momentan ganz gut (Interview 1, Z. 196–208).

Dies hat für Frau Ahlert eine hohe Bedeutung, die verbunden ist mit der Angst, sonst so zu enden wie viele ihrer Kolleg*innen, die „wirklich zu Hause dann sitzen und brüten, brüten, brüten".

Eine gewisser Widerstand sich diesen emotionalen schweren Themen zu widmen, reinszeniert sich auch in der Interpretationsgruppe, die lange braucht, um sich dem Interview näher zu widmen, relativ oberflächlich bleibt und nur kurz in einzelne Textstellen einsteigt. Interpretationsgruppenmitglieder geben an, einen Widerstand zu spüren, sich näher mit dem Interview auseinanderzusetzen. Weder Frau Ahlert noch die Interpretationsgruppenmitglieder wollen über dem Thema „brüten".

Dies zeigt, dass Frau Ahlerts Umgang mit den emotionalen Belastungen der Schüler*innen und ihren eigenen damit potenziell verknüpften Emotionen von Abwehr geprägt ist. Sie versucht, diese von sich fernzuhalten, sich damit nicht zu Hause und nicht im Rahmen von Supervision auseinanderzusetzen, sondern sie durch einen Ausgleich loszuwerden.

Da Frau Ahlerts Umgang mit den emotionalen Belastungen der Schüler*innen und mit ihren eigenen damit potenziell verknüpften Emotionen von dem Grundsatz geprägt ist, man dürfe sich nicht mit diesen beschäftigen, habe ich auch während des Interviews das Gefühl, ihr zu nahezukommen und sie mit meinen Fragen zu stören und zu nerven.

Frau Ahlert erzählt aber auch, dass es ihr nicht immer gelingt, „abzuschalten". Im zweiten Teil ihrer schon zitierten Antwort sagt sie dazu:

> Und ja, man darf es halt nicht so mit nach Hause nehmen. Manche Sache berühren einen schon, wenn die dann gerade jetzt in der Sprachlernklasse, wenn die das so erzählen, (.) man hört es sonst immer nur im Fernsehen und ich hab die Live-Berichte (..) ne, also die erzählen ihren ganzen Fluchtweg *(genervter Tonfall)* und wie viel Tote sie da gesehen haben (.), und das geht mir schon nah, also es geht mir so nah, dass ich zum Beispiel kein Urlaub momentan in Italien oder Griechenland, ne Lampedusa oder so, würde ich jetzt keinen Urlaub machen, ne. **Interviewer:** Ja. **Frau Ahlert:** Das ist für mich ganz klar. Da möchte ich nichts mit zu tun haben und als die große Flüchtlingswelle war, möchte ich auch nicht nach Kroatien fahren. (.) *(genervter Tonfall)* Weil, das habe ich hier und die unterstütze ich, aber das mmh (.) brauche ich da nicht. (..) Aber ansonsten mmh (..). Ich habe halt ne sonderpädagogische Ausbildung und dann haben wir da halt schon einiges gelernt, eben was (…) ne wie wie was lässt man an sich

ran *(angestrengtes Ausatmen)* (…), wie schafft man es äh, so ein paar Sachen nicht mit nach Hause zu nehmen, wirklich in der Schule zu lassen, und dadurch, dass ich das jetzt auch mmh im Ganzen schon fast 20 Jahre schon mache, jetzt ne, wir hatten schon immer auch Flüchtlinge, (….) mmh, geht's mir eigentlich ganz gut damit, also es macht mir total viel Spaß, ich möchte die Arbeit in der Sprachlernklasse nicht missen (Interview 1, Z. 168–194).

Frau Ahlert berichtet hier nicht konkret, was sie so „berührt", dass ihr Grundsatz „Man darf es nicht mit nach Hause nehmen" nicht mehr funktioniert, sondern erzählt, dass die Folge davon sei, dass sie nicht mehr dort Urlaub machen wolle, wo andere ums Überleben kämpfen. Dabei irritieren die Formulierungen „da möchte ich nichts mit zu tun haben" und „brauche ich da nicht". Diese Formulierungen werden in der Interpretationsgruppe als abwertend und unangemessen wahrgenommen. So nachvollziehbar es ist, dass man keinen entspannten Urlaub machen will, wo wenige hunderte Meter entfernt Menschen um ihr Überleben kämpfen, bleibt hier doch unklar, was gemeint ist, wenn Frau Ahlert sagt, sie wolle da nichts mit zu tun haben. Auch die Formulierung „brauche ich da nicht" ist irritierend – denn sicher würde niemand sagen, dass sie das braucht.

In der Interpretationsgruppe wird der Eindruck geäußert, dass Frau Ahlert sehr belastet ist, aber diesen Gedanken nicht zulässt und daher kaum äußern könne, was die Arbeit mit ihr mache. Einzelne Interpretationsgruppenmitglieder verteidigen Frau Ahlert und betonen, dass dies ein zu erwartender Umgang mit traumatischen Inhalten sei. Sie betonen, dass man als Interviewer in einem Forschungsinterview zum Thema Trauma auch immer ein Stück verfolgend sei und dass andere Antworten in diesem Rahmen ja auch gar nicht gehalten werden könnten.

Überraschend ist, dass Frau Ahlers diese Sequenz mit dem Satz „mmh, geht's mir eigentlich ganz gut damit, also es macht mir total viel Spaß, ich möchte die Arbeit in der Sprachlernklasse nicht missen" beendet. Es stellt sich die Frage, wie dies zu den vorangegangenen Ausführungen passt. Hier zeigt sich vermutlich nicht nur die Ambivalenz, die Frau Ahlers Erleben ihrer Arbeit prägt, sondern auch eine Form der Abwehr, wie sie im Interview immer wieder festzustellen ist: Aversive Gefühle, die mit der Arbeit verbunden sind, werden wieder „weggemacht".

7.1.2.3 Latenter Rassismus

Mit dem Begriff „Flüchtlingswelle" reproduziert Frau Ahlert in dem zitierten Ausschnitt außerdem einen rassistischen Begriff, der Menschen in Not zu einer Naturkatastrophe macht, vor der man Angst haben muss. So wie an dieser Stelle und der bereits zitierten Stelle, wo Frau Ahlert von einer „ganz anderen Kultur“ und dem Brennpunkt spricht, zeigt sich ein latenter Rassismus auch an weiteren Stellen des Interviews; etwa wenn sie sagt: „Bei uns sind alle Menschen mit allen Interessen, Religionen, Religionen wie auch immer, alle gleichwertig, ne, Frauen und Männer sind gleichwertig! Müssen die auch erst mal lernen!“ (Interview 1, Z. 601–603). Die Vorstellung, dass geflüchtete Schüler*innen per se nicht wüssten, dass Frauen und Männer gleichwertig seien, und implizit, dass nichtgeflüchtete Schüler*innen dies nicht genauso lernen müssten, beruht auf einer Konstruktion scheinbar homogener Gruppen und einem projektiven Narrativ, welches die Nicht-Anerkennung von Gleichwertigkeit einseitig auf die Geflüchteten schiebt.

Schon direkt am Anfang des Interviews, auf meine Einstiegsfrage[9] hin, antwortet Frau Ahlert wie folgt:

> Ich bin Förderlehrerin und war vorher an einer Förderschule Lernen, im Zuge der Inklusion wurde ja die Förderschule Lernen abgeschafft, bin deshalb an die IGS gekommen (.) mit meinen Stunden und als an der IGS, ja, die Sprache auf Sprachlernklassen kam, mmh wurde ja eine (.) Stammlehrerin, so heißt das ja bei uns an der IGS, eine Klassenlehrerin, gesucht (.) und ja, der Andrang war jetzt nicht so groß und dann wurde ich gefragt, und dann habe ich mir das kurz überlegt und hab, in der Förderschule hatte ich schon immer 80, 90 Prozent ausländische Schüler (.) und Schülerinnen und dann hab ich gedacht, naja, diese fünf oder zehn Prozent, was jetzt noch fehlt, (.) mmh, die schaffe ich auch, hab dann mal hospitiert in einer andern Sprachlernklasse (.), mmh hab mir ein paar Sachen angeschaut (.), ja und dann ging es zwei Wochen später eigentlich auch schon los und hab mir dann Schulbücher, Räume organisiert, hier alles (…) wollte dann anders starten, als wie ich jetzt arbeite, aber aus Erfahrung wird man klug und ich mache das Ganze jetzt so dreieinhalb Jahre. **Interviewer:** Mhm *(bejahend)*. **Frau Ahlert:** Und wie gesagt, hatte schon immer Schüler mit Migrationshintergrund. Viele Schüler (Interview 1, Z. 32–46).

Irritierend ist die Begründung, wie es dazu kam, dass Frau Ahlert eine Sprachlernklasse unterrichtet: „In der Förderschule hatte ich schon immer 80, 90 Prozent ausländische Schüler (.) und Schülerinnen und dann hab ich gedacht, naja, diese fünf oder zehn Prozent, was jetzt noch fehlt, (.) mmh, die schaffe ich auch.“ Es scheint, als ob das Spezifische einer Sprachlernklasse für Frau Ahlert vor allem ist, dass die Schüler*innen „ausländisch“ sind, und als ob dies etwas ist, das man schaffen muss und kann.

[9] „Vielleicht können Sie am Anfang erst einmal erzählen, wie Sie dazu gekommen sind, jetzt so eine Sprachlernklasse zu unterrichten, und ja inwiefern dieses Thema *Geflüchtete Kinder und Jugendliche* in Ihrem Berufsalltag eine Rolle spielt.“

Da sie offenbar ihre eigenen Kategorisierungen nicht hinterfragt und reflektiert, erkennt sie Rassismus wahrscheinlich auch bei anderen nicht, dies zeigt die folgende Sequenz:

> **Interviewer:** Ich frage mich noch, welche Rolle sozusagen auch vielleicht die gesellschaftliche Stimmung sozusagen gegenüber Geflüchteten, Flucht, Migration spielt?//
>
> **Frau Ahlert:** Wie// ist denn die gesellschaftliche Stimmung?
>
> **Interviewer:** (..) Schwer zu sagen, es gibt, glaube ich, zwei große Richtungen, es gab eine große Willkommenskultur, eine viel beschworene, so genannte, wo auch viele irgendwie ehrenamtlich waren und am Bahnhof standen und geklatscht haben und was machen wollten, so und es gibt natürlich auch eine rechtsgerichtete Bewegung, die auch Vorurteile schürt gegen Flüchtlinge oder sagt, es reicht, wir brauchen Obergrenze und die auch//
>
> **Frau Ahlert:** //aber wir sind hier in A-Bezirk! Und A-Bezirk ist generell bunt! Und da ist eigentlich schon die Bereitschaft groß, also so so rechtsradikale Äußerungen sind mir jetzt hier in A-Bezirk überhaupt nicht begegnet! Da ist eher: Wir nehmen auf und dann so kommt natürlich schon mal, jetzt können wir nicht, also irgendwie haben wir dann auch mal ne Grenze und das hat nichts mit Sprachlernschülern zu tun, auch andere Schüler können wir nicht mehr aufnehmen. Also wir haben auch Listen, so Regelschüler möchten ja auch gerne mal ihre Schulen mal wechseln oder durch Umzug an die IGS A-Bezirk und auch die können wir nicht aufnehmen, weil wir einfach voll sind. (..) Aber so rechtsradikal: gar nicht! (..) Und es ist immer noch so, oh das sind ja die Sprachlernschüler, (..) und da wir das jetzt schon, also wir machen das, im vierten Jahr mache ich das hier, das ist schon, gehört dazu. Am Anfang waren wir so die Exoten, *(ahmt hohe Stimme nach:)* „oh das sind die Sprachlernschüler, was denn das, dürfen wir euch mal besuchen" und jetzt sagen wir: Das ist ein Kind aus der Sprachlernklasse. Das ist normal (Interview 1, Z. 446–472).

Die Vorstellung, dass es im ganzen Stadtteil keine Ablehnung gegenüber Geflüchteten und keinen Rassismus gibt, ist wenig plausibel. Im Zusammenhang mit den eigenen latent abwertenden Formulierungen von Frau Ahlert ist eher vorstellbar, dass sie gewisse Formen von Rassismus nicht erkennt oder sie ihr an dieser Stelle zumindest nicht auffallen.

In der Interpretationsgruppe zeigt sich folgendes Phänomen: Ausführlich wird – seitens der Gruppe wie auch von mir als Forscher – auf das Thema Rassismus eingegangen. Dies lässt sich auch wie folgt interpretieren: Die Kritik am latenten Rassismus bietet für die Interpretationsgruppe – ebenso wie für mich – das Angebot, sich auf sicherem Terrain zu bewegen, fundiert und moralisch überlegen zu diskutieren. Was in den Hintergrund gerät – latent gemacht wird, sind die Enttäuschung und die unangenehmen Affekte, die mit der Tatsache verbunden sind, dass Frau Ahlert über die Themen, die ich fokussiere, nicht sprechen will, sowie die unangenehmen Affekte, die das Thema überhaupt auslöst.

Während des Interviews hatte ich immer wieder das Gefühl, Frau Ahlert gebe das Interview nicht gerne, ich käme ihr zu nahe und sie sei sehr genervt. Auch beim Anhören des Mitschnitts hatte ich den Eindruck, dass Frau Ahlert sehr genervt klingt. An Stellen, an denen ich das besonders eindrücklich fand, habe ich dies mittranskribiert („genervter Tonfall"). Davon fühlten sich einzelne Interpretationsgruppenmitglieder „manipuliert". Auch sie äußerten, dass sie genervt seien, von dem Interview, der Lehrerin, dem Interviewer.

Dieses vielfache Auftauchen des Gefühls der Genervtheit auf den unterschiedlichen Ebenen unterstreicht, dass ich im Interview Themen fokussiere, die Frau Ahlert nicht thematisieren will, und dass die Fragen danach ihrer Abwehrstruktur entgegenlaufen. Ein Interpretationsgruppenmitglied äußerte während der Interpretation spontan den Vergleich, es sei so, als ob man die eigenen Großeltern nach dem Nationalsozialismus fragen würde und zurückgespiegelt bekomme, da bloß nicht weiter nachzufragen.

7.1.2.4 Kleines Fazit: Frau Ahlert

Auf der manifesten Ebene äußert Frau Ahlert sich als eine Förderlehrerin, die viel Erfahrung in der Beschulung ausländischer Schüler*innen hat, der ihre Arbeit Spaß macht und die für sich einen guten Ausgleich gefunden hat.

Latent zeigt sich, dass die belastenden und potenziell traumatischen Erfahrungen ihrer Schüler*innen für sie bedrohlich sind. Sie hat Schwierigkeiten, über diese zu sprechen. Die Erlebnisse der Schüler*innen sind so schlimm, das heißt psychisch bedrohlich, dass sie auch von Frau Ahlert kaum symbolisiert werden können. Ihre eigene emotionale Involviertheit wehrt sie ab. Es zeigt sich eine Angst davor, diese nicht aushalten zu können, wenn sie zum Thema gemacht werden würden. Dies rationalisiert Frau Ahlert mit ihren Grundsätzen „Man darf es nicht mit nach Hause nehmen" und „Man braucht einen Ausgleich". Außerdem zeigt sich ein latenter Rassismus, der möglicherweise ebenfalls der Abwehr ansonsten kaum aushaltbarer Emotionen dient.

7.2 Frau Behrens (Grundschule eins)

7.2.1 Frau Behrens: Zusammenfassung

Die Schule ist eine Grundschule und befindet sich in Salzgitter, in einem Stadtteil, den viele Medien als „sozialen Brennpunkt" bezeichnen. In dem Stadtteil leben überdurchschnittlich viele Menschen mit Migrationshintergrund. Gleichzeitig ist er auch eine Hochburg der rechtsradikalen[10] AfD. Die Schule hat den Ruf einer „Brennpunktschule" mit vielen Schüler*innen aus armen Verhältnissen. Frau Behrens ist Grundschullehrerin und Klassenlehrerin einer Klasse dieser Schule. Sie hat viele Jahre Berufserfahrung.

Vor dem Interview: Ich komme etwas zu früh an und lasse mich daher noch etwas durch den Stadtteil treiben. Mir fallen vergleichsweise viele AfD-Plakate auf und einige rechte *Tags* („Scheiss Antifa") und Aufkleber („Festung Europa. Macht die Grenzen dicht! Identitäre Bewegung") auf. In der anliegenden Hochhaussiedlung liegt viel Müll an der Straße, Müll-Container quellen über. An der Eingangstür der Schule hängt eine Information der Polizei, die wöchentliche Sprechstunden in der Schule anbietet. Die Schule ist abgeschlossen, ein Schüler öffnet mir aber die Tür und erklärt mir freundlich den Weg zum Lehrkräftezimmer. Vor der Tür des Zimmers warte ich auf Frau Behrens. Während ich warte, bekomme ich viele „Tür-und-Angel-Gespräche" von Lehrkräften mit, die von Klassenkonferenzen und Gewaltvorfällen handeln. Nachdem Frau Behrens eingetroffen ist und wir uns begrüßt haben, sucht sie auf einem Plan im Lehrkräftezimmer nach einem freien Raum. Auf dem Weg zu diesem beginnt sie schon mit mir zu sprechen: Ich habe das ja bestimmt in der Zeitung gelesen, das sei das Problem hier, dass es einfach keine Räume gebe und die Schule aus allen Nähten platze. Die Schule sei abgeschlossen, damit die Eltern nicht hereinkommen könnten, diese würden sonst in die Schule kommen und andere Kinder oder Eltern angreifen und schlagen. Im Raum angekommen nehmen wir gegenüber an Schüler*innentischen Platz und das Interview beginnt.

Das Interview:

„Es ist also, man darf das ruhig so sagen, es ist ein Ghetto, 2.000 Menschen in, weiß ich nicht, 20 Hochhäusern eingepfercht."

Frau Behrens erzählt erst einmal von der Schule. Auf diese würden viele Kinder aus Syrien, aus dem Irak, aus Afghanistan, aus Libyen und aus dem Libanon gehen. Dies liege daran, dass ganz in der Nähe der Schule eine Straße sei, in welche die Flüchtlinge oft ziehen würden, wenn sie das erste Mal in eine eigene Wohnung ziehen dürften. Die Straße sei ein Ghetto, viele tausende Menschen würden dort in wenigen Hochhäusern eingepfercht leben. Auf die Schule würden

---

[10] Die AfD wird in der öffentlichen Debatte häufig lediglich als „rechtspopulistisch" beschrieben. Dies verharmlost „ihre politische Programmatik und ihre objektive politische Funktion als ‚Türöffnerin nach Rechts' (Kurth und Salzborn 2014)" (Salzborn 2015, S. 44).

inzwischen doppelt so viele Schüler wie ursprünglich vorgesehen gehen. In jeder Klasse wären ungefähr sechs geflüchtete Kinder, 15 ausländische Kinder und zwei bis drei deutsche Kinder. In ihre Klasse würden 24 Kinder gehen, davon seien sieben kürzlich geflohen, andere seien schon länger in Deutschland, da kenne sie teilweise die Hintergründe nicht.

„Es gibt keine Sprachlernklassen mehr, weil man gesagt hat, nein, die Kinder sollen wirklich inklusiv beschult werden."

Das Schulsystem sei offiziell inklusiv. Aus diesem Grund gebe es auch keine Sprachlernklassen mehr. Diese seien nicht mehr finanziert worden, mit dem Argument, alle Kinder sollten gemeinsam inklusiv beschult werden.

Die größte Herausforderung im Umgang mit Flüchtlingskindern liege ganz klar im emotionalen Bereich. Viele Kinder, die geflüchtet seien, hätten große emotionale Probleme. Manche seien sehr gewalttätig und würden andere Kinder grundlos schlagen und treten. Wieder andere Kinder würden einfach stumm im Unterricht sitzen und dann irgendwann anfangen zu weinen. Viele der Eltern seien Analphabeten und hätten extreme Schwierigkeiten mit der fremden Sprache. Die Stadt stelle keine Übersetzer – auch nicht für ernsthafte Gespräche.

„Und Amelie weint jetzt immer noch."

Auf die Bitte hin, an einen speziellen Schüler oder an eine spezielle Schülerin zu denken, bei dem oder der sich die emotionalen Belastungen im Unterricht gezeigt hätten, erzählt Frau Behrens von ihrer Schülerin Amelie. Amelie habe auf der Flucht ihre Mutter verloren und erst ein Jahr später wiedergefunden. Der Vater habe sie als sechsjährige hier eingeschult, aber Frau Behrens und ihre Kolleginnen zweifeln an, dass das Alter stimmt. Tatsächlich, denken sie, sei Amelie jetzt, in der dritten Klasse, nicht acht, sondern zwölf oder 13 Jahre alt. Sie sei einen Kopf größer als ihre Mitschüler und habe schon einen Busen. Sie würde immer noch weinen und immer noch das Trauma des Verlustes mit sich rumtragen, obwohl die Mutter wieder da sei. Sie könne sich in der Schule schlecht konzentrieren und schaffe es nicht, sich die einfachsten Sachen zu merken, und würde daher jetzt ein Gutachten im Bereich geistige Entwicklung bekommen. Ihrem Bruder Ahmed ginge es viel besser. Er sei ein fröhliches Kind und habe schnell sprechen gelernt. Er werde auch kein Gutachten bekommen. Dabei hätten beide doch die gleiche Ausgangslage gehabt. Ihn habe das nicht ganz so stark mitgenommen. Vielleicht liege es daran, dass es nicht seine Mutter gewesen sei, die ein Jahr lang verschwunden war. Der Vater habe zwei Frauen und Amelie und Ahmed verschiedene Mütter. Sie wisse aber nicht, wie das innerhalb der Familie geregelt sei, ob sie zu beiden Mama sagen würden.

„Das ist ganz furchtbar, man ist nicht mehr richtig objektiv."

Auf die Frage, was das mit ihr mache, mit solchen Schicksalen konfrontiert zu sein, antwortet Frau Behrens, es sei ganz furchtbar, dass man nicht mehr so richtig objektiv sei. Das fände sie teilweise unfair gegenüber den nicht geflüchteten Kindern. Sie denke auch, es würde Amelie und Ahmed ja nicht helfen, sie in Watte zu packen. Dann hätten sie es nach der Grundschule nur noch schwerer. Daher versuche sie, mit den geflüchteten Kindern genauso umzugehen wie mit dem Rest. Das gelinge ihr aber leider nicht oft. Das beschäftige sie oft.

Ihrem Mann und ihrem Sohn könne sie gut erzählen, was sie beschäftige. Supervision werde in der Schule nicht angeboten. Das habe eine Zeit lang eine Religionskollegin angeboten, aber seit zwei Jahren gebe es das nicht mehr. Eigentlich hätten Frau Behrens und ihre Kolleginnen diese Möglichkeit gerne wieder. Gemeinsam mit vier Kolleginnen treffe sie sich aber regelmäßig und in dieser Gruppe würden sie sich gegenseitig unterstützen und Inhalte aufteilen, sodass nicht jede jede Einheit selbst machen müsse. Diese Treffen seien aber nicht bezahlt, fänden nicht in der Arbeitszeit statt.

„Nachmittags bin ich wirklich sehr, sehr, sehr kaputt."

Auf die Frage, wie sie die Aufgabe, die Schüler bei der Bewältigung ihrer emotionalen Belastungen zu unterstützen, in ihren Arbeitsalltag und in ihre sonstigen Aufgaben integriere, erzählt Frau Behrens, wie es ihr mit der Arbeit allgemein geht.

Wenn sie nach Hause komme, sei sie sehr kaputt, ausgelaugt, fertig und müde. Auch Kaffee mache sie dann nicht mehr richtig wach. Sie habe daher in der Woche keine sozialen Kontakte mehr, mache auch keinen Sport mehr. Sie sei froh, dass ihre Kinder schon so groß seien, dass sie nicht mehr viel mit ihnen machen müsse. Kleine Kinder zu haben, könne sie sich bei der Arbeit nicht mehr vorstellen.

In der Schule müsse sie oft emotionale Attacken aushalten. Es sei normal für sie, täglich mehrere hunderte Male heftige Beleidigungen zu hören und auch mehrmals täglich heftige körperliche Auseinandersetzungen mitzuerleben. Im Studium sei gesagt worden, man solle bloß kein Kind festhalten, anfassen oder zurückreißen. Sie habe aber zum Beispiel einen Flüchtlingsjungen in der Klasse gehabt, der immer auf Rücken gesprungen sei und Andere auf den Kopf geschlagen habe, da könne sie ja nicht anders, als ihn wegzureißen. Frau Behrens berichtet, wie sie den Jungen zusammen mit einer anderen Kollegin fixiert habe und dabei fast auf ihm draufgesessen sei. Nach so einer Attacke fühle sie sich wie ein Kind, das geweint habe, weil irgendetwas furchtbar gewesen war, und danach ganz müde sei.

„Denn sonderpädagogische Kräfte sind für sonderpädagogische Probleme da."

An der Schule gebe es zwar Sozialarbeiter, aber die seien nicht mit im Unterricht. Erzieher gebe es gar nicht und die Sonderpädagogen, die es gebe, seien auch nicht fest mit im Unterricht, sondern dürften nur mit den Kindern mit sonderpädagogischem Förderbedarf arbeiten – und das auch nur wenige Stunden in der Woche. Daher könnten die Sonderpädagogen sich auch nicht in Teams integrieren. Für die geflüchteten Kinder seien die Sonderpädagogen nicht da – außer diese hätten eine diagnostizierte Behinderung. Vor ihrer Klasse stehe sie daher meistens allein.

Auf die Frage, was sich aus ihrer Sicht ändern müsste, um geflüchtete Schüler besser bei der Bewältigung ihrer Verletzungen zu unterstützen, antwortet Frau Behrens, dass sie an der Schule sehr gerne viel mehr Mitarbeiter hätten. Besonders gut seien Mitarbeiter, die Kurdisch oder Arabisch sprechen würden. Es würde auch schon helfen, wenn Vertretungslehrerinnen, die zurzeit nur eine halbe Stelle hätten und gerne aufstocken würden, endlich eine volle Stelle bekämen.

„Wir haben eigentlich den Kampf eher mit der deutschen Behörde."

Die Politik und die gesellschaftliche Stimmung gegenüber Flüchtlingen würden in der Schule keine Rolle spielen. Sie könne aber die Menschen verstehen, die Angst vor dieser fremden Kultur hätten. Sie habe auch Angst, wenn sie abends im Dunkeln nach Hause müsse. Dann würde sie sich nach Möglichkeit von ihrem Mann mit dem Auto abholen lassen. Es hätte in dem Viertel ein paar Vergewaltigungen und Gewaltverbrechen gegeben. Sie und ihre Kolleginnen hätten daher abends alle Angst, durch das Viertel zu gehen oder mit dem Fahrrad zu fahren. Es gebe aber keinen politischen oder religiösen Kampf unter den Schülern, sondern sie hätten eher einen Kampf mit den deutschen Behörden und würden sich von der Politik oft im Stich gelassen fühlen.

Die öffentlichen Skandalisierungen der Zustände an der Schule hätten dazu geführt, dass die „normalen Eltern" ihre Kinder nicht mehr in diese Schule schicken würden. Die würden jetzt „auf Teufel komm raus" versuchen, ihre Kinder in anderen Vierteln in Ganztagsschulen unterzubringen. Das mache es noch schwerer, weil dadurch die Normalverteilung aus guten und schlechten Schülern kaum noch zu erreichen sei.

Nach dem Interview muss Frau Behrens schnell wieder in den Unterricht. Sie empfiehlt mir, in meiner freien Stunde einmal in die berüchtigte Straße zu gehen. Eine Stunde später sind wir erneut für die Beobachtung verabredet.

Die (gekürzte, aber ansonsten meinen Notizen wörtlich entsprechende) Beobachtung:

Auf dem Weg zur Unterrichtsstunde folge ich Frau Behrens und einem ihrer Kollegen. Ich sehe, wie ein Schüler einer Schülerin mit voller Wucht gegen das

Schienbein tritt. In der Klasse angekommen, fühle ich mich kurz erschlagen von der großen Gruppe in dem kleinen Raum. Die 24 Schüler*innen sind verteilt auf vier Gruppentische. Frau Behrens unterrichtet die Stunde gemeinsam mit einem Kollegen – einem Sonderpädagogen, wie sich hinterher herausstellt.

Zuerst organisiert sie, dass zwei Schüler, die an dem Tag an einem Ausflug mit einer anderen Gruppe teilnehmen dürfen, rechtzeitig zum Treffpunkt erscheinen. Sie leiht ihnen für den Ausflug Turnbeutel aus dem Klassenschrank und eigenes Geld für die Fahrkarte. Dann unterrichten Frau Behrens und ihr Kollege gemeinsam Deutsch. Es geht um die Unterschiede zwischen Nomen, Verben und Adjektiven. In zwei frontal organisierten Klassenspielen üben die Schüler*innen die Unterscheidung. Dabei sind sie sehr motiviert. Ich bin überrascht, dass sich stets eine große Mehrheit der Schüler*innen meldet und meist geduldig wartet, bis sie drangenommen wird.

Nach den Spielen wird ein Arbeitsblatt verteilt, welches die Schüler*innen dann selbstständig bearbeiten sollen. Als Frau Behrens währenddessen einmal die Klasse verlässt, wird es etwas lauter, aber die Schüler*innen arbeiten mehrheitlich weiter. Der Sonderpädagoge läuft umher und gibt individuelle Hilfestellungen. Als Frau Behrens wieder in die Klasse kommt, sorgt sie erneut – wie schon zu Beginn der Stunde – mit drei Tönen auf einem Glockenspiel für Ruhe. Dies funktioniert unmittelbar. Als beim Umsetzen des Auftrags, die Arbeitsblätter abzuheften, noch einmal Unruhe aufkommt, hält Frau Behrens einen Arm gestreckt nach oben und hält mit der anderen Hand den Finger auf den Mund – das Zeichen für Ruhe. Die Schüler*innen folgen teilweise dem Beispiel und ahmen die Geste nach und werden leiser. Zum Ende der Stunde mahnt sie noch einmal, die Tests zu Hause von den Eltern unterschreiben zu lassen.

7.2.2 Frau Behrens: Tiefenhermeneutische Interpretation

Das Interview mit Frau Behrens war für mich geprägt von dem Gefühl des Erstaunens und des Ärgers über die geschilderten Verhältnisse und strukturellen Aspekte. Zum anderen hat es in mir auch Mitgefühl mit Frau Behrens ausgelöst, die ich als sehr belastet wahrgenommen habe.

Mitglieder der Interpretationsgruppe äußern in der Blitzlichtrunde, dass sie das Interview furchtbar betroffen gemacht habe, dass sie die geschilderte Situation sehr traurig und dramatisch fänden. Ein Interpretationsgruppenmitglied berichtet, dass es weinen musste während des Lesens; andere, dass sie es sehr bedrückend fanden, dass ihnen übel geworden sei und dass in ihnen ein Gefühl von Ohnmacht zurückgeblieben sei. Außerdem werden aggressive Impulse deutlich.

Die Interpretationssitzung ist von der Wiederholung der manifesten Aussagen über die strukturellen Aspekte und dem Versuch, diese zu verdauen, geprägt. Dies spiegelt sich auch in der folgenden Darstellung der Interpretation wider, in der den Aussagen von Frau Behrens viel Platz eingeräumt wird. Dies dient dem Dokumentieren der drastisch geschilderten strukturellen Verhältnisse und des sehr eindrücklich beschriebenen Leidens der Lehrerin. Dass dahinter die eigentlich fokussierten konkreten potenziell sequenziell traumatischen Prozesse einzelner geflüchteter Schüler*innen und die Auswirkungen dieser auf die Lehrkräfte undeutlich bleiben, ist symbolisch dafür, dass unter diesen strukturellen Bedingungen und dem individuellen Leiden der Lehrerin der Fokus kaum auf einzelne Schüler*innen und die Dynamiken im Unterricht zu richten ist.

7.2.2.1 Inklusion und Supervision

Frau Behrens berichtet in dem Interview ausführlich über die Auswirkungen der momentanen Umsetzung der „Inklusion". Sie erzählt zu Beginn des Interviews:

> [...] mh, alle Klassen sind bei uns inklusiv. Das heißt, davon (.) *(betont:)* könnten die mh geflüchteten Kinder profitieren, wenn Inklusion funktionieren würde *(lacht etwas)*, was natürlich erst mal bei 450 Schülern (..) nicht funktioniert, wenn zu wenig Räume da sind. Sie haben ja selber gesehen, dass man nicht einmal mehr für ein Gespräch einen Raum findet – noch so klein. Und mh, wenn wir ne Doppelbesetzung hätten, so ist es natürlich für diese Kinder sehr, sehr schwierig.
>
> **Interviewer:** Ja. Also dieses System mit den Sprachlernklassen haben Sie nicht?
>
> **Frau Behrens:** Ne, dafür haben wir zum Beispiel dieses Jahr keine Stunde mehr gekriegt.
>
> **Interviewer:** Ok.
>
> **Frau Behrens:** Es gibt keine Sprachlernklassen mehr, weil man gesagt hat, nein, die Kinder sollen wirklich inklusiv beschult werden, die sollen in die Klassen rein und sollen dort lernen. (...) Ich und meine Kollegen, ich nehme meine Kollegen jetzt einfach mal mit ins Boot – denn so ist es ne (.) gesagt worden in den Dienstbesprechungen – halten das für falsch. Wir fanden die Sprachlernklasse ganz, ganz wichtig und wir haben unsere Lehrerstunden teilweise abgegeben, die wir vielleicht in Doppelbesetzung hätten oder nen Förderunterricht, damit wir eine interne Sprachlernklasse haben. Diese Sprachlernklasse darf keine Zeugnisse mehr ausstellen, weil es sie ja nicht gibt, aber wir haben eine (Interview 2, Z. 106–129).

Weiter erzählt Frau Behrens ungefähr in der Mitte des Interviews als Antwort auf die Fragen, welche Rolle Teamarbeit und Kooperation spielen würden und ob es an der Schule auch multiprofessionelle Teams gebe – mit Sonderpädagog*innen, Erzieher*innen und Sozialarbeitenden:

> Erzieher nicht, Sozialarbeiter auch nicht im Unterricht und auch keine Teams, mit den Sonderpädagogen können wir im Team nicht arbeiten, denn wir haben pro Klasse zwei Stunden ungefähr *(lacht etwas)*, wie soll man da im Team arbeiten?
>
> **Interviewer:** Ach so, die kommen dann nur hierher oder sind nur//
>
> **Frau Behrens:** Die sind hier mit an der Schule, aber wie sollen die sich denn in ein Team integrieren? Sie müssten ja dann theoretisch beinahe 15, in 15 Teams sein, bei ihrer Stundenzahl, oder in 14. **Interviewer:** Ja. **Frau Behrens:** Das ist ja schon kaum möglich. Sie erleichtern uns das Leben, sie versuchen, uns zu unterstützen, aber was sind denn zwei Stunden? Und diese sonderpädagogischen Kräfte sind natürlich nicht für die Flüchtlingskinder da. Das muss man ganz deutlich sagen, die Flüchtlingskinder haben kein Anrecht darauf. Denn sonderpädagogische Kräfte sind für sonderpädagogische Probleme da *(lacht)*. **Interviewer:** Ja. **Frau Behrens:** So ist es. Sie machen es unter der Hand natürlich trotzdem (Interview 2, Z. 434–449).

Schließlich berichtete Frau Behrens noch ausführlich davon, wie sie für eine geflüchtete Schülerin ein Fördergutachten zur Feststellung eines Bedarfs an sonderpädagogischer Unterstützung im Bereich „geistige Entwicklung" eigeleitet hat, damit diese sonderpädagogische Unterstützung bekommt:

> **Frau Behrens:** [...] aber trotzdem, Amelie hindert das sehr, sehr, sehr am Lernen. Sie kann sich selten auf die Schule konzentrieren, sie wird jetzt ein Gutachten im Bereich geistige Entwicklung bekommen, das heißt – früher hieß das geistig behindert (.) – einfach so, weil ich glaube, dass sie dieses ganze Drumherum einfach nicht verarbeiten konnte. Den Eltern zu sagen, sie müssten vielleicht mal zum Psychologen gehen oder zum kommunalen Sozialdienst, wir haben ne Sozialarbeiterin, wir haben nen Sozialarbeiter hier bei uns an der Schule, die eigentlich ganz toll und engagiert arbeiten und auch wollen, wir haben einige Projekte, die sie, auf diese Flüchtlingskinder abzielen, (..), aber mh, (..) Amelie bräuchte halt zum Beispiel tiefergreifende Hilfe. Wenn Amelie die bekommen hätte, wäre es vielleicht auch nicht zu diesem Gutachten gekommen. Sie schafft wirklich nicht, sich einfachste Sachen zu merken, sie bemüht sich (.), aber (.) ich glaube, es liegt daran, dass sie halt wirklich emotional absolut nicht auf der Höhe ist (Interview 2, Z. 194–206).

Später im Interview kommt sie noch einmal auf das Gutachten zurück:

> **Frau Behrens:** Die Kinder sind oft noch nicht lange genug hier, die geflüchteten Kinder, die haben also kein Gutachten (...). Für Amelie, die hat jetzt zwei Jahre lang immer nur negativ zurückgekriegt (..). Hat ihr ja nicht geholfen, im Endeffekt, jetzt kriegt sie ein Gutachten und jetzt darf ich sie endlich, seit das eingeleitet ist, auch ein bisschen anders beschulen, bisschen anders benoten und sie kriegt auch ein paar Stunden Förderung mal (...).
>
> **Interviewer:** Mhm *(bejahend)* (.). Aber meistens sind Sie alleine //

> **Frau Behrens:** Ich bin// eigentlich nur alleine, ich bin selten zu zweit. Ich hab ein Kind mit einer geistig Entwicklungsstörung – also Amelie wird wahrscheinlich auch eine geistige Entwicklungsstörung haben – ich habe noch ein Kind, da ist fünf Stunden jemand die Woche da (..), aber mh, der nimmt das Kind häufig mit raus, weil die geistige Behinderung doch so schwer ist, dass mh das Kind nicht in den Unterricht integriert werden kann (Interview 2, Z. 471–486).

Frau Behrens berichtet hier eindrücklich von den strukturellen Verhältnissen an ihrer Schule. Diese sind stark von Ressourcenmängeln geprägt: Es gibt nicht ausreichend Räume und nicht ausreichend Personal. Die Schüler*innen sollen inklusiv beschult werden, aber Frau Behrens ist trotzdem allein für ihre Klasse mit 24 Schüler*innen verantwortlich. Unterstützung von sonderpädagogischen Fachkräften bekommt sie nur wenige Stunden und nur für die Schüler*innen, die einen sonderpädagogischen Förderbedarf diagnostiziert bekommen haben.

Diese strukturellen Mängel haben sich weiter verschlechtert durch die Abschaffung der Sprachlernklassen. Diese seien mit dem Argument, dass die Schüler*innen inklusiv beschult werden sollten, abgeschafft worden. So sei die Inklusionsrhetorik für die Streichung spezifischer Ressourcen, also für Sparmaßnahmen, verwendet worden.

Frau Behrens beschreibt einen Umgang mit diesen Verhältnissen, der versucht, subversiv das Nötigste sicherzustellen: Die Kolleg*innen haben sich darauf geeinigt, Stunden abzugeben, um eine interne Sprachlernklasse zu haben, die aber offiziell nicht existiert und daher auch keine Zeugnisse etc. ausstellen darf. Die Sonderpädagog*innen, die sich offiziell nur um die Kinder mit diagnostiziertem sonderpädagogischen Förderbedarf kümmern dürfen, nutzen einen kleinen Teil ihrer ohnehin schon knappen Stunden, um sich „unter der Hand" auch um die geflüchteten Schüler*innen kümmern zu können.

Einzelne geflüchtete Schüler*innen, die durch die Erfahrungen auf der Flucht emotional belastet sind, bekommen einen sonderpädagogischen Unterstützungsbedarf im Bereich der „geistigen Entwicklung" diagnostiziert, damit sie anders benotet werden dürfen und „auch ein paar Stunden Förderung" erhalten. Zuvor sei das nicht möglich gewesen und so habe eine Schülerin „zwei Jahre lang immer nur negativ zurückgekriegt".

In der Interpretationsgruppe lösen diese Schilderungen Empörung und Hilflosigkeit aus; Empörung vor allem darüber, dass die Ressourcen ausgerechnet mit dem Argument der inklusiven Beschulung weiter gekürzt wurden, und darüber, dass eine emotional belastete Schülerin, die wahrscheinlich ein therapeutisches Angebot bräuchte, erst ein etikettierendes Gutachten als *geistig behindert* erhalten muss, bevor sie zumindest minimale individuelle Zuwendung erhält. Hilflosigkeit löst dies aus, weil kaum vorstellbar ist, wie die Lehrkräfte sonst unter den gegebenen Bedingungen agieren sollten.

Auch bei dem Thema „Supervision“ zeigt sich der notgedrungen kreative Umgang mit den mangelnden Ressourcen:

Interviewer: Und so etwas wie Supervision oder//

Frau Behrens: Das hatten wir hier an der Schule, das hat eine Religionskollegin gemacht, aber die ist jetzt nicht mehr da. So was hätten wir eigentlich ganz gerne, aber ja, das ist jetzt leider seit zwei Jahren nicht mehr. Wir hatten so was sonst immer. Da wurden dann eher natürlich, da wurd, da gings noch nicht um die geflüchteten Kinder, sondern eher um gewalttätige Kinder, wie man mit denen umgeht und Fälle besprochen und so was halt alles. Das war immer schön, wenn man sich für anderthalb Stunden ein, so nen Fall vorgenommen hatte oder so was und dann alle Kollegen mal mit dabei waren. Wir haben mh so was Ähnliches in der Jahrgangsgruppe (.). Wir haben einen tollen Jahrgang (.). Wir sind fünf mh Lehrerinnen dort und wir treffen uns regelmäßig und wir nennen das immer unsere kleine Supervision, die uns wirklich so ein bisschen am Leben hält, dass man sich erst mal austauschen kann, denn es ist ja in allen Klassen so. Meine Klasse ist ja jetzt nicht irgendwie die, die arme Klasse, die so viele geflüchtete Kinder hat, sondern alle Klassen sind so. Wir versuchen, Pläne zu entwickeln, wie wir den geflüchteten Kindern am besten helfen können (.). Wir versuchen natürlich auch, uns Arbeit zu erleichtern, indem wir sagen, Mensch, du machst die Einheit, du machst die Einheit, du die und die und die, dann haben wir fünf Einheiten, wo zum Beispiel, einmal geht es dann um irgendwelche Nomen, dass die Kinder anfangen, irgendwelche Namen-Wörter zu erkennen, oder so was. Der Nächste macht vielleicht in Mathematik (.) bis zum Zehner-Übergang. Solche Sachen, da helfen wir uns ganz doll und das im Jahrgang ganz, ganz wichtig. **Interviewer:** Ja. **Frau Behrens:** Und das ist ja so eine Art Supervision, die wir im kleinen Stil machen. Also mit fünf Personen.

Interviewer: Also da kann man auch über emotionale//

Frau Behrens: Ja natürlich//

Interviewer: Aber da kommt jetzt niemand von extern//

Frau Behrens: Nein// Nein, nein.

Interviewer: Sie haben sich das selber//

Frau Behrens: Wir moderieren das// Ja, wir machen das selber.

Interviewer: Organisiert. In der bezahlten Arbeitszeit dann auch//

Frau Behrens: Ne, ne. Ne, ne. Das machen wir immer nachmittags oder in den Ferien vormittags (Interview 2, Z. 270–309).

Anstatt vom Arbeitgeber finanzierter Supervision in der Arbeitszeit, die von professionellen Supervisor*innen geleitet wird und in der es einen Schwerpunkt auf Fallreflexion und emotionalen Prozessen gibt, müssen sich die Kolleg*innen die „Supervision" selbst im Privaten organisieren und vermischen sie dabei mit einer Teamsitzung, in der Aufgaben verteilt werden. Die Formulierung „die uns wirklich so ein bisschen am Leben hält" verweist dabei auf die existenziellen Gefühle, die in der Arbeit ausgelöst werden.

In der Interpretationsgruppe löst dieses *schwierige Arbeit leisten müssen mit wenig personellen, finanziellen und auch eigenen emotionalen Ressourcen* viel Mitgefühl aus. Interpretationsgruppenmitglieder fühlen sich „furchtbar betroffen" und „traurig" darüber, „wie ausgeliefert die Lehrerin der Situation ist" und wie wenig Unterstützung sie bekommet. Das institutionelle Alleingelassenwerden, Hängengelassenwerden erinnere an die Situation und das Schicksal der geflüchteten Kinder.

Gleichzeitig betonen fast alle Interpretationsgruppenmitglieder, sie mache diese Situation auch ärgerlich und wütend. Als irritierend wird in der Gruppe festgehalten, dass Ärger und die Wut nicht auch von Frau Behrens benannt werden.

7.2.2.2 Ohnmacht und Erschöpfung

Das Gefühl der Ohnmacht, welches auch die Interpretationsgruppenmitglieder spüren, wird dagegen auch von Frau Behrens manifest benannt, u. a. in der folgenden Sequenz:

> **Frau Behrens:** Ich kann nur für mich sprechen, ich bin mh ein sehr tatkräftiger und ein sehr positiver Mensch. Ich lasse mich eigentlich nicht so schnell runterziehen. Aber es gibt einige Kollegen, die dann wirklich hier zwei, drei Jahre arbeiten und dann einfach wirklich nur noch wegwollen, einen Versetzungsantrag stellen, das sieht man schon, dass die dann emotional auch wirklich am Ende sind. Bei mir geht's, ist ein bisschen leichter, liegt natürlich auch am Alter, ich bin Mitte 40 (.), ich habe natürlich schon 20 Jahre hinter mir *(lacht etwas)* im Lehrberuf, das macht ein schon ein bisschen resistenter gegen diese ganzen emotionalen Attacken, die man hier auszuhalten hat. Mh, ich bin mh sehr viel müder. Das muss ich ganz ehrlich sagen.
>
> […]
>
> Jetzt komme ich mittags nach Hause und ich muss ganz ehrlich sagen, es ist fast jeden Mittag so, dass ichs gerade noch schaffe, dass Mittagessen für die Familie zu machen, meist komme ich auch erst nachmittags und mh dann bin ich wirklich sehr, sehr, sehr kaputt. Ich setze mich dann ganz oft hin, dann trinkt man Kaffee, man wird nicht wacher, dann trinkt man noch einen Kaffee und mh ich muss schon sagen, dass in der Woche meine sozialen Kontakte *(etwas lachend)* total eingeschlafen sind.

> **Interviewer:** Mhm *(bejahend)*. **Frau Behrens:** Ich muss natürlich auch nicht mehr so viel mit meinen eigenen Kindern machen, die sind sehr selbstständig. Mit der Zehnjährigen, klar, organisiert man vielleicht noch mal eine Verabredung oder bringt sie zum Sport oder so was, aber so eigene soziale Kontakte, zum Sport gehe ich nicht mehr *(lachend)*, es ist, ich bin einfach zu kaputt von der Arbeit. Ich bin kaputt. Ich bin ausgelaugt. (.) Ist ein blöder Ausdruck, aber: Mittags bin ich fertig *(lacht etwas)*. Also ich könnte mir jetzt nicht mehr vorstellen, kleine Kinder zu haben. Und deswegen verstehe ich viele Kollegen, die dann auch mal krank sind, drei Tage, weil sie einfach nicht mehr können. Und natürlich das ganze Drumherum zu Hause, das hängt natürlich hinterher, da gibt es durch diese ex//extreme Belastung hier an der Schule, gibt es da natürlich auch viele Sachen, die liegenbleiben, wo dann zu Hause noch diskutiert wird, wer hilft, wer hilft nicht und ne, also es ist, seit ich an dieser Schule bin schon angespannter auch zu Hause ne. **Interviewer:** Ja. **Frau Behrens:** Weil ich einfach so kaputt bin, was ich vorher nicht war, und ich arbeite keine volle Stelle, ich arbeite nur ne Teilzeitstelle *(lachend)*. Also ich bemitleide die Kollegen, die eine volle Stelle haben und die das auch machen müssen, weil sie das finanziell nötig haben (Interview 2, Z. 327–361).

Einerseits beschreibt sich Frau Behrens hier als tatkräftig, positiv gestimmt und resistent. Im Gegensatz zu ihren Kolleginnen habe sie es leichter. Sie lasse sich nicht so schnell runterziehen. Auch in einer anderen Stelle im Interview beschreibt sie sich als „resoluter“ und „kräftiger“ als ihre Kolleginnen und begründet damit, dass sie weniger als diese beleidigt werde.

Auf der anderen Seite schildert sie eindrücklich Gefühle von Müdigkeit, Mattigkeit, Kraftlosigkeit und Erschöpfung, die sich permanent nach der Arbeit zeigen würden. Sie schildert auch, wie sie kaum noch Kraft dafür habe, etwas für ihre Familie zu machen, soziale Kontakte zu pflegen oder Sport zu treiben. Diese von Frau Behrens beschriebene Erschöpfung, Antriebsminderung und gedrückte Stimmung erscheinen mindestens partiell als Einbruch in das beschriebene Selbstbild.

Frau Behrens schwankt so innerlich immer wieder zwischen dem Versuch, die Dinge positiv zu sehen, und Resignation; zwischen Überforderung und *es im Griff haben*. Lediglich das ganze Ausmaß ihrer Erschöpfung bleibt latent und reinszeniert sich während der Auswertungssitzung: In der tiefenhermeneutischen Interpretationsgruppe reinszeniert sich diese Stimmung dadurch, dass mehrere Interpretationsgruppenmitglieder sagen, dass sie merken, dass sie ganz müde werden, sich sehr müde fühlen würden. Die Diskussion kommt nur sehr langsam in Gang, immer wieder gibt es auch ungewöhnlich lange Schweigephasen während der Interpretation, die sich nur zögerlich und eher lustlos einzelnen Textstellen widmet. Einige der Interpretationsgruppenmitglieder beschreiben, sie hätten bei dem Lesen eine „Hilflosigkeit gespürt“, die „existentielle Sprache“, mit der die

Belastung beschrieben werde, hätte sie „sehr mitgenommen“, sie hätten beim Lesen eine „Niedergeschlagenheit“ gespürt und es sei bei ihnen „eine Ohnmacht hochgekommen“, die sehr „bedrückend“ gewesen sei.

Einen Hinweis darauf, dass das ganze Ausmaß der eigenen Belastung nicht ganz bewusst ist, gibt Frau Behrens auch mit einzelnen Übertreibungen, etwa wenn sie sagt:

> **Frau Behrens:** Ja, man ist, das ist, zum Beispiel finde ich diese emotionale Attacke, die auch mh (.) mich immer so belastet, weil es mich ja auch belastet, dass ich so was einfach so hinnehme und nicht, aber es ist einfach nicht möglich, ich höre so was 200-mal am Tag. **Interviewer:** Ja. **Frau Behrens:** Manchmal 300-mal am Tag (Interview 2, Z. 377–381).

Oder:

> […] aber das mh macht einen emotional so fertig. **Interviewer:** Mhm *(bejahend).* **Frau Behrens:** Dass man (.) wirklich eigentlich auch wieder so völlig ausgelaugt ist. Nach so einer Attacke und so etwas ist oft zwei-, dreimal am Tag. Ist man wirklich erst mal richtig müde (Interview 2, Z. 401–404).

Oder:

> So etwas belastet einen sehr oder wenn man, ich hab jetzt diesen einen kleinen Flüchtlingsjungen in der Klasse gehabt, der immer auf den Rücken gesprungen ist und andere auf den Kopf geschlagen hat (Interview 2, Z. 394–396).

Im Gesamtkontext des Interviews lässt sich hier interpretieren, dass die Beleidigungen in der Schule regelmäßig fallen – aber ihr gegenüber nicht 200- oder 300-mal am Tag. An einer anderen Stelle sagt sie selbst dazu: „Das ist ja so, es kommen Beleidigungen von den Kindern, (.) mir gegenüber, nun, da ich etwas resoluter bin *(leicht lachend)*, etwas kräftiger bin, *nicht so häufig. Kam auch schon vor, aber nicht so häufig.*“ In Gegenüberstellung mit dieser Äußerung wird deutlich, dass es sich bei der ersten um eine Übertreibung handelt. Auch zu Gewaltvorfällen kommt es an der Schule immer wieder – unwahrscheinlich ist aber, dass sie so schwere Attacken „oft zwei- bis dreimal am Tag“ erlebt. Das *auf den Rücken springen und auf den Kopf schlagen* bezieht sich auf einen konkreten einzelnen Vorfall, den sie im Interview schildert. Es ist wohl nicht so, dass der Schüler dies „immer“ so getan hat. Die Übertreibungen können symbolisch einerseits dafür stehen, dass sie diese Vorfälle im Inneren immer wieder erlebt, da diese nicht verarbeitet sind und sie daher unbewusst permanent weiter beschäftigen und belasten. Andererseits können sie auch als Ausdruck des Versuchs verstanden werden, mir im Interview den so von ihr erlebten Alltag drastisch vor Augen zu führen.

Dafür, dass es sich bei Frau Behrens' Schilderungen um so begründete Übertreibungen handelt, spricht auch das Beobachtungsprotokoll: Aus diesem wird ersichtlich, dass in der Schule tatsächlich eine Atmosphäre der Gewalt herrscht – auf dem Weg in die Klasse wurde ich Zeuge eines Gewaltvorfalls. Auch war eine Enge spürbar mit 24 Schüler*innen in einem kleinen Raum. Andererseits war ich nach dem Interview mit Frau Behrens während der Beobachtung überrascht, wie gut Frau Behrens ihre Klasse „unter Kontrolle" hat und wie motiviert die Schüler*innen mitarbeiten. Außerdem war ich darüber überrascht, eine Form des Teamteachings zu sehen: Frau Behrens unterrichtete die Klasse mit einem sonderpädagogischen Kollegen zusammen, ein weiterer klopfte an und fragte, ob er noch Schüler*innen mit herausnehmen solle. Auch die Interpretationsgruppenmitglieder stellen fest, dass sich das, was im Interview an Dramatik steht, in dem Beobachtungsprotokoll nicht wiederfindet, und erleben dies wie einen Bruch.

7.2.2.3 Aggression und Wut

Wie schon erwähnt, tauchen während der Interpretation bei den Interpretationsgruppenmitgliedern immer wieder Gefühle wie Wut und Ärger auf und aggressive Impulse werden deutlich. Frau Behrens benennt diese Gefühle nicht direkt, schildert aber eine Szene, in der es um Gewalt geht. Dies ist die Textstelle, welche die meisten Diskussionen in der Interpretationsgruppe ausgelöst hat und die als Erstes gemeinsam szenisch gelesen wurde:

> **Frau Behrens:** [...] Dann die Gewalttätigkeit, das ist ja, da werde ich ja auch oft emotional und auch noch gewalttätig angegriffen. Das ist ja so, es kommen Beleidigungen von den Kindern, (.) mir gegenüber, nun, da ich etwas resoluter bin *(leicht lachend)*, etwas kräftiger bin, nicht so häufig. **Interviewer:** Mhm *(bejahend)*. **Frau Behrens:** Kam auch schon vor, aber nicht so häufig. Aber besonders die jungen Kollegen, die werden hier also wirklich teilweise schlimm beleidigt, die werden teilweise auch geschlagen oder getreten (...), das macht einen schon sehr, sehr fertig, oder wenn die Kinder sich untereinander schlagen, im Studium wurde gesagt, bloß kein Kind festhalten, bloß kein Kind anfassen, bloß kein Kind zurückreißen, aber wenn jemand auf dem Boden liegt und er tritt immer wieder auf den Kopf, dann nehme ich irgendwann das Kind und *(macht eine Geste wie wegziehen)*. **Interviewer:** Ja. **Frau Behrens:** Reiß es weg, geht nicht anders. **Interviewer:** Ja. **Frau Behrens:** Ja, im Endeffekt hab ich damit den Fehler begangen *(lachend)*. Was soll man machen? So etwas belastet einen sehr, oder wenn man, ich hab jetzt diesen einen kleinen Flüchtlingsjungen in der Klasse gehabt, der immer auf den Rücken gesprungen ist und andere auf den Kopf geschlagen hat. Dann habe ich ihn festgehalten auf meinen Schoß und dann hat er sich

wieder losgerissen, ja irgendwann muss ich ihn auf dem Boden fixieren, da saß ich mit einer anderen Kollegin fast auf ihm drauf (..). **Interviewer:** Ja. **Frau Behrens:** So was mh, das sind wirklich, klar, es wird mir nicht weh getan, aber trotzdem, das ist emotional, werde ich da von den Kindern in dem Moment ja so attackiert, obwohl sie mich ja gar nicht meinen, aber das mh macht einen emotional so fertig. **Interviewer:** Mhm *(bejahend)*. **Frau Behrens:** Dass man (.) wirklich eigentlich auch wieder so völlig ausgelaugt ist. Nach so einer Attacke und so etwas ist oft zwei-, dreimal am Tag. Ist man wirklich erst mal richtig müde. Ich weiß nicht, ob Sie das noch von früher kennen. ***(Interviewer:****lacht etwas)* **Frau Behrens:** Wenn Sie als Kind mal viel geweint haben, weil irgendwas irgendwie furchtbar war oder die Eltern oder so was, danach hat man sich so müde gefühlt, ne und wie dieses auf der einen Seite befreit, aber auf der anderen Seite müde und so ähnlich ist das, so kann ich dieses Gefühl halt irgendwie beschreiben. Auf der einen Seite bin ich natürlich froh, oh Gott sei Dank, das hast du jetzt hinter dir, du hast das, dem anderen Jungen geholfen und du hast dem Jungen, der geschlagen hat, auch geholfen, denn der schlägt ja nicht ohne Grund, der denkt sich ja nicht einfach, ich bin jetzt hier ein Soziopath und schlage mal ein paar Kinder, sondern das ist ja auch bei ihm irgendwo heraus (.), man ist erleichtert, dass man jemanden geholfen hat, aber man ist natürlich auch wirklich (.) emotional ganz schön leer *(lacht etwas)* (Interview 2, Z. 382–415).

Frau Behres beginnt ihre Ausführungen damit, dass sie „oft emotional und auch noch gewalttätig angegriffen“ werde. Direkt danach folgt aber wieder ihre Selbstdarstellung als „resoluter“ und „kräftiger“ und die Aussage, dass es vor allem die „jungen Kollegen“ seien, die schlimm beleidigt, geschlagen und getreten werden würden. Möglicherweise schützt Frau Behrens ihr Erleben durch diese These, dass es den anderen, jüngeren Kolleg*innen noch schlechter geht. So zeigt sich, wie schon ausgeführt, ihre Ambivalenz zwischen dem Versuch, die Dinge positiv zu sehen, und der Resignation, zwischen dem Gefühl, Opfer zu sein und *es im Griff zu haben.* Die Ambivalenz wird auch dadurch deutlich, dass sie trotz der Darstellung, dass es vor allem andere seien, die diese Gewalt treffe, sehr drastisch ihre Belastung und ihr Leiden beschreibt: „das macht einen schon sehr, sehr fertig“, „Was soll man machen? So etwas belastet einen sehr“, „macht einen emotional so fertig, dass man wirklich eigentlich auch wieder so völlig ausgelaugt ist“, „Nach so einer Attacke […] ist man wirklich erst mal richtig müde“. Die Darstellung als resolut und kräftig dient offenbar der Abwehr dieser heftigen existenziellen Belastung.

Schließlich kommt Frau Behrens von der allgemeinen Schilderung der Zustände, die es nicht erlauben würden, sich an den Grundsatz zu halten, kein Kind anzufassen oder „zurückzureißen“, hin zur Schilderung eines konkreten Vorfalls. Dies formuliert sie allerdings so, als sei dieser Vorfall ständig passiert. In der Szene, die sie schildert, musste sie einen geflüchteten Schüler auf ihrem Schoß festhalten und schließlich auf dem Boden fixieren und zusammen mit einer anderen Kollegin fast auf ihm draufsitzen, um zu verhindern, dass dieser einem anderen Schüler auf den Rücken springt und auf den Kopf schlägt.

Die Interpretationsgruppenmitglieder sprechen hier darüber, was für eine unglaublich gewalttätige Szene Frau Behrens beschreibt, und betonen, dass sie dabei aktiv agierend eingreifen muss. Gleichzeitig stellen sie die These auf, dass, auch wenn man reaktiv aggressiv handelt (zurückreißen, auf dem Boden fixieren etc.), es immer auch die eigenen Aggressionen sind, die da mobilisiert und ausagiert werden. Die eigenen Aggressionen werden aber von Frau Behrens nicht benannt. Stattdessen kommt es direkt nach der Schilderung der Szene zu dem irritierenden Ansprechen des Interviewers und der Frage, ob dieser sich noch erinnern könne, wie es war, als er als Kind geweint habe, weil irgendetwas furchtbar war. Dieser irritierende Wechsel könnte so zu Stande kommen, dass es an der Stelle eigentlich um Frau Behrens' eigene Wut und Aggression geht, aber sie, da diese verpönt sind und daher nicht ohne Weiteres bewusstseinsfähig, stattdessen zu diesem Bild aus der Kindheit greift. Das beschriebene Gefühl („auf der einen Seite befreit, aber auf der anderen Seite müde“) könnte – so eine in der Gruppe vertretene These – auch durch eine Erschöpfung und Befriedigung ausgelöst sein, dass sie dort endlich einmal die in der Arbeit ständig aktivierten Aggressionen ausagieren konnte.

Diese Stelle und diese Interpretation lösen in der Interpretationsgruppe eine große Kontroverse aus. Die Interpretationsgruppe ist an dieser Stelle geradezu gespalten: Die eine Hälfte hat vor allem Mitgefühl mit der Lehrerin, wird durch die Beschreibung berührt und hat affektiv das Bedürfnis, sie (vor dieser Interpretation) in Schutz zu nehmen. Die andere Hälfte der Interpretationsgruppe ist Frau Behrens' Aussagen insgesamt eher misstrauisch gegenüber und tendiert dazu, ihre ihr nicht bewussten Aggressionen – so die Vermutung – zu entlarven und sie dafür zu kritisieren. In diesem Konflikt in der Interpretationsgruppe reinszeniert sich möglicherweise Frau Behrens' eigene Ambivalenz als Helferin, die sich für die geflüchteten Kinder und Jugendlichen einsetzt, und als strukturell überforderte Akteurin, die keine Entlastung und keinen Ausdruck für die Wut auf die Zustände findet.

Dafür, dass Aggression und Wut in Frau Behrens' Erleben latent vorhanden sind, spricht auch, dass in der Interpretationsgruppe auch an anderen Stellen immer wieder Gefühle der Wut und des Ärgers auftauchen. In der Diskussion des Interviews berichten Interpretationsgruppenmitglieder immer wieder, dass bei ihnen eine „Wut auf das Schulsystem“ hochkomme und dass das Arbeiten unter diesen Bedingungen sie „total wütend“ mache. Interpretationsgruppenmitglieder sagen während der Interpretationssitzung, sie würden gerade „immer wütender werden“ und könnten dies teilweise noch nicht genau einordnen, gegen was sich das richtet. Dies kann dafür sprechen, dass sich hier die Wut zeigt, die im Material so latent vorhanden ist, aber von Frau Behrens nicht manifest benannt werden kann.

7.2.2.4 Latenter Rassismus und hierarchisierende Abwertung

Auf einer manifesten Ebene äußert sich Frau Behrens liberal und tolerant. Sie betont, dass Rassismus „in der Schule keine große Rolle spielt", und berichtet davon, dass beispielsweise bei der Essensausgabe, welche „fast nur deutsche Mütter" ehrenamtlich organisieren würden, „kein Kind diskriminiert wird, dass es weniger auf den Teller kriegt". Es gebe in der Schule keinen politischen oder religiösen Kampf untereinander, sondern „wir haben eigentlich den Kampf eher mit der deutschen Behörde". Auf einer latenten Ebene schwingt in ihren Aussagen und Formulierungen dennoch immer wieder ein kulturalisierender Rassismus mit.

Auf die Frage, welche Rolle die Politik und die gesellschaftliche Stimmung gegenüber Geflüchteten für ihre Arbeit spiele, antwortet Frau Behrens:

> **Frau Behrens:** Also das spielt hier im B-Viertel, glaube ich, nicht so eine große Rolle, auch wenn in der Zeitung stand, xx% *(kurz lachend)* der Menschen haben hier die AfD gewählt (.). In der Schule spielt das keine große Rolle. Also abends gehe ich hier nicht im B-Viertel alleine rum, muss ich ganz ehrlich sagen: hab ich Angst. Wenn ich abends Elternabend habe, dann treffe ich mich ja eh mit meinen fünf Kollegen und wir fahren gemeinsam nach Hause, ich bin sonst immer mit dem Fahrrad unterwegs, aber mh da habe ich auch wirklich Angst und ich kann auch die Menschen verstehen mh, die hier Angst (.) vor dieser fremden Kultur haben, aber mh die Kinder werden hier an der Schule von allen gleich behandelt (Interview 2, Z. 578–586).
>
> [...]
>
> Trotzdem wurde im B-Viertel-Nord, das ist genau der Eingang der IGS, mh in den letzten zwei Jahren, glaube ich, zwei oder drei mh junge Leute niedergestochen, es ist immer noch bedrohlich, wenn mh hier immer diese jungen Männergruppen hier lang gehen (.), also ich bin, wir sind einfach, aber das bin nicht nur ich, sondern auch anderen vier Kolleginnen: Wir haben einfach alle Angst. Wir haben auch oft Angst, alleine wenn wir hier abends, man ist manchmal länger in der Schule, weil man noch so viel zu tun hat. Und dann gucke ich doch schon immer, dass ich vielleicht meinen Mann anrufe, ob er schon zu Hause ist und vielleicht doch mal eben vorbeifahren kann und das Fahrrad in den Kofferraum packen kann, fühle ich mich nicht wohl, also da hab ich (.) Angst, es waren ein paar Vergewaltigungen hier im B-Viertel, also es sind schon einige Sachen passiert (Interview 2, Z. 635–645).

Die Interpretationsgruppe ringt in der Auseinandersetzung mit dieser Interviewstelle, wie an so vielen Stellen, um eine angemessene Interpretation. Auf der einen

Seite will kein Interpretationsgruppenmitglied Frau Behrens ihre Angst absprechen und unverständlich machen – angesichts eines Viertels, in dem Menschen „niedergestochen“ wurden und es Vergewaltigungen gab. Auf der anderen Seite äußern einige Interpretationsgruppenmitglieder auch, dass hier eine rassistisch gefärbte Wahrnehmung eine Rolle spielt, durch die nicht-weiße Männer automatisch als bedrohlicher wahrgenommen werden. Dazu passt, dass sie ihre Angst in einem Atemzug mit dem Wahlergebnis der AfD äußert und Verständnis für diejenigen äußert, die Angst „vor dieser fremden Kultur“ haben.

In der Interpretationsgruppe wird auch benannt, dass Frau Behrens immer wieder zu Verallgemeinerungen greift, etwa wenn sie sagt:

> Viele der Eltern sind Analphabeten und haben sowieso schon Schwierigkeiten in ihrer eigenen Sprache und haben dadurch natürlich extreme Schwierigkeiten auch in einer fremden Sprache (Interview 2, Z. 147–149).

Dies wird von Interpretationsgruppenmitgliedern als „anmaßend“ kritisiert, es sei fragwürdig, ob sie beurteilen könne, ob wirklich (viele) Eltern ein Problem „in ihrer eigenen Sprache“ hätten, da sie selbst deren Sprachen ja nicht spreche. Aber auch hier wieder ringt die Interpretationsgruppe sehr um eine Beurteilung – es schwinge etwas mit, aber es sei kein „purer Rassismus“.

Ein Interpretationsgruppenmitglied stellt fest, dass sich Frau Behrens auch an anderer Stelle über andere erhebe, auch unabhängig vom Thema Rassismus, etwa in einer hierarchisierenden Abwertung der „junge Kollegen“, etwa wenn Frau Behrens sagt:

> Aber besonders die jungen Kollegen, die werden hier also wirklich teilweise schlimm beleidigt, die werden teilweise auch geschlagen oder getreten (Interview 2, Z. 386–388).

Oder an anderer (bereits zitierter) Stelle:

> Aber es gibt einige Kollegen, die dann wirklich hier zwei, drei Jahre arbeiten und dann einfach wirklich nur noch wegwollen, einen Versetzungsantrag stellen, das sieht man schon, dass die dann emotional auch wirklich am Ende sind. Bei mir geht's, ist ein bisschen leichter, liegt natürlich auch am Alter, ich bin Mitte 40 (Interview 2, Z. 328–332).

Oder:

> […] weil ich einfach so kaputt bin, was ich vorher nicht war, und ich arbeite keine volle Stelle, ich arbeite nur ne Teilzeitstelle *(lachend)*. Also ich bemitleide die Kollegen, die eine volle Stelle haben und die das auch machen müssen, weil sie das finanziell nötig haben (Interview 2, Z. 357–360).

Unabhängig davon, ob es in der Alltagspraxis wirklich so ist, dass andere, besonderes jüngere Kolleg*innen es noch schwerer haben, scheint es hier so, als bräuchte Frau Behrens die Abgrenzung zu Anderen, die es noch schwerer haben, zur eigenen Selbstaufwertung in einem Kontext, in dem belastende Arbeitsbedingungen und fehlende Anerkennung womöglich nicht immer besonders selbstwertfördernd sind.

7.2.2.5 Kleines Fazit: Frau Behrens

Die Interpretationsgruppenmitglieder ringen genauso wie ich immer wieder um eine stimmige Einschätzung von Frau Behrens. Sie löst bei den Interpretationsgruppenmitgliedern divergente Reaktionen zwischen Identifizierung, Mitgefühl, Ärger und Misstrauen aus. Dies könnte darin begründet liegen, dass Frau Behrens selbst sehr ambivalent ist und sich die Interpretationsgruppenmitglieder von den jeweils unterschiedlichen Aspekten ihres Erlebens ansprechen lassen.

Es lässt sich festhalten, dass Frau Behrens auf einer manifesten Ebene sehr unter den mangelnden Ressourcen leidet und sich trotzdem als eine resolute, erfahrene und engagierte Lehrerin äußert, die Opfer des Gewalt-Klimas an der Schule ist und nach der Arbeit immer sehr erschöpft ist.

Auf einer latenten Ebene zeigen sich ihre Wut und ihre Aggressionen, die sie nicht bewusst wahrnehmen kann und beispielsweise kaum gegen die (bildungs-)politischen Verhältnisse richten kann. Aufgrund dessen besteht die Gefahr, dass sie diese Aggressionen unmittelbar in der pädagogischen Praxis agiert. Auch das ganze Ausmaß ihrer Ohnmacht und Erschöpfung bleibt latent. Des Weiteren zeigen sich auf der latenten Ebene ein kulturalisierender Rassismus und Überlegenheitsgesten gegenüber anderen, die der eigenen Selbstaufwertung entgegen einer strukturellen Geringschätzung der eigenen Arbeit dienen. Hinter der Beschreibung der strukturellen Verhältnisse bleibt das konkrete Erleben einzelner Schüler*innen zurück.

Die Situation der geflüchteten Schüler*innen spiegelt sich so in dem institutionellen Alleingelassenwerden der Lehrkräfte an der Schule, in der Erschöpfung und Ohnmacht der Lehrerin und in ihrer Wut und ihren Aggressionen wider.

7.3 Frau Claus (Grundschule zwei)

7.3.1 Frau Claus: Zusammenfassung

Die Schule ist eine Grundschule in Oldenburg. Der Stadtteil ist überwiegend durch Einfamilienhäuser geprägt, es gibt aber auch einige Mehrfamilienhäuser und Reihenhäuser. Ein Gebäude des Stadtteils wird seit einigen Jahren als Flüchtlingsunterkunft genutzt. Frau Claus ist eine junge Grundschullehrerin. Zum Erhebungszeitpunkt ist sie seit ungefähr einem Jahr an der Schule, zuvor hat sie ihr Referendariat gemacht. Sie ist Klassenlehrerin einer Eingangsstufenklasse (Klasse eins und zwei zusammen).

Die (gekürzte, aber ansonsten meinen Notizen wörtlich entsprechende) Beobachtung:

Als ich ankomme, sind die Schüler*innen gerade am Frühstücken. Es sind 22 Schüler*innen anwesend, die mich zum Teil freundlich begrüßen und mir zuwinken. Frau Claus erklärt mir, dass sie fünf geflüchtete Schüler*innen in der Klasse habe, wovon heute vier da seien (zwei Mädchen, zwei Jungen). Sie kämen alle aus Syrien und würden alle im gleichen „Heim“ wohnen.

Frau Claus beginnt die Stunde mit einem Klatschen in die Hände, was alle Schüler*innen wiederholen. Die Schüler*innen packen daraufhin ihr Frühstück wieder ein und gehen nach vorne, wo vor der Tafel mit kleinen Bänken ein Kreis aufgebaut ist. Frau Claus lädt mich ein, dazuzukommen. Ich stelle mich den Schüler*innen vor und eine Schülerin fragt, ob ich nicht ihr neuer Lehrer sein könne. Frau Claus antwortet spaßig mit einem empörten „Hey!“, mehrere Kinder fangen nun an, zu sagen, wie toll es wäre, wenn wir *beide* zusammen ihre Lehrer(*innen) sein könnten.

Ich bin überrascht über diese Zuneigung mir gegenüber.
Es beginnt ein Morgenritual, in dem reihum jeder Schüler den neben ihm sitzenden auf seiner Sprache einen Guten Morgen wünscht: Guten Morgen, Sven; sabah alkhyr, Yasin usw. Auch ich werde in dieses Ritual miteinbezogen. Während der Runde fällt mir auf, dass fast alle Kinder in einer überschwänglichen und fröhlichen Stimmung sind – fast alle, bis auf zwei, die zwischenzeitlich wie abwesend und erstarrt wirken. Es sind zwei Schüler*innen, von denen mir Frau Claus vorher erzählt hat, dass sie Geflüchtete sind.

Nach dem Morgenritual, zu dem auch das Öffnen eines Adventkalenders und das Vorlesen einer Geschichte gehören, beginnt Frau Claus die Deutschstunde. Sie erklärt, die *Großen* sollten sich zu zweit zusammentun und selbstständig *Würfelsätze* bilden, sie würde vorne mit den *Kleinen* weiterarbeiten und den Buchstaben U einführen. *Ich bin überrascht, dass sie, obwohl sie allein ist, die Klasse teilt und dass die eine Hälfte für den Rest der Stunde ganz selbstständig arbeiten soll (ohne dass Frau Claus „rumgehen" kann, weil sie mit der vorderen Gruppe quasi „frontal" arbeitet).*

Die geflüchteten Schüler*innen bleiben alle bei der Gruppe vorne, auch ich bleibe dort sitzen. Die Kinder sollen auf Bildern Wörter mit U erkennen und benennen, wo das U in dem Wort ist (vorne, Mitte, hinten). Manchen Schüler*innen fällt das sehr leicht. Eine Schülerin wirkt versteinert, beteiligt sich nicht, bis sie ganz am Ende angesprochen wird. Zwischenzeitlich wird ein Schüler drangenommen und ich merke, dass er überhaupt gar nicht versteht, was gerade passiert, was von ihm gewollt wird.

Als Nächstes schreibt Frau Claus ein großes U an die Tafel. Die Kinder sollen mit ihren Armen in der Luft die Bewegung nachmachen. Die geflüchtete Schülerin (von der mir Frau Claus erzählte, dass sie erst seit einer Woche da sei) macht als einzige nicht sofort mit. Das (ebenfalls geflüchtete) Mädchen neben ihr stupst sie an und sie macht mit, sie guckt sich die Bewegung bei den andern ab und beim dritten Mal hat sie es drauf und macht ein großes U in die Luft, dazu grinst sie nun breit.

Als Nächstes sollen die Schüler*innen große und kleine U an die Tafel malen. Ein Schüler kniet sich auf den davorstehenden Tisch und beginnt mit der Arbeit, dann aber versteinert er auf einmal und starrt auf die Tafel, die nur wenige Zentimeter vor seinen Augen ist, bzw. starrt ins Leere. So verharrt er einige Minuten. Frau Claus geht an ihm vorbei und streicht ihn ganz kurz von hinten durch die Haare. Sie macht etwas an ihrem Schreibtisch, entdeckt dann, dass er immer noch so dasitzt und spricht mit ihm. Ich kann das Gespräch nicht hören, nur dass sie sagt, dann solle er aufs Klo gehen. Sie hebt ihn runter vom Schreibtisch. Der Junge geht in die andere Ecke der Klasse und beginnt dort am Waschbecken, sich zu waschen und zu versuchen, mit nassen Händen die Kreide von seiner Hose zu entfernen.

Die Stunde ist vorbei und alle freuen sich auf die Pause, doch dann kommt ein zweites Signal, was wohl bedeutet, dass *Regenpause* ist und die Schüler*innen drinbleiben müssen. *Alle sind enttäuscht.* Schlagartig wird es lauter und alle Kinder suchen sich irgendetwas zum Spielen (zwei Mädchen malen, drei Jungen beginnen, Twister zu spielen …). *Manche scheinen aber auch nichts mit sich anzufangen zu wissen.*

Frau Claus kommt zu mir und erklärt die *Regenpause* und dass dies auch für sie eine sehr anstrengende Sache sei. Sie fragt mich, ob ich einen Kaffee will. Ich sage, dass ich nach der Pause gehen wolle, um die Stunde auf mich wirken zu lassen und meine Gedanken aufzuschreiben und dann wie verabredet zum Interview wiederzukommen. *Ich habe das Gefühl, es sei ihr lieber, wenn ich noch eine Stunde länger bliebe.* Sie fragt mich, ob ich schon irgendwelche Fragen hätte. Ich verneine und sage, ich ließe alles lieber erst mal auf mich wirken.

Sie beginnt trotzdem zu erzählen, dass einige Schüler bald ein Fördergutachten bekämen, dass ein Schüler, obwohl er erst ein Jahr hier sei, schon super Deutsch spreche, dass ein anderer Schüler, obwohl er genauso lange da sei, noch fast überhaupt kein Deutsch spreche. Während wir reden, haut mir ein Mädchen auf den Po. Ich spreche das fragend an, Frau Claus ermahnt das Mädchen. Diese entschuldigt sich kleinlaut, sie mache das auch bei ihrem Papa. Ein geflüchtetes Mädchen malt in der Pause und zeigt mir mehrfach ihre Blätter, auf die sie Buchstaben geschrieben hat, ich nicke ihr anerkennend zu, woraufhin sie grinst.

Als ich mich schließlich verabschiede und gehe, zeigen sich einige Schülerinnen enttäuscht. Eine sagt, ich würde ja morgen wiederkommen. Ich antworte: „Nein, ich war nur heute da." Sie entgegnet: „Dann kommen Sie nächsten Donnerstag wieder." Ich sage noch einmal: „Nein, ich war nur heute da." *Andere Schüler*innen haben scheinbar gar nicht mitbekommen, dass ich mich verabschiedet habe. Als ich gehe, habe ich ein etwas schlechtes Gefühl, schon zu gehen.*

Das Interview:

Zwischen Beobachtung und Interview habe ich als Präskriptum Folgendes festgehalten:

„Ich war heute Morgen schon zur Beobachtung in der Klasse von Frau Claus. Davon habe ich einen sehr positiven Eindruck. Ich finde Frau Claus sehr sympathisch und kann mir gerade kaum vorstellen, wie sich die emotionalen Belastungen der geflüchteten Schüler*innen in ihrem Erleben emotional widerspiegeln. Ich bin auch positiv überrascht, wie freundlich und engagiert Frau Claus sich bei mir gemeldet hat und unkompliziert diesen Termin vor Weihnachten noch möglich gemacht hat. Dafür bin ich auch dankbar. Gleichzeitig bin ich auch irritiert, dass es ihr gar nichts auszumachen scheint, nun noch nach ihrem langen Arbeitstag in der Klasse, während dessen sie womöglich noch nicht einmal mehr eine Pause hatte (wegen *Regenpausen*), nun nach der Schulstunde und nach ihrem Busdienst direkt im Anschluss um 14 Uhr das Interview zu geben."

„Aber im Studium war zu meiner Zeit absolut keine Vorbereitung."

Frau Claus erzählt zu Beginn des Interviews, dass sie seit ungefähr einem Jahr an der Schule sei. Vorher sei sie in einer anderen Region im Referendariat gewesen. In der Nähe der Schule sei ein Flüchtlingsheim, daher würden die Kinder des Heims auf die Klassen der Schule aufgeteilt werden.

Die Frage, ob das Thema Teil ihrer Vorbereitung im Studium oder im Referendariat gewesen sei, verneint Frau Claus. Sie berichtet, dass sie Englisch studiert habe und daher den Sprachlernerwerb, wie Kinder eine Sprache erlernen, relativ gut gelernt habe. Aber ansonsten habe sie noch keinen Bezug zu dem Thema gehabt. Frau Claus erzählt dann, dass die Kinder, die hier ankämen, extrem motiviert seien und die, die sie in ihrer Klasse habe, alle durchweg interessiert und motiviert seien. Und mit den Eltern könne man auch versuchen, zu kommunizieren, dadurch hätten sich keine Probleme hergestellt. Sie fände das spannend, weil man bei diesen Kindern den Lernerfolg extrem sehe. Auch die anderen Kinder könnten daran eher lernen, die soziale Ebene werde dadurch extrem geschult.

Auf die Frage, worin die größte Herausforderung im Umgang mit den geflüchteten Kindern liege, antwortet Frau Claus, ihnen gerecht zu werden. Es gebe eine große Leistungsspanne in der Klasse. Daran anschließend berichtet Frau Claus ausführlich, mit welchen methodischen und didaktischen Mitteln die geflüchteten Schüler ihrer Klasse Deutsch lernen würden. Sie berichtet vom „Nachspuren", von der „Hör-Ebene", verschiedenen „Rechtschreibleitern", „Sprachvorbildern", „Sprachstiften" und „Lausch-Werkstätten".

„Also wir sind unterversorgt. Und dadurch fehlt eine Lehrkraft, die eine Sprachlernklasse führen würde."

Frau Claus berichtet, dass es das Modell mit den Sprachlernklassen an ihrer Schule nicht gebe. Dafür fehle es an Lehrern. Sie seien unterversorgt. Sie hätten nicht einmal mehr genug Lehrer, um jede Klasse nächstes Jahr mit einer Klassenlehrerin zu versorgen. Die Regierung habe falsche Prognosen erstellt und daher gebe es jetzt zu viele Schüler und zu wenige Lehrer. Die Stellen seien finanziert und ausgeschrieben, aber es gebe keine Bewerber darauf. Zum Teil werde das jetzt schon ausgeglichen durch pädagogische Mitarbeiter oder durch Abordnungen vom Gymnasium.

Auch räumlich gebe es nicht ausreichend Ressourcen. Ihr selbst fehle ein extra Förderraum, sie lasse Schüler daher oft vor der Klasse, auf dem Flur, auf Teppichen arbeiten.

„Die kam halt mit Windeln. War am Anfang lag sie immer so verdeckt auf dem Tisch."

Ich erkläre, dass es mir weniger um das Thema „Deutsch als Fremdsprache" gehe und stärker um die emotionalen Prozesse, und frage, ob Frau Claus etwas aus ihrer Erfahrung berichten könne, wie sich möglicherweise emotionale Belastungen, die mit dem Thema Flucht einhergehen würden, in der Schule zeigen würden. Frau Claus antwortet, dass man nie genau wisse, woher die Kinder kämen und unter welchen Bedingungen sie hergekommen seien. Die Eltern sprächen auch kaum ein Wort Deutsch und nur ganz gebrochen Englisch, sodass man die auch nicht fragen könne. Sie erzählt dann von den einzelnen geflüchteten Schüler*innen ihrer Klasse. Bei Farez habe sie das Gefühl, er habe noch eine relativ milde Flucht gehabt. Er sei von der Klasse gut aufgenommen worden und da habe es überhaupt keine Probleme gegeben. Eine andere Schülerin, Xezal, sei in Windeln gekommen und habe am Anfang immer mit den Armen und dem Kopf auf dem Tisch gelegen. Immer wenn die Kollegin, mit der sich Frau Claus die Stunden teile, in die Klasse gekommen sei, habe Xezal angefangen zu schreien. Das sei ganz schrecklich gewesen. Irgendwann sei es dann gegangen und jetzt tanze sie hier herum und sei glücklich. Aber sie habe immer noch eine komplette Blockade, sie könne keinen Buchstaben sicher. Sie sei psychologisch nicht so ausgebildet, dass sie sich an dieses Kind herantraue.

Ein anderer geflüchteter Schüler, Kazem, sei „rotzfrech", also gehe es dem auch ganz gut. Nicht in ihrer Klasse, aber auf der Schule gebe es relativ große Probleme mit älteren geflüchteten Kindern, die sich „einen raus nehmen" würden vor den Lehrern. Es gebe eine Gruppe auf dem Schulhof, die habe man nun zum Glück identifiziert, die würden sich mit der Faust wehren, wenn sie provoziert werden würden. Das habe sie zum Glück in ihrer Klasse nicht.

Sie könne sich vorstellen, dass es im Flüchtlingsheim große Probleme gebe, dass sie dort alle untereinander seien und wenig rauskämen, dass sie dort auf engem Raum, ohne Freizeitangebote leben würden. Da knalle man durch. Genau wisse sie nicht, wie ihre Schüler leben würden, man kriege überhaupt keine Informationen.

„Also die Regierung hat uns ja sämtliche Förderstunden gekürzt, gibt es ja nicht mehr."

Auf die Frage, welche Rolle Sonderpädagogen, Sozialarbeiter und Erzieher spielen würden, antwortet Frau Claus, dass die Regierung ihnen sämtliche Förderstunden gekürzt habe. Es gebe eine Förderschullehrerin, die zwei Stunden in der Woche mit im Unterricht sei. Die schreibe aber hauptsächlich die Gutachten für die deutschen Kinder. Damit sei sie durchgängig beschäftigt. Sie habe keine Zeit für die Flüchtlingskinder. Theoretisch sei sie aufgrund der Eingangsstufe auch ein paar Mal in der Woche „doppelt gesteckt", aber praktisch komme es nie dazu, weil immer jemand krank sei.

„Das kann ich nicht mit nach Hause nehmen, weil, das würde mich kaputt machen.“

Dann frage ich Frau Claus, ob es für Sie o.k. sei, wenn wir auch einmal auf ihre emotionale Ebene kämen, und sie antwortet: „Ja, klar.“ Ich frage, ob sie sich an eine Szene mit einem geflüchteten Schüler erinnere, die sie besonders beschäftigt habe. Sie antwortet, sie hätten hier kein einfaches Einzugsgebiet und es gebe viele Kinder, um die sie sich Sorgen mache: Kinder, die ohne Frühstück, mit zerrissenen Hosen und ohne Socken im Winter kämen. Das könne sie nicht mit nach Hause nehmen, das mache sie sonst kaputt. Solche Kinder wie Xezal, die mit einer Windel angekommen sei, würden sie natürlich beschäftigen. Aber um die Flüchtlingskinder an dieser Schule mache sie sich noch am wenigsten Sorgen. Diese kämen alle relativ gut an, bis auf Xezal, die anderen hätten überhaupt keine Probleme.

Grundsätzlich bräuchten wir alle selbst eine Strategie. Sie gehe zum Beispiel jeden Tag joggen, wenn sie das verarbeite, und danach sei es dann auch gut bei ihr. Aber man merke, dass die Situation viele Lehrer doch schon kaputt mache. Man mache kaum mehr, wofür man eigentlich ausgebildet worden sei.

Sie hätten letztes Jahr auch in Kooperation mit der Schulleitung ein Kind aus dem Flüchtlingsheim zurückgestellt, was eigentlich bei einer Eingangsstufe nicht möglich sei, einfach weil sie gesagt hätten, sie an der Schule würden sonst kaputt gehen. Der Junge sei „völlig durchgedreht“ und schreiend in der Klasse herumgelaufen.

„Nach der Schule einfach eine Runde joggen zu gehen und dann hat man halt einmal die Arbeit abgelassen und man hat sich ausgepowert und dann ist gut.“

Im Referendariat habe sie sich angewöhnt, nach der Schule einfach joggen zu gehen, um die Arbeit abzulassen und sich auszupowern. Früher sei sie noch viel emotionaler gewesen, da habe sie so etwas viel mehr mitgenommen. Wenn man den Beruf aber längerfristig machen wolle, dann brauche man eine Strategie, um zu sagen, hier sei die Schule und dort das Privatleben. Daran würden „echt viele kaputt gehen“. Sie hätten viele Lehrer, die sehr zu kämpfen hätten, die Burnout hätten und dann auch „rausfallen“ würden. Sie habe mitbekommen, wie Kollegen wegen Kleinigkeiten entweder sofort auf die Palme gehen würden oder zu weinen beginnen würden. Eine andere Kollegin sei komplett „raus aus dem Schuldienst gegangen“, weil sie gesagt habe, sie halte es nicht mehr aus, und noch zwei andere Kolleginnen seien auch „raus“, einfach, weil sie der Belastung nicht standgehalten hätten und für sich keine Methode gefunden hätten, abzuschalten. Supervision gebe es an der Schule nicht.

Auf die Frage, was sich aus ihrer Sicht ändern müsse, antwortet Frau Claus, dass sie sich eine Sprachlernklasse wünsche. Sie begründet dies mit den besseren didaktischen Möglichkeiten, beim Deutschlernen zu differenzieren. Außerdem bräuchte es eine größere Schule und das Ganztagsmodell. Mehr Personal sei außerdem nötig, auch damit die Kinder mehr deutsche Sprachvorbilder bekämen. Wenn sie ihre Klasse öfter zu zweit unterrichten würde, könne sie sich auch besser einzelnen Schülern widmen.

Auf die Frage, welche Rolle die gesellschaftliche Stimmung spiele, erzählt Frau Claus, dass sie teilweise Hemmungen hätten, Projektanträge vor dem Bezirksrat zu stellen, weil man sich da auch vor der AfD rechtfertigen müsse. Aber an der Schule und mit den Eltern gebe es keine Probleme. Die Eltern seien sehr nett und jederzeit bereit, mal mehr mitzugeben, damit auch die Kinder, die sich nichts leisten könnten, etwas hätten. Manches bezahle sie aber auch selbst und nicht aus der Klassenkasse, damit kein Unmut aufkomme. Aber die Flüchtlinge hätten ja auch einen Aktivpass, der manches übernehme.

Als Postskriptum habe ich unmittelbar nach dem Interview Folgendes aufgenommen:

„Ich bin sehr überrascht, wie es gelaufen ist. Von der so guten Stimmung, die heute Morgen noch zwischen der Lehrerin und mir herrschte, war gar nichts mehr zu spüren und es war eher – sie wirkte ganz anders auf mich – sie war viel mehr in sich gekammert, viel weniger selbstbewusst. Insgesamt hatte ich das Gefühl, dass es ihr etwas unangenehm war; dass sie mit den Fragen wenig anfangen konnte; dass sie sich wenig hineinfühlen konnte – in die geflüchteten Kinder (und in sich selbst?); und dass sie von Trauma oder Traumapädagogik oder den emotionalen Nöten und wie die sich zeigen können, gar keine Ahnung hatte und da auch wirklich gar nicht verstehen konnte, wonach ich da frage.

In dem Moment, wo ich das Interview ausgemacht habe, habe ich sie noch gefragt, wie das jetzt für sie war, das Interview, und sie meinte „o.k." oder „in Ordnung" und hat dabei so ein bisschen gelacht und da hat man noch einmal gemerkt, dass es ein bisschen unangenehm für sie war. Und hat dann noch ergänzt: dass es schwierig für sie war, weil man sich sonst so wenig Gedanken um die geflüchteten Kinder mache, weil die eben so mitliefen.

Ich bin jetzt etwas enttäuscht, fühle auch so etwas wie Frustration. Ich war auch überrascht, wie lange das Interview dann tatsächlich gedauert hat. Während des Interviews dachte ich die ganze Zeit, ich müsse es noch verlängern, weil bestimmt erst wenige Minuten vorbei seien, weil ich die ganze Zeit das Gefühl hatte, wir sind noch nicht zum eigentlichen Thema, was ich im Interview fokussieren wollte, vorgedrungen. Meine Erwartungen, dass sie belastende Erlebnisse (und aktuelle Lebensumstände) der geflüchteten Schüler beschreibt, berichtet, wie die sich im Unterricht zeigen und was das mit ihr emotional macht, haben sich nicht (oder nur wenig) erfüllt."

7.3.2 Frau Claus: Tiefenhermeneutische Interpretation

An dem Interview mit Frau Claus sticht unmittelbar hervor, dass die im Prä- und Postskriptum festgehaltenen Stimmungen sehr gegenteilig sind. Im Präskriptum habe ich (nach der Beobachtung, aber vor dem Interview) festgehalten, dass ich sehr „positiv überrascht" war, „wie freundlich und engagiert" sich Frau Claus bei mir gemeldet hat, dass ich von der Unterrichtsstunde „einen sehr positiven Eindruck" hatte und dass ich Frau Claus „sehr sympathisch" fand.

Im Postskriptum, nach dem Interview, habe ich notiert, dass von der „guten Stimmung, die heute Morgen noch zwischen der Lehrerin und mir herrschte, [...] gar nichts mehr zu spüren" war. Ich habe geschrieben, dass ich das Gefühl hatte, dass das Interview unangenehm für Frau Claus war und dass ich enttäuscht und frustriert bin.

Auch in der Interpretationsgruppe wird in der Blitzlichtrunde auf die Diskrepanz zwischen Prä- und Postskriptum verwiesen. Manche Interpretationsgruppenmitglieder finden dies sehr irritierend; andere sagen, dies decke sich mit ihren Leseeindrücken: Auf der einen Seite sei Frau Claus sehr sympathisch und kompetent, auf der anderen Seite sehr kühl, distanziert, hilflos und unsicher. Sie lasse, so erleben es einige der Interpretationsgruppenmitglieder, den Interviewer auflaufen.

Aus tiefenhermeneutischer Perspektive ist es mit Blick auf diese Beobachtungen besonders wichtig und spannend, danach zu fragen, was im Interview passiert ist, dass sich die Stimmung so gedreht hat, und welche Dynamik sich dabei zwischen der interviewten Lehrerin und mir entfaltet hat. Hierfür ist gerade die tiefenhermeneutische Interpretationsarbeit in der Gruppe und die Auseinandersetzung mit dem subjektiven Erleben und Verhalten und den (vielleicht impliziten) Erwartungshaltungen des Forschers hilfreich, welche in der Tiefenhermeneutik – anders als in vielen anderen Methoden – nicht als zu eliminierender Störfaktor, sondern als zentraler Bestandteil des Forschungsprozesses erkenntnisfördernd integriert werden.

7.3.2.1 Aufeinanderprallen zweier Erwartungshaltungen und Perspektiven

Auf der manifesten Ebene wirkt – auf mich als Interviewer ebenso wie auf die Interpretationsgruppenmitglieder – Frau Claus sehr kompetent. Sie knüpft an ihre eigenen Erfahrungen mit ihrem Englisch-Studium an und will erzählen, dass sie dadurch viel über den Sprachlernerwerb weiß. Sie hat dem Interview freundlich und engagiert zugestimmt, weil sie wahrscheinlich erwartet hat, dass ich mich für diese Themen interessiere. Ich habe ihr vorher nur geschrieben, dass ich über „geflüchtete Kinder und Jugendliche in der Schule" promoviere und mich für ihre Erfahrungen in diesem Bereich interessiere. Zu Beginn des Interviews spricht Frau Claus ausführlich über die methodischen, didaktischen Aspekte. Sie berichtet eingehend davon, wie sie den unterschiedlichen Sprachniveaus ihrer Schüler*innen versucht, gerecht zu werden. Sie spricht von verschiedenen Methoden, von „Nachspuren", der „Hör-Ebene", verschiedenen „Rechtschreibleitern", einer „Lausch-Werkstatt", „Sprachstiften" und so weiter. Es ist anzunehmen, dass, wenn mein Interview auf diese Themen fokussiert gewesen wäre, die gute Stimmung zwischen uns erhalten geblieben wäre.

Stattdessen habe ich Frau Claus aber gebeten, mir Szenen im Umgang mit geflüchteten Schüler*innen zu beschreiben, die sie irritiert haben, die sie emotional beschäftigt haben, und habe danach gefragt, wie es ihr geht bei dieser Arbeit, welche Emotionen diese in ihr auslöst. Dahinter steckt die Erwartung, dass in der Arbeit mit potenziell sequenziell traumatisierten geflüchteten Kindern vielfältige Emotionen (Gegenübertragungen) in einem ausgelöst werden und dass es sinnvoll ist, sich mit diesen Emotionen auseinanderzusetzen.

Diese Fokussierung kollidiert im Interview mit Frau Claus' Umgang mit Emotionen, mit ihrem Versuch, diese nicht an sich heranzulassen, sich nicht mit ihnen zu beschäftigen – und sich auch nicht mit den geflüchteten Schüler*innen und ihren Geschichten besonders zu beschäftigen.

Frau Claus und ich haben also unausgesprochener Weise sehr unterschiedliche Erwartungen, worum es im Interview gehen wird und was in der Arbeit mit den (Grund-)Schüler*innen zentral ist. Während des Interviews habe ich permanent das Gefühl, das Gespräch komme nicht richtig in Gang, wir seien noch nicht zum Thema gekommen, und bin überrascht, als die eingeplante Zeit schon überschritten ist. Die zwei unterschiedlichen Positionen und Erwartungen führen dazu, dass wir uns *nicht richtig verstehen*, was in mir das Gefühl der Frustration weckt.

Zu Beginn des Interviews berichtet Frau Claus, dass sie gerade erst seit 16 Monaten Lehrerin ist und dass sie vorher im Referendariat war. Auf meine Nachfrage, ob *das* im Studium oder im Referendariat Thema war, berichtet sie von verschiedenen Methoden des Sprachlernerwerbs und wie sie dieses Wissen aus ihrem Englischstudium auf den DaF-Unterricht übertragen kann. Ich hatte mit meiner unklaren Formulierung *„das"* eher *pädagogische Arbeit mit emotional belasteten/sich in unsicheren prekären Lebensbedingungen befindenden Schüler*innen* im Hinterkopf gehabt. Diese unklare Frage und die Antwort zeigen, wie sehr Frau Claus und ich jeweils an unseren unterschiedlichen Perspektiven orientiert bleiben.

Eine meiner Vorannahmen ist, dass Kinder, die Krieg und Flucht erlebt haben, die lebensbedrohliche Situationen durchlitten haben und plötzliche Beziehungsabbrüche zu wichtigen Bezugspersonen erfahren mussten und die jetzt noch unter unsicheren und ausgrenzenden Bedingungen leben, sehr wahrscheinlich emotional belastet sind und diese Belastungen in der Schule irgendwie in Szene setzen. Frau Claus sieht dagegen die geflüchteten Schüler*innen nicht als besonders vulnerable Gruppe. Sie sagt:

> **Frau Claus:** Also die Kinder, die hier ankommen, sind **extrem motiviert**. Und (..) also, die ich hier in der Klasse habe**, durchweg interessiert, motiviert**. Die Eltern bringen die Schüler hierher, man kann halt mit denen auch versuchen, zu kommunizieren, und dadurch haben sich keine Probleme hergestellt. Ich hab ne relativ gut laufende Klasse, so die ich auch halt alleine laufen lassen kann, dass ich mich auch, also am Anfang saß ich ganz viel neben Farez und hab halt Wortschatz-Einführung mit ihm gemacht, dass er halt wenigstens so ein paar Begriffe mitbekommt und mmh, ich finds spannend eigentlich, weil man halt auch bei diesen Kindern gerade diesen **Lernerfolg extrem sieht**, also dass die dann auf einmal auch im Morgenkreis die Sachen mitsagen können, und das motiviert natürlich, ne. Mmh. Und es ist unser Job, ne. Ist klar, dass das irgendwie kommt, also ich hab da irgendwie kein Problem mit. Und ich finde auch, dass die anderen Kinder daran eher lernen, also dieses ich rede und der versteht mich nicht, und der haut mich dann, wenn er sagt, nein, das finde ich jetzt nicht gut, weil er es selber nicht ausdrücken kann, dass sie das auch ein bisschen, diese soziale Ebene mehr merken, finde ich, wird **extrem dadurch geschult** (Interview 3, Z. 76–93, Hervorhebungen CM).

Und später im Interview, als ich Frau Claus bitte, eine Szene mit einem geflüchteten Schüler oder einer geflüchteten Schülerin zu beschreiben, die sie besonders beschäftigt hat, über die sie vielleicht noch länger nachdenken musste, antwortet Frau Claus u. a.:

> **Frau Claus:** [...] aber ich würde sagen, dass ich mir um die Flüchtlingskinder an dieser Schule noch **am wenigsten Sorgen mache**, also die kommen alle relativ gut an, also Ausnahmen jetzt, Xezal, aber die anderen **haben echt überhaupt keine Probleme**, da sich (lachend) hier andere Kinder drin haben, die mich wesentlich, sehr Sorgen mache, mmh ich glaube, da brauchen wir alle so selber ne Strategie (Interview 3, Z. 469–474, Hervorhebungen CM).

Frau Claus betont also, dass sie die geflüchteten Schüler*innen nicht als besonders herausfordernde, belastete und belastende Schüler*innen sieht, sondern als besonders motivierte Schüler*innen wahrnimmt, die keine Probleme haben und die auch eine Bereicherung für die anderen Schüler*innen darstellen.

In der *tiefenhermeneutischen* Interpretationsgruppe führt dies zu einer lebhaften Diskussion: Ein Teil der Interpret*innen argumentiert, dass das Nicht-Unterscheiden zwischen geflüchteten und anderen Kindern progressiv sei und dass dagegen meine Vorannahmen einem *Othering* gleichkämen.

Andererseits bemerken auch sie mit Blick auf das Beobachtungsprotokoll, dass es unwahrscheinlich ist, dass die geflüchteten Schüler*innen in der Klasse „überhaupt keine Probleme“ haben, da schon während der einen beobachteten Schulstunde mehrfach Schüler*innen wie abwesend, erstarrt und versteinert wirken, was im Kontext potenzieller Traumatisierungen zu der Vermutung führt, dass die Schüler*innen dissoziative Symptome zeigen – auch wenn sich diese These im Rahmen des vorliegenden Materials nicht mit Sicherheit verifizieren lässt.

Umso mehr irritiert auch viele Interpretationsgruppenmitglieder die Überbetonung, dass die geflüchteten Schüler*innen eine *extreme* Bereicherung seien, *überhaupt keine Probleme* hätten und sie sich um diese *noch am wenigsten* Sorgen mache. Diese Irritation lässt vermuten, dass unterhalb der manifesten Aussage noch eine latente mitschwingt, mithilfe derer sich diese Überbetonung deuten lässt. Dies steht möglicherweise in einem Zusammenhang mit Frau Claus’ grundsätzlichem Umgang mit Emotionen.

7.3.2.2 Angst, an den Emotionen „kaputt zu gehen“

An verschiedenen Stellen im Interview geht Frau Claus auf ihren Umgang mit Emotionen direkt oder indirekt ein:

> **Frau Claus:** [...] Wir haben hier kein einfaches Einzugsgebiet und es gibt viele Kinder, um die ich mir sehr viele Sorgen mache, also auch Kinder, die ohne Frühstück kommen, die mit zerrissenen Hosen, ohne Socken im Winter, also so und **das kann ich nicht mit nach Hause nehmen, weil, das würde mich kaputt machen** (Interview 3, Z. 459–462, Hervorhebungen CM).

Und:

> [...] Ich glaube, da brauchen wir alle so selber ne Strategie. Also ich gehe zum Beispiel *(lachend)* jeden Tag joggen, wenn ich sozusagen das verarbeite, und danach ist dann auch gut bei mir (..) mmh, aber mmh, man merkt auch, dass das **viele Lehrer doch schon kaputt macht** (Interview 3, Z. 474–477, Hervorhebungen, CM).

Und:

> […] Mmh, zusammenhalten halt ne, also wir haben letztes Jahr also auch mit Kooperation der Schulleitung auch Kinder zurückgestellt aus dem Flüchtlingsheim, was ja eigentlich bei einer Eingangsstufe nicht möglich ist, weil wir einfach gesagt haben, **wir gehen sonst kaputt**, weil die halt völlig durchgedreht sind und schreiend in der Klasse rumgelaufen sind. Wo die Lehrerin auch sagte: ich//es geht nicht (Interview 3, Z. 492–496, Hervorhebungen CM).

Und:

> […] Mmh, ja, ne, bei mir klappt das gut, (.) ich hätte auch nicht gedacht, dass ich, also ich war früher noch viel emotionaler so, da bin ich, sowas viel mehr mitgenommen, dass man da wirklich so einen Cut machen kann, aber ich glaube, wenn man diesen Beruf längerfristig, also über 40 Jahre, ausüben möchte, dann braucht man halt ne Strategie, um da zu sagen, so, hier ist Schule, das ist mein Privatleben und damit Schluss. Mmh, weil wir halt keine Arbeitsstunden haben, ne, das ist so dieses Riesenproblem, was wir haben, man hat nicht um fünf Uhr Feierabend (lacht) und **daran gehen, glaube ich, echt viele kaputt**. Wir haben auch viele Lehrer, die sehr zu kämpfen haben. Die einfach, ja, also Burnout haben, ne und dann auch rausfallen, ja (Interview 3, Z. 608–616, Hervorhebungen CM).

Frau Claus versucht, die Emotionen nicht an sich heranzulassen, sie nicht mit nach Hause zu nehmen. Sie benennt manifest die Angst, sonst *kaputt zu gehen.* Allerdings ist ihr hier wahrscheinlich das wirkliche Ausmaß dieser Angst nicht bewusst, daher äußert sie die Angst auch emotionslos und es kommt zu dieser stereotypen Wiederholung „kaputt" gehen/machen (fünfmal im Interview). Sie hat intuitiv eine Ahnung, was ein wirklicher emotionaler Kontakt zu den potenziell traumatisierten Kindern unter diesen Bedingungen in ihr auslösen würde. Die Angst des Weggerissenwerdens, des Hineingezogenwerdens in traumatische Welten, in möglicherweise destruktive Dynamiken ist latent gemacht und prägt so ihr Handeln. Die Emotionen sind daher für Frau Claus etwas Bedrohliches, das man von sich fernhalten sollte.

Im Interview frage ich Frau Claus aber explizit immer wieder nach ihren Emotionen und werde damit quasi zum Aggressor, der ihrer Schutzstrategie entgegenwirkt. Ich stelle mit meinen Fragen implizit ihren Umgang mit Emotionen in Frage, aber stelle auch indirekt ihren Fokus und ihre bisherige Sicht auf die geflüchteten Schüler*innen in Frage.

In der tiefenhermeneutischen Interpretationsgruppe reinszeniert sich diese Dynamik. So wie ich Frau Claus' Arbeit in Frage stelle, wird von Teilen der Interpret*innen meine Arbeit in Frage gestellt. Es wird die Frage aufgeworfen, ob ich nicht über die Köpfe der Kinder hinweg, sie quasi „unterbutternd", hierarchisch mit den Lehrkräften über die Kinder statt mit ihnen selbst sprechen würde. Ein anderer Interpret meint, ich würde mit der Vorannahme, die geflüchteten Schüler*innen seien *alle* (potenziell) emotional belastet, eine Ausgrenzung vornehmen und dies käme einem *Othering* gleich. Und auch ich fühle mich während der Interpretationssitzung, wie vielleicht Frau Claus im Interview, missverstanden und verteidige mein Vorgehen affektiv.

7.3.2.3 Latente Aggressionen

Die Art und Weise, wie die Diskussion in der Interpretationsgruppe geführt wird, lässt vermuten, dass im Material auch Aggressionen latent gemacht sind. Einzelne Interpret*innen benennen auch während der Interpretation Wut auf Frau Claus, aber auch auf den Interviewer.

Ich selbst verspüre während der Interpretationssitzung eine Wut auf Frau Claus und tendiere dazu, sie in meiner Verteidigung moralisch dafür anzuklagen, dass sie sich so wenig mit den geflüchteten Kindern auseinandersetzt. Hier brauchte ich die Interpretationsgruppe als Korrektiv, die Frau Claus vor solch einer Beurteilung immer wieder verteidigte und darauf aufmerksam machte, dass es sich dabei nicht um die individuellen Fehler einer Lehrerin handelt, sondern um strukturelle Verhältnisse, die einen anderen Umgang mit den emotionalen Dynamiken kaum vorstellbar machen.

Eine Stelle im Interview, die in mir und auch in anderen Interpret*innen Ärger auslöst, ist die folgende bereits zitierte Stelle:

> **Frau Claus:** […] Mmh, zusammenhalten halt ne, also wir haben letztes Jahr also auch mit Kooperation der Schulleitung auch Kinder zurückgestellt aus dem Flüchtlingsheim, was ja eigentlich bei einer Eingangsstufe nicht möglich ist, weil wir einfach gesagt haben, wir gehen sonst kaputt, weil die halt völlig durchgedreht sind und schreiend in der Klasse rumgelaufen sind. Wo die Lehrerin auch sagte: ich//es geht nicht. Mmh und das ist halt wirklich ein seltener Fall, dass da wirklich mal ein Kind zurückgestuft werden darf.
>
> **Interviewer:** Also zurückgestuft heißt dann in dem Fall, dass mmh. **Frau Claus:** Raus aus der Schule wieder. **Interviewer:** Sie wieder ein Jahr warten müssen. **Frau Claus:** Genau! **Interviewer:** Bis sie wieder eingeschult werden. War das bei Ihnen in der Klasse?
>
> **Frau Claus:** Ne, war bei einer Kollegin in der Klasse. Der ist schon auf der Einschulungsfeier abgehauen, das Kind, und hat dann die nächsten Wochen wohl so den Unterricht blockiert und zerstört, dass (.) da halt, ich weiß gar nicht, ob, ich

> glaube, Hand in Hand mit einem Psychologen noch, dass der dann wieder zurückgestuft wer//wurde. Ja, aber sonst, glaube ich, braucht halt jeder so sein, seine eigene Therapiemöglichkeit, wie er damit klarkommt (Interview 3, Z. 492–502).

Frau Claus berichtet hier davon, dass ein geflüchtetes Kind, weil es in den ersten Wochen des Schuljahres den Unterricht „blockiert und zerstört" hat, wieder „zurückgestuft" wurde, obwohl die Schule dies wegen des „Eingangsstufen"-Konzepts nicht darf. Von Seiten des Ministeriums heißt es dazu:

> „Das Niedersächsische Schulgesetz ermöglicht es den Grundschulen, seit Beginn des Schuljahres 2003/2004 den 1. und 2. Schuljahrgang als pädagogische Einheit (Eingangsstufe) mit jahrgangsübergreifenden Lerngruppen zu führen. Diese Schulen verzichten grundsätzlich auf die Möglichkeit der Zurückstellung vom Schulbesuch und haben demnach auch keinen Schulkindergarten" (Niedersächsisches Kultusministerium 2019b).

Frau Claus beginnt von mehreren Kindern zu sprechen

> („Wir haben letztes Jahr also auch mit Kooperation der Schulleitung auch Kinder zurückgestellt aus dem Flüchtlingsheim, was ja eigentlich bei einer Eingangsstufe nicht möglich ist, weil wir einfach gesagt haben, wir gehen sonst kaputt, weil die halt völlig durchgedreht sind und schreiend in der Klasse rumgelaufen sind"),

als ich genauer nachfrage, spricht sie nur noch von einem Schüler („Der ist schon auf der Einschulungsfeier abgehauen, das Kind, und hat dann die nächsten Wochen wohl so den Unterricht blockiert und zerstört […]") – sodass unklar bleibt, wie viele Schüler*innen tatsächlich zurückgestuft wurden.

Ich selbst bin an dieser Stelle stark affektiv beteiligt und verurteile dieses Vorgehen moralisch. In meinem Erleben überwiegen Ärger und Empörung, weil ich die Vermutung habe, dass diese Zurückstufung auf Kosten der Schüler*innen geht: Für die betroffenen Kinder bedeutet dies wahrscheinlich, ein (weiteres) Jahr lang in der Container-Flüchtlingsunterkunft zu leben und möglicherweise kaum Struktur, Perspektive und Zugehörigkeit zu erfahren, was im potenziell sequenziell traumatischen Prozess als eine große Belastung gewertet werden kann. So wie Frau Claus davon ausgeht, dass sie, die Lehrkräfte, kaputt gegangen wären, wenn die Kinder in der Schule geblieben wären, gehe ich davon aus, dass es den Kindern massiv schadet, wenn sie zurückgestuft werden. Ich bin einseitig mit den geflüchteten Schüler*innen identifiziert und es fällt mir schwer, mich dem Leiden der Lehrerin empathisch verstehend zu nähern.

Bourdieus Credo, das ich mir zu eigen machen wollte („Nicht bemitleiden, nicht auslachen, nicht verabscheuen, sondern verstehen", Bourdieu 1993/2010, S. 13), gerät so zeitweise aus dem Fokus. Dabei ist es nachvollziehbar, dass unter den gegebenen Verhältnissen (Lehrkräfte im Bereich Trauma und Traumapädagogik nicht professionalisiert, keine Supervisionsangebote, keine multiprofessionellen Teams, allein in einer Klasse mit 22 Schüler*innen, von denen fünf sich potenziell inmitten eines sequenziell traumatischen Prozesses befinden) ein sich so verhaltender Schüler eine kaum zu bewältigende Aufgabe darstellt.

Die strukturellen Mängel scheinen auch die Schüler*innen intuitiv zu erfassen: Sie fragen während der Beobachtung begeistert nach, ob Frau Claus und ich nicht zusammen ihre Lehrkräfte sein könnten, und fragen wiederholt nach, wann ich denn wiederkäme. Auch Frau Claus signalisiert, dass es ihr lieber wäre, wenn ich noch eine Stunde länger bleiben würde. Schließlich formulieren auch die Interpretationsgruppenmitglieder den Wunsch, ich hätte doch bleiben sollen, und die Fantasie, was für ein tolles Lehrkräftepaar Frau Claus und ich zusammen wären. Alle spüren, dass eine solche Klasse eigentlich von einem pädagogischen Team von mindestens zwei Personen begleitet werden müsste.

In Frau Claus' Formulierungen irritiert Interpretationsgruppenmitglieder, dass sie dieses Vorgehen als Beispiel für „Zusammenhalten" wählt und davon spricht, dass dies „Hand in Hand mit einem Psychologen" geschehen ist. Es bleibt bei diesem Bild offen, ob die Lehrerin und der Psychologe „Hand in Hand" zusammenarbeiten, um das Kind zurückzustufen, oder ob gemeint ist, dass der Psychologe dem betroffenen Kind die Hand hält und es so schützt. Auch die Formulierung „weil wir gesagt haben, wir gehen sonst kaputt, weil die halt völlig durchgedreht sind und schreiend in der Klasse rumgelaufen sind" irritiert. Es scheint hier zu einer Vermischung zwischen den Lehrkräften, die drohen, durch die Schüler*innen kaputt zu gehen, und den Schüler*innen, die durchgedreht sind und schreiend durch die Klasse gelaufen sind, zu kommen. Es bleibt offen, warum Frau Claus hier den Plural benutzt, obwohl es um einen einzelnen konkreten Schüler geht, wie in ihrer folgenden Antwort klar wird („Der ist schon auf der Einschulungsfeier abgehauen, das Kind …"). Frau Claus scheint das Verhalten des Schülers wie einen Strudel wahrzunehmen, der droht, alle anderen Schüler*innen und Kolleg*innen anzustecken und kaputt zu machen, wenn er in der Schule bleiben würde.

Frau Claus schließt diese Erzählung mit folgendem Satz ab: „Ja, aber sonst, glaube ich, braucht halt jeder so sein, seine eigene Therapiemöglichkeit, wie er damit klarkommt." Hierbei sind offenbar die Therapiemöglichkeiten der Lehrkräfte gemeint, die versuchen, sich zu schützen, um nicht kaputt zu gehen. Dies irritiert aber an der Stelle, weil es in dem Satz vorher um ein Kind ging, das offenbar eine „Therapiemöglichkeit“ bräuchte.

In Frau Claus’ Perspektive überwiegt so die Sorge um sich selbst und ihre Kolleg*innen, die durch Schüler*innen, die den Unterricht drohen zu „blockieren und zerstören“, kaputt gehen könnten. Emotional belastete Schüler*innen stellen unter diesen Bedingungen, genau wie ich im Interview, potenziell ihren Umgang mit Emotionen in Frage und werden in dieser Form latent als bedrohlich erlebt.

7.3.2.4 Kleines Fazit: Frau Claus

Die große Diskrepanz zwischen dem Prä- und dem Postskriptum ist so verständlich geworden. Vor dem Interview und während der Unterrichtsbeobachtung war Frau Claus souverän und selbstbewusst. Auf der manifesten Ebene zeigt sich Frau Claus als eine sehr kompetente Lehrerin, die durch ihr Englisch-Studium viel über den Sprachlernerwerb weiß. Sie erlebt die geflüchteten Kinder als sehr motiviert, heißt sie willkommen und ermöglicht ihnen mit ihren vielfältigen Unterrichtsmethoden möglicherweise einen schnellen Lernerfolg.

Mit den Themen, die ich im Interview fokussiert habe – und unbewusst auch mit meinen kaum zu erfüllenden Erwartungen – habe ich latent Frau Claus’ Souveränität, ihren Umgang mit den geflüchteten Schüler*innen und mit ihren eigenen Emotionen in Frage gestellt und die Stimmung zwischen Frau Claus und mir hat sich in der Folge stark geändert. Frau Claus, die keine spezifische traumapädagogische Ausbildung und keine Supervisionsmöglichkeit hat sowie allein für eine Klasse mit 22 Grundschüler*innen verantwortlich ist, von denen mehrere möglicherweise traumatisiert sind, versucht, Emotionen, die in der Arbeit ausgelöst werden, nicht an sich heranzulassen, sie auf keinen Fall mit nach Hause zu nehmen. Wie ein Mantra betont sie die Sorge, sonst gehe sie kaputt. Das wirkliche Ausmaß dieser Angst vor der emotionalen Beteiligung ist latent gemacht, ebenso die Wut auf die geflüchteten (und anderen) Kinder, die diesen Umgang mit den eigenen Emotionen durch ihr Verhalten in Frage stellen. Wie das Beispiel mit dem zurückgestuften Kind zeigt, kann aus diesen latenten Aspekten unter den gegebenen strukturellen Verhältnissen schnell ein Handeln entstehen, welches zu Ausgrenzung führt.

Zudem bleibt offen, ob die im Beobachtungsprotokoll mehrmals vorkommende Bemerkung, dass Schüler*innen „versteinert“, „erstarrt“ wirken, möglicherweise als ein Hinweis auf eine traumatypische Reaktion (Dissoziationen) verstanden werden kann und ob Frau Claus dies möglicherweise aufgrund ihres Fokus und des Versuchs, sich mit emotional Belastendem nicht zu beschäftigen, übersieht oder ob ich diese Szene so wahrnehme, da ich solche Vorannahmen über die Kinder habe und daher stärker in diese Richtung interpretiere.

7.4 Frau Diecks (Gesamtschule zwei)

7.4.1 Frau Diecks: Zusammenfassung

Die Schule ist eine Integrierte Gesamtschule in einem Außenbezirk Braunschweigs. Der Stadtteil gilt als „sozialer Brennpunkt" mit vielen Einfamilienhäusern, aber auch mit einigen Hochhäusern mit Sozialwohnungen. Der Anteil der Bewohner*innen mit Migrationshintergrund ist relativ hoch, überdurchschnittlich viele Menschen in dem Stadtteil sind von Arbeitslosigkeit betroffen. Frau Diecks ist Lehrerin einer Sprachlernklasse und einer Regelklasse. Sie ist erst seit ungefähr einem Jahr an der Schule. Vorher war sie im Referendariat. Sie kommt selbst aus dem Irak.

Die (gekürzte, aber ansonsten meinen Notizen wörtlich entsprechende) Beobachtung:

Es handelt sich um eine letzte Stunde an einem Freitag der Sprachlernklasse. Es sind fünf Schüler*innen (drei Jungen und zwei Mädchen) und drei Erwachsene (die Klassenlehrerin Frau Diecks, eine junge Frau und ein junger Mann) anwesend. Ich rechne damit, dass Frau Diecks mich vorstellt oder mich bittet, dass ich mich den Schüler*innen vorstelle, was nicht passiert.

Es herrscht Verwirrung: Frau Diecks fragt die Schüler*innen und jungen Kolleg*innen, wo denn die anderen Schüler*innen seien. Es gibt dazu verschiedene Antworten: Eine Schülerin sagt, „Jungen" hätten ihr gesagt, sie würden jetzt in die Innenstadt fahren. Die junge Kollegin mutmaßt, dass der Unterricht in den Stammklassen heute teilweise ausgefallen sei. Frau Diecks sagt: „Okay, wir fangen erst mal an", und beginnt den Unterricht.

Sie steht vorne und fragt die an ihren Plätzen sitzenden Schüler*innen, was sie heute gemacht hätten. Manche Schüler*innen rufen durcheinander, versuchen, zu erklären, was sie heute gemacht haben. Die junge Frau sitzt an einem Schülertisch in der ersten Reihe. Sie hat einen Kaffee, eine Cremedose und ihr Handy auf dem Tisch liegen. Sie ruft ebenfalls rein und überlegt laut, was gemacht wurde, widerspricht manchen Aussagen der Schüler*innen. *Es herrscht Verwirrung*. Die Lehrerin bespricht sich mit ihren Kolleg*innen – der junge Mann steht an die Fensterbank gelehnt in der Klasse.

Frau Diecks schaut schließlich an die Tafel und beschließt, mit dem dort angeschriebenen Thema (die Unterscheidung von kurzen/langen Vokalen) weiterzumachen. Sie beginnt eine ca. 15-minütige Einheit, in der sie die Schüler*innen Worte zu den verschiedenen Doppelvokalen zuordnen lässt. Die junge Kollegin sitzt weiter am Rand und schreibt auf ihrem Handy. Immer wieder unterbricht sie die Lehrerin, um das Gleiche, was diese gesagt hat, noch einmal mit anderen

Worten (oder einfach nur lauter) zu sagen. Auch unterbricht sie die Schüler*innen und korrigiert diese, bevor Frau Diecks die Gelegenheit hat, zu reagieren. *Mich beginnt diese junge Frau sehr zu ärgern. Ich hole mein Notizheft raus und schreibe das auf, was ich sonst während des Beobachtens nicht mache.*

Frau Diecks fragt die Schüler*innen, ob sie ihr eine Wortart nennen können. Bevor diese antworten können, fragt die junge Kollegin: „Wisst ihr noch, was Wortarten sind?“ Bevor die Schüler*innen antworten können, zählt sie selbst alle Wortarten auf. Dann wendet sie sich dem Kollegen zu und diese unterhalten sich, scherzen etwas, während Frau Diecks mit dem Unterricht fortfährt.

Nach dieser Frontaleinheit sollen die Schüler*innen mit einem Arbeitsblatt selbstständig weiterarbeiten. *Es bricht wieder Verwirrung aus.* Die Schüler*innen wissen nicht, welches Aufgabenblatt gemeint ist, und suchen in ihren Unterlagen. Die drei Erwachsenen beginnen wieder die Diskussion, wo denn die restlichen Schüler*innen sein könnten.

Dann wendet sich Frau Diecks wieder den anwesenden Schüler*innen zu, erklärt ihnen, welches Arbeitsblatt sie meint und wo sie es finden können.

Ein Schüler hat die Aufgabe schon gemacht und die drei Erwachsenen diskutieren kurz, was er nun stattdessen machen soll. Frau Diecks sagt ihm, er könne wie ein Lehrer umhergehen und die anderen kontrollieren. Kaum hat er damit begonnen, fragt ihn die junge Frau, was er denn mache, wieso er nicht arbeite. Frau Diecks erklärt ihr, sie hätte gesagt, er könne umhergehen, überlegt dann aber laut weiter, ob er nicht doch ein anderes Arbeitsblatt bekommen könnte. Die drei Erwachsenen diskutieren, der junge Mann kramt in seinen Unterlagen und schlägt ein Aufgabenblatt vor. Frau Diecks gibt es dem *verwunderten* Schüler, der schon weitergegangen war, um seiner ursprünglich erteilten Aufgabe nachzukommen. Die Schüler*innen sollen zu zweit zusammenarbeiten. Ein Schüler hat dazu keine Lust, fragt die Erwachsenen, ob er nicht lieber allein arbeiten könne. Die Erwachsenen reden miteinander. Er setzt sich zu dem anderen Schüler, arbeitet aber dort, neben ihm, allein.

Die junge Frau geht umher und guckt sich das Arbeitsblatt eines Schülers an. „Du hast eine Sauklaue!“, sagt sie. „Was?“, fragt er. „Du hast eine schlechte Schrift“, sagt sie und gibt ihm das Arbeitsblatt zurück. Er arbeitet weiter, ohne eine (für mich erkennbare) Reaktion zu zeigen.

Die Lehrerin will nun das Arbeitsblatt gemeinsam besprechen. Der junge Mann arbeitet mit den Schülerinnen weiter, hört die Lehrerin scheinbar nicht. Erst nach einer kurzen Zeit reagiert er und fragt: „Willst du das Arbeitsblatt jetzt korrigieren? Wir arbeiten gerade“, steht dann aber doch auf und setzt sich auf einen Schülertisch.

Die Schüler*innen sollen reihum ihre Ergebnisse vorlesen. Das funktioniert nur sehr schleppend. Es herrscht jeweils Verwirrung, wo sie gerade sind, welches Wort gefragt ist. Schließlich sagt Frau Dieckს so etwas wie: „Es ist Freitagnachmittag, ich glaube, ihr seid kaputt. Dann lasst uns jetzt spielen.“

Die Schüler*innen beginnen, ihre Arbeitsblätter wegzuräumen. Die Erwachsenen sprechen miteinander. Frau Dieckს guckt auf einer Liste, welche Schüler*innen fehlen, und überlegt, ob sie da Bescheid sagen müssen. Ein Schüler fragt, ob sie UNO spielen dürfen, aber keiner der Erwachsenen hört ihn. Er beginnt schließlich, das Spiel auszuräumen. Es fehlen Karten, die junge Frau hilft ihm suchen. Sie setzen sich zu dritt an einen Tisch und wollen zu spielen beginnen. Da bekommt es Frau Dieckს mit und ermahnt den Schüler, er solle nicht einfach ein Spiel beginnen, sondern das nächste Mal fragen. Der Schüler erklärt sich nicht, sagt nichts dazu, da sagt Frau Dieckს, für jetzt sei es o.k. und sie könnten UNO spielen. Die beiden jungen Kolleg*innen spielen mit.

Auch der Abschied ist von Verwirrung geprägt. Erst sagt Frau Dieckს: „Ihr könnt schon gehen.“ Als die Schüler*innen aber schon halb aus der Tür sind, fragt sie: „Wer putzt die Tafel?“, und die Schüler*innen kommen zurück und putzen, mit ihren Jacken an und Rucksäcken auf, noch die Tafel. Ich bin nach der Stunde kaputt, fühle mich erschöpft und bitte Frau Dieckს, dass ich mir noch kurz einen Kaffee holen kann, bevor wir mit dem Interview anfangen.

Im Nachhinein erfahren ich, dass die zwei jungen Kolleg*innen Lehramtsstudierende waren, die ein Praktikum an der Schule machen. Die Schüler*innen sind alle Geflüchtete. In der kurzen Pause zwischen der Beobachtung und dem Interview bietet Frau Dieckს mir das Du an und ich nehme es spontan an.

Das Interview:

„Ich wurde jetzt in der Sprachlernklasse [...] eingesetzt, weil ich halt Arabisch als Muttersprache beherrsche.“

Frau Dieckს erzählt zu Beginn des Interviews, dass sie selbst aus dem Irak kommt. Seit einigen Jahren sei sie in Deutschland. Sie habe hier das Studium und Referendariat „durchgezogen“. Sie sei eigentlich keine Deutschlehrerin, sondern habe andere Fächer studiert, aber weil sie Arabisch als Muttersprache beherrsche, werde sie trotzdem in der Sprachlernklasse eingesetzt. Oft könne sie für Schüler oder Eltern übersetzen. Neben der Sprachlernklasse, in der sie einige Stunden in der Woche sei, habe sie aber auch noch eine Stammklasse.

Die größte Herausforderung sei, immer zu differenzieren. Die Schüler hätten sehr unterschiedliche Alter und Niveaus. Emotional ginge es vor allen darum, sich an die Regeln zu halten. Frau Dieckს berichtet von dem Schüler Haias. Der habe viele Disziplinprobleme, könne sich nicht an Regeln halten. Viele hätten gelernt, dass sie sich „durchboxen" müssten, um ihr Ziel zu erreichen. Das sei ein Schutzmechanismus. Aber dass man in der Gemeinschaft auch auf andere achten müsse, werde unterschätzt.

„Und der hat auch mit eigenen, mit eigenen Augen gesehen, wie ein Schiff unter, untergegangen ist, also es ist, wie Leute gestorben sind, und da ist er anscheinend hoch traumatisiert."
Frau Diecks erzählt weiter von ihrem Schüler Can. Dieser sei sehr abwesend, sehr verspielt und sehr verträumt. Außerdem habe er ganz große Aufmerksamkeitsdefizite. Es habe sich herausgestellt, dass er einen langen Fluchtweg hinter sich habe und mit seiner Familie mit einem Schiff hierhergekommen sei. Er habe gesehen, wie ein anderes Schiff untergegangen sei und dabei Menschen gestorben seien. Er sei anscheinend hoch traumatisiert. Er sei ein kreativer Junge und könne sehr gut malen. Er sei haptisch begabt und mache tolle Sachen. In den meisten Fächern habe er aber Probleme, weil er irgendwie mit etwas anderem beschäftigt sei. Er wirke fröhlich, aber habe Konzentrationsschwierigkeiten.

Im Unterricht versuche sie, dafür zu sorgen, dass die Schüler sich wohlfühlen und Geborgenheit erfahren würden. Außerdem sei sie davon überzeugt, dass Struktur viel helfe. Sie hätten Regeln und Belohnungs- und Bestrafungssysteme.

Sie werde im Unterricht manchmal von Studierenden, die als Praktikanten in der Sprachlernklasse sind, unterstützt. In ihrer Stammklasse sei sie meistens „doppelt gesteckt", d. h., sie werde von einer Sonderpädagogin unterstützt, weil einige ihrer Schüler einen diagnostizierten sonderpädagogischen Förderbedarf hätten.

„Haias, als der ankam, der hat, der spricht, kommt aus dem Irak, spricht auch Arabisch, da hat er mir auch ähm erzählt, dass, dass sein Vater gestorben ist und dass sein bester Freund dort auf dem Weg gestorben ist."
Frau Diecks erzählt, dass sie immer die Schüler beschäftigen würden, die neu in die Klasse kämen. Dann gehe sie oft mit denen raus und zeige ihnen alles. Haias komme aus dem Irak und spreche auch Arabisch. Er habe ihr erzählt, dass sein Vater gestorben sei und auch sein bester Freund auf der Flucht gestorben sei und dabei seien ihm auch Tränen gekommen. Natürlich gehe einem dabei das Herz auf und man werde emotional. Aber sie versuche, immer sachlich zu bleiben.

Sie versuche, sachlich zu bleiben, indem sie erkläre, das Leben gehe weiter, solche Sachen würden passieren, man verliere Menschen, man verliere Lieblingssachen, die man gehabt habe. Frau Diecks sagt, man müsse immer nach vorne gucken. Darauf sei sie immer fokussiert, was sind Lösungsstrategien, Vorschläge, was man machen könne.

Auf die Frage, ob das aufwühlend sei, solche Geschichten zu hören, antwortet Frau Diecks, wir hätten alle unsere Baustellen. Dann berichtet sie von sich: Sie habe drei Kinder, die jetzt schon groß seien, und der Vater dieser Kinder sei im Irak verschollen, der sei entführt worden und sei nicht mehr zu finden. Durch diese Sachen, mit denen sie umgehen müsse, sei sie schon trainiert. Jeder habe sein „Package" zu tragen. Sie könne daher trotz solcher Geschichten gut schlafen. Es sei schon eine Belastung, aber sie sei schon abgehärtet. Auf vieles habe man eben keinen Einfluss.

Auf die Frage, ob es an der Schule Supervision oder kollegiale Fallreflexion oder Ähnliches gebe, fragt Frau Diecks zuerst zurück, was diese Begriffe heißen würden. Sie erklärt dann, sie habe davon noch nicht gehört und soweit sie wisse, gebe es das an der Schule nicht.

Auf die Frage, was sich aus ihrer Sicht ändern müsse, um geflüchtete Kinder und Jugendliche noch besser unterstützen zu können, antwortet Frau Diecks sehr allgemein. Das System, Fächer zu unterrichten und zu benoten, lehne sie ab. Sie würde lieber die Schüler alltagspraktischer auf ihre Ausbildungen vorbereiten und Fächer wie Kunst, Musik und Sport zu gleichberechtigten Hauptfächern machen.

„Nicht weil ihr fleißig seid und arbeitet und hier tolle Leistung bringt, habt ihr ein schönes Leben, und weil sie irgendwie faul sind und nichts, darum geht es ja gar nicht."

Auf die Frage, welche Rolle die Politik und die gesellschaftliche Stimmung für ihre Arbeit spielen würden, berichtet Frau Diecks von Schülern, die im Unterricht rassistische Äußerungen tätigen würden. Das Frustrierende dabei sei, dass, auch wenn Frau Diecks die Vorurteile inhaltlich widerlege, es kaum etwas bringe und dafür auch kaum Zeit sei. Daher wünscht sie sich mehr und früher Politik-Unterricht, der das thematisieren könnte.

Am Ende spricht Frau Diecks noch einmal darüber, wie sie ihre eigene Migrationsgeschichte und ihre familiären Beziehungen in Bezug auf ihre Arbeit als Lehrerin geflüchteter Schüler*innen erlebt. Sie sei froh darüber, wenn sie hilfreich sein könne – beispielsweise für Schüler und Kollegen ins Arabische übersetzen könne.

Nach dem Interview habe ich Folgendes als Eindruck festgehalten:

> „Ich habe sie direkt nach dem Interview gefragt: Und wie war das jetzt für dich? Und sie hat geantwortet: „Sehr gut!" Habe ihr gutgetan. Und hat sogar gesagt, es habe „etwas Therapeutisches" gehabt für sie. Wir haben uns dann noch etwas mit *Smalltalk* unterhalten, sie hat erzählt, dass sie anstrengende Tage habe mit Zeugniskonferenzen, Unterrichtsbesuchen bei der Referendarin, die sie betreut, und so. Es war eine ganz

nette Stimmung. Sie hat noch einmal gesagt, wenn ich noch irgendwelche Fragen habe, könne ich sie jederzeit anrufen."

7.4.2 Frau Diecks: Tiefenhermeneutische Interpretation

Ich war dankbar, dass das Interview mit Frau Diecks noch stattfinden konnte, nachdem meine Interviewanfrage zuerst mehrere Monate unbeantwortet blieb. Mir war Frau Diecks während des Interviews sympathisch, ich war berührt von ihren eigenen Erfahrungen in der Schule und davor.

Die Beobachtungsstunde hat in mir vielfältige Gefühle wie Irritationen, Empörung und Ärger darüber ausgelöst, dass die Praktikant*innen die Lehrerin so missachten und die drei Pädagog*innen so viel Desorganisation und Verwirrung vermitteln.

Die Interpretationsgruppenmitglieder betonen in der Blitzlichtrunde, dass das Interview keine starken Gefühle in ihnen ausgelöst habe, aber dass es schwierig zu lesen gewesen sei. Vor Frau Diecks hätten sie viel Achtung und Respekt. Das Beobachtungsprotokoll löst in ihnen ebenfalls Verwunderung und Ärger aus.

7.4.2.1 Die eigenen Belastungen und die Belastungen der Schüler*innen

Auf die Bitte des Interviewers, eine Szene zu beschreiben, die sie emotional beschäftigt habe, erzählt Frau Diecks:

> Haias, als der ankam, der hat, der spricht, kommt aus dem Irak, spricht auch Arabisch, da hat er mir auch ähm erzählt, dass, dass sein Vater gestorben ist und dass sein bester Freund dort auf dem Weg gestorben ist, und das sind dann und dann hat er auch, da kamen Tränen im Auge und dann war bei mir sofort so, sind dann natürlich, geht dann das Herz auf und es wird man emotional, dann würde ich, man hält natürlich einen gewissen, aber am liebsten hätte man den dann in Arm genommen und nen bisschen und das begleitet einen dann auch so, wenn, sind auch (.), wenn mal, wenn mal Fehler passieren oder wenn er mal ganz, er hat auch Momente, wo er richtig ausrastet und wo er überhaupt nicht sich benehmen kann (..), ja, dann behält man das aber im Auge und dann ge, versucht man, in Gesprächen sachlich zu bleiben (..) und nicht emotional zu werden.
>
> **Interviewer:** Wie funktioniert das?
>
> **Frau Diecks:** (.....) mmh. Einmal kurz rausgehen, zu zehn zählen und dann wieder reinkommen. Manchmal *(lacht etwas)*. (..)
>
> **Interviewer:** Mmh, also diese Situation, die du beschrieben hast, du hast ja erzählt, dass bei ihm irgendwie Angehörige gestorben sind mh. **Frau Diecks:** Mhm *(bejahend)*.

Interviewer: Während der Flucht und du versuchst dann, nicht emotional, sondern sachlich darauf zu reagieren, *(leise)* da frage ich wie.

Frau Diecks: In dem Moment kann man da nicht sachlich darauf reagieren, also es ist, es ist schwer mmh, man wird einfach emotional, aber dann nicht, man versucht, sachlich zu bleiben, indem man dann erklärt, das Leben geht weiter, es passieren solche Sachen, man verliert Menschen, man verliert, man verliert Lieblingssachen, die man hatte. Es passiert und man guckt dann weiter, also es wird, es wird dann drüber gesprochen. Er kann dann aber, natürlich kann ich ihm sein Leid nicht wegnehmen. Ich kann ihm nur mal so, also ich versuche, sie dann immer so zu unterstützen. Okay, das ist jetzt passiert, es ist jetzt vorbei, das ist ja auch in allen Dingen so, im Alltag, ne, das ist jetzt passiert, wie gehe, wie gehe ich jetzt mit den, mit den Konsequenzen um, ne, dann da, da, da fallen bestimmte Sachen, wie gehe ich damit um, was mache ich jetzt demnächst. Zurück können wir nicht mehr. Man muss immer nach vorne gucken und da, darauf bin ich dann auch immer fokussiert – allgemein und in diesen Situationen und auch in normalen Alltagssituationen. Was mache ich jetzt? Wie kann ich das jetzt mmh, wie kann ich damit jetzt umgehen? Das sind so, wenn ich ein Problem habe, was sind denn Lösungsstrategien? Vorschläge, was kann ich machen? Das und das und das. Was, was wü, was würde zu den besten Ergebnissen führen? Das wird dann immer thematisiert, wenn, das ist dann natürlich auch immer so die Sache, man investiert dann viel Zeit, das ist nicht, man (..), das ist auch so eine Herausforderung, die ja ich am meisten habe, wenn solche Sachen im Unterricht passieren. **Interviewer:** Mhm *(bejahend).* **Frau Diecks:** Wie gehe ich damit um, dass nicht alle Leiden jetzt also, es ist ja jetzt nicht nur er in der Klasse, sondern es sind jetzt 20 Schüler da. Was mache ich, also (..) konkretes Beispiel jetzt (..) im Ganzen, wenn jetzt mal ein Konflikt gewesen ist, wenn, wenn, es kommt auch drauf an, auch der Grad, wie, wie, wie schlimm das jetzt ist, gerade ist. Wenn es so Kleinigkeiten sind, dann werden die schnell geregelt und es geht weiter. Wenn nicht, dann gebe ich mal ne Auszeit, dann gehe sie raus, gehen sie mal auf Toilette, waschen sich das Gesicht, wenn da Tränen waren, oder einmal um den Block laufen und wieder zurückkommen, beruhigen und, weil, der Unterricht muss weitergehen, dann geh, geht es weiter und am, am Anschluss, am Ende der Stunde wird dann drüber gesprochen, wird (.) und da gehen, gehen dann auch meis, meistens die Pausen (..) emh, werden dafür investiert. Dass man da, weil, wenn, viele Sachen kann man dann auch nicht hängen lassen, aber das wird dann verschoben, das Problem auf, auf am Ende der Stunde wird das geregelt. **Interviewer:** Ja. **Frau Diecks:** Ja.

Interviewer: (.) Ja, ich stelle mir das ganz schön aufwühlend vor, also wenn mir jemand erzählt, irgendwie dass er Eltern oder Angehörige verloren hat, gestorben sind. **Frau Diecks:** Mmh. **Interviewer:** Und du sagst, du versuchst dann (.), sachlich also, dass ist ja auch, was ist, was bedeutet das, also dann irgendwie zu sagen, kann man nicht ändern und ähm das war die Vergangenheit, jetzt gucken wir nach vorne oder so, aber (...) ist ja auch aufwühlend, oder.

Frau Diecks: Was äh, Entschuldigung?

Interviewer: Das doch aufwühlend auch für dich. **Frau Diecks:** Ja, ist es. **Interviewer:** In dem Moment. **Frau Diecks:** Ist es. **Interviewer:** Wenn du dann noch das in der

Pause machst oder danach, also so, ich frage mich, wie du damit umgehst sozusagen auch, was, was das in dir auch auslöst.

Frau Diecks: (…) Wir haben alle unsere Baustellen und ja, es, es, es berührt mich dann emo, emotional, also äh, aber man hat dann, es ist ja auch, ich hab ja auch, son (..). Ich hab ja auch meine, also ich hab zwei Kinder, die sind jetzt auch keine Kinder mehr, die sind 18 und 20, der Vater ist äh 2012 verschollen in Syrien, äh nen syrischen Vater haben sie, ich hab, wir haben also, zwei Jahre davor war ich geschieden und nach zwei Jahren ist er dann verschollen, also der wurde entführt und ist nicht mehr zu finden. Er, sie haben keine Nachrichten bekommen, ob er, also ich hab selber meine Sachen mit der, mit den ich umgehe, also wir sind schon sehr trainiert sozusagen, und meine eigenen Kinder, mit denen ich auch, wir haben auch so ne, es ist ja, es ähnelt sich, nicht genau die gleichen Geschichten, aber jeder hat so seine, sein Package sozusagen. Was man mitträgt. Und mmh (.) in solchen Situationen kann man sich dann auch gut mmh, ja hin (..), ich weiß nicht, ob das mehr bringt, dass, dass man selber so eine Erfahrung damit hat. (..) Könnte sein, ich, ich hab, ich kann das auch nicht vergleichen mit jemanden, der nicht solche Erfahrung hat, und wie er damit umgehen würde, also ich gehe damit um, für mich ist es dann so, äh ich gehe da mit denen um, genauso wie ich damit zu Hause umgehe, und äh man ist denn da auf solche Sachen vorbereitet irgendwie. **Interviewer:** Mhm *(bejahend).* **Frau Diecks:** Ich kann dann gut schlafen auch zu, also es ist jetzt nicht, dass ich das mit mir, dass mich das belastet. **Interviewer:** Mhm *(bejahend).* **Frau Diecks:** Extra belastet. (..) **Interviewer:** Ja. **Frau Diecks:** (.) Belastung ist das schon, bin abgehärtet sozusagen für mich. **Interviewer:** Mhm *(bejahend).* **Frau Diecks:** Aber ich kann nur, also, ich kann nur, durch meine Erfahrung, wie ich mit der, mit der Zukunft jetzt umgehe, ich gehe ja nicht mehr verä, ich hab de kein Einfluss drauf, was passiert ist, was schon geschehen ist, hat man keinen Einfluss mehr drauf, und mmh was noch passieren wird, in der Sicht, was dort passiert, ich hab da keinen Einfluss drauf. Ich kann nur gucken, was ich machen kann, was ich mit meiner Zeit machen kann, und das versuche ich, bei den auch mit, mit, mitzunehmen, in der Richtung (Interview 3, Z. 367–463).

Frau Diecks erzählt von ihrem Schüler Haias, der geflüchtet sei und auf der Flucht miterlebt habe, wie sein Vater und sein bester Freund gestorben seien. Sie berichtet, das habe sie emotional berührt, aber sie habe im Gespräch mit ihm versucht, sachlich zu bleiben, nach vorne zu gucken und auf Lösungsstrategien zu blicken. Dabei benutzt sie auffällig oft das Indefinitpronomen „man“ statt „ich“, möglicherweise ein Versuch, sich von dem emotional Belastenden zu distanzieren.

Ich frage in der Sequenz eindringlich nach und beharre darauf, dass solche Erzählungen doch emotional berührend (aufwühlend) sein müssten, die Interviewte bejaht dies und berichtet schließlich von ihren eigenen „Baustellen“ und ihrem eigenen „Package“. Dabei wird deutlich, dass sie ihren Umgang mit ihren eigenen belastenden Erfahrungen – nämlich zu versuchen, sich nicht mit der Vergangenheit zu beschäftigen, sich nicht mit dem auseinanderzusetzen, worauf man keinen Einfluss hat, sondern stets nach vorne, in die Zukunft zu gucken – als

Strategie, als pädagogische Antwort den geflüchteten Schüler*innen nahelegt. Sie sagt selbst: „Ich gehe da mit denen um, genauso wie ich damit zu Hause umgehe." Möglicherweise fehlt bei dieser Übertragung eine reflexive Zwischenebene. Dazu passt auch, dass sich ihre Formulierungen sehr ähneln, wenn sie über ihren Umgang mit akuten Belastungen spricht und über ihren pädagogischen Umgang mit den akuten Belastungen der Schüler*innen.

Diese Gesprächssequenz löst in der tiefenhermeneutischen Interpretationsgruppe sehr divergente emotionale Reaktionen aus. Die einzelnen Interpretationsgruppenmitglieder schwanken zwischen Empathie und Mitgefühl für Frau Diecks' eigene Erfahrungen und Skepsis und Kritik daran, dass sie offenbar ihre eigenen Bewältigungsstrategien unreflektiert eins zu eins als pädagogische Antwort an die Schüler*innen gibt.

Angesichts der beschriebenen Erfahrungen von Haias, dessen Vater gestorben ist, der auf der Flucht lebensbedrohliche Situationen erlebt hat und dabei miterlebt hat, wie sein bester Freund gestorben ist, irritieren die folgenden Formulierungen von Frau Diecks: „Das Leben geht weiter, es passieren solche Sachen […], man verliert Lieblingssachen, die man hatte". Auch die Idee, dann „sachlich zu bleiben" und nach „Lösungsstrategien" zu suchen, wirkt auf einen Teil der Interpretationsgruppenmitglieder irritierend und unangemessen. Das sei eine „krasse Bagatellisierung", so ein Interpretationsgruppenmitglied. Bei anderen Interpretationsgruppenmitgliedern lösen diese Äußerungen dagegen den Impuls aus, Frau Diecks zu verteidigen. Sie habe das Recht, so zu sprechen, und da sei eine große Empathie bei Frau Diecks gegenüber ihren Schüler*innen – diese könnten das auch von einer Person, die „das Gleiche erlebt hat", viel besser annehmen. Die Interpretationsgruppenmitglieder äußern auch Zweifel, ob ihnen als Nicht-Geflüchteten überhaupt zustehe, die Aussagen zu interpretieren und damit ja auch irgendwie zu bewerten.

Einig ist sich die Interpretationsgruppe darüber, dass Frau Diecks' Umgang mit den Erfahrungen ihres Schülers in einem direkten Zusammenhang mit ihren eigenen Erfahrungen steht: Jemand ohne solche Erfahrungen wähle solche Formulierungen nicht. Die Interpretationsgruppe ist bei der Bewertung dieses Zusammenhangs zweigeteilt: Die eine Seite der Interpretationsgruppenmitglieder vertritt die Auffassung, dass die unreflektierte Gleichsetzung der eigenen Bewältigungsstrategie als pädagogische Strategie problematisch sein kann und dass die Bagatellisierung der Erfahrungen und Fokussierung auf vermeintliche Lösungsstrategien einem traumasensiblen oder traumapädagogischen Umgang mit den Belastungen (die Erfahrungen aushalten können, *Containment* ermöglichen, nicht relativieren etc.) zuwiderläuft. Die andere Seite der Interpretationsgruppenmitglieder verteidigt Frau Diecks dagegen und betont, da sei nichts Verwerfliches dabei. Im Gegenteil, sie habe große Vorteile, durch ihre Erfahrungen könne sie den Schüler*innen signalisieren, ich weiß, was du fühlst – was nicht Betroffene nicht könnten. Sie bagatellisiere die Erfahrungen der Schüler*innen auch nicht, sondern normalisiere sie und das sei hilfreich.

Es lässt sich interpretieren, dass nicht die eine Untergruppe der Interpretationsgruppenmitglieder richtig liegt mit ihrer Interpretation und die andere nicht, sondern dass sich in dem Konflikt zwei Aspekte aus Frau Diecks' Erleben widerspiegeln/inszenieren: Die eine Gruppe nähert sich Frau Diecks eher als Betroffene mit der dabei gebotenen Sensibilität und die andere Gruppe reagiert stärker auf sie als Lehrerin und die eigenen hohen Erwartungen an eine solche – beide Aspekte ringen wahrscheinlich auch im inneren Erleben von Frau Diecks miteinander: ihr Bemühen, die geflüchteten Schüler*innen angemessen zu begleiten, und das Immer-wieder-Zurückgeworfenwerden auf die eigenen Wunden.

7.4.2.2 Brüchige Sprache einer konkreten Erfahrung

Schon vorher im Interview berichtet Frau Diecks von einem anderen Schüler und von dessen potenziell traumatischen Erfahrungen:

> **Frau Diecks:** Ja, mir fällt da noch ein besseres Beispiel mmh, das ist der Schüler, der auch in meiner Klasse, also ich bin auch seine Stammlehrerin, der Can, der ist mmh (…) mmh, also er wirkt sehr abwesend, sehr verspielt und sehr verträumt, er hat auch einen Bruder, der ist auch in der Sprachlernklasse mmh, ein älterer Bruder, der ist anderthalb Jahre älter als er, geht auch in eine höhere Klasse, der hat diese Probleme nicht. **Interviewer:** Mhm (bejahend). **Frau Diecks:** Mmh, also der Can ist, hat ganz große Aufmerksamkeitsdefizite und das ist uns allen aufgefallen und dann haben wir auch geguckt, es gibt auch hier in der, in der Schule ist eine Traumagruppe.
>
> […]
>
> **Frau Diecks:** An der Schule, genau, und die beschäftigen sich auch mit Can und da hat es sich herausgestellt, dass er, also der hat ein mmh langen Fluchtweg hinter sich, der, wurden auch im Schiff, also die Familie mit dem Schiff hier, sind mit dem Schiff hier hergekommen durch auch ganz großer Umweg und (.), und äh das Schiff ist auch gesunken und die wurden dann rausgeholt und auf ein ander Schiff gebracht und der hat auch mit eigenen, mit eigenen Augen gesehen, wie ein Schiff unter, untergegangen ist, also es ist (.), wie Leute gestorben sind, und da ist er anscheinend hoch traumatisiert. **Interviewer:** Mhm (bejahend). **Frau Diecks:** Sein Verhalten in der Klasse wie gesagt, also es ist ein sehr kreativer Junge mmh, der ist auch beim ähm, ich bin ja auch seine Kunstlehrerin und der kann super schön malen und sich gut ausdrücken, der hat so auch, macht Comics und ganz, ganz toll, ist auch haptisch begabt, macht tolle Sachen und ähm, aber wenn es jetzt um, um ähm (..). Also wenn ihn Sachen nicht so sehr interessieren, dann ist er da sehr abwesend. Der ist auch, hat auch große Lücken in Mathe (..). Also wir haben ähm, der darf auch noch bis Ende dieses Schuljahres in die

> Sprachlernklasse und dann, man darf dann nach zwei Jahre nicht mehr oder man sollte dann in der Stamm. **Interviewer:** Ja. **Frau Diecks:** Man muss dann benotet werden in den ganzen Fächern und da, wir haben auch alle festgestellt, dass es schwer wird, dass er da mitkommt, versuchen, ihn jetzt immer mit mehr und mehr reinzubringen in den Fächern, aber das funktioniert ganz, ganz schlecht, weil er immer irgendwie mit was anderem beschäftigt ist, also er wirkt fröhlich, es ist jetzt kein Junge, der, wo man denkt, oh Gott, der ist zurückge//, er ist sehr sozial, immer mit den anderen beschäftigt, am Kramen, am hier, am Spielen, am Reden, aber mmh es selten so, er hat, er hat Konzentrationsschwierigkeiten. **Interviewer:** Mhm (bejahend) (..) (Interview 4, Z. 160–208).

Frau Diecks erzählt hier von ihrem Schüler Can, der im Unterricht dadurch auffalle, dass er sehr abwesend, verspielt und verträumt sei und große Aufmerksamkeitsdefizite zeige. Durch die Arbeit in einer begleitenden „Traumagruppe" habe sich herausgestellt, dass Can während der Flucht über das Meer dramatische Szenen erlebt habe.

An der Erzählung irritiert zuerst die häufige Verwendung des Wortes „Schiff". In einem Satz verwendet Frau Diecks sechsmal das Wort „Schiff". Es steht quasi als Chiffre für eine hoch dramatische und potenziell traumatische Szene: die Flucht über das Mittelmeer auf überfüllten Booten, die kaum seetüchtig sind, dann die Havarie des Bootes und die Rettung auf ein anderes Schiff. Dies musste ein Schüler Frau Diecks' erleiden und dabei mitansehen, wie Menschen ertrunken sind. Dieses Erlebnis ist so schlimm, dass Frau Diecks' Sprache, als sie davon berichtet, brüchig wird, abrupte Wechsel im Satzbau stattfinden, die Grammatik besonders fehlerhaft wird und es zu dieser Wiederholung des Wortes „Schiff" kommt. Gleichzeitig wirken Frau Diecks' Schilderungen irritierend emotionslos. Interpretationsgruppenmitglieder berichten nach dem Lesen der Szene, sie seien verwirrt und konnten der Schilderung kaum folgen.

Die Wiederholung findet ein Pendant in der Interpretationsgruppe, als ein Interpretationsgruppenmitglied erzählt, ihn erinnere die Schiffsszene an die medial vermittelten Bilder von der Flucht über das Mittelmeer und er habe „zigtausende" Videos von untergehenden Booten gesehen. Auch wenn dies tatsächlich ein medial präsentes Bild ist, ist die Formulierung „zigtausende" eine ähnliche Verdichtung wie die sechsmalige Wiederholung des Wortes „Schiff" in einem Satz. Es kann interpretiert werden, dass es zu solchen Verdichtungen kommt, weil diese Szenen so schrecklich sind, dass man sie innerlich immer wieder sieht (und erlebt).

Nach der Schilderung dieser Erfahrung findet bei Frau Diecks ein abrupter Wechsel hin zu den Ressourcen, zu dem, was ihr Schüler gut kann („kreativer Junge", „kann super schön malen" etc.), statt. Es ist möglich, dass dies dem Impuls folgt, wegzuschauen, sich nicht weiter mit dem Trauma zu beschäftigen, den sie möglicherweise besonders stark empfindet, weil sie sich durchaus auf Beziehungen zu den geflüchteten Schüler*innen einlässt und weil sie mit diesem Impuls auch versucht, dem eigenen Leid zu entkommen.

Die dann beschriebenen Probleme erscheinen nur noch als Schul- bzw. Lernprobleme („große Lücken in Mathe") und es wird vor allem der äußere Rahmen problematisiert (muss in die Stammklasse, muss benotet werden). Es findet keine (explizite) Verbindung statt, wie das beschriebene Verhalten (ist sehr abwesend) mit den potenziell traumatischen Erfahrungen zusammenhängt. Ein Zugang zum inneren Erleben des Jungen scheint kaum möglich.

7.4.2.3 Rassismus im Unterricht

Frau Diecks berichtet auf die Frage nach der Rolle der gesellschaftlichen Stimmung und der Politik von konkreten Situationen im Unterricht:

> **Frau Diecks:** Ja, mmh, ich bekomme, ich hatte mal ein paar Situationen in der Klasse, wo mmh ein paar Schüler, natürlich ist das nicht ihre Meinung, sondern die Meinung, die sie mitbringen vom Elternhaus, mmh ja mmh: Was sollen sie hier alle, irgendwie nehmen unsere Arbeiten weg, diese Flüchtlinge, die hier ankommen, die mmh bringen uns nicht weiter, es gibt so viele Leute, die arbeitslos sind, die kein Zuhause haben, und die kriegen hier alles gefüttert und gegeben und das wurde auch schon mal angesprochen. **Interviewer:** Mhm (bejahend). **Frau Diecks:** Und an dieser Stelle, das war auch gerade auch in einer, ich weiß nicht mehr, was die Situation ganz genau war, es hatte aber nichts mit dem Unterricht zu tun, das war so ein Nebensatz, der jemand gesagt hat und darauf jemand reagiert hat, und da, den, in so nem Fall denkt man, was mache ich jetzt, ziehe ich weiter meinen Unterricht oder greife ich jetzt hier ein und erklär den, was da, natürlich ist dann, haben wir dann, wir haben je nicht nur einen Bildungsauftrag, sondern auch einen Erziehungsauftrag und da muss man dann (.) das bisschen thematisieren, aber dann auch so ne Balance finden, wo man wieder zurückkehrt zu unser Thema.
>
> […]
>
> Ja, jetzt bin ich hin und her gesprungen. Aber wie gesagt, also das war so eine Situation, die ich mal hatte in der Klasse und das war sehr frustrierend. Das war sehr frustrierend. Weil, die würden da, man kann sie auch nicht überzeugen und und mmh (..) das ist dann schwer, den auch, wieso, es ist schwer für sie, sich in anderen hineinzuversetzen, in andere Perspek, also auch andere Perspektive zu sehen, weil sie kennen das nicht.
>
> **Interviewer:** Ja. (..) Wie geht es dir dann damit, mit solchen Äußerungen?
>
> **Frau Diecks:** (..) Nicht so gut. Ich weiß es nicht. Das ist dann immer so ne. Zum Glück kommt es hier nicht so oft vor, weil, wir haben halt viel mmh, der Migrationshintergrund in der Schule ist ziemlich hoch. **Interviewer:** Ja. **Frau Diecks:** Äh, das kam mal, aber nicht oft. Das belastet mich nicht jeden Tag oder so. Diese Frage

oder diese, aber es kam zwei Mal vor. **Interviewer:** Mhm (bejahend). **Frau Diecks:** Und das hat mich dann auch beschäftigt. Das habe ich dann an der Stammlehrerin so weitergegeben, ich weiß jetzt nicht, ob das noch mal weiter thematisiert ist, aber wie gesagt, ich bin dann ein Block die Woche da und wenn ich mich (lacht etwas). Ich unterrichte auch kein Politik, von daher, ja, wie geht man mit so etwas um, dann macht man ein blindes Auge und geht weiter oder. **Interviewer:** Ja. **Frau Diecks:** Sagt ein paar Sätze dazu und macht seinen Unterricht. Aber innerlich, natürlich also ist dann so Hrr.

Interviewer: Hrr. Was bedeutet das? (lachend)

Frau Diecks: (lacht) (..) Das bedeutet, (…) ja, dass man nicht aufgeklärt wird, dass (.), aber wie soll man aufgeklärt werden. Das ist dann auch wieder die Frage. Dass man nicht genug aufgeklärt wird, dass man solche Meinungen hat, dass genauso, warum man (.) mmh ja, warum man gegen seinen (unv.) unmoralischen Sachen ist, ne, das ist für mich unmoralisch, ne, so zu denken (…), und dann ist man natürlich frustriert, kann man nichts, weil man nichts dagegen tun kann (..), und wer hat die Aufgabe was dagegen zu tun? **Interviewer:** Ja (.) (Interview 4, Z. 574–646).

Frau Diecks berichtet von Schüler*innen, die während des Unterrichts rassistische Aussagen tätigen würden. Dies löst in Frau Diecks eine große Ratlosigkeit („was mache ich jetzt“ etc.) und Frustration aus, die sie auch mehrfach manifest benennt.

Frau Diecks ist damit die einzige der interviewten Lehrerinnen, die von Rassismus berichtet. Alle anderen Lehrerinnen haben betont, Rassismus gebe es an ihren Schulen nicht und spiele überhaupt keine Rolle in ihrem Beruf. Die Interpretationsgruppenmitglieder sind der Meinung, dass den anderen Lehrerinnen wahrscheinliche einfach die Sensibilität für das Thema fehle und dass Frau Diecks, die selbst potenziell negativ von Rassismus betroffen sei, diesbezüglich einfach aufmerksamer sei. Die Äußerungen hätten etwas Resignierendes, sagt ein Interpretationsgruppenmitglied. Andere sagen, sie seien beim Lesen der Szene traurig geworden und hätten mit Frau Diecks mitgefühlt.

Die Interpretationsgruppe befasst sich nicht lange mit der Szene (möglicherweise reinszeniert sich dabei die Resignation, in dem Sinne: gegen rassistische Schüler*innen kann man eh nichts machen). Der Hinweis darauf, dass es in Frau Diecks’ Schilderungen zwei Positionen gibt, den rassistischen Schüler und sie als Lehrerin – aber dass der Blick auf die Schüler*innen, die möglicherweise Opfer von Rassismus werden, fehlt –, führt zu einer allgemeinen Diskussion über Frau Diecks’ Position. Die Interpretationsgruppe reflektiert, dass sie Frau Diecks mehr als von Flucht irgendwie Betroffene wahrgenommen habe und weniger als Lehrerin von geflüchteten (und anderen) Schüler*innen. Mehrfach während der Interpretationssitzung wird sogar von Frau Diecks als Geflüchteter gesprochen, obwohl die Interpretationsgruppenmitglieder keine Informationen dazu haben, wieso sie vor acht Jahren nach Deutschland gekommen ist.

Diese Fehlleistung der Interpretationsgruppenmitglieder ist im Interview auch latent angelegt. An mehreren Stellen des Gesprächs kommt es beispielsweise zu Missverständnissen zwischen dem Interviewer und Frau Diecks, ob es gerade um die geflüchteten Schüler*innen oder um sie geht, zum Beispiel:

> **Frau Diecks:** Ich habe eine sechste Klasse. Ich unterrichte, also ich bin Stammlehrerin mit einer, mit meiner Kollegin einer sechsten Klasse. Ein Schüler von meiner sechsten Klasse ist auch in der Sprachlernklasse, der war aber heute leider nicht da.
>
> **Interviewer:** Also ist das Modell so, dass sie nicht dann komplett in der Sprachlernklasse sind. **Frau Diecks:** Nein. **Interviewer:** Sondern ne Zeit wahrscheinlich am Anfang erst mal komplett in der Sprachlernklasse sind und dann immer.
>
> **Frau Diecks:** Ne, ich war noch gar nicht.
>
> **Interviewer:** Ne, ich meine nicht äh dich, sondern die Schüler. **Frau Diecks:** Ach so. **Interviewer:** Die sind in der Sprachlernklasse dann und parallel in den Stammklassen (Interview 4, Z. 77–88).

Es lässt sich interpretieren, dass dieses Missverständnis kein Zufall ist, sondern dass sich die Rollen (geflüchtete Schüler*innen – Lehrkräfte) durch Frau Diecks' Hintergrund und ihr inneres Erleben vermischen.

Offen bleibt, wie diese Interpretationen mit den Eindrücken der Beobachtung zusammenhängen. In der beobachteten Teamteaching-Situation wird deutlich, dass diese misslingt, weil Frau Diecks und ihre jungen Kolleg*innen keinen erkennbaren Plan für die Stunde haben und weil die Praktikant*innen Frau Diecks gegenüber wenig Respekt zeigen, ihr ständig widersprechen und für zusätzliche Verwirrung sorgen. Möglicherweise nehmen sie Frau Diecks nicht als besonders kompetent wahr. Inwiefern dies mit den Interpretationen, dass Frau Diecks selbst sehr belastet wirkt und sie potenziell negativ von Rassismus betroffen ist, zusammenhängt, lässt sich nicht mit Sicherheit sagen. Allerdings nehmen die Praktikant*innen Frau Diecks kaum in ihrer Rolle als Lehrerin wahr, so wie auch die Interpretationsgruppe diese immer wieder aus den Augen verliert. Festgehalten wird, dass für die Schüler*innen kaum Klarheit herrscht, keine Transparenz und kaum Struktur vorhanden sind und es für die Schüler*innen dadurch viele Botschaften gibt, die rätselhaft, sich teilweise widersprechend und verwirrend sind.

7.4.2.4 Kleines Fazit: Frau Diecks

Auf einer manifesten Ebene äußert sich Frau Diecks einerseits abgeklärt, erfahren, nicht belastet und von ihren eigenen Erfahrungen profitierend. Sie zeigt sich trainiert im Umgang mit dem Thema und hat eine gute Strategie, mit den Belastungen der Schüler*innen umzugehen: lösungsorientiert nach vorne gucken. Auf der anderen Seite werden eine große Ratlosigkeit, Resignation und Frustration manifest deutlich.

Auf einer latenten Ebene wirkt Frau Diecks sehr verstrickt in ihre eigenen Belastungen und scheint kaum differenzieren zu können zwischen ihren eigenen Bewältigungsmechanismen und einer pädagogischen Haltung. Die dramatischen Szenen, welche die Schüler*innen erlebt haben und von denen sie berichten, lösen heftige Emotionen aus. Die Szenen sind so schrecklich, dass man sie immer wieder erlebt und irgendwie loswerden will. Frau Diecks erinnert dies immer wieder an ihre eigenen Erfahrungen und sie versucht, den Schüler*innen ihren Umgang damit und ihre Schutzstrategie zu vermitteln: stets nach vorne zu gucken. Das Fehlen von Arten der biografisch reflexiven Selbsterfahrung in der Ausbildung von Lehrkräften zeigt sich so möglicherweise auch bei Frau Diecks: Es fehlt hier eine reflexive Zwischenebene und das konkrete Erleben der individuellen Schüler*innen bleibt nebulös – obwohl sie einzelne Schüler namentlich nennt und anfängt, von ihnen zu erzählen.

Die Interpretationsgruppe nimmt Frau Diecks teilweise stärker als selbst von Krieg und Migration Betroffene und nur zweitrangig als Lehrerin geflüchteter Schüler*innen wahr. Dabei war in der Interpretationsgruppe der Konflikt prägend zwischen den Interpretationsgruppenmitgliedern, die Frau Diecks gegen jede Kritik (und Interpretation) in Schutz genommen haben, und denjenigen, die stärker argumentiert haben, dass man merke, wie belastet sie sei, und dass der pädagogische Umgang mit den geflüchteten Schüler*innen und der Annäherung an deren Erleben dahinter verloren gehe – so hat sich die Spannung zwischen manifester und latenter Ebene in der Interpretationsgruppe entfaltet.

7.5 Zusammenführung der empirischen Ergebnisse und Rückbindung an Theorie

„Flüchtende wecken schlafende Fragen."

Ilija Trojanow (2017, S. 54)

7.5.1 Die Schwierigkeiten, konkrete Erfahrungen zu schildern

Ein Ziel der Interviews, dass die Lehrerinnen anhand von einzelnen Schüler*innen und konkreten Szenen berichten, wie sich die emotionalen Belastungen und potenziellen Traumatisierungen geflüchteter Kinder und Jugendlicher im Unterricht zeigen, wie dies möglicherweise mit deren vergangenen Erfahrungen und aktuellen Lebensumständen zusammenhängt – und vor allem, was dies in den Lehrkräften selbst auslöst –, gelingt nur ansatzweise und indirekt.

Frau Ahlert berichtet von einem Schüler, der in einem Taliban-Lager gefangen gehalten worden sei, als dieses bombardiert worden sei. Frau Behrens erzählt von einer Schülerin, die auf der Flucht ihre Mutter verloren habe. Die Mutter sei inzwischen wieder da, aber die Schülerin habe dies nicht überwunden und weine immer noch. Außerdem berichtet sie von einem geflüchteten Schüler, der „sehr gewalttätig" sei und manchmal nur zu stoppen sei, indem er auf dem Boden fixiert werde und zwei Lehrerinnen sich auf ihn setzen würden. Frau Claus berichtet von einer geflüchteten Schülerin, die mit Windeln in die Schule gekommen sei, anfänglich immer mit dem Kopf auf dem Tisch gelegen habe und immer zu schreien angefangen habe, wenn eine Kollegin in die Klasse gekommen sei. Frau Diecks erzählt von einem Schüler, der auf der Flucht über das Mittelmeer miterlebt habe, wie Menschen gestorben seien, und von einem anderen Schüler, dessen Vater sowie dessen bester Freund auf der Flucht gestorben seien. Allen vier Lehrerinnen fällt es schwer, von diesen Erfahrungen zu sprechen. Ihre Sprache wird an diesen Stellen brüchig, es fehlen Worte, es wird plötzlich in den Plural und in Verallgemeinerungen gewechselt oder ganz das Thema gewechselt.

Diese Phänomene reinszenieren sich auch in den tiefenhermeneutischen Interpretationsgruppen, wenn die Interpretationsgruppenmitglieder ebenfalls das Thema wechseln, nur widerwillig in Textstellen einsteigen und bei diesen nicht lange bleiben. Es scheint, als ob sich hier die Unmöglichkeit, traumatische Erlebnisse zu symbolisieren und darauf aufbauend zu versprachlichen, widerspiegelt.

Am ehesten gelingt es noch Frau Diecks, detailliert von potenziell traumatischen Erfahrungen ihrer Schüler*innen zu berichten. Allerdings fällt dabei auf, dass sie tendenziell emotionslos von sehr schrecklichen Erlebnissen berichtet und diese auch immer wieder manifest bagatellisiert („Das Leben geht weiter, es passieren solche Sachen [...], man verliert Lieblingssachen, die man hatte" usw.). Möglicherweise spiegelt sich hier das von Traumatisierten bekannte Phänomen wider, wenn diese besonders emotionslos und nüchtern von traumatischen Erlebnissen sprechen, weil die Erinnerungen von den dazugehörigen Affekten abgespaltet sind. Gerade bei Frau Diecks lässt sich aber nicht mit Sicherheit sagen, inwiefern sich hier die Belastungen der Geflüchteten widerspiegeln oder welche Rolle dabei auch die eigenen Belastungen spielen.

Aber auch bei den anderen Lehrerinnen ist die Tendenz zur Bagatellisierung (manchmal im Wechselspiel mit einer Dramatisierung) festzustellen: Frau Ahlert berichtet etwa, dass sie einige Schüler*innen habe, die von den Taliban oder von dem IS „verschleppt, getötet, bedroht" wurden, und fügt hinzu: „das ist eigentlich bei den an der Tagesordnung."

These:*Lehrkräfte haben Schwierigkeiten, die potenziell traumatischen Erfahrungen ihrer Schüler*innen auszuhalten. Im Sprechen über die schrecklichen Erfahrungen ihrer Schüler*innen zeigen sich traumatypische Phänomene: Es gibt eine Schwierigkeit, die Erlebnisse zu symbolisieren, daher wird die Sprache beim Versuch der Erzählung brüchig, Worte fehlen oder die dazugehörigen Emotionen sind abgespalten. Die Erlebnisse der geflüchteten Schüler*innen wirken so auf das Gegenüber, dass sich bei den mit ihnen arbeitenden Lehrkräfte in diesem Sinne quasi selbst traumatypische Phänomene im Erzählen zeigen.*

Aus Fallstudien aus der Psychotherapie sind ähnliche Reaktionen auf die Arbeit mit potenziell Traumatisierten bekannt. Sturm (2018) beschreibt beispielsweise ausführlich, was die Begegnung mit einem jungen traumatisierten Geflüchteten im therapeutischen Setting in ihm ausgelöst hat. Dabei berichtet er auch davon, dass er sich während der Gespräche mit dem aus Syrien Geflüchteten als „sprach- und hilflos" erlebt (ebd., S. 389) und dass er plötzlich zu stottern beginnt und Wortfindungsschwierigkeiten hat (ebd., S. 390). Durch die intensive Auseinandersetzung mit den eigenen ausgelösten Gefühlen, unter anderem mithilfe einer „ausführlichen Fallsupervision" (ebd., S. 391), gelingt es Sturm, seine Handlungs- und Sprachfähigkeit zurückzugewinnen.

Diese empirischen Ergebnisse unterstreichen die theoretischen Überlegungen von Lorenzer (1970/2000), der darlegt, dass es immer dann zu *Sprachzerstörung* kommt, wenn das, womit die Subjekte konfrontiert sind, und das, was ihnen auf der sprachlich-bewussten Ebene zur Verfügung steht, auseinanderklaffen. Deutlicher wird dies noch im Lichte der spezifisch traumatheoretischen Überlegungen, speziell der repräsentationstheoretischen Überlegungen von Küchenhoff (2005) und der Konzeption von Beta-Elementen in der Theorie Bions (1992) (vgl. Abschnitt 3.1*Trauma und Konflikt*). Traumatische Erfahrungen zeichnen sich dadurch aus, dass sie von den betroffenen Subjekten nicht integriert werden können, dass sie unverdauliche *Dinge an sich* bleiben, die nicht verdrängt werden können. Sie sind nicht repräsentiert bzw. nicht symbolisierbar und daher auch nicht besprechbar. Bion (ebd.) beschreibt, wie solche Beta-Elemente mithilfe des von Klein (1946/2011) beschriebenen Mechanismus der *projektiven Identifizierung* in das Gegenüber gesetzt werden. Verbunden ist damit die theoretische Möglichkeit, dass das Gegenüber dies aushalten kann, die Elemente aufnimmt und modifiziert zurückgibt und damit die wichtige *Containment*-Funktion übernimmt. Dies zu leisten, erscheint aber nur möglich, wenn man, wie im Falle von Sturm (2018), Möglichkeiten hat, die heftigen Emotionen, die dadurch in einem selbst ausgelöst werden, professionell unterstützt in einem haltenden Rahmen zu reflektieren.

Die Tatsache, dass den Lehrerinnen in den Interviews sprichwörtlich die Worte fehlen, um von den potenziell traumatischen Erlebnissen ihrer Schüler*innen zu berichten, kann ein Hinweis darauf sein, dass sie deren Erfahrungen selbst kaum *verdauen* können und sie somit Beta-Elemente bleiben müssen. Konsequenterweise heißt dies, dass die Lehrerinnen ihren Schüler*innen die so dringend benötigte Funktion des *Containments* nicht bieten können.

Möglicherweise ist dies der psychodynamische Hintergrund für den von Leuzinger-Bohleber und Hettich (2018, S. 16) als „vermutlich biologisch angelegt" charakterisierten Impuls, „wegzuschauen, zu verleugnen, zu vergessen", den die Begegnung mit menschlichem Leid und speziell mit Traumata stets im Gegenüber auslöst. Die Interviews mit den Lehrerinnen dokumentieren diesen Impuls eindrücklich.

7.5.2 Heftige Emotionen und ihre Abwehr

Das Sprechen über die eigenen Emotionen fällt den Lehrerinnen noch schwerer. Es wird deutlich, dass alle Lehrerinnen in ihrem Berufsalltag heftige Emotionen erleben und für sich nach einem angemessenen Umgang damit suchen.

Frau Ahlert versucht, die Emotionen nicht an sich herankommen zu lassen. Sie hat Angst, wie manche ihrer Kolleg*innen zu enden, die „zu Hause dann sitzen und brüten, brüten, brüten". Frau Ahlert geht stattdessen Hockey spielen und versucht dadurch, die emotionalen Belastungen des Schultages hinter sich zu lassen. Frau Behrens berichtet davon, dass sie viele Kolleginnen habe, die „emotional auch wirklich am Ende sind". Sie sagt, sie selbst lasse sich „nicht so schnell runterziehen". Gleichzeitig schildert sie eindrücklich ihre Müdigkeit,

Mattigkeit, Kraftlosigkeit und Erschöpfung, die sich permanent nach der Arbeit zeigen würden. Sie erzählt, wie sie kaum noch Kraft dafür habe, etwas für ihre Familie zu machen, soziale Kontakte zu pflegen oder Sport zu treiben. Frau Claus berichtet von mehreren Kolleginnen, die einfach „der Belastung nicht [hätten] standhalten" können, die „keine Methode gefunden" hätten, „abzuschalten", und die daher aus dem Schuldienst gegangen seien. Außerdem mache die Arbeit viele Lehrkräfte „kaputt". Frau Claus sagt, da brauche jeder selbst eine Strategie, um mit den emotionalen Belastungen umzugehen. Sie gehe beispielsweise jeden Tag nach der Schule joggen, powere sich aus, in der Hoffnung, danach zu Hause nicht mehr über die Schüler*innen nachdenken zu müssen. Frau Diecks ist selbst durch ihre eigenen biographischen Erfahrungen mit Krieg und Flucht emotional belastet. Der Vater ihrer Kinder wurde im Irak entführt und gilt seitdem als verschollen. Ihr pädagogischer Umgang mit den Erfahrungen geflüchteter Schüler*innen ähnelt ihren eigenen Bewältigungsstrategien. Ihre Strategie ist es, sich möglichst gar nicht mit der Vergangenheit zu beschäftigen, alles zu akzeptieren, worauf man keinen Einfluss hat, und stets in die Zukunft zu schauen. Gleichzeitig drückt sie eine große Rat- und Hilflosigkeit aus.

Keine der Lehrerinnen nimmt an Supervision teil. Keine beschäftigt sich anderweitig explizit in einem professionellen Rahmen mit den Emotionen, mit denen sie im Schulalltag konfrontiert sind und die bei ihnen ausgelöst werden. Sie erleben die Emotionen als etwas Bedrohliches, an dem man scheitern oder gar kaputt gehen kann. Sie versuchen daher, die Emotionen *irgendwie* loszuwerden. Dabei spielt die Abgrenzung zu anderen Kolleg*innen eine große Rolle: In drei Interviews betonen die Lehrerinnen, dass ihnen das besser gelinge als ihren Kolleg*innen.

Die Abwehr der ausgelösten Emotionen reinszeniert sich auch in den tiefenhermeneutischen Interpretationsgruppen, wenn die Interpretationsgruppenmitglieder einerseits betonen, dass das Material teilweise auch bei ihnen heftige Emotionen ausgelöst hat und sie andererseits ungewohnt schnell in ein theoretisches Interpretieren überleiten, anstatt zuerst, wie der tiefenhermeneutische Zugang es eigentlich vorsieht, über ihre eigenen emotionalen Reaktionen auf das Material zu sprechen.

These:*Die Arbeit mit potenziell traumatisierten geflüchteten Kindern und Jugendlichen löst heftige Emotionen in den mit ihnen arbeitenden Lehrkräften aus. Die Lehrkräfte erleben diese Emotionen als etwas Bedrohliches und fürchten, daran zu scheitern oder „kaputt zu gehen". Daher versuchen sie, die Emotionen irgendwie loszuwerden, ohne sich damit explizit zu beschäftigen. Infolgedessen weisen sie* *auch die Beziehungsanfragen der Schüler*innen unbeantwortet zurück. Die Abgrenzung zu anderen Kolleg*innen, denen das scheinbar weniger gut gelingt, spielt eine wichtige Rolle zur Selbststabilisierung.*

Die potenziellen Traumatisierungen der Geflüchteten, deren Emotionen und das daraus resultierende Verhalten haben aus Sicht der Lehrerinnen das Potenzial, *ihre* Integrität zu gefährden, und lösen daher ihre Abwehr aus. Die Interviews zeigen, dass dabei Angst abgewehrt werden muss: die Angst, die damit verbunden ist, was in der Vorstellung der Lehrerinnen passieren würde, wenn sie die Erfahrungen und die Situation der Geflüchteten stärker „an sich herankommen lassen würden": nämlich daran zu scheitern oder gar daran „kaputt zu gehen".

Zu einer ähnlichen Feststellung kommen auch Leuzinger-Bohleber und Andresen (2018) in ihrem Abschlussbericht über das Projekt *Step-by-Step* zur Betreuung von traumatisierten Geflüchteten in einer Erstaufnahmeeinrichtung in Darmstadt. Sie schreiben (ebd., S. 77 f.):

> „Es ist inzwischen gut untersucht, dass diese (nonverbale), meist schwer fassbare Mitteilung extremen Leidens und unerträglicher Traumatisierungen von professionellen und ehrenamtlichen Helfern intuitiv wahrgenommen wird und bei ihnen selbst viele ebenfalls kaum erträgliche Gefühle wie Angst, Hilflosigkeit und Ohnmacht auslösen. Daher gehört zu den bekanntesten Reaktionen auf die Wahrnehmung von Traumata und Traumatisierten [...] der Impuls, wegzuschauen, zu verleugnen und die Augen vor dem Unerträglichen zu verschließen. Diesem Impuls muss gegengesteuert werden, um sich traumatisierten Flüchtlingen und Migranten empathisch zuwenden zu können, was eine enorme seelische Anstrengung bedeutet."

Zur Bewältigung dieser „seelischen Anstrengung" seien eine „kontinuierliche professionelle Reflexion in Supervisionen, Fallbesprechungen, Weiterbildungen etc." unverzichtbar (ebd., S. 86). Da diese Möglichkeiten den Lehrkräften fehlen, überwiegt bei ihnen der beschriebene Impuls. Als eine Folge dessen kann vermutet werden, dass die Lehrerinnen sich nicht mehr emotional auf die Schüler*innen einlassen können, sich nicht mehr emotional mit ihnen verstricken.

Das in der Pädagogik stets notwendige „tiefenhermeneutische Doppelspiel" (Heinrich 1994) aus einerseits Verwicklung und andererseits Distanz wird so versucht, einseitig auf Kosten der Verwicklung aufzulösen. Gleichzeitig finden die Lehrerinnen keine wirkliche reflexive Distanz. Dies ist fatal, da gerade emotional belastete Kinder dringend diese „wichtigen, weil Sicherheit vermittelnden Gefühlsbeziehungen" (Dörr 2017, S. 36) brauchen. „Kinder und Jugendliche (vor allem mit Intimitätsproblemen) brauchen feinfühlig-empathische helfende Begleitungen, um Anforderungen der äußeren wie ihrer inneren Realität bewältigen zu können" (ebd.). Lehrkräfte, welche die emotionale Beteiligung so abwehren müssen – und dies nicht reflektieren können –, können diese wichtige Funktion nur noch eingeschränkt erfüllen. Auch die Traumapädagogik bestätigt, dass es gerade die emotionalen Beziehungen zu den Pädagog*innen sind, die potenziell traumatisierte Kinder und Jugendliche benötigen. Weiß (2013a, S. 16) schreibt exemplarisch: „Positive Beziehungserfahrungen sind vielleicht der wichtigste Beitrag für eine gelingende Traumabearbeitung" (vgl. Abschnitt 8.5.2*Die Fokussierung der pädagogischen Beziehungen*).

Die fehlende Supervision macht sich zusätzlich dadurch bemerkbar, dass, auch wenn manifest die Solidarität und die Zusammenarbeit mit den Kolleg*innen hervorgehoben wird, die Lehrerinnen sich latent darüber stabilisieren, dass sie betonen, dass es den Kolleg*innen noch viel schlechter als ihnen ergehe.

7.5.3 Wut und Aggressionen als Tabu

Wut und Aggressionen werden von den Lehrerinnen nicht explizit benannt. Dennoch lässt sich interpretieren, dass diese Emotionen bei allen Lehrerinnen eine Rolle spielen. Am deutlichsten wird dies im Interview mit Frau Behrens. Diese schildert, dass es in der Schule immer wieder Vorfälle gebe, bei denen Schüler so gewalttätig werden würden, dass die Lehrerinnen selbst körperlich einschreiten müssten. Frau Behrens schildert eine konkrete Situation, in der sie einen Schüler auf dem Boden fixiert habe und zusammen mit einer Kollegin auf ihm gesessen habe. Bei solchen körperlichen Auseinandersetzungen ist unvermeidbar, dass die eigenen Aggressionen mobilisiert werden, aber anstatt über diese zu sprechen, wechselt die Lehrerin die Perspektive und fragt nach der Kindheit des Interviewers.

Auch in den Interviews mit Frau Ahlert und Frau Claus werden Aggressionen manifest nicht benannt, sind aber latent wirksam. Bei Frau Ahlert zeigt sich diese u. a. durch einen genervten Tonfall und ein sich wiederholendes Aufstöhnen und bei Frau Claus entfalten sich die Aggressionen in der Dynamik zwischen ihr und dem Interviewer: Frau Claus lässt mich mehrfach mit meinen Fragen auflaufen und ich werde selbst im Interview und während der Interpretationssitzung zunehmend wütender auf sie. Das reinszeniert sich auch in den Interpretationsgruppen, wenn die Interpretationsgruppenmitglieder ungewohnt konfrontativ und teilweise aggressiv und angreifend miteinander diskutieren.

Eine mögliche Erklärung dafür, dass in den Interviews nicht explizit über Aggressionen gesprochen wird, ist, dass Aggressionen in der pädagogischen Arbeit mit geflüchteten Kindern und Jugendlichen besonders tabuisiert sind. In der pädagogischen Arbeit ist es ohnehin schwer, über Aggressionen und Wut gegenüber der Zielgruppe zu sprechen, da dies dem Selbstverständnis von Pädagog*innen als gute, helfende, schützende Objekte entgegensteht – dies gilt möglicherweise besonders für *Schüler*innenfreund*innen* (vgl. Abschnitt 5.2*Die Aufgaben der Lehrkräfte*). Im Kontext von Flucht sind Aggressionen eventual zusätzlich verpönt und tabuisiert, weil sich die Lehrkräfte selbst als Teil der Willkommenskultur und als engagierte Helferinnen sehen.

Das Problem daran ist, dass Aggressionen gerade dann, wenn sie besonders stark tabuisiert sind und daher auch kaum reflektiert und beredet werden können, mit besonders hoher Wahrscheinlichkeit unreflektiert affektiv ausagiert werden.

These:*Die Arbeit mit potenziell traumatisierten geflüchteten Schüler*innen löst in den mit ihnen arbeitenden Lehrkräften auch Aggressionen aus. Die Empfindungen von Wut und Aggressionen scheinen besonders tabuisiert zu sein – so sehr, dass sie manifest nicht benannt werden können und daher möglicherweise auch nur begrenzt reflektiert werden können. Dadurch besteht besonders die Gefahr, dass diese Emotionen unreflektiert affektiv wieder in die pädagogische Arbeit eingebracht werden.*

Kastner (2014, S. 9 f.) weist darauf hin, dass Wut eine Basisemotion ist, Teil der *Conditio humana*, die jeder Mensch empfindet. Aber Wut hat eine lange Geschichte der Abwertung, die dazu geführt hat, dass viele Menschen sie als etwas Unanständiges verinnerlicht haben (ebd., S. 13 ff.) und folglich versuchen, die Emotion, wenn sie aufkommt, zu verdrängen. Gerade dann ist die Wahrscheinlichkeit aber groß, dass sie einen irgendwann übermannt. Kastner (ebd., S. 17) vergleicht dies treffend mit einem Teppich, unter den man alles kehrt, aber dann über den verdeckten Haufen stolpert.

Winnicott (1947/1997) erläutert in seinem Aufsatz „Haß in der Gegenübertragung“, dass die Arbeit mit schwer belasteten Kindern und Jugendlichen „notwendigerweise eine schwere emotionale Belastung“ (ebd., S. 77) bedeutet und die Professionellen es kaum vermeiden könnten, diese Kinder und Jugendlichen manchmal „zu haßen und zu fürchten“ (ebd., S. 78). Es sei wichtig, dass den Professionellen ihr eigener Hass bewusst sei und sie ihn „außerordentlich gut im Griff“ hätten (ebd., S. 77). Vor allem dürften sie „nicht den Haß leugnen, der wirklich in [ihnen] vorhanden“ sei (ebd., S. 80).

Wie im pädagogischen Setting ein anderer Umgang mit Wut und Aggressionen möglich wäre, zeigt Heinemann (1997, S. 74). Sie schreibt:

> „Gerade aggressives Verhalten von Kindern und Jugendlichen führt zu heftigen Reaktionen (Gegenübertragungen) bei Pädagogen. Solche Reaktionen können zum Beispiel massive aggressive Impulse sein (ich hatte bei einem Schüler häufig die Phantasie, ihn

> an die Wand zu klatschen und zu sehen, wie das Blut spritzt) oder aber auch Abwertungsimpulse, der Wunsch, den Schüler oder eine Kollegin abzuwerten. Angst und Ohnmachtsgefühle können entstehen, die dann wiederum Aggression erzeugen, z. B. den Wunsch, dem Schüler eine Ohrfeige zu geben."

Bemerkenswert ist an diesem Zitat nicht nur die theoretische Argumentation, dass aggressive Schüler*innen in den mit ihnen arbeitenden Lehrkräften eigene aggressive Impulse auslösen (was von den interviewten Lehrerinnen aber manifest nicht benannt wird), sondern vor allem auch Heinemanns offene Schilderungen ihrer eigenen Erlebnisse und damit verbundenen Impulse. Offenbar ist hier etwas sagbar, gar schreibbar und damit der Reflexion zugänglich, was in den Interviews latent bleiben muss.

Kastner (2014, S. 122) argumentiert, es sei vernünftig, der Wut einen Platz einzuräumen, ihre Funktion zu erkennen und sie für das Fortkommen – im rechten Maß – zu nutzen. Es sei wichtig, sie und damit sich kennenzulernen und sie im geeigneten Rahmen zu kommunizieren (ebd., S. 124).

7.5.4 Latenter Rassismus

Ebenso tabuisiert wie die eigenen Aggressionen ist für die Lehrerinnen das Thema Rassismus. Frau Ahlert meint, weil der Stadtteil, in dem ihre Schule liegt, „generell bunt" sei, seien ihr rassistische Äußerungen „überhaupt nicht begegnet", das gebe es bei ihnen „gar nicht". Auf einer latenten Ebene zeigt sich in ihren Aussagen dennoch ein Alltagsrassismus; zum einen in der Sprache, wenn sie etwa von der „ganz großen Flüchtlingswelle" spricht. Vor allem zeigt sich dieser aber darin, dass sie ganz klare Unterscheidungen vornimmt, von den „Ausländern" spricht und sagt, „bei uns A-Städtern" sei das ganz anders, und von einer „ganz anderen Kultur" spricht.

Frau Behrens erzählt, dass, obwohl in dem Stadtteil ihrer Schule viele Menschen die AfD gewählt hätten, Rassismus an ihrer Schule keine Rolle spiele. Auf einer latenten Ebene schwingt in ihren Aussagen und Formulierungen dennoch immer wieder Rassismus mit, etwa in der assoziativen Verbindung von Geflüchteten und einer Vergewaltigungsgefahr oder in der Behauptung, viele Geflüchteten hätten schon „in ihrer eigenen Sprache Probleme".

Frau Claus sagt, Rassismus spiele an ihrer Schule keine Rolle, die Eltern fänden es gut, dass ihre Kinder „mit unterschiedlichen Kulturen" in Kontakt kämen, und seien oft bereit, an besonderen Tagen mehr mitzugeben, für Kinder, die sich etwas nicht leisten könnten.

Sie betont, dass sie geflüchtete Kinder nur als Bereicherung sehe, diese seien „extrem motiviert", seien „durchweg interessiert, motiviert" und es gebe „keine Probleme". Außerdem werde die „soziale Ebene" bei den anderen Kindern „extrem dadurch geschult". Sie betont weiter: „Ich finds spannend eigentlich, weil man halt auch bei diesen Kindern gerade diesen Lernerfolg extrem sieht." Wie brüchig diese Idealisierung geflüchteter Schüler*innen und die Darstellung des „extremen Lernerfolgs" ist, wird schon wenige Sätze später deutlich: Hier spricht Frau Claus von einer geflüchteten Schülerin, die nur den Buchstaben L könne „und das wars. Und das seit einem Jahr." In ihren Ausführungen wird zudem deutlich, dass, wenn die geflüchteten Schüler*innen dieser Idealisierung nicht entsprechen, sie potenziell ausgeschlossen werden – bis hin zur „Zurückstufung" aus dem Schulbesuch.

Frau Diecks berichtet von Schüler*innen, die während des Unterrichts rassistische Äußerungen tätigen würden und zitiert dafür ein Beispiel:

> „Was sollen sie hier alle, irgendwie nehmen unsere Arbeiten weg, diese Flüchtlinge, die hier ankommen, die mmh bringen uns nicht weiter, es gibt so viele Leute, die arbeitslos sind, die kein Zuhause haben, und die kriegen hier alles gefüttert und gegeben" (Interview 4, Z. 589–592).

Frau Diecks versuche dann, dagegen zu steuern und Aufklärung zu leisten, bemerkt aber, es sei frustrierend, weil die Schüler sich durch Informationen kaum beeinflussen ließen. Sie habe die Vorfälle dann der Stammlehrerin weitergegeben, wisse aber nicht, ob diese das noch einmal thematisiert habe. Frau Diecks, die als einzige der interviewten Lehrerinnen selbst potenziell negativ von Rassismus betroffen ist, ist die einzige, die Rassismus wahrnimmt, benennt und konkrete Ereignisse schildert.

These:*Auch Lehrkräfte, die sich manifest als Unterstützer*innen geflüchteter Schüler*innen verstehen, sind nicht frei von (alltags-)rassistischen Einstellungen. Für nicht selbst negativ von Rassismus betroffene Lehrkräfte ist Rassismus so verpönt, dass sie ihn bei sich verleugnen und dadurch auch bei anderen kaum wahrnehmen.*

Die interviewten Lehrerinnen benutzen Begriffe, die Bestandteil des öffentlichen und veröffentlichten Diskurses über „die Flüchtlinge" sind. Dabei reproduzieren sie auch den damit verbundenen Rassismus. Der Begriff „Flüchtlingswelle" spielt beispielsweise mit dem Bild einer Naturkatastrophe, gegen die man machtlos ist. Eine solche Rhetorik hat eine dehumanisierende Wirkung (vgl. Aussagen von Ruth Wodak in Tiefenthaler 2015). Aus Menschen in Not wird so sprachlich eine Bedrohung.

Zudem finden sich in den Interviews einige Aussagen, die mit dem Konzept *othering* (vgl. Spivak 1985; Said 2017) auf einen Begriff gebracht werden können. Mit dem Begriff soll verdeutlicht werden, dass Menschen sich nicht einfach per se nach Gruppenzugehörigkeiten unterscheiden, sondern dass dies ein sehr aktiver Prozess ist. Bei diesem aktiven und hierarchischen Prozess werden *die Anderen* imaginiert, um *das Eigene* zu konstruieren und zu stabilisieren. „Menschen *sind* nicht einfach anders, sondern sie *tun* einiges, um sich von anderen zu unterscheiden.»Sich unterscheiden« ist ein sehr aktiver Prozess" (Sökefeld 2007, S. 31).

Tiesler (2017a, 2017b) bringt diesen Prozess mit „Ethnoheterogenesis" auf einen Begriff. Unterschiedliche Ethnien entstehen demnach erst in einem wechselseitigen Prozess von Zuschreibungen und Identifikationen mit diesen Zuschreibungen (vgl. ebd.). Dies findet stets situativ und relational statt, zum Beispiel im Kontext von Migration, wenn Migrant*innen, die sich während ihres Lebens im Heimatland (wenn überhaupt) über ihre Herkunftsregionen definierten, durch Zuschreibungen im Ankunftsland homogenisiert werden, indem sie auf ihr Herkunftsland (oder ihre Religion) reduziert werden und sie dies möglicherweise infolgedessen als Selbstverständnis von sich übernehmen.

In diesem Prozess des Unterscheidens werden verschiedene Konzepte und Kategorien benutzt, um Unterschiede zu konstruieren. Eines dieser Konzepte ist „Kultur". Sökefeld (2007, S. 35) zeigt, dass in Deutschland einerseits der Begriff „Rasse" seit 1945 tabuisiert ist und andererseits die Vorstellung, dass Menschen von Natur aus verschiedenen Gruppen angehören und sich diese Gruppen in signifikanter Hinsicht voneinander unterscheiden, weiterhin sehr wirkmächtig ist und daher ständig Ersatzbegriffe für den tabuisierten Begriff „Rasse" geschaffen werden:

> „So wird im Alltagsverständnis davon ausgegangen, dass Menschen verschiedenen Kulturen angehören und von ihnen»geprägt« oder gar determiniert werden, dass sich diese Kulturen in signifikanter Hinsicht voneinander unterscheiden, dass die ihnen zugehörenden Menschen sich wechselseitig»fremd« sind und dass daher das Zusammentreffen verschiedener Kulturen nahezu inhärent problematisch ist. In heutigen Diskursen nimmt»Kultur« als Ordnungs- und Ausgrenzungskonzept in vieler Hinsicht die Stellung ein, die früher der»Rasse«begriff innehatte. […] Heute spielen sie besonders im Kontext von Migration eine Rolle, da vor allem diejenigen als andere konstruiert werden, die als Migranten dic Grenze des Nationalstaats überschreiten" (Sökefeld 2007, S. 44 f.).

Wie verbreitet eine solche Verwendung des Kulturbegriffs ist, dokumentieren auch die Interviews mit den Lehrerinnen, etwa, wenn Frau Ahlert sagt: „Meine Erfahrung mmh, das ist eine ganz andere Kultur“ oder wenn Frau Behrens sagt: „aber mh da habe ich auch wirklich Angst und ich kann auch die Menschen verstehen mh, die hier Angst (.) vor dieser fremden Kultur haben“.

Ein spezifischer im Diskurs um „die Flüchtlinge“ und auch in den Interviews auftauchender Aspekt in der Konstruktion vom *Eigenen* und *Anderen* ist dabei das projektive Narrativ vom Flüchtling als archaischem Mann, Sexisten und Vergewaltiger. Auch diese Spielart des Rassismus findet sich sowohl in der öffentlichen Debatte wie auch in manchen wissenschaftlichen Publikationen[11]. Dies geht oft mit der Konstruktion scheinbar homogener Gruppen einher, wobei dann jeweils beliebig *die Ausländer*, *die Muslime* oder *die Flüchtlinge* per se gefährlich, sexistisch, gewalttätig, übergriffig, patriarchal sind, während die weißen Männer oder die deutsche Gesellschaft grundsätzlich als aufgeklärt, friedlich und die Gleichberechtigung zwischen Männern und Frauen widerspruchsfrei existierend imaginiert werden.

Den bisherigen Höhepunkt in der öffentlichen Debatte hatte dieses Narrativ nach sexuellen Übergriffe in Köln in der Silvesternacht 2015/16. Pohl (2017, S. 35) schreibt dazu:

> „[…] angesichts des unverminderten Aufkommens sexueller Gewalterfahrungen im deutschen Alltag ist die Empörung aufrechter Deutscher, die plötzlich ihr Herz für Frauenrechte und ihr Schutzbedürfnis gegenüber jenen deutschen Frauen entdecken, die angeblich zum Opfer triebgesteuerter, junger Muslime aus der rückständigen, weniger zivilisierten ‚Fremde‘ zu werden drohen, heuchlerisch. Diese offenkundige Projektion lenkt beim Einzelnen und in einer nach wie vor männlich dominierten Gesellschaft auf wundersame Weise von der notwendigen Auseinandersetzung mit dem ‚Eigenen‘ und seinen strukturellen Defiziten im Umgang mit Frauen und Weiblichkeit ab und macht die Frauen in Köln im Grunde zum zweiten Mal zum Opfer.“

Dieser Diskurs spiegelt sich in den Aussagen der Lehrkräfte wider, etwa wenn Frau Ahlert sagt: „Bei uns sind alle Menschen mit allen Interessen, Religionen, Religionen wie auch immer, alle gleichwertig, ne, Frauen und Männer sind gleichwertig! Müssen die auch erst mal lernen“ (Interview 1, Z. 601–603). Diese rassistisch gefärbte assoziative Verknüpfung spielt möglicherweise auch eine Rolle, wenn Frau Behrens ausführt:

[11] Vgl. bspw. die kritischen Rezensionen zu Hopf (2017) von Müller (2018) und zu Leuzinger-Bohleber und Hettich (2018) von Schlachzig (2020).

> „Also das [Rassismus] spielt hier im B-Viertel, glaube ich, nicht so eine große Rolle, auch wenn in der Zeitung stand, xx% *(kurz lachend)* der Menschen haben hier die AfD gewählt (.). In der Schule spielt das keine große Rolle. Also abends gehe ich hier nicht im B-Viertel alleine rum, muss ich ganz ehrlich sagen: hab ich Angst. Wenn ich abends Elternabend habe, dann treffe ich mich ja eh mit meinen fünf Kollegen und wir fahren gemeinsam nach Hause, ich bin sonst immer mit dem Fahrrad unterwegs, aber mh da habe ich auch wirklich Angst und ich kann auch die Menschen verstehen mh, die hier Angst (.) vor dieser fremden Kultur haben, aber mh die Kinder werden hier an der Schule von allen gleich behandelt. […]
>
> Es ist immer noch bedrohlich, wenn mh hier immer diese jungen Männer-Gruppen hier lang gehen (.), also ich bin, wir sind einfach, aber das bin nicht nur ich, sondern auch anderen vier Kolleginnen: Wir haben einfach alle Angst. Wir haben auch oft Angst, alleine wenn wir hier abends, man ist manchmal länger in der Schule, weil man noch so viel zu tun hat. Und dann gucke ich doch schon immer, dass ich vielleicht meinen Mann anrufe, ob er schon zu Hause ist und vielleicht doch mal eben vorbeifahren kann und das Fahrrad in den Kofferraum packen kann, fühle ich mich nicht wohl, also da hab ich (.) Angst, es waren ein paar Vergewaltigungen hier im B-Viertel, also es sind schon einige Sachen passiert“ (Interview 2, Z. 578–586; 636–645).

Selbst wenn die Angst nicht irrational ist, da es immer wieder zu sexueller Gewalt gegen Frauen im öffentlichen Raum kommt, schwingt in diesem Kontext möglicherweise etwas von dem rassistisch gefärbten Narrativ mit, wonach junge Männer-Gruppen grundsätzlich bedrohlicher erscheinen, wenn diese nicht weiß sind.

Auch die interviewten Lehrerinnen sind insofern nicht frei von in der Mehrheitsgesellschaft breit geteilten rassistischen Wahrnehmungs- und Deutungsmustern (vgl. Heitmeyer 2002–2012; Brähler et al. 2016; Zick et al. 2016; Decker et al. 2018).

Die Interpretationen der Interviews legen nahe, dass die Verallgemeinerungen, Kategorisierungen und der darin enthaltene latente Rassismus zudem ebenfalls der Abwehr ansonsten kaum aushaltbarer Gefühle dienen, zum Beispiel wenn Frau Ahlert von den schrecklichen Erfahrungen eines ihrer Schüler erzählt, der von den Taliban verschleppt und bedroht wurde, und ihre Ausführungen damit beendet, dass das bei *denen* an der Tagesordnung sei. Rassismus macht Menschen zu *den Anderen* und hilft daher dabei, innerpsychisch das Thematisierte von sich selbst fern zu halten.

Der latente Rassismus der Lehrkräfte hat in zweifacher Hinsicht mit nicht aushaltbaren Gefühlen zu tun. Zum einen hängen rassistische Zuschreibungen immer mit Projektionen *eigener* nicht akzeptierter, kaum aushaltbarer Gedanken und Gefühle zusammen. Dies wird beispielsweise in den projektiven Narrativen von den *Flüchtlingen* als Sexisten, Vergewaltiger und Gewalttätige deutlich.

Zum anderen scheint der latente Rassismus der Lehrkräfte die Funktion zu erfüllen, sich die geflüchteten Schüler*innen vom Leib zu halten – in dem Sinne, dass die geflüchteten Kinder und Jugendlichen ihre potenziell traumatischen Erfahrungen, das, was für sie unaushaltbar ist, mithilfe *projektiver Identifizierungen* in den Lehrkräften verpflanzen, dies schwer verdaubare Gefühle in den Lehrkräften auslöst und die Lehrkräfte diese versuchen, loszuwerden, indem sie die Geflüchteten mithilfe von Rassismus zu Fremden, zu gänzlich Anderen, machen und so versuchen, sich dieser kaum aushaltbaren Gefühle wieder zu entledigen.

Dass die Lehrkräfte selbstredend nicht frei von dem gesamtgesellschaftlichen Rassismus sind, ist in diesem Kontext alles andere als trivial – denn es ist gerade der *alltägliche* (vgl. Mecheril 2007; Sow 2008) und *banale* (vgl. Terkessidis 2004) Rassismus, der selbst speziell in der Schule eine traumatische Dimension haben kann, wie Bergold-Caldwell et al. (2017) zeigen. Im Kontext sequenziell traumatischer Prozesse sollte den rassialisierenden und ausgrenzenden Tendenzen der Lehrkräfte daher besondere Aufmerksamkeit zuteilwerden.

7.5.5 Strukturelle Bedingungen und Inklusion

Neben diesen emotionalen Dynamiken geben alle interviewten Lehrerinnen auch Auskunft über die strukturellen Bedingungen ihrer Arbeit.

Frau Ahlert berichtet davon, dass die Sprachlernklassen an ihrer Schule überfüllt seien, aber dass nicht genug Personal da sei, um weitere Sprachlernklassen einzuführen. Auch sei die Förderung, die nach dem Jahr in der Sprachlernklasse dann in den Regelklassen angeboten werde (vier Stunden), viel zu wenig. Sie macht außerdem auf ein spezielles Problem aufmerksam: Die Schüler*innen, welche die Sprachlernklassen besuchen würden, seien nicht automatisch offiziell als Schüler*innen der Schule aufgenommen. Das heißt, es könne sein, dass sie, wenn der Wechsel von der Sprachlernklasse in die Regelklasse anstehe, die Schule wieder wechseln müssten, wenn die Regelklassen der Gesamtschule voll seien.

Frau Behrens berichtet, wie die alltägliche Arbeit von mangelnden Ressourcen geprägt ist. Sprachlernklassen würden der Schule nicht mehr finanziert werden – mit dem Argument, dass alle Schüler*innen inklusiv beschult werden sollten. Sonderpädagogische Unterstützung erhalten die Lehrkräfte aber nur, wenn sie einen sonderpädagogischen Förderbedarf diagnostizieren. Frau Behrens erzählt, dass daher teilweise Schüler*innen, die durch die Flucht und die hiesigen Lebensbedingungen emotional so belastet sind, dass sie einer individuellen Zuwendung bedürfen, eine *geistige Behinderung* diagnostiziert bekommen würden, damit wenigstens wenige Stunden in der Woche eine sonderpädagogische Fachkraft für sie da sei.

Auch im Interview mit Frau Diecks wird deutlich, dass Lehrkräfte ein hohes Eigeninteresse daran haben, ihren Schüler*innen einen sonderpädagogischen Förderbedarf zu diagnostizieren. Nur wenn ausreichend Schüler*innen einen diagnostizierten Förderbedarf haben, stehen sie nicht allein vor ihren großen Klassen, sondern bekommen Unterstützung von sonderpädagogischen Kolleg*innen.

Frau Claus berichtet, dass es bei ihr an der Grundschule keine Sprachlernklassen mehr gebe, weil sie dafür keine Lehrkräfte hätten. Es gebe an der Schule nicht einmal mehr genug Lehrkräfte, um jede Klasse im folgenden Jahr mit einer Klassenlehrerin zu versorgen. Schon jetzt gebe es Stellen, die nicht besetzt worden seien. Außerdem fehle es auch an Räumen, um eine Sprachlernklasse einzurichten. Der Förderunterricht finde daher schon in Containern vor der Schule statt.

Diese strukturellen Bedingungen sind mit den Gefühlen von Wut und Empörung, Hilflosigkeit und Ohnmacht verknüpft, welche auch die Interpretationsgruppenmitglieder während der Interpretationssitzungen benennen.

These*: Mit geflüchteten Kindern und Jugendlichen in der Schule zu arbeiten, bedeutet momentan ein Arbeiten mit mangelnden Ressourcen. Neben der Aufgabe, Deutsch als Fremdsprache zu vermitteln und der Heterogenität in den Klassenzimmern gerecht zu werden, sind es vor allem die emotionalen Belastungen und strukturellen Nöte der geflüchteten Schüler*innen, die ein besonders Engagement und Zuwendung der Lehrkräfte verlangen. Um diese Aufgabe angemessen umzusetzen, fehlt es an den Schulen vor allem an Personal. Der Lehrkräftemangel macht sich hier besonders drastisch bemerkbar. Das institutionelle Alleingelassenwerden, Hängengelassenwerden geflüchteter Menschen spiegelt sich so in der Schule wider.*

Diese empirischen Eindrücke bestärken theoretische Auseinandersetzungen, die Inklusion nicht nur als ein normatives Ziel betrachten, sondern sich mit der Inklusionsrhetorik im Spiegel gesellschaftlicher Prozesse auseinandersetzen. Herz (2015) analysiert, welche Funktion die Inklusionsrhetorik im Neoliberalismus erfüllt. Demnach wird an der real herrschenden Ungleichheit – Stichworte Armut, Rassismus, Abwertung und Ausgrenzung – nichts geändert, sondern reale Exklusionsprozesse werden lediglich mit dem Inklusionsbegriff „in scheinbar emanzipatorischem Gewand“ übertüncht (ebd., S. 64). Wenn es tatsächlich um mehr „Gerechtigkeit“ gehen würde, müsste es im Kern um Verteilungsfragen gehen – diese spielen aber im aktuellen Inklusionsdiskurs kaum eine Rolle. Stattdessen werden mit der Inklusionsvokabel gar Kürzungen im Bildungsbereich legitimiert (vgl. ebd., S. 64 f.). Genau davon geben die Aussagen in den hier vorgestellten Interviews einen Eindruck, etwa wenn von Frau Behrens berichtet: „Es gibt keine Sprachlernklassen mehr, weil man gesagt hat, nein, die Kinder sollen wirklich inklusiv beschult werden, die sollen in die Klassen rein und sollen dort lernen.“ In diesem Sinne ist die Inklusion in ihrer gegenwärtigen neoliberalen Form eine Leerformel (vgl. Groß und Hövermann 2015, S. 43). Die Lehrerinnen berichten, wie an vielen Stellen die Ressourcen fehlen, um eine angemessene und fachlich begründet notwendige Versorgung zu gewährleisten. Dies bestärkt den Befund von Böttcher et al. (2014), dass die inklusive Schule insbesondere durch „fehlende Ressourcen – Zeiten, Räume, Personal – und unsichere Kompetenzen“ geprägt ist. So berichtet beispielsweise auch Frau Claus auf die Frage nach einer Sprachlernklasse:

> „Ne, wir haben keine Lehrer dafür. Also wir sind unterversorgt. Und dadurch fehlt eine Lehrkraft, die eine Sprachlernklasse führen würde. Also wir haben noch nicht mal […]. Wir haben nicht genug Lehrer, um jede Klasse nächstes Jahr bis jetzt mit einer Klassenlehrerin zu versorgen.“ Und später weiter dazu: „Und es gab auch keinen Klassenraum also abgesehen davon gab es gar keinen Raum, wo der hätte aufmachen können.“

Diese Bedingungen können „nur durch vielfach erhöhten persönlichen Arbeitsaufwand bewältigt werden“ (Böttcher et al. 2014, S. 171; Herz 2015, S. 67) und dadurch, dass die Lehrkräfte diese strukturellen Mängel individualisieren. Sie tun dies beispielsweise dadurch, dass sie möglichst vielen ihrer Schüler*innen einen sonderpädagogischen Förderbedarf diagnostizieren, um so für möglichst viele Stunden eine sonderpädagogische Fachkraft zur Unterstützung zur Verfügung zu haben. Die Leidtragenden sind die so gerade durch die Prozesse der herrschenden Inklusion etikettierten Schüler*innen.

„Flüchtende wecken schlafende Fragen“, schreibt Trojanow (2017, S. 54). Und in diesem Sinne verdeutlichen die geflüchteten, potenziell traumatisierten Schüler*innen die Probleme im deutschen Schulsystem. Diese existieren nicht ihretwegen und treffen auch andere Kinder und Jugendliche mit fatalen Folgen (vgl. Freyberg und Wolff 2009; Herz 2014a). Aber am Umgang mit den geflüchteten Schüler*innen – an der mangelnden Bereitstellung von fachlich unbestreitbar notwendigen Ressourcen, an der Streichung von Ressourcen mit dem Argument der Inklusion, an der Diagnostizierung von sonderpädagogischem Förderbedarf ohne ausreichende Indikation – aus der Notwendigkeit, im Unterricht Unterstützung zu bekommen – und schließlich an der Exklusion aus Angst vor der eigenen emotionalen Belastung, zeigt sich die fatale Situation, in der die deutsche Schule im Prozess der neoliberalen Inklusionsreform momentan steckt.

7.5.6 Latenzschutz und institutionalisierte Abwehr

Der Umstand, dass die Lehrerinnen nur eingeschränkt über die potenziell traumatischen Erlebnisse ihrer Schüler*innen berichten können, dass ihre Sprache dann brüchig wird und sie das Thema wechseln; dass sie ihre eigenen, in der Arbeit ausgelösten Emotionen abwehren, versuchen, sie *nicht an sich herankommen zu lassen*, und daher auch im Interview kaum darüber sprechen; dass ihre Wut und Aggressionen nicht benannt werden und sie in den Interviews latent gemacht sind und dass genauso das Thema Rassismus so tabuisiert ist, dass die Lehrerinnen ihn weit von sich weisen und ihn so (auch bei anderen) nicht mehr wahrnehmen können, lässt sich theoretisch sinnvoll mit dem Begriff „Latenzschutz" verknüpfen.

Haubl (2011, S. 202) nutzt dieses ursprünglich systemische Konzept (vgl. Luhmann 1987, S. 459) psychodynamisch gewendet zur Erklärung dafür, wie in Organisationen Unbewusstheit produziert wird. Mithilfe des „Latenzschutzes" wird sichergestellt, dass bestimmte kritische Themen nicht besprochen oder gar nicht erst wahrgenommen werden (Haubl 2011, S. 202). Die Interviews mit den Lehrerinnen machen deutlich, dass die von mir in den Interviews fokussierten Themen zu solchen „kritischen Themen" gehören.

Die Lehrerinnen halten diese Themen so weit wie möglich latent, um ihr Rollenhandeln nicht unnötig zu erschweren (vgl. ebd., S. 202). Die Thematisierung der möglichen Traumatisierungen ihrer Schüler*innen, ihrer eigenen emotionalen Involviertheit usw. erhöht in diesem Sinne die Komplexität ihrer Handlungsbedingungen – vor allem dann, wenn sich die Lehrerinnen ohnehin schon stärker als Wissensvermittlerinnen bzw. als Inhaltsvertreterinnen verstanden haben, deren zentrale Aufgabe die Einhaltung des Lehrplans bzw. die Vermittlung der deutschen Sprache ist. Die Auseinandersetzung mit den emotionalen Belastungen und Traumatisierungen im Kontext von Flucht kann daher, wie von Haubl (ebd.) als Kennzeichen des Latenzschutzes ausgemacht, zu einer Krise führen und die eigene Funktionsfähigkeit der Lehrkräfte in Frage stellen.

Bei den hier vorliegenden empirischen Ergebnissen wird deutlich, dass es sinnvoll ist, das so vor allem systemisch gefasste Konzept „Latenzschutz" im Sinne Haubls (ebd.) psychodynamisch zu erweitern. Denn in der deutlich gewordenen Dynamik der Lehrerinnen geht es nicht nur um die Wahrung des Rollenhandelns, der Handlungsbedingungen und der Funktionsfähigkeit, sondern auch um die Abwehr von Angst: Mithilfe des Latenzschutzes wird zentral die Angst abgewehrt, die mit den Fantasien verbunden ist, was passieren würde, wenn die Lehrerinnen die Emotionen stärker an sich herankommen lassen würden („kaputt gehen").

In diesem Sinne ist der „Latenzschutz“ individuell, er erfüllt die individuelle Abwehrfunktion – in je unterschiedlicher Ausprägung –, Angst vor einem als möglich erachteten Zusammenbruch abzuwehren. Gleichzeitig ist die Dynamik aber auch institutionell geprägt: Die Institution Schule legt eine bestimmte Ausgestaltung der individuellen Abwehr nahe, etwa das Sich-Zurückziehen auf die Rolle der reinen Wissensvermittlerin oder das Nutzen der Selektionsfunktion.

> „Jede Organisation institutionalisiert auf der einen Seite institutionelle Praktiken, um alle Emotionen ihrer Mitglieder zu dämpfen, die ihr vermeintlich schaden; auf der anderen Seite institutionalisiert sie Praktiken, um alle Emotionen ihrer Mitglieder zu fördern, die ihr vermeintlich nützen. So gesehen, findet in allen Organisationen eine institutionelle Emotionsregulation statt, die im Dienste des Latenzschutzes steht“ (Haubl 2011, S. 205).

Eine vergleichbare spezifische Dynamik in einer anderen Institution beschreiben Datler (2015) und Trunkenpolz (2015) aus dem Forschungsprojekt „Lebensqualität in Pflegeheimen“. In diesem wurden an Demenz erkrankte Heimbewohner*innen nach dem *Tavistock*-Konzept (vgl. Datler et al. 2014) beobachtet. Die Auswertungen zeigen eindrücklich, dass bei den Pflegepersonen des Heims in ihrer Arbeit eine Reihe belastender und schmerzlicher Emotionen ausgelöst werden und dass sie versuchen, „diese schmerzlichen Gefühle rasch zu lindern oder deren bewusstes Wahrnehmen zu vermeiden“ (ebd., S. 243). Sie wehren diese Gefühle ab, indem sie die Handlungsmöglichkeiten – ihrer Rolle als Pflegepersonal entsprechend – nutzen und sich auf rein körperlich-pflegerische Aspekte zurückziehen (ebd.). Trunkenpolz (ebd., S. 244) argumentiert mithilfe des Group-Relation-Ansatzes (vgl. Hinshelwood und Sievers 2006), dass „das Handeln in Organisationen sowie die Beziehungsgestaltung zwischen Organisationsmitgliedern“ im hohen Maße „von unbewussten Prozessen bestimmt wird, die für die jeweilige Organisation charakteristisch sind“.

Im Pflegeheim bedeutet dies, dass bedrohliche Gefühle dadurch abgewehrt werden, dass sich das Pflegepersonal nicht näher mit den Bewohner*innen und ihrer „inneren Welt“ beschäftigt, sondern sich stattdessen auf die rein pflegerischen Handlungen zurückzieht.

Diese Ergebnisse sind in einem hohen Maße vergleichbar mit der hier herausgestellten Dynamik: So wie das Pflegepersonal die in seiner Arbeit mit Demenzkranken ausgelösten heftigen Gefühle abwehrt, indem es sich ausschließlich auf körperlich-pflegerische Tätigkeiten zurückzieht, so wehren Lehrkräfte die in der Arbeit mit potenziell traumatisierten Schüler*innen ausgelösten heftigen Emotionen ab, indem sie sich verstärkt auf didaktische, quasi technische, wissensvermittelnde Aspekte des Lehrkräfteberufs zurückziehen.

Und genau wie bei dem Pflegepersonal verhindert diese Form der organisationstypischen Abwehr die differenzierte Auseinandersetzung mit der inneren Welt der Klientel, hier der Schüler*innen. So wie dies im Pflegeheim Auswirkungen auf die Lebensqualität der Bewohnerinnen hat, so hat diese Dynamik in der Schule Auswirkungen auf die Möglichkeiten des Gehaltenwerdens der emotionalen Belastungen der (geflüchteten) Schüler*innen. Trunkenpolz (2015, S. 246) schreibt in der Diskussion ihrer Ergebnisse:

> „Diese wohl im Dienst der Abwehr von bedrohlichen Gefühlen stehenden Prozesse haben zur Folge, dass alle Beteiligten nur im geringen Ausmaß Beziehungserfahrungen machen können, die man im Anschluss an Bion mit den Begriffen ‚Container-Contained' bezeichnen könnte."

Diese Schlussfolgerung lässt sich hier ebenfalls erneut herausstellen. Vor dem Hintergrund sequenzieller Traumatheorie ist dies besonders bedenklich, denn wessen die potenziell traumatisierten Schüler*innen am nötigsten bedürfen, sind gerade solche Beziehungen, in denen sie die Erfahrung machen können, dass ihre Emotionen zumindest ein Stück weit *contained* werden.

Die hier herausgearbeiteten Mechanismen lassen sich ebenfalls mit Mentzos Konzept von „institutionalisierter Abwehr" auf den Begriff bringen (vgl. Mentzos 2001, S. 79 ff.).

> Mentzos (ebd., S. 80) zeigt in seinem Werk, dass „die Struktur und die Prinzipien einer Institution nicht nur zweckrational aufgebaut sind, sondern darüber hinaus sich auf gemeinsame Werte, Einstellungen und gefühlsmäßige, oft nicht klar erkennbare und definierbare Motivationen stützen." Aus eben diesem Grunde seien Institutionen „geradezu prädestiniert, neben ihren anderen Funktionen auch psychosoziale Abwehr-»Aufgaben« zu übernehmen."

Institutionen gäben ihren Mitgliedern die Chance, institutionell verankerte Handlungs- und Beziehungsmuster zu nutzen, um eine schnelle Entlastung von neurotischen Spannungen, Ängsten und Konflikten zu erfahren. Nach Hoffmann und Hochapfel (2009, S. 59 f.) zeichnet sich die institutionalisierte Abwehr dadurch aus, dass Institutionen Rollen und Handlungsweisen zur Verfügung stellen, die „vom einzelnen zum Zwecke der individuellen neurotischen Abwehr benutzt werden können".

Dies geschieht wie beschrieben, wenn sich die Lehrkräfte aus Angst, an den Emotionen der Schüler*innen „kaputt zu gehen" (auch als Grundschul- und Sprachlernklassenlehrerinnen und Sonderpädagoginnen), auf eine Rolle zurückziehen, wonach sie reine Wissensvermittlerinnen und Didaktikerinnen sind und das Pädagogische, die Beziehungsgestaltung und die Emotionen versuchen, zu verhindern, und so die Komplexität des Lehrkräftehandelns (vgl. Ilien 2008, 2009) einseitig auflösen.

Eine besondere Nutzung der institutionellen Handlungsmöglichkeiten im Zusammenspiel mit der eigenen Abwehr liegt in dem Beispiel von Frau Claus vor: „Also wir haben letztes Jahr also auch mit Kooperation der Schulleitung auch Kinder zurückgestellt aus dem Flüchtlingsheim, was ja eigentlich bei einer Eingangsstufe nicht möglich ist, weil wir einfach gesagt haben, wir gehen sonst kaputt." Die Angst vor der eigenen Überforderung, davor, „kaputt zu gehen", wird nicht reflektiert und dient so selbstverständlich („einfach") als Rechtfertigung dafür, Schüler*innen auszusortieren – und damit eine institutionell gegebene Möglichkeit, die Selektionsfunktion, aus Gründen der eigenen Angstabwehr zu nutzen.

7.5.7 Pädagogische Arbeit im sequenziell traumatischen Prozess

Lehrkräfte erleben im Umgang mit geflüchteten Kindern und Jugendlichen vielfältige Herausforderungen und Schwierigkeiten. Diese liegen zum einen in der hohen Heterogenität: Speziell in Sprachlernklassen sind die Schüler*innen in der Regel unterschiedlichen Alters, haben unterschiedliche Bildungsniveaus, sprechen unterschiedliche Sprachen, kommen aus unterschiedlichen Ländern und haben unterschiedliche Erfahrungen gemacht. Die ohnehin stets gegebene Heterogenität wird dadurch vergrößert. Besonders für die Lehrkräfte, die ein Konzept von Unterricht haben, das frontal organisiert und lehrkräftezentriert ist, stellt dies eine besondere Herausforderung dar. Mit einem binnendifferenzierten bzw. individualisierten, offenen Unterrichtskonzept lässt sich der Heterogenität der Schüler*innen besser gerecht werden.

Zum anderen liegen die Herausforderungen und Schwierigkeiten vor allem im „emotionalen Bereich". Die interviewten Lehrerinnen berichten, dass sich die emotionalen Belastungen und potenziellen Traumatisierungen ganz unterschiedlich im Unterricht zeigen: Manche Schüler*innen seien sehr verschlossen, andere überangepasst, oppositionell, gewalttätig oder stumm. Wieder andere würden einfach scheinbar grundlos anfangen zu weinen. Die Lehrkräfte fühlen sich der Aufgabe, auf dieses herausfordernde Verhalten angemessen zu reagieren, kaum gewachsen.

Sowohl die Herausforderung, der Heterogenität der Schüler*innen gerecht zu werden, als auch die Herausforderung, auf die emotionalen Belastungen und das daraus resultierende Verhalten zu reagieren, werden durch den herrschenden Ressourcenmangel verschärft. Es fehlt an den Schulen an ausreichend Lehrkräften, an Sonderpädagog*innen, an Sozialarbeitenden und Erzieher*innen, an Übersetzer*innen, an Sprachlernklassen, an Räumen und an Zeit, an Unabhängigkeit und an Freiheit, um sich den Schüler*innen individuell zuzuwenden. Zudem wurde in den Interviews der Mangel an Supervisionsangeboten und Angeboten zum professionellen Fallverstehen deutlich. Die Lehrkräfte sind so auf sich selbst gestellt. Es gibt keinen Rahmen, der ermöglichen würde, den Umgang mit den eigenen Emotionen als Teil des professionellen Handelns zu verstehen.

Die psychischen Belastungen und potenziellen Traumatisierungen der geflüchteten Schüler*innen spiegeln sich unter diesen Bedingungen vielfach im Erleben und Handeln der Lehrkräfte wider: Lehrkräfte sind auf unterschiedliche Weise mit den belastenden Erfahrungen ihrer Schüler*innen konfrontiert. Diese sind manchmal so wenig aushaltbar, dass auch die Lehrkräfte selbst Probleme haben, diese zu symbolisieren und zu versprachlichen. Da ihnen oftmals ein professionell angeleiteter haltender Rahmen fehlt, dies zu reflektieren, können sie die Erfahrungen selbst kaum verdauen und daher auch die wichtige Funktion des *Containments* kaum leisten.

Die sequenziell traumatischen Erfahrungen der geflüchteten Schüler*innen haben dadurch das Potenzial, die Integrität der Lehrkräfte zu gefährden, und lösen ihre Abwehr aus. Um sich selbst zu schützen, lassen sie sich weniger emotional auf ihre Schüler*innen ein und können daher die für die belasteten oder traumatisierten Schüler*innen so wichtigen emotionalen Beziehungen nur eingeschränkt führen. Dies geschieht mithilfe der Mechanismen von Latenzschutz im Kontext institutionalisierter Abwehr. Die Institution Schule bietet bestimmte Möglichkeiten der Ausgestaltung der individuellen Abwehr an, mithilfe derer die emotionale Involviertheit abgewehrt werden kann, dazu gehört vor allem das sich Zurückziehen auf die Rolle der reinen Inhaltsvertreter*in und Wissensvermittler*in sowie das so motivierte Nutzen der Selektionsfunktion. Der Komplexität des Lehrkräftehandelns (vgl. Abschnitt 5.2*Die Aufgaben der Lehrkräfte*) werden die Lehrkräfte dann kaum mehr gerecht.

Die Wut und die Aggressionen, welche die Erfahrungen und die Situation der geflüchteten Schüler*innen, das daraus resultierende Verhalten und auch die strukturellen Bedingungen, unter denen die Arbeit stattfindet, auslösen, sind tabuisiert und können daher kaum reflektiert und beredet werden. Dadurch besteht die Gefahr, dass sie affektiv in das pädagogische Geschehen eingebracht werden.

Auch die Lehrkräfte sind nicht frei von dem gesamtgesellschaftlichen Rassismus, reproduzieren den Rassismus des öffentlichen Diskurses, denken in Ausgrenzungskonzepten wie „Kultur“ und konstruieren dabei projektiv „die

Anderen". Dieser alltägliche und banale Rassismus hat selbst eine potenziell traumatische Dimension für die betroffenen Schüler*innen.

Im Angesicht der Rahmenkonzeption der *sequenziellen Traumatisierung* sprechen die Ergebnisse –

- dass die institutionellen Bedingungen in der Schule vor allem durch mangelnde Ressourcen geprägt sind, dass diese strukturellen Mängel individualisiert werden und dass diese Bedingungen Wut, Hilflosigkeit und Ohnmacht auslösen,
- dass Lehrkräfte unter diesen Bedingungen die traumatischen Erfahrungen ihrer Schüler*innen selbst kaum verdauen können und daher die *Containment*-Funktion kaum erfüllen können,
- dass sie die eigene emotionale Involviertheit als bedrohlich erleben und sich daher nur eingeschränkt auf haltende emotionale Beziehungen zu ihren Schüler*innen einlassen,
- dass Wut und Aggression für sie so tabuisiert sind, dass sie solche Impulse kaum reflektieren können und daher möglicherweise affektiv in der pädagogischen Situation ausagieren,
- und dass sie nicht frei von rassialisierenden Tendenzen sind und „Flüchtlinge" als „die Anderen" konstruieren –

dafür, dass die Schule unter diesen Bedingungen für die geflüchteten Schüler*innen in den Sequenzen vier bis sechs selbst chronifizierend und belastend im traumatischen Prozess wirken könnte. Die Schule als gesellschaftliche Institution hat in diesem Sinne nicht nur mit traumatisierten Schüler*innen zu tun, sondern kann selbst eine Gefahr für eine weitere Destabilisierung darstellen. Das macht einen dringenden Veränderungsbedarf deutlich.

7.6 Methodenreflexion

Ich habe an vier Schulen, zwei Grundschulen und zwei Gesamtschulen, Materialien erhoben. Auch wenn viele der angefragten Schulen auf die Forschungsanfrage nicht geantwortet haben, konnte die methodisch angestrebte Kontrastierung weitestgehend sichergestellt werden. Lediglich die geplante Kontrastierung Stadt – Land konnte nicht umgesetzt werden: Alle vier beforschten Lehrerinnen kamen von städtischen Schulen. Da aber die Aspekte *bürgerliches Viertel – „Brennpunkt", Schulen mit und ohne Sprachlernklassen, große – kleine Schulen, junge – ältere Lehrkräfte, Berufsanfänger*innen – Erfahrene, Sonderpädagog*innen*

– Grundschullehrkräfte – Sekundarstufen-Lehrkräfte, Lehrkräfte einer Sprachlernklasse – einer Regelklasse, Lehrkräfte mit und ohne eigene Migrationserfahrung eingehalten wurden, ist die Kontrastierung insgesamt gegeben.

Die Ergebnisse, zu denen ich gekommen bin, wären nicht mit quantitativen Methoden generierbar gewesen – und nur eingeschränkt mit anderen qualitativen Methoden aufzudecken gewesen. Lediglich die Frage danach, ob die Lehrkräfte die Ressourcen ausreichend finden, wäre abfragbar gewesen – die Feststellung, dass dies latent mit den Emotionen Wut, Hilflosigkeit und Ohnmacht verbunden ist, dagegen nicht, genauso wie die weiteren Ergebnisse, die allesamt eine latente, unbewusste Dynamik beschreiben. Insofern war der Einsatz von Forschungsmethoden, die sich an einem psychoanalytischen Verstehen orientieren, richtig.

Dabei hat es sich als besonders wertvoll erwiesen, bei den *themenzentrierten Tiefeninterviews* den szenischen Gehalt auch in Form von Prä- und Postskriptum festzuhalten. Festzustellen war, dass die Interviewten einen gewissen Widerstand gegen die Themen, die ich in den Interviews fokussieren wollte, zum Ausdruck gebracht haben. Dies habe ich so nicht antizipiert. In den Vorüberlegungen habe ich die Befragung von Lehrkräften deutlich von unmittelbar Traumatisierten abgegrenzt. Die Forschungsergebnisse zeigen aber, dass die Abgrenzung in dieser Deutlichkeit nicht aufrechtzuerhalten ist und man auch in einem Interview mit *potenziell traumatisierten Arbeitenden* zum „Verfolger" werden kann, der den Latenzschutz gefährdet und der (institutionalisierten) Abwehr entgegenläuft. Genau dieser Umstand ließ sich aber für die Ergebnisse produktiv nutzen.

Die distanzierende Formulierung „am Tavistock-Konzept *angelehnte* teilnehmende *Einzel*beobachtungen" hat sich als richtig herausgestellt. Wie erwartet, waren aus den einzelnen Beobachtungen keine eigenständigen Ergebnisse zu formulieren. Als zusätzlicher Eindruck und als Hilfe, sich in die Lehrerinnen und ihren Berufsalltag einzufühlen und -denken, waren sie aber dennoch sehr hilfreich.

Viele der Ergebnisse konnten erst dadurch gewonnen werden, dass sich in den tiefenhermeneutischen Interpretationsgruppen eine Dynamik aus den Interviews reinszeniert hat. Dadurch, dass dies selbstreflexiv in den Gruppen als Reaktionen auf das Material verstanden wurde, konnte es auch als Latentes aus den Interviews erkannt werden. Dies trifft aber nicht auf alle Ergebnisse zu, zum Teil hat das tiefenhermeneutische Interpretieren in der Gruppe auch quasi als kommunikative Validierung gewirkt und zur schr genauen Lektüre und zum gemeinsamen Nachdenken beigetragen.

Bei der Darstellung der Ergebnisse war die Beantwortung der Frage herausfordernd, wie stark der Prozess der Erkenntnis, das Geschehen in der Interpretationsgruppe, transparent gemacht werden muss, um die Ergebnisse intersubjektiv nachvollziehbar zu machen. Dabei kam erschwerend dazu, dass ich die Interviews alle in unterschiedliche Interpretationsgruppen eingebracht habe, um zusätzliche Eindrücke zu gewinnen und die Ergebnisse für mich zu überprüfen. Die genaue Darstellung unterschiedlicher Gruppengeschehen hätte aber den Rahmen und die Übersichtlichkeit gesprengt. Die Darstellungen der tiefenhermeneutischen Ergebnisse sind daher unterschiedlich, um die jeweils subjektiv unterschiedlichen Wirkungsweisen nachvollziehbar darstellen zu können. Teilweise habe ich versucht, die Ergebnisse hauptsächlich anhand des Materials darzustellen und die Reinszenierungen in den Interpretationsgruppen lediglich an einigen Stellen zur zusätzlichen Bebilderung oder Erklärung zu nutzen – teilweise habe ich dem Geschehen in den Interpretationsgruppen mehr Platz eingeräumt.

Die Ergebnisse aus der empirischen Untersuchung konnte ich vorher nicht antizipieren, ich wurde durch diese überrascht. Aus meiner vorherigen theoretischen Beschäftigung hatte ich eher damit gerechnet, dass die Lehrkräfte stärker Rettungsfantasien und *goldene Fantasien* (vgl. Cohen 2014) äußern und konkrete Reinszenierungen schildern. Dass es ihnen so schwerfällt, über die Erlebnisse ihrer Schüler*innen zu sprechen, dass ihnen dann Worte fehlen und ihre Sprache brüchig wird, dass sie diese Themen im Interview vermeiden, damit hatte ich zu Beginn meiner Forschungen nicht gerechnet. Erst diese empirischen Eindrücke haben meine theoretische Auseinandersetzung auf die Zerstörung der Repräsentationsfunktion im Trauma, auf die Idee der Auslagerung der traumatischen Affekte ins Gegenüber durch *projektive Identifizierung* und auf die Wiederkehr in den Beziehungen durch plötzlich hereinbrechende Affekte gelenkt. Auch die nun folgenden pädagogischen Konsequenzen hätte ich folglich nicht ohne die empirische Untersuchung formulieren können.

Teil III
Pädagogische Konsequenzen

8 Pädagogische Konsequenzen

8.1 Die Notwendigkeit von Supervision

Die wichtigste pädagogische Konsequenz aus meiner Arbeit ist die Notwendigkeit von Supervision:

*Für die schulpädagogische Arbeit mit geflüchteten Kindern und Jugendlichen ist regelmäßige Supervision unabdingbar, damit die Lehrkräfte nicht belastend und chronifizierend (sondern bewältigend) im potenziell traumatischen Prozess ihrer Schüler*innen wirken, damit sie handlungsfähig bleiben und damit sie nicht selbst zu stark psychisch belastet werden.*

Die Notwendigkeit von Supervision lässt sich unmittelbar aus den theoretischen Überlegungen und empirischen Ergebnissen dieser Arbeit ableiten. Die Arbeit mit potenziell traumatisierten geflüchteten Schüler*innen löst in den Lehrkräften heftige emotionale Reaktionen wie Angst, Müdigkeit, Mattigkeit, Kraftlosigkeit, Erschöpfung, Ratlosigkeit, Hilflosigkeit, Wut, Ärger, Ohnmacht, Resignation und Traurigkeit aus. Ihre Emotionen erleben die Lehrkräfte als etwas Bedrohliches und fürchten, daran zu scheitern oder „kaputt zu gehen". Sie haben Probleme, die Erfahrungen ihrer Schüler*innen auszuhalten, und können diese kaum verdauen und sie daher auch nur eingeschränkt symbolisieren und versprachlichen. Als eine Folge davon lassen sie sich weniger stark emotional verwickeln und können gleichzeitig nicht ausreichend innere Distanz halten, um die Dynamiken zu reflektieren.[1]

[1] Zur Notwendigkeit von Abstinenz *und* Verwicklung in der pädagogischen Arbeit vgl. die Beiträge in Rauh (2017).

C. Müller, *Pädagogisch arbeiten in traumatischen Prozessen*, Kritische Sozialpsychologie, https://doi.org/10.1007/978-3-658-32876-4_8

Vergegenwärtigt man sich den im Abschnitt *3.1Trauma und Konflikt* vorgestellten und in der Zusammenführung der empirischen Ergebnisse aufgegriffenen Ansatz von Bion (1992), wird die zentrale Aufgabe von Supervision mit Lehrkräften von potenziell traumatisierten Schüler*innen deutlich: Traumatische Erfahrungen sind demnach *Beta-Elemente*, die „in ihrer überwältigenden, nichtverstehbaren ängstigenden Anwesenheit nur zur Ausstoßung mittels des von Melanie Klein (1946/2011) beschriebenen Mechanismus der *projektiven Identifizierung* geeignet sind" (Brunner 2011, S. 48). Erwachsene Bezugspersonen können diese *Beta-Elemente* infolge der *projektiven Identifizierung* aufnehmen, verarbeiten und modifiziert zurückgeben. Durch dieses *Containment* wird das zuvor Unaushaltbare auch für das Gegenüber potenziell ein Stück weit aushaltbarer, die *Beta-Elemente* werden zu *Alpha-Elementen*, denen das vernichtend Ängstigende genommen ist (vgl. ebd.). Scheitert das *Containment* und gibt die Bezugsperson das auf sie Projizierte unverdaut zurück, führt dies zu einer *namenlosen Angst*.

Die Tatsache, dass die von mir interviewten Lehrerinnen kaum über die traumatischen Erfahrungen ihrer Schüler*innen sprechen können, dass ihre Sprache dann brüchig wird, ihnen Worte fehlen, sie zu Verallgemeinerungen greifen oder das Thema wechseln, lässt sich so interpretieren, dass *projektive Identifizierungen* stattgefunden haben, dass sie *Beta-Elemente* aufgenommen haben und dass sie *selbst* Schwierigkeiten haben, diese zu verdauen und in *Alpha-Elemente* umzuwandeln. Hier müsste Supervision ansetzen, mit dem Ziel, einen haltenden und (den Lehrkräften) *Containment*-ermöglichenden Rahmen herzustellen.

„Da ‚Trauma' sich wesentlich über den Verlust von Sprache (über Empfinden, Erleben und Verhalten) definieren lässt[2] und sich dies vielfach in ‚sprachlosen' pädagogischen Beziehungen widerspiegelt" (Zimmermann 2018, S. 242), ist es eine Aufgabe der Supervision im Sinne Lorenzers (1970/2000), zumindest Teile von dem, was aus der sprachlichen Kommunikation ausgeschlossen wurde, wieder zu rekonstruieren, wieder sprachlich verfügbar zu machen. Die Lehrkräfte müssten dafür erfahren, dass ihre Emotionen gehalten und enttabuisiert werden.

Das Empfinden von Emotionen wie Ärger und Wut, Angst, Scham und Traurigkeit sowie Insuffizienzgefühlen sollte sich für die Lehrkräfte nicht wie ein Scheitern oder eine Bedrohung anfühlen, sondern als selbstverständlicher Teil ihrer Arbeit mit belasteten Kindern und Jugendlichen. Dadurch, dass sie in der

[2]Umso fataler ist es, wenn Lehrkräfte traumatisierten Schüler*innen ihre Sprachfähigkeiten absprechen und zum Beispiel untersagen, dass diese sich in ihren mitgebrachten Sprachen verständigen dürfen. Zusätzlich zum traumabedingten „Sprachverlust" verlieren die Betroffenen dann auch noch ihre mitgebrachten Sprachmöglichkeiten (vgl. Zimmermann 2012b, S. 80; Bär 2016, S. 86).

Supervision erleben könnten, dass diese Emotionen nicht verurteilt werden würden, sondern dass sie verstehend und behutsam betrachtet werden könnten, würde ihnen auch ein Stück weit das Bedrohliche genommen werden. Durch die professionelle Reflexion würde es auch weniger wahrscheinlich werden, dass die Emotionen beständig affektiv in der pädagogischen Situation ausagiert werden. Wollen die Lehrkräfte die Emotionen dagegen nur loswerden und verleugnen sie diese daher, sind sie gerade dann nicht „Herr im eigenen Haus" (vgl. Freud 1917) und in ihrem Handeln durch diese Emotionen beeinflusst. Dies scheint besonders für aggressive Impulse zu gelten, sodass es von spezieller Bedeutung wäre, aggressive Impulse in der Supervision besprech- und reflektierbar zu machen.

Dabei sollte die Supervision das Bestreben haben, den Lehrkräften einen Ort zu bieten, in dem sie ihre eigenen Emotionen besprechen können, und sich gleichzeitig den Schüler*innen verstehend zu widmen. Dies ist kein Gegensatz, vergegenwärtigt man sich die theoretischen Überlegungen aus dem Kapitel *4. Reinszenierung und Wiederkehr belastender und traumatischer Erfahrungen in den pädagogischen Beziehungen*: Zwischen den Schüler*innen und ihren Lehrkräften entfalten sich permanent Übertragungs- und Gegenübertragungsdynamiken. Die Emotionen der Lehrkräfte, ihre Ohnmacht, ihre Wut usw. können also tendenziell als Gegenübertragungen, möglicherweise als Resultat *projektiver Identifizierungen*, verstanden werden. Das bedeutet, wenn die Lehrkräfte ihre Emotionen zulassen können, sie wahrnehmen, besprechen und reflektieren können, verstehen sie potenziell auch etwas über ihre Schüler*innen und die unbewussten Dynamiken zwischen ihnen.

Die Emotionen der Lehrkräfte sind nicht automatisch Gegenübertragungen, es kann auch sein, dass die Lehrkräfte ohnehin selbst belastet sind und dies in die pädagogische Interaktion dysfunktional mit einbringen. Auch über solche eigenen Verstrickungen kann Supervision ein Nachdenken anregen. Es kann aber auch sein, dass Supervision hierbei an ihre Grenzen kommt, und unter Umständen bräuchten diese Lehrkräfte Psychotherapie (Auch das sollte enttabuisiert werden![3]). Der Fokus muss in der Supervision indes auf dem pädagogischen Geschehen liegen und verfolgt zentral das Ziel, „die Verwicklung des pädagogischen Geschehens in diesen traumatischen Prozess offenzulegen und traumasensible Interventionsmöglichkeiten gemeinsam zu entwickeln" (Zimmermann 2018, S. 245).

Dafür kann Supervision Methoden des pädagogischen Fallverstehens anwenden, welche versuchen, die emotionale Involviertheit der Lehrkräfte als Teil

[3]Dazu gehört auch die Abschaffung der fatalen Regel, dass sich Angst um eine Verbeamtung machen muss, wer Psychotherapie in Anspruch genommen hat (vgl. Krauch 2018).

des unbewussten Geschehens zu entschlüsseln (vgl. Datler und Wininger 2010). Dieses kann, wie im Abschnitt *6.5Tiefenhermeneutik* ausgeführt, als *Szenisches Verstehen* bezeichnet werden.

Die Gegenübertragungsreaktionen der Lehrkräfte können aber nicht allein Aufschluss über das innere Erleben der Schüler*innen geben. Um dieses zu verstehen, müssen neben den Gegenübertragungen auch die lebensgeschichtlichen Erfahrungen und aktuellen Situationen der Schüler*innen (beides speziell bezogen auf Beziehungserfahrungen) verstanden werden.

Zimmermann (2012a, S. 308) schlägt, angelehnt an Argelander (1970/2015, S. 12 ff.), einen drei Ebenen umfassenden Verstehenszugang vor, der neben den *szenischen Daten* auch die *objektiven* und *subjektiven Daten* beinhaltet. Mit den *objektiven Daten* ist das „Wissen um äußere lebensgeschichtliche Erfahrungen" (Zimmermann 2012a, S. 308) gemeint, die in aller Regel in den Akten enthalten sind, aber häufig auch nur mündlich (etwa von Lehrerin zu Lehrerin) weitergegeben werden (ebd.) und unter Umständen von den Lehrkräften auch erst erfragt bzw. recherchiert werden müssen. Besonders im Kontext der pädagogischen Arbeit im sequenziell traumatischen Prozess ist es wichtig, dass das Wissen über die Lebensgeschichte der Schüler*innen in die pädagogischen Überlegungen miteinbezogen wird. Schon ein Interesse daran signalisiert den Schüler*innen, dass sie ernst genommen werden und dass es einen potenziellen Raum (Behälter/*Container*) für ihre schrecklichen Erlebnisse gibt. Dies kann der „Enttabuisierung ihrer Erfahrungswelt" helfen (Zimmermann 2015, S. 169). Gleichzeitig sollten die Lehrkräfte sich auch hier reflektieren und darauf achten, dass sie wirklich die Schüler*innen im Blick haben und nicht nur der eigenen Neugierde folgen. Wenn die Schüler*innen von schlimmen Erfahrungen berichten, ist es wichtig, dass die Lehrkräfte dem Druck standhalten, diese Erfahrungen vorschnell zu relativieren und zu bagatellisieren, sondern sie auch tatsächlich aushalten können. Zudem ist es dafür wichtig, dass sie über Wissen in Bezug auf Traumata verfügen und sie, wenn sie spüren, dass die Erzählende von ihren Erfahrungen überflutet wird oder wie abwesend wirkt, diese aus dieser Situation herausholen (vgl. Abschnitt *3.4Trauma und Dissoziation, 8.5.4Die Pädagogik der Selbstermächtigung*). Dieses Wissen über Trauma sollte in allen Lehramtsstudiengängen vermittelt werden.

In der Supervision sollten diese Informationen zusammengetragen werden und so die Frage beantwortet werden: Was hat die betroffene Schüler*in lebensgeschichtlich erlebt? Dafür kann auch das Rahmenmodell der *sequenziellen Traumatisierung*, wie im Abschnitt *3.8Traumatische Sequenzen im Kontext von Flucht* modifiziert eingeführt, genutzt werden und jeweils überlegt werden, was man über die Erlebnisse der Schüler*in in den jeweiligen Sequenzen weiß.

Mit den *subjektiven Daten* ist gemeint, was die Schüler*innen selbst sagen, wie es ihnen geht, was sie erleben. Wie im Abschnitt *3.1Trauma und Konflikt* ausgeführt, ist aber die Fähigkeit, die eigenen Erlebensmodi zu versprachlichen, unter traumatischen Bedingungen nur sehr eingeschränkt verfügbar. Supervisionsgruppen können sich daher stellvertretend in die Lage der jeweiligen Schüler*in versetzen und aus ihrer Perspektive „Ich-Sätze" formulieren und so versuchen, die Emotionen der Schüler*in zu rekonstruieren (Zimmermann 2017, S. 11). Zimmermann (2015, S. 169) schreibt, er habe „wiederholt das verstehende Potenzial der Perspektivübernahme durch Studierende und Professionelle" in Seminaren und Fortbildungen erlebt. Auch ich habe die Perspektivübernahme mit Ich-Sätzen in Seminaren mit Studierenden häufig als entscheidenden Punkt während des Fallverstehens erlebt, der den Teilnehmenden ermöglicht hat, eine wirklich verstehende Haltung den Schüler*innen gegenüber zu entwickeln und somit ihre eigenen *Mentalisierungsfähigkeiten* zu aktivieren.

Für die *szenischen Daten* schließlich kann auch die Supervisionsgruppe als Ressource genutzt werden. Neben den Fragen an die Falleinbringer*in, was sie in der Interaktion mit der Schüler*in empfindet und in welche Rolle sie sich dabei gedrängt fühlt, kann auch gefragt werden, was sich in der Supervisionsgruppe reinszeniert und was die anderen Supervisionsgruppenteilnehmer*innen für affektive Reaktionen auf das Geschilderte bei sich wahrnehmen.

Schließlich geht es darum, Sinnzusammenhänge und zentrale Themen herauszuarbeiten, die sich auf den drei Ebenen gezeigt haben. Darauf aufbauend kann in der Regel die Frage beantwortet werden, welche unbewusste Beziehungsanfrage hinter dem Verhalten der Schüler*in steht und was eine sinnvolle pädagogische Antwort – im Wechselspiel aus Halten und Zumuten (vgl. Heinemann 1997, S. 42) – darauf wäre.

***Im Überblick:** Mögliches Vorgehen in psychoanalytisch orientierter Supervision (vgl. Zimmermann 2012a, 2015, 2017)*

Ausgehen von einer konkreten Situation, Szene, welche die Falleinbringer*in irritiert hat, emotional beschäftigt oder ihr spontan einfällt.

Objektive Daten: Was hat die Schüler*in lebensgeschichtlich erlebt? Wie ist ihre derzeitige Situation? Was hat die Schüler*in in den unterschiedlichen Sequenzen erlebt?

Subjektive Daten: Was sagt die Schüler*in, wie es ihr geht und was sie braucht? Ergänzung durch Perspektivübernahme (Ich-Sätze) (Gruppe sammelt, Falleinbringer*in muss danach einschätzen, was passend ist).

Szenische Daten: Spontane Reaktionen auf das Geschilderte (körperbezogene Empfindungen, Gefühle, Assoziationen, Irritationen). Was löst die Schüler*in in uns aus? Welche Emotionen nimmt die Falleinbringer*in bei sich in der Interaktion mit der Schüler*in wahr? Was hat irritiert? In welche Rolle fühlt sich die Falleinbringer*in in der pädagogischen Interaktion gedrängt? Was reinszeniert sich in der Supervisionsgruppe?

Zusammenfassung und In-Beziehung-Setzen der drei Ebenen: Sinnzusammenhänge/Bedeutsamkeiten und zentrale Themen, die sich auf den verschiedenen Ebenen und dazwischen zeigen, herausarbeiten.

Beziehungsanfragen/-wünsche: Was braucht die Schüler*in? Welche Anfragen/Wünsche an die pädagogische Beziehung stehen hinter dem Verhalten? Was braucht die Falleinbringer*in?

Ideen für pädagogische Handlungsmöglichkeiten: individuell, auf den Fall bezogen (keine allgemeingültigen Handlungsmöglichkeiten)! Beziehen sich auf das Verstandene („Antwort" auf Anfragen des Kindes): neue Beziehungserfahrungen ermöglichen, Wechselspiel aus Halten und Zumuten. Wahrscheinlich auch: Aushalten dessen, was (noch) nicht verstanden wurde und was nicht beeinflusst werden kann.

Eine solche Supervision ist *mentalisierungsfördernd*: Die Erfahrung des expliziten *Mentalisierens* in der Supervision vermag es, „sich als implizites Mentalisieren im dichten und schnellen Kommunikationsgedränge der Schule zu übertragen und auch zu bewähren" (Gingelmaier 2018, S. 239). *Mentalisierung* meint die „Fähigkeit, sich mentale Zustände im eigenen Selbst und in anderen Menschen vorzustellen" (Fonagy et al. 2017, S. 31). *Mentalisierungsfähigkeit* kann als

Kernkompetenz von Lehrkräften und anderen Pädagog*innen verstanden werden. Gerade in der Schule, die alle Kinder und Jugendlichen unabhängig von ihren Erfahrungen besuchen müssen und in der sich permanent Übertragungs- und Gegenübertragungsdynamiken entfalten (vgl. Göppel und Hirblinger 2010), kann sich schnell eine destruktive Dynamik entfalten, wenn sich Lehrkräfte nicht in die psychische Verfassung ihrer Schüler*innen einfühlen und eindenken können. „Die Folge kann sowohl aufseiten der Schüler als auch aufseiten der Lehrkräfte ‚blanke Ohnmacht und daraus resultierende Wut' (Gerspach 2009, S. 209) sein" (Ramberg 2018, S. 109). Im Kontext der pädagogischen Arbeit im sequenziell traumatischen Prozess ist *Mentalisierungsfähigkeit* besonders wichtig, weil sie dazu beitragen kann, der traumabedingten Sprachlosigkeit entgegenzuwirken: Sie kann mithelfen zu verhindern, dass die möglicherweise doppelten Sprachschwierigkeiten (zum einen, weil die Lehrkräfte und die geflüchteten Schüler*innen anfänglich keine gemeinsame Sprache sprechen, und wegen der mit dem Trauma zusammenhängenden Symbolisierungsschwierigkeiten) zu „sprachlosen" pädagogischen Beziehungen führen (Zimmermann 2018, S. 242). Supervision sollte daher „genauso selbstverständlich zum Lehrberuf an Schulen gehören, wie es im sozialpädagogischen Bereich seit Jahren selbstverständlich verlangt und finanziert wird" (Ding 2015, S. 111).

Gleichzeitig ist es auch in Bezug auf Supervision wichtig, kein zu hohes Ideal zu entwerfen, dass durch Supervision jeder Konflikt in der Schule vollends verstanden und reflektiert werden könnte und die Arbeit dadurch nicht mehr herausfordernd sei. Schon durch die institutionellen Zwänge (vgl. Kapitel *5. Die Institution Schule*) sind der Supervision klare Grenzen gesetzt: So kann Supervision beispielsweise nicht dazu führen, dass die Lehrkräfte auf die Notengebung verzichten, weil sie zu dem Schluss gekommen sind, dass diese schädlich ist – da dies schlicht ein institutioneller Zwang ist (vgl. Wengelski-Strock 2004).

Supervision könnte aber gegen die dominierende Erfahrung des Alleingelassenwerdens wirken und zentral dazu beitragen, dass die Lehrkräfte untereinander solidarisch bleiben können und nicht zur Selbstwertaufrechterhaltung die permanente Abgrenzung von ihren Kolleg*innen brauchen. Dafür müssten die Supervisor*innen sich diesen institutionellen Dynamiken bewusst seien und das Setting so gestalten, dass angstfreies Sprechen möglich ist. Dann könnte Supervision dabei helfen, dass die Lehrkräfte sich auch emotional immer wieder in die schwierige Beziehungsarbeit mit potenziell traumatisierten Schüler*innen begeben. Ohne die unterstützende Supervision überwiegt oft die Abwehr und der unbewusste Impuls, mit dem Trauma und den betroffenen Schüler*innen *nichts zu tun haben zu wollen* (vgl. Leuzinger-Bohleber 2017).

8.2 Die Bedeutung der Emotionen und der pädagogischen Beziehungen

Der reflexive Umgang mit den eigenen Emotionen ist Voraussetzung für die besonders im sequenziell traumatischen Prozess dringend benötigten mentalisierenden, haltenden und Containment ermöglichenden pädagogischen Beziehungen und sollte daher fester Bestandteil des Professionsverständnisses von Lehrkräften sein, in Studium und Vorbereitungsdienst gelehrt werden und selbstverständlicher Teil der täglichen schulpädagogischen Praxis sein.

Wie im Kapitel *4. Reinszenierung und Wiederkehr belastender und traumatischer Erfahrungen in den pädagogischen Beziehungen* ausgeführt, ist die Schule ein emotionaler Raum, nicht nur Lern-, sondern auch Lebensraum (Ramberg 2018, S. 109), ein „Interaktions- und Erfahrungsraum, in dem permanent vielfältige Emotionen bei den Betroffenen ausgelöst und verarbeitet werden müssen" (Göppel und Hirblinger 2010, S. 9). Emotionale Belastungen und Traumatisierungen der Schüler*innen bilden dabei für die alltäglichen Übertragungs- und Gegenübertragungsdynamiken in der Schule ein destruktives Potenzial, wenn sie nicht reflektiert werden.

Dies bestätigen die empirischen Ergebnisse dieser Arbeit. Die Lehrkräfte erleben in der schulpädagogischen Arbeit mit potenziell traumatisierten Schüler*innen intensive Emotionen, denen sie teilweise ohnmächtig ausgeliefert sind. Sie suchen nach einem Umgang mit den Gefühlen – interpretieren dies aber nicht als Teil ihres professionellen Handelns: Sie können dafür auf kein (Handlungs-)Wissen aus ihrem Studium und Vorbereitungsdienst zurückgreifen. Stattdessen versuchen sie, *irgendwie* allein damit umzugehen, und nutzen dabei teilweise dysfunktionale Strategien. Dysfunktional sind diese im doppelten Sinne: zum einen, weil sie wahrscheinlich nicht langfristig dazu führen, sich selbst zu schützen, und zum anderen, weil sie erschweren, dass sie sich emotional einlassen und für positive Beziehungserfahrungen ihren Schüler*innen zur Verfügung stehen. Ihre Strategien sind angstbestimmt: Es dominiert die Angst, durch eine zu starke emotionale Involviertheit kaputt zu gehen, zerstört zu werden. Dies kann als eine typische Reaktion auf Traumata verstanden werden und ist insofern nachvollziehbar, als Traumata tatsächlich ein zerstörerisches Potenzial haben. Es braucht daher auch für die Lehrkräfte einen *sicheren Ort*, an dem sie ihre Gefühle reflektieren können. Supervision könnte hier wie ausgeführt eine wichtige Funktion erfüllen, *containend* und *mentalisierungsfördernd* wirken und so den Emotionen ein Stück weit das Bedrohliche nehmen und helfen, handlungsfähig zu bleiben. Darüber hinaus ist notwendig, dass Lehrkräfte die Reflexion ihrer Gefühle und die Gestaltung pädagogischer Beziehungen zu ihren dezidierten Aufgaben zählen. Wie die theoretischen Überlegungen aus dem Kapitel *5. Die Institution Schule* zeigen, ist der Lehrkräfteberuf hochkomplex. Es geht stets um die Gestaltung hinreichend guter Beziehungen zu den Schüler*innen und um einen hinreichend guten Sach-Bezug und beides bedingt sich gegenseitig (vgl. Ilien 2009, S. 61). Die Gestaltung ausreichend guter Beziehungen zu den Schüler*innen entspricht aber nicht dem Professionsverständnis aller Lehrkräfte, wie die Interviews zeigen und auch Ramberg (2018, S. 110), Katzenbach (2004, S. 101) und Schwarz (2017, S. 203) ausführen.

Wenn die Lehrkräfte pädagogische Beziehungsarbeit aber ohnehin kaum als ihre Aufgabe ansehen, ist es umso wahrscheinlicher, dass sie die institutionell nahgelegten Abwehrarrangements (vgl. Mentzos 2001) nutzen, also zum Zwecke der individuellen Abwehr die institutionelle Möglichkeit nutzen, sich auf die Rolle der reinen Wissensvermittler*in zurückzuziehen. Dieser Rückzug hat aber problematische Folgen: Zum einen ist auch für die Wissensvermittlung eine pädagogische Beziehung nötig (Ilien 2009, S. 58), zum anderen benötigen die Schüler*innen (auch ohne Trauma) die „so überaus wichtigen, weil Sicherheit vermittelnden Gefühlsbeziehungen" (Dörr 2017, S. 36). Es bedarf in der Schule zwischen Lehrkräften und Schüler*innen stets „eines die emotionalen Konflikte aufgreifenden Dialogs, auf dessen Basis die inneren und äußeren Krisen partiell bewältigt werden können" (Zimmermann 2019, S. 16). Wird „der affektive Kern der schulischen Interaktion von Lehrerseite verleugnet [...], drohen dann neurotische Lernhemmungen, Leistungsverweigerung und aggressives und depressives Verhalten" (Gerspach 2009, S. 198). Professionalität im Lehrkräfteberuf wird daher auch zentral „über pädagogische Beziehungen, deren Kontinuität und Ausgestaltung dokumentiert" (Zimmermann 2019, S. 16).

Die Lehrkräfte neigen im Zusammenhang mit der institutionalisierten Abwehr in Form des Rückzugs auf die Rolle der reinen Wissensvermittler*innen aber oft zur affektiven Delegierung der Beziehungsarbeit an Psychotherapeut*innen, wie die Interviews dieser Arbeit und auch die Ergebnisse anderer empirischer Untersuchungen zeigen:

> „Zunächst einmal ist ein Bewusstsein bei Lehrkräften vonnöten, dass die pädagogische Beziehungsarbeit mit schwerbelasteten Kindern auch Teil ihres Erziehungsauftrags ist und nicht, wie in der Fallgeschichte angedeutet, ausschließlich an Therapeut*innen, Sozialpädagog*innen oder Eltern verwiesen werden kann" (Schwarz 2017, S. 203).

Auch die empirischen Ergebnisse dieser Arbeit unterstreichen die weite Verbreitung des Selbstmissverständnisses, dass für die Beziehungsarbeit im Allgemeinen und für traumatisierte Kinder und Jugendliche im Speziellen ausschließlich Psychotherapeut*innen zuständig seien. Dies ist nur insofern richtig, als mit Sicherheit beinahe alle traumatisierten Kinder und Jugendlichen von einer langfristigen (psychoanalytischen) Kinder- und Jugendlichenpsychotherapie profitieren würden und dass die Lehrkräfte keine therapeutische Arbeit leisten können und sollen (was auch alle Formen der Durchführung einer Traumakonfrontationsphase mitausschließt). Aber es ist sehr unwahrscheinlich, dass viele der geflüchteten Kinder und Jugendlichen in den Genuss von (Langzeit-)Therapie kommen werden. Schon jetzt gibt es zu wenig Psychotherapieplätze und lange Wartezeiten (speziell für traumatisierte Kinder und Jugendliche) (vgl. Müller et al. 2018). Für geflüchtete Kinder und Jugendliche dürfte auch die Finanzierungsfrage häufig unklar sein, insbesondere wenn diese nur geduldet sind (abgesehen davon, dass im Falle einer Duldung wahrscheinlich auch der für Psychotherapie stets notwendige sichere Rahmen kaum herzustellen ist). Dazu kommt, dass sich Psychotherapeut*innen ihre Patient*innen nach Kriterien wie Veränderungsmotivation, familiären Ressourcen usw. aussuchen (vgl. Arbeitskreis OPD-KJ-2 2016, S. 329 ff.), während Schule aufgrund der Schulpflicht zumindest theoretisch mit allen Kindern und Jugendlichen arbeiten muss, und dies täglich über mehrere Stunden.

Pädagog*innen haben sich in der Geschichte immer schon speziell den Kindern und Jugendlichen gewidmet, die wir mit heute üblicher Begrifflichkeit als „traumatisiert" bezeichnen würden. Besonders psychoanalytische Pädagog*innen haben sich mit diesen immer wieder theoretisch und praktisch auseinandergesetzt, vgl. zum Beispiel Aichhorn (1925/1987), Bernfeld (1926/2012), Bettelheim (1950/1979), Zulliger (1958/1977) sowie Redl und Wineman (1979). Dazu hat sich in den letzten Jahren mit der Traumapädagogik eine eigenständige Disziplin herausgebildet, die u. a. diese Ansätze aufgreift und die spezifisch pädagogischen Ansätze im Umgang mit Traumata stärkt (siehe Abschnitt *8.5Traumapädagogik im Kontext von Flucht und sequenzieller Traumatisierung*).

Ein Trauma kann auch nie ausschließlich, noch nicht einmal mehr hauptsächlich im therapeutischen Setting bearbeitet werden. Wichtiger für eine möglichst positive Entwicklung nach potenziell traumatischen Erfahrungen sind stets die konkreten Beziehungserfahrungen und die gesellschaftliche, soziale Anerkennung des Leidens (vgl. Keilson 1979/2005; Becker 2006/2014) – deshalb ist die Schule, sind die Lehrkräfte im sequenziell traumatischen Prozess so wichtig und es wäre wünschenswert, dass ihnen dies bewusst wird und sie nicht aus einem einseitigen Professionsverständnis heraus die Verantwortung vorschnell gedanklich delegieren.

In der Pädagogik bei psychosozialen Beeinträchtigungen gehören die Notwendigkeit von Supervision und die Bedeutung von Selbstreflexion und pädagogischer Beziehungsarbeit fest zum Professionsverständnis. So heißt es in den „Empfehlungen zum Förderschwerpunkt emotionale und soziale Entwicklung" der Kultusministerkonferenz: „Eine verlässliche und tragfähige Schüler-Lehrer-Beziehung als Voraussetzung für eine wirksame sonderpädagogische Förderung verlangt eine personelle Kontinuität" (Sekretariat der Ständigen Konferenz der Kultusminister der Länder in der Bundesrepublik Deutschland 2000, S. 22) und außerdem:

> „Reflexion und Evaluation des unterrichtlichen Handelns und der eigenen Rolle sind für die Lehrkräfte unabdingbar, um unbewusste Handlungsmuster aufzudecken, eigene Anteile bei schwierigen Interaktionen bewusst zu machen und nach Möglichkeit Veränderungen einzuleiten. Hierzu eignen sich themenspezifische Dienstbesprechungen, regelmäßige Fallbesprechungen oder Möglichkeiten zur Supervision" (Sekretariat der Ständigen Konferenz der Kultusminister der Länder in der Bundesrepublik Deutschland 2000, S. 14 f.).

Zimmermann (in Zimmermann und Wininger 2014, S. 250) schreibt von der „Fähigkeit zum Fallverstehen" als „Kernmerkmal, manchmal gleichermaßen ein Alleinstellungsmerkmal sonderpädagogischer Professionalität". Dieses Selbstverständnis muss zum einen auch in der Pädagogik bei psychosozialen Beeinträchtigungen gegen den Trend so genannter evidenzbasierter Methoden und der Renaissance verhaltenstherapeutisch ausgerichteter Trainingsprogramme, die „ein autoritatives Verhaltensmanagement propagieren, das vornehmlich auf Disziplinar- und Strafpraxis fungiert" (Herz 2019, S. 27), verteidigt werden (vgl. dazu auch Müller 2014b). In Zeiten der Inklusion sollte diese Schwerpunktsetzung von Sonderpädagog*innen zum anderen auch wieder stärker Teil der allgemeinen Lehrkräfteprofessionalisierung werden.

Von einer reflektierten pädagogischen Beziehungsarbeit können alle Schüler*innen profitieren und potenziell traumatisierte Kinder und Jugendliche gibt es in jeder Schulform, ob durch sexuelle Gewalt, Flucht und Rassismus oder durch Vernachlässigung, Armut und Deprivation. Daher erscheint es unabdingbar, dass pädagogische Beziehungsarbeit und die Reflexion eigener Emotionen zentraler Bestandteil des Lehramtsstudiums aller Fachrichtungen und Schulformen werden müssen. Dabei ist es stets notwendig, zu betonen, dass mit „Reflexion" kein instrumentelles Verständnis im Sinne einer Evaluation der unterrichtlichen Planungsziele gemeint ist, sondern eine Reflexion, die den Anspruch hat, unbewusste emotionale Dynamiken aufzudecken, um darauf aufbauend pädagogische Beziehungsarbeit gestalten zu können.

Die Stärkung des Pädagogischen und speziell der reflexiven Beziehungsarbeit stehen aber nicht im Gegensatz zum Fachlichen und Didaktischen. Die Unterrichtsinhalte haben auch immer eine symbolische und emotionale Komponente und eignen sich daher auch für eine „partielle Bearbeitung der inneren und äußeren Konflikte der Schülerinnen und Schüler" (Zimmermann 2019, S. 15). Warzecha (1997, S. 67 ff.) zeigt beispielhaft am Unterricht einer Grundstufe zum Thema „Pflanzen", wie sich dieser eignet, um emotionale Themen wie Versorgung, Individualität und Sicherheit aufzugreifen. Reiser (2016) erläutert die emotionale Komponente am Beispiel des Schulfachs Mathematik und zeigt, dass „völliges Versagen im Schulfach Mathematik" häufig psychodynamische Ursachen hat. Pädagogische Beziehungsarbeit ist also keineswegs nur während „Freistunden" umzusetzen, sondern implizit während des gesamten Unterrichtshandelns zu verwirklichen. Allerdings zielt die momentane Lehre der Inhalte und der Didaktik weder in der universitären Lehre noch im Vorbereitungsdienst auf diese Aspekte. Die pädagogischen Beziehungskompetenzen und Reflexionskompetenzen werden kaum vermittelt.

Die Frage, wie Beziehungs- und Reflexionsfähigkeit gelehrt und gelernt werden kann, wurde in der Geschichte der (psychoanalytischen) Pädagogik immer wieder gestellt und im aktuellen Professionalisierungsdiskurs aufgegriffen: Eine Möglichkeit ist das auf dem *Szenischen Verstehen* beruhende konkrete Konzept „psychoanalytisch orientierte Selbstreflexion (POS)" von Würker (2007, S. 61 ff.). Dabei schreiben (etwas vereinfacht) Lehramtsstudierende über ihre Praktika frei assoziative Texte, die dann in Seminaren anonymisiert quasi tiefenhermeneutisch ausgewertet werden. Würker stellt immer wieder beeindruckend das Potenzial dieser Art der Reflexion unter Beweis, etwa indem er die Interpretation eines Berichts eines Praktikanten vorstellt, bei dem deutlich wird, dass der Praktikant die Unterrichtsstörung eines Schülers als Herausforderung zum Machtkampf wahrnimmt und implizit das Ziel verfolgt, den Schüler durch Beschämung zur Unterwerfung zu zwingen. Werden solche Impulse auf Lehrkräfteseite nicht reflektiert, führt dies zu Kränkungen und Schamgefühlen auf Schüler*innenseite, die zu extremer Wut auf Lehrkräfte und Mitschüler*innen führen können (vgl. Würker 2013).

Ebenfalls geprägt von dem Wissen um die enorme Bedeutung der Lehrkräftepersönlichkeit und der Lehrkraft-Schüler*in-Beziehung und aufbauend auf den theoretischen Grundlagen der Bindungstheorie hat Hechler (2018a) das Ausbildungsprogramm „Feinfühlig Unterrichten" an der Universität Würzburg entwickelt. Um angehende Lehrkräfte zu befähigen, „feinfühlig zu unterrichten", das heißt, „bindungstheoretisch fundiert und mentalisierungsförderlich lehren zu können" (Hechler 2015, S. 10), nutzen die Lehrenden in Würzburg drei Elemente:

1.) Die Lehre einer „phänomenbezogenen Didaktik", das meint „Unterrichtskonzepte, die sich konsequent mit einem exemplarischen Lehren und Lernen auseinandersetzen – einem Lehren und Lernen also, das von erfahrbaren Phänomenen ausgeht und den Schülerinnen und Schülern anschaulich vermitteln möchte, welche Fragen sich den Menschen gestellt haben, die mit diesen Phänomenen in forschender Auseinandersetzung konfrontiert waren" (ebd., S. 11; vgl. Hechler 2018, S. 69 ff.).

2.) Eine an Balintgruppen angelehnte Fallreflexion: In einer Gruppe von bis zu 13 Studierenden werden Situationen aus dem Praktikum frei berichtet und gemäß den Ablaufstrukturen einer Balintgruppe bearbeitet: Der Fall wird frei erzählend vorgestellt, die Gruppe hört zu, fragt nach und fängt dann an, „frei zu dem Gehörten die eigenen Gedanken, Fantasien, Empfindungen etc. zu äußern" (Hechler 2018a, S. 156).

3.) Eine Form der berufsbezogenen Selbsterfahrung: Die Studierenden treffen sich in Gruppen einmal wöchentlich für 1,5 Stunden und reflektieren „ohne Vorgabe irgendwelcher Themen durch den Gruppenleiter [...], was in der Gruppe zwischen den Teilnehmerinnen und Teilnehmern sowie zwischen den Teilnehmerinnen und Teilnehmern und dem Gruppenleiter affektiv-emotional vor sich geht" (ebd., S. 165). Begrenzt wird dies nur durch den Fokus: „Wobei hier großer Wert darauf gelegt wird, dass die Selbsterfahrung im Dienste einer (abgestrebten) beruflichen Tätigkeit steht und weniger im Dienste einer Heilung" (ebd.).

Innovativ in der Lehrkräftebildung ist dieses Ausbildungsprogramm zum einen, weil es praktisch erlebbar macht, dass die Bedeutung der Emotionen und der pädagogischen Beziehungen nicht im Gegensatz zu einer gelingenden Didaktik steht, und vor allem durch die Implementierung der Selbsterfahrung. Seit Bernfelds (1925/2012, S. 141) Grundsatz, dass die Erzieher*in immer vor zwei Kindern steht: „dem zu erziehenden vor ihm und dem verdrängten in ihm", klafft ein irritierendes Loch in der Ausbildung von Lehrkräften, da eine Reflexion der eigenen (Bildungs-)Biographie in der Regel schlicht nicht vorgesehen ist.

Auch Wininger (2012, S. 53) argumentiert, dass das „Nachdenken über Beziehungsprozesse einen zentralen Aspekt von Pädagogik schlechthin darstellt" und dass das Lehrangebot an Hochschulen daher „Reflexionsräume eröffnen muss". An der Universität Wien habe man daher ein „psychodynamisch orientiertes hochschuldidaktisches Modell" konzipiert, bei dem die Studierenden schon während ihres Studiums „längerfristig pädagogische Verantwortung" übernehmen und parallel dazu Theorieseminare und Gruppensupervision besuchen. Die Parallelität ist dabei entscheidend, weil „beziehungsreflexive Kompetenzen nicht über die bloße Aneignung von Theorie *über* Beziehung erworben werden" können (ebd., S. 57). Das beziehungstheoretische Wissen werde dann fruchtbar, wenn es gelinge, erworbene Theorien mit pädagogischen Erfahrungen (und persönlicher Reflexion) zu verschränken. Die konkrete Umsetzung der Wiener Kolleg*innen zeigt, wie vieler zeitlicher und personeller Ressourcen eine solche qualitativ hochwertige Hochschullehre bedarf: Die Studierenden in Wien treffen sich im Rahmen ihres Studiums mindestens zwei Jahre lang einmal pro Woche mit einem so genannten „verhaltensauffälligen Kind", dokumentieren ihre Erfahrungen dabei und bringen dies dann in begleitend stattfindenden Theorieseminaren und Arbeitsgruppen ein und besuchen darüber hinaus über den gesamten Zeitraum eine vierzehntägig stattfindende Supervision (ebd., S. 61). Wininger (ebd., S. 61 f.) berichtet, dass sich trotz der mit dem Modell verbundenen hohen zeitlichen und persönlichen Anforderungen immer rasch interessierte Studierende gefunden haben. Die Ressourcen, welche die Wiener Kolleg*innen zur Verfügung hatten, fehlen aber bisher an anderen Hochschulstandorten im Rahmen des allgemeinen Lehramtsstudiums.

Dass sich eine solche Verschränkung von Theorie, Praxis und Reflexion aber auch mit weniger Ressourcen gewinnbringend umsetzen lässt, zeigt das Projekt „Pädagogische Professionalisierung mittels Begleitung von Kindern und Jugendlichen in Krisensituationen", das von 2015–2017 an der Universität Hannover stattgefunden hat und in dem ich selbst mitgearbeitet habe[4] (vgl. Schwarz und Müller 2015; Müller und Schwarz 2016; Zimmermann et al. 2017). In dem Projekt haben Masterstudierende der Sonderpädagogik jeweils „für den Zeitraum eines Jahres eine verlässliche und kontinuierliche Begleitung von einem Kind/Jugendlichen in einer Krisensituation" übernommen (Schwarz und Müller 2015, S. 48). Während dieses Jahres haben sich die Studierenden wöchentlich für ein bis drei Stunden mit den jeweiligen Kindern/Jugendlichen getroffen und mit ihnen Zeit verbracht (ebd.). Die Studierenden sollten dabei „keine konkreten Förderaufträge umsetzen oder Nachhilfe geben", sondern „eine pädagogische Beziehung gestalten, die sich nach den jeweiligen individuellen Interessen und Entwicklungsbedürfnissen der Kinder/Jugendlichen" richtete (ebd.). Begleitet wurde diese Praxiserfahrung durch eine 14-täglich stattfindende Lehrveranstaltung, in der zum einen theoretische Grundlagen (Psychoanalytische Pädagogik, Traumatheorie, Traumapädagogik, Fallverstehen) vermittelt wurden und zum anderen die Erfahrungen mithilfe der im Abschnitt *8.1Die Notwendigkeit von Supervision* beschriebenen Methode des Fallverstehens reflektiert wurden. Zusätzlich fand eine regelmäßige Supervision statt, zu der auch die Kooperationspartner*innen eingeladen waren, welche die Kinder/Jugendlichen vermittelt hatten. Es gab zwei Durchläufe: Im ersten Jahr

[4]Das Projekt wurde vom (damaligen) Jun.Prof. Dr. David Zimmermann geleitet und von M.Ed. Ulla Johanna Schwarz (02/2015-01/2016) und mir (ab 02/2016, zuvor Mitarbeit als studentische Hilfskraft) durchgeführt (studentische Hilfskraft 2016–2017: B.A. Laura Scheele) (vergleiche *Abschnitt 3.8Traumatische Sequenzen im Kontext von Flucht*).

war nur ein Teil der Kinder und Jugendlichen geflüchtet, andere waren durch die Erfahrung von Gewalt, Vernachlässigung und sozialer Marginalisierung psychosozial belastet. Die Altersspanne lag zwischen vier und 15 Jahren. Im zweiten Durchlauf waren alle Teilnehmenden geflüchtete Jugendliche.

Die Durchführung des Projekts hat gezeigt, dass die Bedeutung pädagogischer Beziehungsarbeit und die professionelle Reflexion der eigenen Emotionen in dieser Arbeit auch mit weniger Ressourcen im Lehramtsstudium integriert werden kann. Dies bedarf aber unter den aktuellen Bedingungen an den (meisten) Universitäten eines besonderen Engagements der Lehrenden (das Projekt war drittmittelfinanziert) und der Studierenden (nur ein Teil der Seminare und der Praxis konnte in Form von *Creditpoints* honoriert werden).

Die kleine Begleitforschung des Projekts (im ersten Durchgang wurde eine Gruppendiskussion mit den Studierenden geführt und tiefenhermeneutisch ausgewertet) zeigt neben den Möglichkeiten aber auch Grenzen der Professionalisierung hinsichtlich reflexiver pädagogischer Beziehungsarbeit in einem solchen Rahmen: Auf der einen Seite wird deutlich, dass sich nicht nur die Beziehungen zu den Begleitkindern/-jugendlichen entwickelt haben, sondern dass auch die Studierenden das intensive Nachdenken über unbewusste Prozesse als fruchtbar erlebt haben (Zimmermann et al. 2017, S. 222). Die Studierenden erzählen, „dass sie während der Zeit viel gelernt, sich ihre Reflexionsfähigkeiten erweitert und sie den Nutzen pädagogischer Beziehungsarbeit und psychoanalytisch-pädagogischer Fallreflexion verinnerlicht haben“ (ebd.). Auf der anderen Seite bleibt unklar, wie tief die gelehrten psychoanalytischen Konzepte verstanden wurden und ob die während der Gruppendiskussion auffällige Nutzung psychoanalytischer Fachtermini nicht zum Teil auch als „Abwehrform des Intellektualisierens, als Rückzug aus den schmerzhaften Emotionen in der Begleitung und in der Trennung verstanden werden“ können (ebd., S. 233).[5] Des Weiteren wurde bei einem Teil der Aussagen der Studierenden deutlich, „wie schwer es ist, etwas, das gesellschaftlich tief verankert ist – und nicht selten in der Universität gelehrt wird – in Frage zu stellen“ (ebd., S. 224): etwa die Position, dass, wenn sich Kinder delinquent oder aggressiv verhalten, diese nur Bestrafung und nicht auch gerade dann haltende Beziehungen benötigen würden.

[5]Dabei macht sich möglicherweise das Fehlen von Formen der Selbsterfahrung bemerkbar. Eventuell bleiben die psychoanalytischen Begriffe besonders wahrscheinlich dann abstrakt und leicht für Intellektualisierungen nutzbar, wenn sich die theoretische Aneignung der Begriffe nicht mit reflexiven Begegnungen mit dem eigenen Unbewussten (über den Rahmen von Fallverstehen hinaus) paart.

Viel scheint davon abzuhängen, inwiefern die gelehrten Inhalte im Einklang oder im Gegensatz zu schon erworbenen Haltungen stehen und welcher Umgang mit den eigenen Gefühlen bisher verinnerlicht wurde.

> „Die herausfordernde Aufgabe, die eigenen Gefühle in der pädagogischen Arbeit nicht einfach weg zu drängen und sie dann woanders auszuagieren, sondern sie wahrzunehmen, zu reflektieren und als Erkenntnisinstrument einzusetzen, setzt voraus, dass man eine Kultur des Redens über eigene Gefühle und des professionellen Reflektierens derselben kennengelernt hat. Dazu gehören die Enttabuisierung von im pädagogischen Kontext häufig tabuisierten Gefühle (wie Scham, Wut, Aggression, Ohnmacht, Angst) ebenso wie eine reflexive Auseinandersetzung mit der eigenen (Bildungs-)Biografie. Diese Aspekte müssten ebenso wie die Gestaltung langfristiger pädagogischer Beziehungen fest im Studium der Sonderpädagogik verankert werden, dadurch würden sie nicht länger beinahe zwangsläufig als besonders, exotisch, quer zu den sonstigen Anforderungen stehend, erlebt“ (Zimmermann et al. 2017, S. 228 f.).

Die interpretierten Interviews mit den Lehrerinnen dieser Arbeit machen deutlich, dass der reflexive Umgang mit den eigenen Emotionen und die pädagogische Beziehungsarbeit fester Bestandteil des Professionsverständnisses aller Lehrkräfte sein und im Studium aller Lehramtsformen integriert werden sollten.

Schon im Studium eine Kultur des Redens über die eigenen Emotionen kennenzulernen und den Nutzen von auf Fallverstehen basierender Supervision zu erleben, würde auch die Wahrscheinlichkeit zur späteren Wahrnehmung der regelmäßigen Supervision als selbstverständlicher Teil des Lehrkräftehandelns stärken.

Würden Projekte wie das beschriebene Wiener Projekt (vgl. Wininger 2012) oder das hannoversche Projekt „Pädagogische Professionalisierung mittels Begleitung von Kindern und Jugendlichen in Krisensituationen“ (vgl. Schwarz und Müller 2015; Müller und Schwarz 2016; Zimmermann et al. 2017) stärker in der allgemeinen Professionalisierung von Lehrkräften verankert werden, wäre dies nicht nur ein Beitrag für das Wohlbefinden und pädagogische Handeln der zukünftigen Lehrkräfte, sondern würde auch schon jetzt den so begleiteten Schüler*innen (und damit auch ihren jetzigen Lehrkräften) helfen: Die Schüler*innen könnten durch eine einjährige Begleitung von Studierenden, die sich ernsthaft nach deren Bedürfnissen richten und die unbewussten Dynamiken dabei kontinuierlich reflektieren, zusätzlich positive Beziehungserfahrungen machen, in denen auch das Ende der Begleitung nach einem Jahr gut vorbereitet und gestaltet werden könnte (vgl. Müller und Schwarz 2016, S. 29). Dies birgt eine große Chance: das Ende einer Beziehung nicht als plötzlichen Abbruch zu erleben, dem man ohnmächtig ausgeliefert ist.

Gleichzeitig wäre es hier wichtig, dass eine solche Projekterfahrung im Studium auch als konkordant mit Inhalten der Theorieseminare erlebt werden kann. Dafür bedarf es einer Stärkung der Psychoanalytischen Pädagogik in der universitären Lehre angehender Lehrkräfte aller Schulformen – entgegen ihrem gegenwärtigen Nischendasein:

> „Obschon in der schulischen und außerschulischen Erziehungshilfe beispielsweise die professionelle Selbstreflexion zu einem Kernelement der Berufsausübung zählt (vgl. Dörr und Müller 2012; Dörr 2017), wird ihr im Kanon der Kompetenzlisten allenfalls ein Nischendasein zugewiesen. Symptomatisch für das Nischendasein ist die Situation ihrer wichtigsten Referenztheorie, der Psychoanalytischen Pädagogik, die wiederum an den universitären Studiengängen für die Erziehungshilfe kaum noch vertreten ist" (Herz 2019, S. 29).

Das Lernen von pädagogischer Beziehungsarbeit und Reflexionsfähigkeit geht nur durch ein Zusammenwirken der drei Ebenen: Theorie-Seminare, Praxis-Erfahrung, kontinuierliche Reflexion der emotionalen Dynamiken in der Praxis-Erfahrung durch Fallverstehen und Supervision.

Inklusive Hochschuldidaktik ist dann sinnvoll, wenn sie nicht zu Deprofessionalisierungstendenzen führt (vgl. Herz 2019) und spezifisch sonderpädagogisches Wissen an Bedeutung verliert, sondern im Gegenteil dieses Wissen und diese Erfahrung auch stärker in allen Lehramtsstudiengängen aufgegriffen wird.

Allerdings können Supervision sowie das Primat pädagogischer reflexiver Beziehungsarbeit allein wenig bewirken, wenn nicht auch die strukturellen und institutionellen Bedingungen verändert werden.

> „Reflexionsorientierter Aus- und Fortbildung sowie Supervision dürfte nahezu regelhaft eine nachhaltige Wirkung versagt bleiben, wenn die äußeren Rahmenbedingungen bei hoher Belastung einseitig zugunsten psycho- und soziodynamischer Verstehensmodelle vernachlässigt werden" (Zimmermann 2019, S. 17).

Die Psychoanalytische Pädagogik beschränkt sich keineswegs auf die reflexive Beziehungsarbeit, sondern beinhaltet auch einen Fokus auf die institutionellen Zusammenhänge: „die aktive Gestaltung eines Lebensortes, die Bereitstellung von sozialen Orten" (Dörr 2017, S. 30).

Der empirische Teil dieser Arbeit hat gezeigt, dass nicht nur ein Mangel an Professionalisierung hinsichtlich pädagogischer reflexiver Beziehungsarbeit existiert, sondern dass es auch eines dringenden Handlungsbedarfs hinsichtlich der institutionellen Ressourcen bedarf.

8.3 Struktureller Handlungsbedarf

„Ersetzbar ist politisches Handeln durch nichts."

Heinrich Böll (1971, S. 147)

*Die momentan herrschende strukturelle Verantwortungslosigkeit in Form des gravierenden Ressourcenmangels bedeutet für die Lehrkräfte einen Verlust des geschützten Handlungsraums und damit das beständige Risiko von Überforderung und Überlastung. Das erschwert die Aufgabe, den Schüler*innen inmitten des potenziell traumatischen Prozesses einen sicheren Ort zu bieten, fundamental. Daher bedarf es dringend bildungspolitischer Maßnahmen, die zu mehr Lehrkräften, kleineren Klassen, mehr Sprachlernklassen, multiprofessionellen Teams mit Sonderpädagog*innen (die unabhängig von feststehenden Diagnosen agieren können) und flächendeckender Supervision führen.*

Die in dieser Arbeit erhobenen und ausgewerteten Interviews verdeutlichen, dass es unter den gegebenen strukturellen Voraussetzungen kaum möglich ist, dass Lehrkräfte sich emotional auf die pädagogischen Beziehungen einlassen und das emotionale Geschehen in diesen Beziehungen reflexiv wahrnehmen, um aufbauend auf den so gewonnenen Erkenntnissen eine haltende und *Containment* ermöglichende Beziehung zu den Schüler*innen zu gestalten.

Im Gegenteil: Die Ergebnisse dieser Arbeit zeigen, dass unter den momentanen Voraussetzungen die Lehrkräfte regelmäßig an ihre psychischen Belastungsgrenzen kommen und die Beziehungsanfragen der Schüler*innen im Zuge einer Abwehrreaktion affektiv zurückweisen. Für die geflüchteten Schüler*innen ist die Schule u. a. aufgrund dieser Bedingungen daher möglicherweise Teil einer chronifizierenden traumatischen Sequenz.

Die Klassen, speziell die Sprachlernklassen, sind überfüllt; an anderen Schulen wurden die Sprachlernklassen mit dem Argument der „Inklusion" ganz weggekürzt oder konnten gar nicht erst eingeführt werden, weil es nicht genug Lehrkräfte gibt; die Schulen haben teilweise selbst schon ein Problem, ausreichend Klassenlehrkräfte zu finden; Sonderpädagog*innen sind immer nur kurz mit in den Klassen und nur für Schüler*innen zuständig, die einen diagnostizierten Förderbedarf haben. Die Lehrkräfte haben daher eine hohe Eigenmotivation, möglichst vielen ihrer Schüler*innen einen Förderbedarf bescheinigen zu lassen, um Unterstützung im Unterricht zu bekommen, die Aufgabe zu delegieren oder die Schüler*innen an eine der nach wie vor vorhandenen Förderschulen überweisen zu können.

Schüler*innen, die psychosozial beeinträchtigt sind oder sich inmitten eines sequenziell traumatischen Prozesses befinden, bringen Lehrkräfte unter den herrschenden Bedingungen schnell an ihre Grenzen und erleben daher oft, dass ihre Beziehungsanfragen unbeantwortet bleiben, dass sie zurückgewiesen oder aussortiert werden. Dies lässt sich angelehnt an Freyberg und Wolff (2006, S. 16) als „strukturelle Verantwortungslosigkeit" charakterisieren.

Dagegen braucht es in der Schule insgesamt mehr Ressourcen: Es braucht mehr Lehrkräfte in den Schulen. Schon jetzt können an manchen Schulen ausgeschriebene Stellen nicht besetzt werden. Dies führt zu Mehrarbeit und damit ständig zum Risiko von Überlastung bei den Lehrkräften. Für ausreichend gute pädagogische Beziehungsarbeit wären ohnehin kleinere Klassen dringend erforderlich.

Um mehr Lehrkräfte zu gewinnen, könnten die Landesregierungen zum Beispiel folgende Maßnahmen ergreifen: Die Zahlen der Plätze für die Lehramtsstudiengänge erhöhen und die Studiengangsbeschränkungen (Numerus clausus) abschaffen sowie die Kapazitäten der Vorbereitungsdienste weiter ausbauen, die Anerkennung im Ausland erworbener Abschlüsse von Lehrkräften und anderer Pädagog*innen erleichtern (dies wäre auch ein wichtiger Schritt hin zu einem weniger homogenen Lehrkräftezimmer) und die Arbeitsbedingungen der Lehrkräfte verbessern (wozu zentral auch flächendeckende Supervision innerhalb der bezahlten Arbeitszeit, regelmäßige Fortbildungen sowie kleinere Klassen und multiprofessionelle Teams gehören).

Die empirischen Ergebnisse dieser Arbeit verdeutlichen, dass sich der Ressourcenmangel nicht an allen Schulen gleichermaßen zeigt, sondern dass Schulen in einem schwierigen sozialen Umfeld vor besonderen Problemen stehen. Das Bundesland Hamburg nutzt zum Ausgleich solcher Ungerechtigkeit schon einen schulbezogenen Sozialindex (vgl. Schulte et al. 2014). Angelehnt an die Kapitaltheorie Bourdieus (1979/1998) sollen extra finanzielle Ressourcen, vor allem in Form von personellen Ressourcen, besonders den Schulen zur Verfügung gestellt werden, auf die viele Schüler*innen gehen, deren Eltern über ein geringes soziales, kulturelles und ökonomisches Kapital verfügen. Die Einführung eines Sozialindexes auch in anderen Bundesländern könnte verhindern, dass sich das im Abschnitt *5.1Die Funktionen der Schule* beschriebene Phänomen des deutlichen Zusammenhangs zwischen der sozialen Herkunft der Eltern und dem Bildungserfolg der Kinder weiter durch überforderte und unterversorgte Schulen verschärft.

Die von mir interviewten Lehrerinnen forderten die (Wieder-)Einführung bzw. den Ausbau von Sprachlernklassen. Leider liegen bisher keine Forschungsergebnisse vor, welche die Effekte der Sprachlernklassen nicht nur hinsichtlich von

Fragen des Spracherwerbs evaluieren, sondern auch die emotionalen Folgen der unterschiedlichen schulorganisatorischen Modelle diskutieren. Sprachlernklassen bedeuten für die betroffenen Schüler*innen eine zeitweise Separation von dem Regelschulklassenunterricht. Werden die Sprachlernklassen teilintegrativ umgesetzt – d. h., „neu zugewanderte Kinder und Jugendliche werden in einer speziell eingerichteten Klasse unterrichtet, nehmen jedoch in einigen Fächern am Regelunterricht teil“ (Massumi et al. 2015) –, bedeutet dies, dass sich die Schüler*innen in zwei Klassengemeinschaften integrieren müssen, sich auf zwei Gruppendynamiken einstellen müssen, sich auf zwei Klassenlehrkräfte einlassen müssen und so möglicherweise weniger Verlässlichkeit, Stabilität und Kontinuität erleben. Auf der anderen Seite können Sprachlernklassen möglicherweise einen behutsameren Übergang in das neue Schulleben bedeuten, ein sanftes Ankommen ohne Leistungsdruck ermöglichen und dadurch auch im psychischen Sinne einen „Übergangsraum“ (vgl. Winnicott 1971/2012) bieten. Dabei könnten sie dem Paradox Rechnung tragen, dass die Kinder einerseits da sind und andererseits gewissermaßen auch nicht da sind, da sie möglicherweise aufgrund ihres Aufenthaltsstatus unter permanenter Angst vor der Rückkehr leben oder geliebte Familienangehörige noch im Herkunftsland leben oder auf der Flucht sind. Möglicherweise kann es auch als stützend erlebt werden, mit anderen Kindern und Jugendlichen zusammen in einer Klasse zu sein, die unter Umständen ähnliche Erfahrungen gemacht haben. Wichtig ist, dass die Lehrkräfte, die eine Sprachlernklasse übernehmen, nicht nur in „Deutsch als Fremdsprache“ fortgebildet werden, sondern auch in Traumapädagogik professionalisiert werden und die Bedeutung der Emotionen und der pädagogischen Beziehungen fokussieren.

Der entscheidende Faktor ist nämlich auch hier die Lehrkraft-Schüler*in-Beziehung. Wenn diese im Rahmen von Sprachlernklassen mit mehr Zeit und Raum reflexiver geführt werden kann, spricht dies für die Etablierung von Sprachlernklassen. Theoretisch ließe sich dies aber auch in kleineren (Regel-)Klassen mit multiprofessionellen Teams umsetzen.

Multiprofessionelle Teams an Schulen sind ein Thema, das im wissenschaftlichen Diskurs Konjunktur hat. Kaum eine Publikation zum Thema Schulentwicklung (besonders in den Kontexten von Inklusion und Ganztagsschulen) kommt ohne den Hinweis aus, dass es einer stärkeren Zusammenarbeit unterschiedlicher Professionen (Lehrkräfte, Sonderpädagog*innen, Sozialpädagog*innen/Sozialarbeiter*innen, Erzieher*innen, Schulpsycholog*innen und weiterer pädagogische Fachkräfte) in der Schule bedarf. „Selbst sonst sehr heterogene Positionen in Ratgeber- und Forschungsliteratur treffen sich in der Annahme, dass Kooperation, besonders in so genannten ‚Teams', Entlastung und Unterstützung für die Bewältigung der Arbeitsanforderungen biete" (Kolbe und Reh 2008, S. 799).

In der Realität des Schulalltags droht die Kooperation in multiprofessionellen Teams – so lässt sich auch im Anschluss an die Interviews dieser Arbeit formulieren – an den dafür notwendigen personellen Ressourcen zu scheitern. Wenn beispielsweise Sonderpädagog*innen nur wenige Stunden mit in den Klassen sind, ist ein gemeinsam vorbereiteter, durchgeführter und danach reflektierter Unterricht von Regelschulklassenlehrkraft und Sonderpädagog*in kaum möglich.

Genau diese Form des Teamteachings ist aber notwendig, damit das viel beschworene förderliche Potenzial multiprofessioneller Teams nicht verpufft: Als entscheidender Faktor für die erfolgreiche Etablierung multiprofessioneller Teams an Schulen gilt, dass die unterschiedlichen professionellen Akteur*innen zwar mit unterschiedlichen Berufsaufträgen auf das Feld Schule blicken, aber die konkreten Arbeitsteilungen immer auf einem *gemeinsamen Aushandlungsprozess* beruhen (Widmer-Wolf 2018, S. 299): „Für eine effektive Förderung der Schüler/-innen sind multiprofessionelle Teams im Schulalltag angehalten, gemeinsame Interpretationen und zielorientierte Handlungspraktiken zu entwickeln" (ebd.) – dies bedarf einer gemeinsamen Reflexionspraktik (vgl. ebd., S. 300).

Dass es beim Teamteaching um viel mehr als um die bloße Anwesenheit mehrerer Professioneller im Klassenzimmer gehen sollte, zeigen auch die empirischen Daten dieser Arbeit, etwa die Beobachtung der Schulstunde von Frau Diecks, die eine Sprachlernklasse gemeinsam mit zwei Praktikant*innen unterrichtet: Frau Diecks und ihre jungen Kolleg*innen haben dabei keinen erkennbaren Plan für die Stunde und die Praktikant*innen zeigen gegenüber der Lehrerin kaum Respekt, sie widersprechen ihr ständig, durchkreuzen ihre Interaktionen mit den Schüler*innen und sorgen für zusätzliche Verwirrung. Für die Schüler*innen herrscht dadurch kaum Klarheit, keine Transparenz und kaum Struktur.

Dies verdeutlicht nochmals, dass es für Teamteaching notwendig ist, dass die beteiligten Professionellen die Schulstunden gemeinsam vorbereiten, kooperativ durchführen und hinterher gemeinsam reflektieren. Dafür ist es auch nötig, dass die Sonderpädagog*innen fest mit in den Klassen sind und nicht nur für einzelne Stunden in den Unterricht kommen und dann nur für diagnostizierte Schüler*innen zuständig sind. Auch hier lohnt sich noch einmal ein Schlaglicht auf das empirische Material dieser Arbeit: Frau Behrens antwortet auf die Frage, welche Rolle Teamarbeit und Kooperation spielen würden und ob es an der Schule auch multiprofessionelle Teams gebe – mit Sonderpädagog*innen, Erzieher*innen und Sozialarbeitenden:

Erzieher nicht, Sozialarbeiter auch nicht im Unterricht und auch keine Teams, mit den Sonderpädagogen können wir im Team nicht arbeiten, denn wir haben pro Klasse zwei Stunden ungefähr *(lacht etwas)*, wie soll man da im Team arbeiten?

Interviewer: Ach so, die kommen dann nur hier her oder sind nur//

Frau Behrens: Die sind hier mit an der Schule, aber wie sollen die sich denn in ein Team integrieren? Sie müssten ja dann theoretisch beinahe 15, in 15 Teams sein bei ihrer Stundenzahl oder in 14. **Interviewer:** Ja. **Frau Behrens:** Das ist ja schon kaum möglich. Sie erleichtern uns das Leben, sie versuchen, uns zu unterstützen, aber was sind denn zwei Stunden? Und diese sonderpädagogischen Kräfte sind natürlich nicht für die Flüchtlingskinder da. Das muss man ganz deutlich sagen, die Flüchtlingskinder haben kein Anrecht darauf. Denn sonderpädagogische Kräfte sind für sonderpädagogische Probleme da *(lacht)*. **Interviewer:** Ja. **Frau Behrens:** So ist es. Sie machen es unter der Hand natürlich trotzdem (Interview 2, Z. 434–449).

Dies verdeutlicht das momentane Problem der Umsetzung der „Inklusion". Auf der einen Seite wird der Anspruch erhoben, dass alle Schüler*innen gemeinsam unterrichtet werden sollen, auf der anderen Seite werden die dafür benötigten Ressourcen nicht zur Verfügung gestellt. In der Praxis führt dies zu solch einem notwendig kreativen Umgang mit den mangelnden Ressourcen, der für die Lehrkräfte aber immer Mehrarbeit an der Grenze der Überlastung bedeutet. Dagegen bräuchte es als Standard in allen Klassen Teamteaching in multiprofessionellen Teams. Diese entfalten ihr Potenzial dann, wenn Sonderpädagog*innen und Regelschullehrkräfte täglich fest in Teams zusammenarbeiten und ausreichend Zeit für die Planung und Reflexion des Unterrichts und die emotionalen Dynamiken dabei haben. Außerdem ist es dafür notwendig, dass die Sonderpädagog*innen nicht ausschließlich für Schüler*innen mit schon diagnostiziertem Förderbedarf zuständig sind, sondern situativ entscheiden können, wer spezieller Unterstützung bedarf, und sich dann beispielsweise auch für geflüchtete Kinder und Jugendliche Zeit nehmen können (vgl. Löser und Werning 2015, S. 20).

Ein so umgesetztes Teamteaching wäre eine gute Voraussetzung für den Anspruch, auch den geflüchteten Kindern inmitten des potenziell sequenziell traumatischen Prozesses haltende, reflexive Beziehungsarbeit zu bieten. Ein solches „Teamteaching wird als eine der Maßnahmen angesehen, um den in der Bildungsforschung nachgewiesenen ungleichen Bildungschancen von Kindern und Jugendlichen aus Einwandererfamilien tieferer sozialer Schichten entgegen zu wirken" (Halfhide 2009, S. 103).

Neben den multiprofessionellen Teams in den Klassen könnten mehr Professionelle in den Schulen organisational auch so genutzt werden, dass es neben dem

Klassenunterrichtsangebot auch einen weiteren sicheren Raum gibt, in dem Schüler*innen, wenn sie eine Auszeit brauchen (beispielsweise, wenn sie dissoziieren), behutsam begleitet werden könnten.

Der Ruf nach mehr Lehrkräften, multiprofessionellen Teams und flächendeckender Supervision ist keineswegs neu und wird regelmäßig im Kontext (inklusiver) Schulentwicklung geäußert und von verschiedenen politischen Akteuren aufgegriffen (vgl. z. B. GEW 2018). In der vorliegenden empirischen Arbeit konnte die Dringlichkeit der bildungspolitischen Umsetzung dieser Forderungen aus der Perspektive der mit geflüchteten Kindern und Jugendlichen arbeitenden Lehrkräfte neu herausgearbeitet werden.

Mehr Ressourcen für die Schulen, mehr Lehrkräfte, multiprofessionelle Teams und Supervisionsangebote kosten viel Geld und sind daher keine attraktiven Optionen für die Landespolitik. „Welche Ressourcen der Staat zur Verfügung stellen wird, hängt, systemtheoretisch betrachtet, im besonderen Maße davon ab, welchen wirtschaftlichen Nutzen die politisch Verantwortlichen sich davon versprechen (im Sinne der Qualifikations- und Selektionsfunktion) bzw. welche Gefahr sie in einer geringen schulischen Unterstützung sehen (im Sinne der Integrations- bzw. Legitimationsfunktion)", habe ich im Abschnitt *5.1Die Funktionen der Schule* geschrieben. Es ließe sich argumentieren, dass die geforderten Investitionen diesen Funktionen zugutekämen, etwa dass vor dem Hintergrund des demografischen Wandels ein Fachkräftemangel herrscht und dass daher in der Investition in eine gelungene Schullaufbahn geflüchteter Schüler*innen ein hoher wirtschaftlicher Nutzen liege. Damit wäre man aber im Diskurs des *neoliberalen Hegemonieprojekts*, das eine *Managed Migration* nach wirtschaftlichen Nützlichkeitsüberlegungen fordert (vgl. Kannankulam 2014). Stattdessen lässt sich an dieser Stelle aus einer grundlegend traumatheoretischen Perspektive festhalten:

Ohne diese Ressourcen bedeutet pädagogische Arbeit im sequenziell traumatischen Prozess für die Lehrkräfte oft ein solches Verstricktwerden in diesen Prozess, dass ihr eigenes psychisches Wohlbefinden gefährdet ist. Für die geflüchteten Schüler*innen wird die Schule so möglicherweise zu einer chronifizierenden Sequenz im traumatischen Prozess.

8.4 Rassismuskritische Professionalisierung von (angehenden) Lehrkräften

*Auch engagierte und sich manifest für geflüchtete Schüler*innen einsetzende Lehrkräfte sind nicht frei von dem gesellschaftlich weit verbreiteten und strukturell verankerten Rassismus. Für negativ von Rassismus betroffene Schüler*innen* *bedeutet dies ein traumatisches Potenzial. Dies gilt umso mehr für die besonders vulnerable Gruppe der geflüchteten Kinder und Jugendlichen inmitten des sequenziell traumatischen Prozesses. Deshalb ist es dringend notwendig, dass angehende Lehrkräfte im Studium rassismuskritisch sensibilisiert und professionalisiert werden.*

Die Interpretationen der Interviews des empirischen Teils dieser Arbeit zeigen, dass Lehrkräfte, auch wenn sie dies nicht mutwillig intendieren, rassistische Bilder reproduzieren – etwa wenn sie Begriffe wie die „Flüchtlingswelle“ nutzen, den Kulturbegriff im Zusammenhang mit Herkunft verwenden, Geflüchtete mit einer Vergewaltigungsgefahr assoziieren oder homogene Gruppen konstruieren und dabei *die Anderen* imaginieren, um *das Eigene* zu stabilisieren. Da mit dem eigenen Selbstbild (zum Beispiel als engagierte Lehrperson) nur schwer vereinbar, sind diese Ausdrucksformen von Rassismus dem bewussten Nachdenken und der Reflexion oftmals nicht zugänglich.

Damit unterscheiden die interviewten Lehrkräfte sich *nicht* von der deutschen Mehrheitsgesellschaft: In dieser sind alle mit diskriminierendem Gedankengut sozialisiert worden (Sow 2018, S. 16). Rassismus ist ein Strukturierungsmerkmal unserer Gesellschaft (Massumi und Fereidooni 2017, S. 57) – dies bestätigen immer wieder verschiedene Studien (vgl. Heitmeyer 2002–2012; Zick et al. 2016; Decker et al. 2018; Zick et al. 2019). So zeigt beispielsweise die neuste Mitte-Studie (Zick et al. 2019), dass jede zweite befragte Person „negativen Meinungen gegenüber Asylsuchenden“ zustimmt.

Rassismus verhindert ein individuelles Einfühlen und Verstehen, das Voraussetzung für eine reflexive, *mentalisierungsbasierte* Pädagogik ist. Wenn Lehrkräfte irritierendes Verhalten etwa vorschnell auf die vermeintliche „Kultur“ der Schüler*innen zurückführen, verschleiert dies a priori den Blick auf individuelle und gesellschaftliche psychosoziale Zusammenhänge. Der rassialisierende Blick der Lehrkräfte bedeutet für alle negativ davon betroffenen Schüler*innen eine alltägliche Diskriminierungserfahrung. Für Schüler*innen im sequenziell traumatischen Prozess kann dies besonders schmerzhafte Folgen haben. Dies wird angesichts der *sequenziellen Traumatheorie* und des Prinzips der Nachträglichkeit deutlich: Für geflüchtete Schüler*innen kann ein Verlust- und Angsterleben im Herkunftsland zum Bespiel gerade erst im Zusammenspiel mit rassistischen Erfahrungen im Aufnahmeland nachträglich traumatischen Charakter erhalten (Zimmermann 2012b, S. 49). Daher sollten angehende Lehrkräfte während ihres Studiums so politisch gebildet und rassismuskritisch professionalisiert werden, dass sie den alltäglichen und strukturellen Rassismus wahrnehmen und reflektieren können und ihn so wenig wie möglich in ihrer Arbeit reproduzieren.

Dafür ist es wichtig, zu beachten, dass Rassismus nicht nur eine kognitive Überzeugung ist, die man mit Fakten revidieren kann, sondern zum einen auch gesellschaftliche, ökonomische Ursachen hat (vgl. beispielsweise Bauman 2016, S. 18 ff.) und zum anderen auch auf Emotionen beruht und damit zentral mit denjenigen, die sich rassistisch verhalten, selbst zu tun hat. Fremde sind wir uns selbst (Kristeva 2013). Das bedeutet, dass im Rassismus häufig etwas Eigenes, das verpönt ist und daher dem Bewusstsein nicht zugänglich ist, auf den anderen, vermeintlich Fremden projiziert wird und dort dann stellvertretend thematisiert und verfolgt werden kann.

Die im Rahmen dieser Arbeit durchgeführten Interviews haben darüber hinaus gezeigt, wie kulturalisierende und rassialisierende Tendenzen außerdem mit den eigenen psychischen Mechanismen zusammenhängen können: Rassismus macht Menschen zu *den Anderen* und hilft so, das kaum aushaltbare Leiden, das mit vielen Fluchtgeschichten zusammenhängt, von sich fernzuhalten. Deshalb ist es wichtig, dass neben der Vermittlung von Wissen über Alltagsrassismus, institutionellen Rassismus und speziell Rassismus in Schulen eine rassismuskritische Lehre und Pädagogik auch auf die damit zusammenhängenden emotionalen Dynamiken reagiert. Dazu gibt es bisher wenige Konzepte. Eine Möglichkeit wäre es, mit Biografien und Erzählungen von negativ von Rassismus betroffenen Personen zu arbeiten und dabei speziell die emotionalen Reaktionen, die diese bei den Lehramtsstudierenden auslösen, zu besprechen, zu halten und zu reflektieren.

Da aber wie beschrieben jeder Mensch, der in der BRD sozialisiert wird, mit Wissen aufwächst, das als „rassistisches Wissen" (Terkessidis 2004, S. 10) bezeichnet werden kann, und dieses Wissen mit „Organisationsstrukturen" (Diefenbach 2010, S. 135) und „institutionellen Handlungslogiken" (Diefenbach 2005, S. 45) zusammenwirkt – gerade in der Schule (vgl. Gomolla und Radtke 2009) –, sind der rassismuskritischen Bildungsarbeit immer klare Grenzen gesetzt; was es umso wichtiger macht, diese so weit wie möglich zu nutzen und angehende Lehrkräfte zu befähigen, sich kritisch reflexiv zu den verinnerlichten Selbst- und Fremdwahrnehmungsmustern und den subjektiven und gesellschaftlichen Zugehörigkeitskonzepten verhalten zu können.

Dazu gehört auch die Überwindung des „monolingualen Habitus" in der faktisch „multilingualen Schule" (Gogolin 1994). Mit dem „monolingualen Habitus" bringt Gogolin (ebd.) den Umstand auf den Begriff, dass hierzulande noch immer die Vorstellung vorherrschend ist, dass Individuen und Staaten „normalerweise" einsprachig seien und Deutsch die einzig legitime Sprache in der Schule sei. So gerät in Vergessenheit, „dass die Neuzugewanderten weder sprachlos noch stimmlos sind" (vgl. Natarajan 2016). Sie sind mit anderen Sprech- und Kommunikationssprachen in ihrem ‚biographischen Gepäck' eingereist (Natarajan 2013,

S. 288 f.)" (Natarajan 2019, S. 7). Gerade für geflüchtete Kinder und Jugendliche kann es wichtig sein, dass sie ihre mitgebrachte Sprache nicht als wertlos erleben (vgl. Zimmermann 2012b, S. 80; Bär 2016, S. 87). Dafür bedarf es wiederum einerseits des Wissens darüber, wie wichtig die Wertschätzung der mitgebrachten Fähigkeiten ist, und andererseits der Reflexion der emotionalen Dynamiken: Möglicherweise wird die Forderung, Schüler*innen müssten in der Schule (ausschließlich) Deutsch sprechen, häufig im Zusammenspiel mit einer nicht reflektierten Kränkung erhoben, die entsteht, wenn sich Schüler*innen in einer Sprache unterhalten, welche die Lehrkraft nicht spricht, und die Lehrkräfte damit ein Stück weit als scheinbar stets überlegene Allwissende entmachtet werden.

Analog zur rassismuskritischen Professionalisierung müssten in der Lehrkräfteausbildung auch Formen des Empowerments nicht-weißer angehender Lehrkräfte unterstützt werden. Die Erfahrungen von Frau Diecks verdeutlichen dies: Sie wird mit ihrer Feststellung rassistischer Vorkommnisse im Unterricht allein gelassen und fühlt sich ohnmächtig. Empowerment ermöglicht Bewusstwerdung über die eigene Position, Solidarisierung und Politisierung und führt somit zu einer notwendigen Stärkung *machtarmer Positionen* (vgl. Yiğit und Can 2009).

Die Forderung nach rassismuskritischer Professionalisierung und Empowerment angehender Lehrkräfte ist nicht das Gleiche wie die Forderung nach interkultureller Kompetenz. Bei der rassismuskritischen Professionalisierung liegt der Fokus auf der Notwendigkeit, die eigenen Bilder von (vermeintlich) Anderen zu reflektieren. Zentral problematisiert werden der alltägliche Rassismus sowie die Macht- und Herrschaftsstrukturen, die diesen (re-)produzieren. Bei der interkulturellen Kompetenz liegt der Fokus auf der Notwendigkeit der Aneignung einer besonderen Kompetenz, um mit als kulturell andersartig konstruierten Personen zu kommunizieren und zu interagieren. Dabei wird oft implizit die Gruppe der „Schüler*innen mit Migrationshintergrund" homogenisiert und problematisiert.

> „Die Annahme, dass die Präsenz von ‚MigrantInnen' in pädagogischen Institutionen ‚spezifische kulturelle Fertigkeiten und spezifisches kulturelles Wissen aufseiten der professionellen Nicht-Migrant/innen erforderliche mache' (Mecheril et al. 2010, S. 78), verstärkt die ‚migrationsbedingte Differenzierung und Markierung' (ebd., S. 78) in kulturell ‚Andere' und kulturell ‚Nicht-Andere'" (Massumi und Fereidooni 2017, S. 55).

Das zeigt sich im Diskurs über „die Flüchtlinge", wenn so über „die Flüchtlinge" gesprochen wird, als ob diese alle die gleiche Kultur hätten und diese beispielsweise automatisch beinhalten würde, dass es keinen „Respekt vor Frauen" gebe.

Gleichzeitig wird dabei eine eigene nationale Kultur konstruiert und homogenisiert, eine fiktive monokulturelle Mehrheitsgesellschaft imaginiert (vgl. Natarajan 2019, S. 7) und unterstellt, dass in dieser Gleichberechtigung schon verwirklicht und von jedem verinnerlicht sei.

Zu derlei Kulturalisierungen muss Pädagogik ein Gegenstück sein. Lehrkräfte müssen sich um ein *individuelles* Einfühlen und Verstehen bemühen und sich dafür über die *konkreten* Lebensumstände ihrer Schüler*innen informieren. Dazu gehört auch ein Interesse für die „Kultur", mit der ihre Schüler*innen aufwachsen – im Sinne der *konkreten* Kultur, die in der Familie herrscht und die auch durch spezifische inter- innerfamiliäre Dynamiken mitbedingt sein kann, nicht im Sinne einer scheinbar homogenen Kultur von Flüchtlingen, Muslim*innen, Afghan*innen, Syrer*innen usw. Vor allem gehört dazu aber auch ein Interesse für die politischen Bedingungen, unter denen eine Familie fliehen musste und nun hier lebt – beispielsweise könnten sich Lehrkräfte die Fragen stellen: Gab es rassistische oder politische Verfolgung? Unter welchen Bedingungen fand die Flucht statt? Wie ist der rechtliche Aufenthaltsstatus?

Nur wenn sich Lehrkräfte um solch ein *individuelles* psychosoziales Verstehen bemühen und kulturalisierende Deutungsmuster hinterfragen, können sie eine traumasensible Schulpädagogik leisten. Dafür ist es notwendig, dass sie in ihrer Ausbildung entsprechend professionalisiert werden.

Analog zu diesen Ausführungen über die Notwendigkeit der rassismuskritischen Professionalisierung lässt sich auch für eine geschlechtertheoretische Professionalisierung (angehender) Lehrkräfte argumentieren. Sexismus bzw. Frauenfeindlichkeit funktioniert ähnlich wie Rassismus. In der männlich dominierten Gesellschaft (Connell 1993/2015; Bourdieu 1998/2017) sind sexistische Bilder sowie ein System der männlichen Vorherrschaft „tief in der kulturellen (symbolischen) Ordnung der Gesellschaft und in den weitgehend unbewussten Wahrnehmungs- und Einstellungsmustern der Einzelnen (nicht nur der Männer) verankert" (Pohl 2019).

Für die pädagogische Arbeit haben Geschlechterstereotype die gleichen Auswirkungen wie rassistische Zuschreibungen: Sie verhindern ein individuelles Einfühlen und Verstehen. Wenn beispielsweise aggressives Verhalten von Jungen naturalisierend auf deren Geschlecht zurückgeführt wird, können die individuellen Konflikte und das Leiden, das dahinter steht, nicht verstanden werden (vgl. Müller 2014a, S. 19), ebenso wenn zurückgezogenes oder hochangepasstes Verhalten von Mädchen als natürlich weiblich verklärt wird. Dann geht die Möglichkeit verloren, mentalisierend und traumasensibel darüber nachzudenken, welche Funktionen dieses Verhalten für die individuellen Schüler*innen erfüllt und welche Verletzungen und Konflikte dazu geführt haben.

Besonders im Kontext von sexueller Gewalt können sexistische Zuschreibungen außerdem im Sinne der Nachträglichkeit und der fundamentalen Bedeutung der Erfahrungen *nach* solchen schrecklichen Erlebnissen dazu beitragen, dass die ursprünglichen Erfahrungen ihr ganzes zerstörerisches Potenzial innerpsychisch entfalten (vgl. Sanyal 2016). Auch bei sexueller Gewalt kommt es mit auf die (Beziehungs-)Erfahrungen *danach* an: Gibt es haltende Beziehungen, wird den Opfern geglaubt, erfahren sie Solidarität und Unterstützung oder werden ihre Erfahrungen lächerlich gemacht, wird ihnen Schuld gegeben, machen sie weitere sexistische und übergriffige Erfahrungen?

Sowohl geschlechterstereotype Zuschreibungen als auch sexuelle Gewalt spielen im Kontext von Flucht eine spezifische Rolle. Rassistische Bilder von Geflüchteten sind oft zusätzlich geschlechterstereotyp aufgeladen – worauf beispielswiese die rassistische Rede von den „Kopftuchmädchen und alimentierten Messermännern" (vgl. Roepert 2019) oder das Feindbild von den Geflüchteten als „sexuell übergriffige Fremde" (vgl. *7.5.4Latenter Rassismus*) verweisen. Während hierzulande im Diskurs um „die Flüchtlinge" das projektive Narrativ vom „Flüchtling" als archaischem Mann, Sexisten und Vergewaltiger dominiert, sind Geflüchtete tatsächlich zum Beispiel in Libyen alltäglich von sexueller Gewalt und Folter betroffen (Salloum 2019). Außerdem werden viele Mädchen und Frauen während der Flucht zur Prostitution gezwungen (Rackete und Weiss 2019, S. 23).

Daher sind für die pädagogische Arbeit ohnehin – aber besonders im Kontext von Flucht, sexueller Gewalt und Trauma – neben der rassismuskritischen Professionalisierung auch das geschlechtertheoretische Wissen und die Fähigkeit, reflexiv und geschlechtersensibel zu handeln, für angehende Lehrkräfte von großer Bedeutung.

8.5 Traumapädagogik im Kontext von Flucht und sequenzieller Traumatisierung

> „Ich glaube, dass der Kern jeder Traumatisierung in extremer Einsamkeit besteht. Im äußersten Verlassensein. […] Eine liebevolle Beziehung, die in mancher Hinsicht einfach ‚sicher' ist, wird unerlässlich sein, um überhaupt von einem Trauma genesen zu können."
>
> *Onno van der Hart (im Interview mit Huber 2007, S. 61)*

Traumapädagogik ist ein „Sammelbegriff für die im Besonderen entwickelten pädagogischen Konzepte zur Arbeit mit traumatisierten Kindern und Jugendlichen in den verschiedenen Arbeitsfeldern“ (Kühn 2008, S. 322). Traumapädagogische Arbeit zielt nicht – wie manchmal Psychotherapien – auf die Traumaexposition, also auf die Rekonfrontation mit dem traumatischen Ereignis bzw. mit dem traumatischen Erleben zum Zwecke der Durcharbeitung und Integration, sondern allgemeiner auf die „Unterstützung traumatisierter Mädchen und Jungen[6] im pädagogischen Alltag“ (Weiß 2016, S. 20).

Traumapädagogik ist eine sehr junge Disziplin. Sie entstand Ende der 1990er Jahre (ebd.). Dennoch existieren bereits einige Überblicksartikel, welche die junge Geschichte der Traumapädagogik als eigenständige Disziplin und die weit zurückreichenden Wurzeln in anderen Disziplinen zusammenfassen (vgl. Kühn 2013; Weiß 2013c; Rothdeutsch-Granzer et al. 2015; Weiß 2016). Dem dort beschriebenen Narrativ folgend, war die „Enttabuisierung der sexuellen Gewalt gegen Frauen“ ein wichtiger historischer Bezugspunkt für die Gründung der Disziplin (Weiß 2016, S. 21). Darauf aufbauend beschäftigten sich Pädagog*innen demnach ab Ende der 1980er-Jahre verstärkt mit Fragen der sexuellen Gewalt gegen Kinder und Jugendliche und möglichen Schutzkonzepten für Einrichtungen, um sexuelle Gewalt zu verhindern (ebd.). Der Blickwinkel wurde dann Mitte der 1990er-Jahre auf alle Formen der Gewalt gegen Kinder und Jugendliche erweitert (ebd.). Schließlich führte die Renaissance der Bindungstheorie dazu, dass auch mögliche traumatisierende Inhalte von Bindungsgestaltung diskutiert wurden (ebd., S. 22). Ab dem Jahr 2002 schlug sich diese Entwicklung dann in den ersten explizit traumapädagogischen Veröffentlichungen und Institutionalisierungen nieder (vgl. ebd.).

In Bezug auf den Fokus dieser Arbeit könnte man die sukzessive Themenerweiterung von sexueller Gewalt über jegliche Gewalt hin zu Deprivation und Bindungsstörungen ergänzen um das Thema „Migration und Trauma“, welches seit der gleichnamigen Studie von Zimmermann (2012b) Gegenstand traumapädagogischer Veröffentlichungen ist.

In den letzten 20 Jahren ist eine Reihe von Sammelwerken, Aufsätzen und Monografien unter dem Schlagwort „Traumapädagogik“ erschienen, welche deutliche gemeinsame Schnittmengen, aber auch wesentliche Unterschiede aufweisen. Es lässt sich feststellen, dass analog zu der inflationären Verwendung des Traumabegriffs in den Sozialwissenschaften (Hirsch 2011, S. 9) und zu dem „Traumaboom“ im öffentlichen Diskurs (Becker 2006/2014, S. 8) die Pädagogik

[6] Die Formulierung „Mädchen und Jungen“ sollte in diesem Diskurs kritisch hinterfragt werden: Eine besonders traumavulnerable Gruppe sind intersexuelle Kinder, die u. a. durch die Folgen eines diskursiven Geschlechterdualismus emotional belastet werden (vgl. Schweizer und Richter-Appelt 2012).

das Thema für sich neu entdeckt hat und sich die Disziplin der Traumapädagogik gebildet hat.

Diese Entwicklung sollte aber nicht darüber hinwegtäuschen, dass Pädagog*innen immer schon mit Kindern und Jugendlichen pädagogisch gearbeitet haben, die unter Erfahrungen gelitten haben, die heute als traumatisch bezeichnet werden würden, und dass sie versucht haben, die Kinder und Jugendlichen bei der Überwindung der traumatischen Erfahrungen zu unterstützen. Gleichwohl stand und steht die Pädagogik nicht automatisch an der Seite all jener, die eine bestmögliche Traumabearbeitung gewähren wollen, sondern hat auch selbst immer wieder zu extrem autoritären Methoden gegriffen, die als potenziell traumatisierend gekennzeichnet werden müssen (vgl. Kühn 2013, S. 25 f.; Müller 2014b, S. 395 f.).

Auf jene pädagogischen Überlegungen, bei denen versucht wurde, bestmöglich im traumatischen Prozess zu unterstützen, bezieht sich die heutige Traumapädagogik. Dazu gehören nach Kühn (2013, S. 26) Janusz Korczak (1919/1974), August Aichhorn (1925/1987) sowie Fritz Redl und David Wineman (1979). Weiß (2013c) zählt außerdem zentral Maria Montessori (1914/1968) und Bruno Bettelheim (1950/1979) dazu. Aber die traumapädagogischen Schriften der letzten Jahren reaktualisieren keineswegs ausschließlich diese Klassiker, sondern nehmen – in unterschiedlich starkem Maße – auch Bezug auf Erkenntnisse der Psychotraumatologie, der Sozialen Arbeit, der Bindungstheorie, der Resilienzforschung, der Gesundheitslehre und der therapeutischen Wissenschaften (Weiß 2016, S. 22).

Die wichtigste Bezugstheorie neben den unterschiedlichen pädagogischen Ansätzen ist die Psychotraumatologie. Dabei gibt es keineswegs ein einendes Traumakonzept in der Traumapädagogik, sondern es wird sich von unterschiedlichen traumapädagogischen Autor*innen auf unterschiedliche und sich widersprechende Traumabegriffe und -konzepte bezogen – teilweise in den gleichen Sammelwerken (vgl. z. B. Bausum et al. 2013).

So kommt es auch immer wieder vor, dass sich in traumapädagogischen Schriften affirmativ auf das *PTBS*-Konzept berufen wird und eine (neuro-)biologistische Sicht[7] auf den Menschen und seine Traumata vertreten wird (siehe z. B. Scherwath und Friedrich 2012; Besser 2013; Hensel 2014). Andere Autor*innen schließen sich dagegen der Kritik von u. a. Becker (2006/2014) an und plädieren für die Verwendung des Konzepts *Sequenzielle Traumatisierung* von Keilson (1979/2005) (siehe z. B. Zimmermann 2012b; Kühn 2013; Weiß 2013a; Brandmaier 2015; Zimmermann 2016b).

[7]Zur Kritik an der Deutungsmacht der Hirnforschung siehe bspw. Hasler (2012) und Werbik und Benetka (2016).

Die Verwendung der unterschiedlichen Traumakonzepte ist keineswegs nur eine theoretische Petitesse, sondern aus ihnen folgen auch konkrete Perspektiven für die pädagogische Praxis. Das Wissen darum, dass das Trauma nicht nur unveränderbar in der Vergangenheit liegt, sondern dass die geflüchteten Kinder und Jugendlichen einerseits noch immer vielen äußeren Belastungen ausgesetzt sind (wie möglicherweise einem unsicheren Aufenthaltsstatus, Angst um zurückgebliebene Familienangehörige, emotional gering verfügbare, weil selbst Belastungen ausgesetzte Eltern) und andererseits sich auch die innerpsychische Bedeutung der vergangenen belastenden Erfahrungen noch verändert, macht den pädagogischen Auftrag, Sicherheit und Zugehörigkeit so weit wie möglich zu vermitteln, unmittelbar deutlich. Das Wissen um die mögliche Zerstörung der Repräsentationsfunktion im Trauma, die Kenntnis, dass das Trauma mit unverdaubaren Affekten einhergeht und diese möglicherweise durch *projektive Identifizierungen* in das Gegenüber eingepflanzt werden, unterstreichen den zentralen pädagogischen Auftrag, die Betroffenen und ihre Affekte aushalten zu können, deren Affekte stellvertretend zu verdauen und modifiziert zurückzugeben.

Die Chance der Trauma*pädagogik* mit ihren eingehenden Erfahrungen der alltagsorientierten Beziehungsgestaltung auch mit emotional schwer belasteten Kindern und Jugendlichen liegt darin, ein Gegengewicht zu der in medizinischen und therapeutischen Diskursen häufig herrschenden Pathologisierung des Sozialen zu bilden, wobei es auch in Teilen der Pädagogik Tendenzen zur Pathologisierung des Sozialen gibt und es umgekehrt auch in bestimmten therapeutischen Schulen, speziell in den psychodynamischen, eine Fokussierung auf die Beziehung als heilsames Mittel gibt.

Es wäre positivistischer Irrglaube, anzunehmen, eine neue Disziplin würde nur aus bloßem wissenschaftlichen oder praktisch pädagogischem Fortschritt heraus entstehen. Jede Theorie und jede Methode haben auch einen gesellschaftlichen und oft genug auch einen wirtschaftlichen Hintergrund. Bei der Entstehung der Traumapädagogik scheint es so, dass diese mit dem allgemeinen Trend, schnell alles Belastende und Dramatische als traumatisch zu bezeichnen, einherging. Aus meiner Sicht liegt in der Traumapädagogik dennoch ein emanzipatorisches Potenzial, welches aber nur dann verwirklicht werden kann, wenn der Traumabegriff der Traumapädagogik nicht beliebig oder gar (neuro-)biologistisch pathologisierend ist, sondern wenn er dazu anregt, das Zusammenwirken von äußeren, gesellschaftlichen Prozessen und individuellen Auswirkungen und Leiden in den Blick zu nehmen. Daher braucht die Traumapädagogik Keilsons (1979/2005) Konzept der *sequenziellen Traumatisierung*.

Durch diesen Ansatz lässt sich auch die Relevanz der Trauma*pädagogik* besonders herausstellen: Es geht nicht mehr nur darum, in der Vergangenheit traumatisierte Kinder und Jugendliche bei der Bewältigung von *PTBS*-Symptomen zu unterstützen – es geht darum, inmitten eines sequenziell traumatischen Prozesses pädagogische (Beziehungs-)Erfahrungen zu ermöglichen, die dazu beitragen können, dass sich das traumatische Potenzial vergangener und aktueller Erfahrungen nicht (gänzlich) entfaltet. Die wichtigsten traumapädagogischen Konzepte bieten dabei Orientierung, wie dies gelingen kann.

8.5.1 Die Pädagogik des sicheren Ortes

Die Pädagogik des sicheren Ortes ist ein zentrales Konzept der Traumapädagogik, welches immer wieder in traumapädagogischen Veröffentlichungen aufgegriffen wird. Aus psychoanalytisch pädagogischer Perspektive erinnert das Konzept des *sicheren Ortes* zumindest terminologisch an Bernfelds (1929) *sozialen Ort*. Der *soziale Ort* ist bei Bernfeld ein konzeptioneller Begriff, mithilfe dessen er beschreibt, inwiefern die soziale Herkunft (zum Beispiel des Proletariats oder der Bourgeoisie) den Verlauf der Adoleszenz und die konkrete Ausgestaltung von neurotischen Konflikten prägt. Seine Grundthese ist, dass die „Triebschicksale unbeschadet der Gültigkeit aller Freudschen Mechanismen und Dynamismen je nach dem Milieu, in dem sie ablaufen, ihre eigenartige Prägung [erfahren]“ (ebd., S. 300). In Bernfelds pädagogischem Handeln suchte er nach Möglichkeiten, diesem Zusammenhang etwas entgegenzusetzen, und arbeitete dafür u. a. mit dem Konzept der „auf völliger Freiwilligkeit aufgebaute[n] konsequente[n] Schulgemeinde, in der zu leben sich lohnte, in der man für allen Trotz, Auflehnung und Rebellion ein würdiges Ziel fände“ (Bernfeld 1928/2016, S. 161). Die Schulgemeinde sei eine „Methode, die Liebe und Verständnis vervielfacht wirksam werden lässt“ (ebd., S. 157; vgl. Barth 2019).

An diese Idee der Schulgemeinde knüpft das Konzept der Schule als *sicheren Ortes* an. Das moderne Konzept wurde in der pädagogischen Praxis, konkret von Erzieher*innen der „Rheinische[n] Gesellschaft für Innere Mission und Hilfswerk“, im Jahre 2004 entworfen (Uttendörfer 2005) und vor allem von Kühn (2013) aufgegriffen und weiterentwickelt. Kühn (ebd., S. 33) unterscheidet bei der Umsetzung der Pädagogik des sicheren Ortes drei relationale Ebenen: zwischen den Kindern und der Einrichtung, zwischen den Kindern und den Pädagog*innen und zwischen den Pädagog*innen und der Einrichtung.

Die zentrale Prämisse auf der Ebene Kind – Einrichtung lautet: „Ohne einen äußeren Sicheren Ort kann kein innerer Sicherer Ort entstehen" (Uttendörfer 2006). Kühn (2013, S. 33) führt aus:

> „[Der] erfahrene Verlust von Sicherheit in der äußeren Welt als einem ‚sicheren Ort' zerstört die Wahrnehmung eines inneren Sicherheitsgefühls des individuellen Selbst nachhaltig. Auf dem Weg zur Überwindung dieser Erfahrung bedarf der wieder zu erlangende ‚innere sichere Ort' eines ‚äußeren sicheren Ortes', d. h. verlässliche, einschätzbare und zunehmend zu bewältigende Lebensraum- und Alltagsbedingungen."

Auf der Ebene Kind – Pädagog*in plädiert Kühn (ebd.) für einen „emotional-orientierten Dialog". Er argumentiert, traumatisierte Kinder würden nicht „berechnend" denken, nicht „provozieren" und nicht „unsere Grenzen testen" (ebd.). Stattdessen handelten sie im Sinne individueller Überlebensstrategien (ebd.). Kognitive Appelle an das kindliche Gewissen, unangepasstes Verhalten aufzugeben, seien daher konsequenterweise nutzlos (ebd.). Stattdessen benötigten diese Kinder eine behutsame, geduldige und aushaltende pädagogische Begleitung (ebd.).

Auf der Ebene Pädagog*in – Einrichtung fordert Kühn (ebd., S. 34) schließlich auch für pädagogische Fachkräfte einen „geschützten Handlungsraum". Er betont, dass auch Professionelle nicht „allmächtig" seien und dass ihre Arbeit „mehr als belastend" sei, und warnt eindrücklich vor „Überlastung, Überforderung, Burn-out[8] oder einer Sekundären Traumatisierung" (ebd.).

Was bedeutet das Konzept der *Pädagogik des sicheren Ortes* nun für geflüchtete Kinder und Jugendliche in der Schule? Geflüchtete Kinder und Jugendliche, die aufgrund von Krieg, Verfolgung oder absoluter Armut flüchten mussten, denen keine legalen Fluchtmöglichkeiten zur Verfügung standen und die daher während der Flucht häufig existentielle Ängste und Bedrohungen aushalten mussten und im Ankunftsland unter unsicheren und unübersichtlichen Verhältnissen leben mussten oder müssen, haben die äußere Welt als massiv bedrohlich und unsicher erlebt. Konsequenterweise ist anzunehmen, dass auch ihr inneres Sicherheitsgefühl sensibel verletzt wurde. Das heißt – folgt man Kühn (ebd.) in seiner Argumentation –, sie brauchen daher dringend äußere sichere Orte, die verlässliche, einschätzbare

[8]Der Begriff „Burn-out" als Modewort für Depression wird vielfach kritisch gesehen, weil er nicht klar definiert ist; so verhindert wird, dass Betroffene in Statistiken auftauchen; suggeriert wird, Betroffene seien nur „überarbeitet" und dass langsamer treten, länger schlafen und Urlaub machen daher ausreichende Bewältigungsstrategien seien (vgl. Stiftung Deutsche Depressionshilfe 2011).

und zunehmend zu bewältigende Lebensraum- und Alltagsbedingungen garantieren. Da sie aufgrund der Schulpflicht bald schon einen wesentlichen Teil ihres Alltags in der Schule verbringen, liegt es auf der Hand, dass sich der Auftrag nach einem äußeren sicheren Ort besonders an die Schule richtet (vgl. Rohr 2015, S. 114 f.). Ein sicherer Ort ist grundsätzlich auch eine Voraussetzung dafür, dass Lernen stattfinden kann. „Lernen gelingt dann am besten, wenn es in einem potenziell angstfreien (inneren und äußeren) Raum stattfinden kann" (Hechler 2018b, S. 179).

Allerdings wird schnell ersichtlich, dass die Schulen dies immer nur begrenzt bieten können, da sie beispielsweise nicht verhindern können, dass Kinder und Jugendliche abgeschoben werden oder berechtigte Ängste vor Abschiebung aufgrund eines unsicheren Aufenthaltsstatus aushalten müssen. An diesen politischen Bedingungen kann Pädagogik nichts unmittelbar ändern, wohl aber Solidarität vermitteln. Gerade weil Lehrkräfte in der Schule keinen absolut sicheren Ort bieten können, ist es wichtig, in den Bereichen, in denen Schule Sicherheit bieten kann, diese auch praktisch herzustellen. Dazu gehört auch, dass Lehrkräfte ihre Wut (etwa auf von ihnen als „schwierig" erlebte Schüler*innen, Arbeitsbedingungen, etc.) und den Alltags- und institutionellen Rassismus reflektieren.

Außerdem lässt sich ein möglichst sicherer Ort im Sinne der Traumapädagogik in der Schule durch die Beachtung der Grundsätze der Transparenz und der Partizipation herstellen. Weil die äußeren Umstände der Flucht, ebenso wie die (unmittelbare) Zeit davor und danach, entscheidend von einer Unmöglichkeit, die Lage einschätzen zu können und sich darauf einstellen zu können, geprägt waren (vgl. Abschnitt *3.8Traumatische Sequenzen im Kontext von Flucht*), ist es wichtig, in der pädagogischen Arbeit auf Transparenz zu setzen. Dies kann in allen Schul- und Unterrichtssituationen versucht werden, indem der geplante Ablauf wenn immer möglich verständlich und transparent gemacht wird und viel mit Ritualen gearbeitet wird: Durch immer wiederkehrende Abläufe wird der Schulalltag zunehmend einschätzbarer und daher auch sicherer.

Der andere Grundsatz der Traumapädagogik, *Partizipation*, bedeutet nicht nur, den Ablaufplan transparent zu machen, sondern auch die Möglichkeit zu bieten, ihn (mit) zu bestimmen. Dies kollidiert allerdings möglicherweise mit den institutionellen Zwängen und den klassischen Vorstellungen von Lehrkräften darüber, wer bestimmt, was zu tun ist, und welche Ziele, beispielsweise die Erfüllung von Lehrplänen, zentral zu verfolgen sind. Zudem kann eine zu stark eingeforderte bzw. falsch verstandene Partizipation auch überfordernd sein, wenn kein haltender Rahmen vorgegeben wird und die betroffenen Schüler*innen noch nicht in der Lage dazu sind, einzuschätzen und zu äußern, was sie brauchen. Dennoch kann aus der traumapädagogischen Theorie die Forderung festgehalten werden, betroffenen Schüler*innen zumindest die Möglichkeit zu bieten *auszusteigen*, wenn sie etwas als belastend oder gar als unaushaltbar erleben. Dies bedürfte schulorganisatorischer Maßnahmen, wie beispielsweise der Sicherstellung eines begleiteten sicheren Ortes zusätzlich zum üblichen Klassenzimmer, den Schüler*innen selbstbestimmt aufsuchen könnten, auch wenn Lehrkräfte dies unter den aktuellen Bedingungen möglicherweise vor ein Dilemma stellt, weil sie den Anspruch haben, alle Schüler*innen gleich zu behandeln, und es ihnen schwerfällt, zu beurteilen, wann eine Schüler*in emotional so belastet ist, dass *Sonderrechte* angebracht wären. Die Forderung, dass alle Schüler*innen, unabhängig von ihren emotionalen Belastungen oder erworbenen Traumata, jederzeit das Recht haben sollten, zu entscheiden, wo sie sind und was sie tun, kann in der Tradition der Reformpädagogik (Korczak 1928/2002) und der demokratischen Schulen (Greenberg und Wilke 2014), vorgebracht werden, steht aber im großen Gegensatz zur empirischen Realität in den allermeisten Schulen und den institutionellen Zwängen, denen diese unterworfen sind.

Auch die zweite Ebene von Kühns (2013, S. 33) Konzept, der *emotional orientierte Dialog*, erscheint für geflüchtete Kinder und Jugendliche in der Schule sinnvoll und nötig. Die Fokussierung auf einen *emotional orientierten Dialog* hat möglicherweise eine besondere Relevanz, wenn die betroffenen Kinder und Jugendlichen noch kein oder kaum Deutsch sprechen. Zusätzlich zu damit verbundenen Kommunikationsschwierigkeiten sollten Lehrkräfte sich aber klar machen, dass wesentliche Erfahrungen ihrer geflüchteten Schüler*innen sich möglicherweise ohnehin einem sprachlichen Zugang entziehen, weil sie, wie ausgeführt, nicht symbolisierbar sind (vgl. Abschnitt *3.1Trauma und Konflikt*). Sie brauchen daher umso mehr, quasi doppelt begründet, einen Umgang, der weniger auf kognitive Appelle denn auf emotionale Berührung (ebd.) und eine neue Sprache (ebd., S. 34) setzt. Kühn (ebd.) schreibt:

> „Traumapädagogisches Handeln bedeutet also eine neue gemeinsame Sprache und damit eine veränderte zwischenmenschliche Kommunikation zu entwickeln, und dem Kind einen ressourcenorientierten Zugang zu sich selbst und zu seinen Mitmenschen zu ermöglichen."

Das bedeutet für das Thema dieser Arbeit gedacht: Es geht weniger zentral darum, möglichst schnell Deutsch zu lehren, als darum, eine quasi neue gemeinsame, partiell nonverbale Sprache zu entwickeln, welche eine emotionale Verständigung und zentrale Emotionen wie Sicherheit, Verständnis und Schutz gewährleistet.

Ein *emotional orientierter Dialog* sollte sich in der Schule außerdem in Form einer emotional orientierten Didaktik ausdrücken: Dafür könnte Hechlers (2015)

Konzept des feinfühligen Unterrichtens fruchtbar genutzt werden. Dieses beinhaltet den didaktischen Ansatz eines forschenden Unterrichts, d. h., beispielsweise im naturwissenschaftlichen Unterricht von „vorfindbaren Phänomen der sinnlich erfahrbaren Lebenswelt aus[zugehen] und relativ naiv danach [zu fragen], was es mit diesen Phänomenen auf sich hat“ (Hechler 2018b, S. 182). Allerdings sollte im Traumakontext kritisch überlegt werden, inwiefern der darin vorgesehene „gemeinsame Erkundungs- und Entdeckungsprozess, der immer offen ist für Überraschungen“ (ebd.), im Widerspruch zu einen traumasensiblen Umgang steht, wenn es gerade die hypothetischen Überlegungen und Überraschungen sind, die traumabedingt bedrohlich erlebt werden können (vgl. Ding 2013).

Besonders wichtig erscheint angesichts der empirischen Ergebnisse dieser Arbeit die traumapädagogische Idee der Selbstfürsorge und eines geschützten Handlungsraums für pädagogische Professionelle. Lehrkräfte sind im Vergleich zu anderen Berufsgruppen ohnehin schon überdurchschnittlich hoch psychisch belastet (vgl. Schaarschmidt 2005). Umso wichtiger wäre es, dass sie, wenn sie die häufig emotional belastende Arbeit mit potenziell traumatisierten Kindern und Jugendlichen machen, Strukturen vorfinden, welche sie besonders schützen und stärken.

Die Ergebnisse dieser Arbeit verdeutlichen, dass die Schule momentan offenbar regelmäßig keinen *geschützten Handlungsraum* im Sinne der Traumapädagogik für die Lehrkräfte bietet. Dies zeigt sich besonders deutlich an den mangelnden (personellen) Ressourcen sowie an dem Fehlen eines Raumes, in den die Lehrkräfte ihre eigenen Emotionen einbringen und reflektieren können. Die emotionalen Belastungen der interviewten Lehrkräfte und ihr Leiden unter den momentanen Bedingungen unterstreichen die Notwendigkeit der traumapädagogischen Forderung nach *geschützten Handlungsräumen* für pädagogische Fachkräfte.

8.5.2 Die Fokussierung der pädagogischen Beziehungen

Die Fokussierung der pädagogischen Beziehungen ist ein traumapädagogischer Grundsatz, der immer wieder in den unterschiedlichsten traumapädagogischen Schriften hervorgehoben wird (vgl. Scherwath und Friedrich 2012, S. 80 ff.; Weiß 2013a). Die Bedeutung der pädagogischen Beziehungen für die Traumapädagogik lässt sich mit folgenden vier Zitaten unterstreichen:

> „Alles, was die Anzahl und die Qualität der Beziehungen dieser Kinder steigert, unterstützt ihre Heilung“ (Weiß 2013a, S. 15).

> „Positive Beziehungserfahrungen sind vielleicht der wichtigste Beitrag für eine gelingende Traumabearbeitung“ (ebd., S. 16).

> „Eine liebevolle Beziehung, die in mancher Hinsicht einfach ‚sicher‘ ist, wird unerlässlich sein, um überhaupt von einem Trauma genesen zu können“ (Huber 2007, S. 61).

> „Ohne gute Beziehungserfahrung wird es nicht gehen. Nur wer von anderen lernt, wie sich Sicherheit, Unterstützung, Mitgefühl und Akzeptanz in möglichst allen, auch den dunkelsten Bereichen der eigenen Persönlichkeit anfühlen, wird lernen, sich selbst entsprechend zu behandeln – und eigene Schutzbefohlene ebenfalls“ (Huber 2013, S. 18).

Was bedeutet die Grundidee der Fokussierung der pädagogischen Beziehungen für geflüchtete Kinder und Jugendliche in der Schule? Es ist ein Unterschied, ob ein Kind bzw. eine Jugendliche durch unmittelbar traumatisierende Erlebnisse mit Bezugspersonen beispielsweise durch sexuelle Gewalt von den Eltern traumatisiert ist oder die Traumatisierung im Kontext von Flucht entsteht. Dennoch besteht der „Kern *jeder* Traumatisierung in extremer Einsamkeit, im äußersten Verlassensein“ (Huber 2007, S. 61). Wie im Abschnitt *3.3Trauma und Beziehung* ausgeführt, betrifft das auch geflüchtete Kinder und Jugendliche, ob sie unbegleitet sind oder mit einem Teil ihrer (primären) Bezugspersonen fliehen konnten. Zu ihren zentralen Erlebenswelten gehört in den meisten Fällen der plötzliche Abbruch von Beziehungen zu wichtigen Bezugspersonen und die Erfahrung, dass sie vor existentiellen Bedrohungen und Ängsten von ihren Bezugspersonen nicht ausreichend geschützt werden konnten. Da ihre potenziell traumatischen Erfahrungen immer zentral mit nicht ausreichend guten und/oder plötzlich abgebrochenen Beziehungserfahrungen zusammenhängen, sind auch neue kontinuierliche und haltende Beziehungserfahrungen auch aus Sicht der Traumapädagogik das entscheidende Mittel zur Unterstützung. Sie richten unbewusst diesen Auftrag des Gehalten- und Geschützt-Werdens, der Stabilität und Verlässlichkeit an ihre neuen pädagogischen Bezugspersonen oder (falls die Repräsentationsfähigkeit so weit zerstört wurde, dass dies nicht gelingt) sind auf der diffusen Suche nach Resonanz, nach *Containment* und nach Beziehungspartner*innen, die sie und ihre Erlebnisse aushalten können.

Bei der Begründung für die Notwendigkeit der Fokussierung der pädagogischen Beziehungen wird sich in der traumapädagogischen Literatur oft implizit und auch explizit auf das Konzept der *korrigierenden emotionalen Erfahrung* berufen, welche diese Beziehungen ermöglichen sollen (vgl. Neudecker 2019, S. 212). Neudecker (ebd.) betrachtet dies als ein Beispiel dafür, dass sich in der Traumapädagogik oft auf psychoanalytische Konzepte bezogen wird, „dies aber teilweise in verkürzter Form geschieht“. So wird dabei beispielsweise nicht theoretisch reflektiert, dass Alexander (1950), auf den das Konzept zurückgeht, dabei einerseits ein therapeutisches Setting und andererseits neurotische Konflikte und emotionale Belastungen vor Augen hatte, die nach heutiger konzeptueller Schärfung der Begriffe nicht als traumatisch zu bezeichnen wären (vgl. Abschnitt *3.1Trauma und Konflikt* und *4. Reinszenierung und Wiederkehr belastender und traumatischer Erfahrungen in den pädagogischen Beziehungen*). Es bleibt so in der aktuellen Literatur eine Leerstelle, was *korrigierende Beziehungserfahrungen* im Traumakontext bedeuten. Vor dem Hintergrund der theoretischen Überlegungen und empirischen Ergebnisse dieser Arbeit ließe sich dazu Folgendes skizzieren:

- Pädagogische Beziehungsangebote sind im Kontext potenzieller Traumatisierungen von fundamentaler Bedeutung, weil sie der traumabedingten Einsamkeit entgegenwirken.
- Beziehungsarbeit muss ein wesentlicher Teil der Traumaarbeit sein, weil das Trauma immer auch durch Beziehungserfahrungen zum Trauma werden konnte bzw. zu werden droht. Ein Trauma lässt sich durch die Zerstörung der Repräsentationsfähigkeit kennzeichnen, dazu kommt es besonders wahrscheinlich, wenn die verinnerlichten (positiven) Objektrepräsentanzen zerstört wurden. Oftmals ist nicht die *unmittelbare Katastrophe* entscheidend, sondern das Versagen des *Containments* danach: dass es keine anwesende Bezugsperson gibt, welche die Alphafunktion übernimmt und hilft, die potenziell traumatischen Erlebnisse zu verdauen.
- Alles, was die Symbolisierungsfähigkeit fördert, wirkt dem Trauma, welches die Repräsentations- und Symbolisierungsfähigkeiten angegriffen oder zerstört hat, entgegen. Dies sollte daher ein wesentlicher Bestandteil traumapädagogischen Arbeitens sein.
- Darüber hinaus wird es innerhalb der pädagogischen Beziehungen stets darum gehen, den anderen und seine Affekte aushalten zu können.
- Eine korrigierende emotionale Beziehungserfahrung im Kontext (potenzieller) Traumatisierungen zeichnet sich folglich vor allem dadurch aus, dass in dieser *Containment* erfahren werden kann, was in Beziehungen zuvor versagt wurde – und durch sie die zuvor unaushaltbaren Affekte modifiziert werden können. Geschieht dies kontinuierlich und verlässlich, kann auch in dem betroffenen Kind nach und nach wieder eine *Alphafunktion* aufgebaut werden.

Dies ist ein enorm hoher Anspruch an Lehrkräfte. Die traumapädagogischen Autor*innen formulieren das Ziel der Fokussierung der pädagogischen Beziehungen aus dem Selbstverständnis der stationären Kinder- und Jugendhilfe. Für Lehrkräfte dürfte diese Schwerpunktsetzung regelmäßig Widersprüche auslösen: Auch wenn die pädagogische Beziehungsarbeit ein zentraler Teil des komplexen Lehrkräfteberufs ist, wird dieser Aspekt, wie ausgeführt, in der momentanen Professionalisierung von Lehrkräften vernachlässigt.

Dazu kommt, wie die empirischen Ergebnisse diese Arbeit zeigen, dass im Zusammenspiel mit den im traumatischen Prozess der Schüler*innen in den Lehrkräften ausgelösten Emotionen die Lehrkräfte diese *institutionalisiert abwehren*, indem sie sich regelmäßig auf die Rolle der reinen Wissensvermittler*innen zurückziehen. Daraus folgt, dass es zur Umsetzung dieses traumapädagogischen Fokus zum einen, wie beschrieben, eine Stärkung des Pädagogischen in der Professionalisierung von Lehrkräften bräuchte, und zum anderen, dass es auch für die Fokussierung der pädagogischen Beziehungen im Schulalltag einen geschützten Handlungsraum für Lehrkräfte und ein regelmäßiges Supervisionsangebot braucht. Dies verdeutlicht erneut, dass einzelne Aspekte der pädagogischen Konsequenzen dieser Arbeit ohne die anderen kaum umzusetzen sind.

8.5.3 Die Annahme des guten Grundes

Im Zentrum der Traumapädagogik steht eine gemeinsame, traumasensible Haltung, die mit der „Annahme des guten Grundes" auf den Punkt gebracht wird (Weiß 2016, S. 23). Gemeint ist damit die Annahme, dass das Verhalten des Kindes entwicklungsgeschichtlich verstehbar ist als eine „normale" Reaktion auf eine außerordentliche Belastung (ebd.). Oder kurz: „Alles, was ein Mensch zeigt, macht Sinn in seiner Geschichte!" (ebd.). Die zentrale Bedeutung dieser Grundhaltung wird dadurch unterstrichen, dass sie den „Standards für traumapädagogische Konzepte in der stationären Kinder- und Jugendhilfe" der BAG Traumapädagogik (Lang et al. 2013) vorangestellt ist. Dort heißt es:

> „Viele der Verhaltensweisen, mit denen Jungen und Mädchen auf Traumatisierungen reagieren, sind für die PädagogInnen und die anderen Kinder und Jugendlichen in der Gruppe belastend. Dabei geht die notwendige Wertschätzung und Würdigung der Verhaltensweisen der Kinder und Jugendlichen als Überlebensstrategien verloren" (Lang et al. 2013, S. 87).

Hier zeigen sich erneut die psychoanalytischen Wurzeln der Traumapädagogik. Denn es ist auch die psychoanalytische Grundannahme, dass das Verhalten von Menschen nicht zufällig ist, sondern dass es dafür lebensgeschichtliche und (daraus resultierende) innerpsychische Gründe gibt. Die Psychoanalyse bietet auch die Theorie und das begriffliche Instrumentarium dafür, zu erklären, wie das jeweilige Verhalten aus der Lebensgeschichte resultiert und wieso dies häufig belastend für andere sein kann – etwa mit der Idee von *Reinszenierungen* (siehe Kapitel 4) oder der Theorie von dem Abwehrmechanismus „Identifikation mit dem Aggressor" (Auchter und Strauss 2003, S. 88; Laplanche und Pontalis 2008, S. 224).

In den „traumapädagogischen Standards" (Lang et al. 2013, S. 87) heißt es weiter:

> „Würdigung und Wertschätzung dieser notwendig gewordenen Verhaltensweisen sind ein entscheidender erster Schritt, den Kindern und Jugendlichen zu ermöglichen, ihr belastendes Verhalten im Kontext seiner Notwendigkeit zu reflektieren und möglicherweise alternative Verhaltensweisen zu entwickeln: [...] ‚Ich könnte mir vorstellen, Du machst das, weil ...!?'"

Auch dieser Vorschlag des Vorgehens kann analog zu der Idee des Deutens (Auchter und Strauss 2003, S. 59; Laplanche und Pontalis 2008, S. 117) in der Psychoanalyse gelesen werden.

Die eingänglichen Bezeichnungen der Traumapädagogik (der *gute Grund*, der *sichere Ort* etc.) sollten nicht dazu führen, dass die Vorstellung entsteht, man könne diese mal eben so im Sinne eines Zwölf-Punkte-Plans umsetzen. Eine Voraussetzung zur Etablierung der Annahme eines *guten Grundes* ist aus meiner Sicht, dass es einen Raum und eine Methode gibt, durch die Lehrkräfte dabei unterstützt werden, Gründe für das Verhalten ihrer Schüler*innen zu entschlüsseln, und gleichzeitig dabei unterstützt werden, es auszuhalten, wenn diese Gründe (noch) nicht erkennbar sind. Das bedeutet, auch hierfür bedarf es als Voraussetzung Supervision, Intervision oder einer Methode kollegialer Fallreflexion.

Darüber hinaus liegt die spezifische Herausforderung bei der Übertragung des Konzepts auf die Schule darin, Lehrkräften Anregungen dafür zu geben, wie sie ihren Unterricht so gestalten können, dass abweichendes Verhalten nicht den Unterricht unmöglich macht. Das belastende Verhalten nehmen die Lehrkräfte vor allem als Unterrichtsstörungen wahr. Erfahrungsgemäß hilft ihnen die Forderung, sich klarzumachen, dass ihre Schüler*innen lebensgeschichtlich gute Gründe für das sie störende Verhalten haben, nur begrenzt, wenn ihr

Unterricht darauf aufbaut, dass alle Schüler*innen ruhig an ihren Plätzen sitzen und zuhören. Das bedeutet, die Umsetzung der *Annahme des guten Grundes* sollte in der Schule mit einer Didaktik einhergehen, die das Emotionale miteinbezieht (vgl. Warzecha 1997; Hechler 2015; Reiser 2016; Hechler 2018b, siehe auch Abschnitt 8.2 und 8.5.1), und mit einem offenen Unterricht, der *binnendifferenziert* und *individualisiert* ist.

8.5.4 Die Pädagogik der Selbstermächtigung

Als handlungsleitender Inhalt der traumapädagogischen Praxis hat sich außerdem das Konzept der *Pädagogik der Selbstermächtigung* herauskristallisiert (Weiß 2016, S. 23). Weiß (2013b, S. 167) definiert *Selbstermächtigung* als „Befreiung von Abhängigkeit und Ohnmacht". Kinder und Jugendliche, die in

> „extremer Weise Objekt von Bedürfnissen von Erwachsenen waren, brauchen eine Unterstützung, die sie in die Lage versetzt, sich aus Abhängigkeit zu befreien und Subjekt ihres Lebens zu werden" (ebd.).

Dies lässt sich nach Weiß (ebd., S. 169) in Hinblick auf Kinder und Jugendliche in Einrichtungen der Jugendhilfe mithilfe der Förderung des Selbstverstehens, der Unterstützung der Selbstakzeptanz, der Sensibilisierung für Körperempfinden und Gefühle, der Förderung der Selbstregulation und der Förderung der Körperwahrnehmung umsetzen.

Häufig ebenfalls unter den Aspekt der Selbstermächtigung subsumiert wird in der Traumapädagogik ein hilfreicher Umgang mit Dissoziationen (vgl. ebd.). Dissoziationen (vgl. Abschnitt *3.4Trauma und Dissoziation*) können sich in der Schule beispielsweise so äußern, dass traumatisierte Schüler*innen plötzlich wie abwesend und erstarrt wirken, dass sie von schrecklichen Erlebnissen scheinbar emotionslos berichten oder dass sie von Emotionen überflutet werden, ohne dass ersichtlich ist, worauf diese reagieren und sie auch selbst nicht wissen, woher diese gerade kommen.

In diesen Momenten ist einerseits eine stabile Lehrkraft-Schüler*in-Beziehung wichtig, die im Idealfall ein *Containment* ermöglichen kann. Andererseits ist es wichtig, dass Lehrkräfte in den konkreten Situationen die Not der betroffenen Schüler*innen erkennen und diese, wenn sie von unaushaltbaren Erinnerungen oder Gefühlen überflutet werden oder erstarrt sind, bei einer schnellen Stabilisierung und Verankerung in der Gegenwart unterstützen. Laut Reddemann et al. (2019, S. 158) haben sich beispielsweise in der Praxis dafür folgende drei Übungen bewährt:

1. Nenne mir fünf Dinge in diesem Raum, die grün/gelb/rot/blau etc. sind.
2. Nenne mir fünf Dinge, die du auf dem Tisch/auf dem Boden/an der Wand/an der Decke siehst.
3. Nenne mir fünf/vier/drei/zwei Dinge, die du jetzt sehen/hören/riechen/fühlen/schmecken kannst.[9]

Über diese konkreten praktischen Handlungsmöglichkeiten, die in traumapädagogischen Lehramtsseminaren und Fortbildungen vermittelt werden sollten, lässt sich die grundlegende Idee der Pädagogik der Selbstermächtigung, die Befreiung aus Ohnmacht und die Unterstützung, Subjekt des eigenen Lebens zu werden, auch in der Schule aufgreifen. „Erst durch Bildung wird es dem Menschen möglich, sein Verhältnis zu sich und zur Welt zu bedenken, zu überdenken und reflexiv zu gestalten" (Hechler 2018b, S. 175). Notwendig dafür ist, dass Schule und Lehrkräfte politisch werden: Die Unterstützung der Selbstermächtigung geflüchteter Kinder und Jugendlicher kann nur dann gelingen, wenn die mit ihnen arbeitenden Pädagog*innen die politischen Verhältnisse anerkennen, welche diese Kinder zu Objekten gemacht haben und die verhindern, dass sie sich aus Abhängigkeiten befreien und zu Subjekten ihres Lebens werden. Hier war es kein einzelner Erwachsener, der das Kind zum Objekt seiner Bedürfnisse gemacht hat, sondern gesellschaftspolitische Verhältnisse, die den Menschen zu einem erniedrigten, geknechteten, verlassenen, verächtlichen Wesen[10] gemacht haben.

Traumabearbeitung mit geflüchteten Kindern und Jugendlichen erfordert immer auch eine politische Auseinandersetzung, Anerkennung und Solidarisierung mit ihrem Leiden. Dafür ist es, wie ausgeführt, notwendig, dass Lehrkräfte rassismuskritisch professionalisiert werden. Darüber hinaus können sie auch politisch werden und die Umstände, unter denen geflüchtete Schüler*innen häufig leiden (keine legalen Fluchtrouten, eingeschränkter Familiennachzug, unsicherer Aufenthaltsstatus, ständige Angst vor Abschiebung etc.), solidarisch anerkennen. Schulen können „Schule ohne Abschiebung"[11] und „Schule ohne Rassismus"[12] werden und so zumindest ein Zeichen der Solidarität setzen.

---

[9] Im Original sind die Sätze siezend für die psychotherapeutische Praxis mit Erwachsenen formuliert, ich habe sie hier für den Schulkontext (duzen) umformuliert.

[10] Formulierung in Anlehnung an Marx (1843, S. 385).

[11] Zukunft für Alle – Schule ohne Abschiebung, https://www.schule-ohne-abschiebung.org/.

[12] Schule ohne Rassismus – Schule mit Courage, https://www.schule-ohne-rassismus.org/.

Gleichzeitig ist es hier wichtig, dass die Lehrkräfte keine omnipotenten Fantasien entwickeln und damit möglicherweise den Schüler*innen implizit falsche Versprechen machen. Sie können den Schüler*innen mit einer solidarischen verstehenden Haltung begegnen, aber die politischen Verhältnisse nicht unmittelbar umkehren. Mehr noch: Dieser sehr idealistische Ansatz der Pädagogik in der Traumapädagogik steht im Widerspruch zu den gesellschaftlichen *Funktionen der Schule* (Abschnitt 5.1). Schule hat nicht ausschließlich das Ziel, jeden Menschen zur Selbstermächtigung zu befähigen, sondern schränkt oft genug auch aufgrund der strukturellen Bedingungen der Institution Schule individuelle Entwicklungen ein – zum Beispiel durch das Nutzen der *Selektionsfunktion* und die Zementierung der gegebenen gesellschaftlichen Hierarchien. Die Forderung nach einer *Pädagogik der Selbstermächtigung* allein dürfte daher wenig bewirken. Zur Umsetzung dieses Konzepts bräuchte es letztlich gesellschaftliche und politische Kämpfe, die die gegebenen Bedingungen selbst in Frage stellen müssten.

8.5.5 Traumapädagogik und Schule

Auch wenn die Konzepte der Traumapädagogik ursprünglich in der Jugendhilfe entwickelt und erprobt wurden, gibt es inzwischen auch einige Veröffentlichungen, die sich explizit mit der Traumapädagogik in der Schule auseinandersetzen (Ding 2013, 2014; Möhrlein und Hoffart 2014; Lang 2015; Jäckle 2016; Zimmermann 2016b; Jäckle und Bendel 2017; Schwarz 2017; Shah 2017; Abt 2018; Müller 2020).

Ding (2013, S. 57) verdeutlicht (bei affirmativer Verwendung des *PTBS*-Konzepts), dass psychische Traumatisierungen Einfluss auf alle Lebensbereiche von Kindern und Jugendlichen haben und somit natürlich auch auf die schulische Situation. Auch Jäckle (2016, S. 154) betont, dass traumatische Lebenserfahrungen die „gesamte Persönlichkeit“ erfassen würden und daher oftmals mit „Leistungsbeeinträchtigungen und Lernunfähigkeit“ einhergingen. Traumatisierte Schüler*innen bräuchten daher besondere Umgangsformen und Orte, um wieder ins Lernen zu kommen (Ding 2013, S. 57). Ding (ebd., S. 56 f.) macht klar, dass das häufig aus traumatischen Erfahrungen resultierende Verhalten in der Schule – unkonzentriert sein, leicht ablenkbar sein, aggressiv sein – zu negativ verlaufenden Schulkarrieren führen würde, die geprägt seien von Klassenwiederholungen, Schulwechseln und Schulabbrüchen. Möglicherweise sei die Lernfähigkeit infolge des Traumas eingeschränkt, weil die Unsicherheit hypothetischer Überlegungen im Lernprozess nicht ausgehalten werden könnte (ebd., S. 58). Dazu komme, dass auch die Bindungsdynamik traumatisierter Schüler*innen so erschüttert sei, dass es ihnen schwerfalle, Nähe zuzulassen (und/oder Distanz auszuhalten, könnte man hinzufügen) und stabilisierende Bindungen aufzubauen (ebd.). Infolgedessen würden sie möglicherweise eine ablehnende Haltung der Lehrkräfte ihnen gegenüber provozieren (ebd., S. 59 f.). Auch Möhrlein und Hoffart (2014, S. 92) schreiben von traumatisch bedingten Schwierigkeiten bei Gedächtnisleistungen, Konzentrationsfähigkeit und der Fertigkeit, Aufgaben zu zergliedern und nach Plan anzugehen: In Anbetracht der ständigen Fokussierung auf das Überleben im Hier und Jetzt sei es nicht verwunderlich, dass „sequenziell traumatisierte Kinder sich schwer damit tun, sich auf die Schule zu konzentrieren, schulische Aufgaben zu zergliedern oder sich gar für langfristige abstrakte Bildungsziele zu motivieren" (Möhrlein und Hoffart 2014, S. 92).

Diese Zusammenhänge zwischen Lernschwierigkeiten, schlechten Schulleistungen, störendem Verhalten im Unterricht und den Auswirkungen des Traumas auf die Lernfähigkeiten, den traumabedingten Verhaltensweisen werden von den Lehrkräften, da sie traumatheoretisch kaum professionalisiert sind, selten erkannt – und selbst wenn der Zusammenhang intuitiv vermutet wird, hat die Schule momentan darauf regelmäßig kaum eine andere Antwort, als Gutachtenverfahren für sonderpädagogischen Förderbedarf einzuleiten. So erzählt beispielsweise Frau Behrens im Interview mit mir von ihrer Schülerin Amelie, die auf der Flucht von ihrer Mutter getrennt wurde:

> „[...] aber trotzdem, Amelie hindert das sehr, sehr, sehr am Lernen. Sie kann sich selten auf die Schule konzentrieren, sie wird jetzt ein Gutachten im Bereich geistige Entwicklung bekommen, das heißt – früher hieß das geistig behindert (.) – einfach so, weil ich glaube, dass sie dieses ganze Drumherum einfach nicht verarbeiten konnte. [...] Amelie bräuchte halt zum Beispiel tiefergreifende Hilfe. Wenn Amelie die bekommen hätte, wäre es vielleicht auch nicht zu diesem Gutachten gekommen. Sie schafft wirklich nicht, sich einfachste Sachen zu merken, sie bemüht sich (.), aber (.) ich glaube, es liegt daran, dass sie halt wirklich emotional absolut nicht auf der Höhe ist. [...] Amelie spricht nach zwei Jahren, sie muss jetzt voll bewertet werden, das heißt, sie kriegt ganz normal Noten nach nur zwei Jahren. **Interviewer:** Mhm (bejahend). **Frau Behrens:** Und mh, sie spricht immer noch kaum Deutsch."

Ding (2013, S. 60) bemängelt, dass in der Schule häufig vergessen werde, dass sozial-emotionales Lernen „genauso zu den professionellen Aufgaben" gehöre wie das Lehren kognitiver Inhalte. Das sei besonders fatal, da die Schule einen immensen Einfluss auf die Gesamtentwicklung eines Kindes habe (ebd.). Dies gilt umso mehr für geflüchtete Kinder und Jugendliche, für welche die Schule häufig Deutschland und das Leben, das es ihnen bietet – oder auch nicht –, repräsentiert.

Die Bedeutung der Schule allgemein unterstreicht auch Jäckle (2016, S. 154):

> „Schule ist ein möglicher Ort, an dem biografisch schwer belastete Kinder und Jugendliche Erfahrungen von Stärkung, von sozialer Akzeptanz und Werthaftigkeit, von Sinnstiftung und Ich-Erfahrung machen können und damit eine stützende ‚Gegenwelt' gegenüber tiefer Vereinsamung und sinnhafter Zerstörung erleben können. Schule kann aber auch Lebenschancen vereiteln, Selbstwertkrisen auslösen, Eigensinn normieren, ›Bildungs‹ standards setzen, Ängste schüren, durch Zwänge reglementieren und dabei verletzende Ausschlüsse praktizieren, so dass Schule für traumatisierte junge Menschen letztlich Chance wie auch Risiko sein kann."

Möhrlein und Hoffart (2014, S. 93) plädieren dafür, dass sich die Schule dieses Themas explizit annimmt: Schule dürfe Traumatisierungen und deren Folgen nicht in die therapeutische Schublade legen, sondern müsse sich um pädagogische Antworten und Handlungsmöglichkeiten im Umgang mit traumatisierten Kindern und Jugendlichen bemühen (ebd.).

Aus Dings (2013, S. 60) Sicht sollten die primären pädagogischen Ziele der Schule „Stabilisierung, Vertrauensaufbau und Kontinuität" sein. Dies gelinge, indem die Schule vor allem Struktur gebe: Zeitstruktur, Raumstruktur, Beziehungsstruktur und Sprachstruktur (ebd., S. 60 ff.). Sie macht dabei sehr konkrete Vorschläge, wie dies in Schulen umgesetzt werden könnte (ebd., S. 61 ff.). Sie schlägt vor, viel mit Ritualen zu arbeiten und so auf einen klar strukturierten Rahmen zu setzen, der vor unvorhersehbaren Momenten so weit wie möglich schützt (ebd.). Es solle außerdem immer gut sichtbare und besprochene Tagespläne geben, die für Transparenz und Vorhersehbarkeit sorgen (ebd.). Auch Lang (2015, S. 45 ff.) schließt sich der Argumentation an und fordert, auf Übersichtlichkeit zu achten und beispielsweise auf überfüllte offene Regale, zu viele Bilder und Plakate zu verzichten.

Diese Vorschläge passen auch für geflüchtete Schüler*innen inmitten des potenziell sequenziell traumatischen Prozesses gut. Da ihre belastenden Erfahrungen, wie ausgeführt, von Unvorhersehbarkeit geprägt waren, ist es besonders wichtig, nun in der pädagogischen Arbeit für Transparenz zu sorgen (vgl. Abschnitt 3.8 und 8.5.1). Dazu kommt, dass für sie im Ankunftsland möglicherweise ohnehin vieles neu und ungewohnt ist und zusätzlich auch aufgrund von Sprachbarrieren anfänglich besonders schwer zu durchschauen ist: ein Grund mehr, so gut wie möglich für klare Strukturen durch Rituale zu sorgen.

Ding (2013) spart allerdings den – möglicherweise im schulischen Kontext konflikthaften – Punkt der Partizipation, der Möglichkeit, nicht nur vorherzusehen, was als Nächstes passiert, sondern auch darüber (mit-)bestimmen zu können, ob etwas passiert oder nicht, in ihren Überlegungen aus. Lang (2015, S. 34 f.) fordert zwar, in der Schule Partizipation zu ermöglichen, und schreibt schlicht:

„Partizipation kann auch in der Schule verwirklicht werden" (ebd., S. 36) – diskutiert aber nicht kritisch, inwiefern dies mit der üblichen Schulpraxis und den normativen und widersprüchlichen Anforderungen an Schule zu vereinbaren ist (vgl. Abschnitt *5.1Die Funktionen der Schule*).

Unter den Aspekten *Beziehungsstruktur* und *Sprachstruktur* betont Ding (2013, S. 63, 65) besonders den Aspekt des Lobes. Traumatisierten Schüler*innen sollte unbedingt ermöglicht werden, Erfolgserlebnisse zu haben, ihnen sollten verstärkt positive Rückmeldungen gegeben werden. Auch wenn Lob oft nicht angenommen werden könne (ebd., S. 63), bräuchten sie es im besonderen Maß (ebd., S. 65). Auch wenn die Bedeutung positiv erlebter Erfolgserlebnisse in der Schule offenkundig ist, würde ich diese Überlegungen gerne ein Stück weit mit den Ausführungen von Schwarz (2017) ergänzen bzw. kontrastieren. Schwarz (ebd.) zeigt anhand eines Fallbeispiels, inwiefern die Fokussierung auf *das Positive* in der Schule auch sehr problematisch sein kann. Es signalisiert den Kindern und Jugendlichen zugespitzt, dass man in der Schule fröhlich zu sein habe und dass das Belastende und Traumatische hier keinen Platz habe. Dies ist gerade dann so, wenn Lehrkräfte versuchen würden, „Negatives – und in der Folge ein wiederum belastendes Wiedererleben der Kinder – insgesamt aus der Interaktion herauszuhalten" (ebd., S. 193). Schwarz (ebd.) interpretiert dies in der von ihr analysierten Fallgeschichte als Abwehr der Lehrerin gegen die eigene emotionale Betroffenheit, als „Vermeidungsverhalten aus Angst vor negativen Emotionen". Das von der Lehrerin überbetonte Loben der traumatisierten Schüler*innen interpretiert sie als Versuch des „Weglobens" und infolgedessen als Tabuisierung von allem nicht Positiven (ebd., S. 196 f.).

Mit Ding (2013) und Schwarz (2017) zusammen lässt sich festhalten: Traumatisierte Schüler*innen befinden sich in Kreisläufen von Misserfolgen (Ding 2013, S. 63), daher ist es besonders wichtig, ihnen Erfolgserlebnisse zu ermöglichen und sie die Erfahrung machen zu lassen, gut zu sein und gelobt zu werden. Gleichzeitig sollte dieser Anspruch nicht übergeneralisiert werden: Vermeidung von emotional Belastendem stellt eine wesentliche Abwehrreaktion bei Traumatisierungen dar (Schwarz 2017, S. 193). Es ist für eine möglichst heilsame Beziehung also unbedingt vonnöten, zu signalisieren, dass auch Belastendes und Schwieriges thematisiert oder in Szene gesetzt werden darf, dass dies ausgehalten werden kann, um so zu versuchen, die Erfahrungswelten der belasteten oder traumatisierten Schüler*innen ein Stück weit zu enttabuisieren. Positive Erlebnisse zu ermöglichen und gleichzeitig Negatives zuzulassen, es nicht herunterzuspielen, zu bagatellisieren und zu verleugnen, stellt demnach eine Kernkompetenz für

Lehrkräfte im Unterricht mit potenziell traumatisierten Schüler*innen dar. Voraussetzung dafür ist die Reflexion eigener emotionaler Verstrickungen zum Beispiel mithilfe von Supervision.

Zimmermann (2016b, S. 165 ff.) spricht in diesem Zusammenhang von der Reflexionsfähigkeit als „zentrale[m] Aspekt von Professionalisierung in der Arbeit mit schwer belasteten Kindern und Jugendlichen". Auch Jäckle (2016, S. 157) betont, dass „einfache behavioral reduzierte Handlungsmanuals" dem pädagogischen Auftrag in der Arbeit mit potenziell traumatisierten Schüler*innen nicht gerecht werden könnten und Lehrkräfte stattdessen eine Reihe psychosozialer Basiskompetenzen (wie Reflexionsfähigkeiten, soziale und systemische Kompetenzen) sowie psychotraumatologisches Wissen benötigten. Möhrlein und Hoffart (2014, S. 96) fordern, dass bereits in der universitären Lehrkräftebildung „Grundlagen der Psychotraumatologie" fester Bestandteil aller Lehramtsrichtungen sein sollten.

Shah (2017, S. 73) betont in einem Beitrag explizit zu geflüchteten Kindern und Jugendlichen in der Schule außerdem die Aufgabe von Lehrkräften, ihre Schüler*innen vor „fremdenfeindliche[n], diskriminierende[n] Äußerungen" zu schützen. Die empirischen Daten dieser Arbeit verdeutlichen, dass eine Voraussetzung dafür die rassismuskritische Professionalisierung der Lehrkräfte selbst ist (vgl. Abschnitt *7.5.4Latenter Rassismus* und *8.4Rassismuskritische Professionalisierung von (angehenden) Lehrkräften*).

8.5.6 Traumapädagogik mit geflüchteten Kindern und Jugendlichen

Es liegen außerdem erste Veröffentlichungen von traumapädagogischen Autor*innen vor, die sich explizit mit Geflüchteten auseinandersetzen (Zimmermann 2012b; Baierl 2014; Kühn und Bialek 2016; Gahleitner et al. 2017; Sänger und Udolf 2017; Hendrich 2018; Link und Kramer 2019).

Baierls (2014) Kernthese ist, dass durch Migration zwei oder mehrere verschiedene Kulturen aufeinandertreffen und es daher in der Pädagogik besonderer interkultureller Fähigkeiten bzw. einer gesteigerten „Kultursensibilität" bedürfe. Er schreibt von „Migration und [der] damit verbundene[n] Mischung von Kulturen" (ebd., S. 239) und fordert „Kultursensibilität zum Beispiel durch interkulturell besetzte und/oder speziell geschulte Teams" (ebd., S. 245). Mitarbeiter*innen sollten die Herkunftsländer würdigen können und gleichzeitig Hilfe anbieten, „sich in der deutschen Kultur zu verorten" (ebd., S. 245). Baierl geht offensichtlich davon aus, dass Menschen aus unterschiedlichen Ländern quasi automatisch unterschiedlichen Kulturen angehören und dass Menschen, die im gleichen Land leben und geboren sind, umgekehrt automatisch der gleichen Kultur angehören – so spricht er etwa von *der* „deutschen Kultur" (ebd., S. 245). Durch diese Unterscheidungen seien besondere interkulturelle Fähigkeiten zum Verständnis nötig. Damit verschleiert er, dass Menschen nicht einfach anders sind, sondern – wie ausgeführt (vgl. Abschnitt 7.5.4 und 8.4) – einiges tun, um sich voneinander zu unterscheiden.

Es kann, so wie in jedem pädagogischen Setting, auch im Kontakt mit Geflüchteten zu kulturellen Missverständnissen und Verwirrungen kommen und es ist eine wichtige Fähigkeit von Lehrkräften, sich dem, was ihnen fremd ist, verstehend nähern zu können (im Inneren und Äußeren). Anstatt Pädagog*innen aber darauf einzustellen, dass da kulturell ganz andersartige Menschen kommen und es daher besonderer Fertigkeiten zur Integration bedürfte, wäre es wichtiger, sie für ihren eigenen Rassismus zu sensibilisieren, also dafür, warum sie etwas als *fremd* und *anders* wahrnehmen und wie sie damit umgehen könnten, um ein individuelles Verstehen nicht von vornherein durch eine kulturalisierende, homogenisierende Sichtweise zu verzerren.

Die Kulturdifferenz-Ausführungen sind der Mittelpunkt der Überlegungen von Baierl (2014). Darüber hinaus fordert er aber ebenfalls im Sinne der Traumapädagogik besondere Anstrengungen zur „Schaffung eines Raumes, der auch unter den Belastungen und Wirrungen der Entscheidung über eine Aufenthaltsgenehmigung als sicher erlebt werden kann" (ebd., S. 246). Da auch Baierl (ebd.) weiß, dass dies unter den gegebenen Bedingungen nur begrenzt möglich ist, fordert er schließlich auch „langfristig politische Arbeit und letztendlich die Veränderung des deutschen Asyl- und Ausländerrechts in Übereinstimmung mit dem Haager Minderjährigenschutzabkommen sowie der UN-Kinderrechtskonvention" (ebd., S. 247).

Kühn und Bialek (2016) stellen in ihrer Monographie die klassischen traumapädagogischen Ansätze vor und beziehen diese an vielen Stellen stärker explizit auf die Gruppe geflüchteter Kinder und Jugendlicher. Sie betonen, dass das Thema „Menschen auf der Flucht" sehr polarisiert und sich dadurch latenter – und auch offener – Rassismus quer durch alle gesellschaftlichen Gruppen offenbart (vgl. ebd., S. 25). Pädagog*innen, die mit Geflüchteten arbeiten, müssten daher auch ihre eigenen hilfeorientierten Handlungsmotive fortwährend reflektieren (ebd., S. 27). Kühn und Bialek (ebd.) machen in diesem Zusammenhang klar, dass auch hinter vordergründigem selbstlosen helfenden Handeln problematische innerpsychische Dynamiken stecken können. Sie zählen auf:

> „– Helfen aus individuellen, subjektiven ‚RetterInnen-Fantasien‘: Die helfende Tätigkeit dient als zentrales Moment der Stabilisierung des eigenen Selbstbildes, da andere Quellen zur Selbstwertentwicklung nur unzureichend zur Verfügung stehen.
>
> – Helfen aus einem Gefühl der Überlegenheit: Dieser Punkt hängt oft mit dem vorhergehenden eng zusammen, da es ‚einfacher‘ erscheint, Menschen zu helfen, denen es anscheinend noch schlechter geht, weil sie noch bedürftiger sind [...].
>
> – Helfen aus Schuldgefühlen: Eigene unbewältigte biografische Anteile oder unbewältigte familiäre Verstrickungen aus der Zeit des deutschen Faschismus können so zum Beispiel zu einem starken handlungsmotivierten Impuls des ‚Wiedergutmachens‘ führen.
>
> – Helfen aus Voyeurismus: Ein Mensch aus einer [scheinbar, CM] fremden Kultur kann eine ‚exotische‘ Wirkung auf HelferInnen ausüben und Geschichten seiner schrecklichen Erfahrungen auf der Flucht ‚Nervenkitzel‘ auslösen“ (ebd., S. 27).

Dies ist aus meiner Sicht ein zentraler Aspekt der Pädagogik mit geflüchteten Kindern und Jugendlichen. Vielleicht ist es unbequem und unbefriedigend, über problematische Motive derjenigen nachzudenken, die doch eigentlich auf der scheinbar guten, richtigen Seite der *Willkommenskultur* stehen. Die Aufzählung und Ausführungen von Kühn und Bialek (ebd.) regen aber dazu an, auch die politische, gesellschaftliche Stimmung als ambivalenter und widersprüchlicher wahrzunehmen und nicht einfach zwei dichotome Lager anzunehmen. In der pädagogischen Arbeit ist es wichtig, diese Ambivalenzen und Widersprüche reflexiv wahrzunehmen, weil die geflüchteten Kinder und Jugendlichen sonst zu den Leidtragenden werden, wenn die positiven Impulse, die aus solchen Handlungsmotiven entstehen, sich ins Gegenteil verkehren. Dies passiert quasi zwangsläufig, wenn die Fantasien auf die komplexen Realitäten stoßen und sich die Betroffenen nicht mal so eben erretten lassen (wollen) oder sich für die Hilfe nicht dankbar zeigen (können) oder klar wird, dass auch geflüchtete Menschen nicht automatisch bessere Menschen sind, die frei von problematischen und zumutenden Einstellungen oder Verhaltensweisen wären. So können aus *Rettungsfantasien* schnell Enttäuschungen und Wut werden und daraus kann problematisches Verhalten in pädagogischen Kontexten bzw. der Abbruch der pädagogischen Beziehungen resultieren. Es ist also unabdingbar, dass auch diejenigen, die auf der vermeintlich richtigen, helfenden Seite stehen, sich und ihren möglichen Rassismus intensiv individuell reflektieren.

> „Für die Reflexion der individuellen Rolle als HelferIn ist es daher von zentraler Bedeutung, das eigene Verständnis der Begriffe vom ‚Normalen‘, ‚Eigenen‘ und des ‚Fremden‘ zu klären, um die oben benannten Fallstricke im Helfen zu vermeiden und eigene fremdenfeindliche Anteile zu identifizieren [...]“ (ebd.).

Als einer der wichtigsten Vertreter der Pädagogik des sicheren Ortes betont auch Kühn, dass weder begleitete noch unbegleitete Kinder und Jugendliche nach ihrer Flucht in Deutschland wirklich in Sicherheit sind (ebd., S. 58).

> „Fehlende Möglichkeiten und Räume, die extremen Verlust- und Stresserfahrungen der Flucht zu verarbeiten, ein zunehmend feindlich gesonnenes Klima im Exilland Deutschland und eine immer restriktivere Asylpolitik sorgen dafür, dass die traumatischen Prozesse anhalten und häufig keine ausreichenden korrigierenden Erfahrungen zum Besseren gemacht werden können“ (ebd.).

Die wichtige Einsicht, dass äußere sichere Orte für geflüchtete Kinder und Jugendliche häufig nur sehr begrenzt hergestellt werden können und dass dabei eine von der Pädagogik kaum direkt beeinflussbare Sphäre eine entscheidende Rolle spielt, sollte aber nicht davon abhalten, die oben beschriebenen Grundsätze der Pädagogik des sicheren Ortes möglichst weitreichend zu beachten (vgl. ebd., S. 59 ff.).

Um einen sicheren Ort herstellen zu können, muss auch „das Trilemma der Sprachlosigkeit“ überwunden werden. Dieses besteht laut Kühn und Bialek (ebd., S. 66) aus der „traumabedingte[n] Sprachlosigkeit“, „fehlende[n] oder mangelhafte[n] Kenntnisse[n] der Exilsprache“ und der „Hilflosigkeit aufseiten der HelferInnen, sich verständlich zu machen“. Kühn und Bialek (ebd., S. 66 ff.) geben für die Überwindung der daraus resultierenden Verständigungsschwierigkeiten viele konkrete Hinweise, etwa was bei dem Einsatz von Dolmetscher*innen zu beachten ist oder wie das Erzählen „grauenvoller Erfahrungen“ begleitet werden kann. Grundlage dafür ist – auch und gerade in der Schule – eine beziehungsorientierte pädagogische Arbeit, in der Schule nicht nur als Bildungsanstalt, sondern auch als sozialer Lernraum verstanden wird und die Lehrkräfte auf Grundlage eigener Selbstreflexion haltende (und zumutende) Beziehungen gestalten (ebd., S. 106 f.; vgl. Zimmermann 2012, S. 235 ff.).

8.5.7 Kleines Fazit: Traumapädagogik

Traumapädagogische Autor*innen haben in den letzten 20 Jahren wichtige Impulse in den pädagogischen Diskurs eingebracht und dabei die Fokussierung der pädagogischen Beziehungsarbeit und Zugänge des Verstehens (von aus lebensgeschichtlich belastenden Erfahrungen resultierenden schwierigen Verhaltensweisen) gestärkt. Damit können sie ein wichtiges Gegengewicht gegen den

Trend des *Classroom Managements* und die punitiven Konzepte der *Konfrontativen Pädagogik* in der Schule (zur Kritik daran siehe Herz und Heuer 2014; Herz und Müller 2014; Müller 2014b, 2016a, S. 87 ff.) bilden.

Die griffigen Bezeichnungen der Traumapädagogik (der gute Grund, die Pädagogik der Selbstermächtigung usw.) sollten aber nicht dazu führen, dass diese selbst als ein kurzerhand umzusetzender Zwölf-Punkte-Plan missverstanden werden. Meint man es ernst mit diesen Konzepten, braucht es zur Umsetzung eine grundlegende Professionalisierung, strukturelle Voraussetzungen sowie beständig begleitende Supervision und/oder kollegiale Fallreflexion.

Zudem sollte der Traumabegriff der Traumapädagogik nicht beliebig oder gar psychiatrisch und neurobiologistisch verkürzt sein. Ein psychoanalytisches Traumaverständnis ist besonders fruchtbar für die Traumapädagogik angesichts der Bedeutungen der Beziehungserfahrungen und der psychoanalytischen Erkenntnisse darüber, wie sich lebensgeschichtliche Erfahrungen im Individuum speichern und Empfinden, Handeln und Beziehungsgestalten prägen. Die *sequenzielle Traumatheorie* und das Prinzip der *Nachträglichkeit* verdeutlichen dabei besonders die Notwendigkeit traumapädagogischen Arbeitens – da sich regelmäßig erst in den Erfahrungen *nach* den unmittelbaren Bedrohungen entscheidet, wie sich potenziell traumatische Erfahrungen innerpsychisch niederschlagen.

In Bezug auf traumapädagogisches Arbeiten mit geflüchteten Kindern und Jugendlichen bedarf es rassismuskritischer Reflexionen – in der pädagogischen Praxis ebenso wie in der Theoriebildung. Statt projektiv geflüchtete und migrierte Kinder und Jugendliche zu homogenisieren und zu einer fremden Kultur zu erklären, sollte ein wesentlicher Teil traumapädagogischen Arbeitens die Reflexion des eigenen alltäglichen und des strukturellen Rassismus (auch in den eigenen Institutionen) sein.

In Bezug auf traumapädagogisches Arbeiten in der Schule sollte nicht vorschnell normativ ein Idealbild von einer vollständig traumasensiblen Schule als einem heilsamen Ort entworfen werden, der dann in der Realität nie zu erreichen sein wird, sondern die realen Möglichkeiten, in der Schule traumapädagogisch zu arbeiten, sollten kritisch reflektiert werden und dabei auch die gesellschaftlichen Funktionen der Schule und die politischen Verhältnisse beachtet werden. Pädagogisches Arbeiten in der Schule bleibt ein widersprüchliches Unterfangen, wenn einerseits die *Selektionsfunktion* und *Legitimationsfunktion* erfüllt werden muss und andererseits ein sicherer Ort geschaffen werden soll, in dem die pädagogischen Beziehungen fokussiert werden sollen. Das Leistungsprinzip und der Zwang, nach bestimmten Kriterien zu benoten, steht sicher manches Mal im Widerspruch zu einem selbstermächtigenden traumasensiblen Arbeiten und die Legitimität des Staates und all seiner Gesetze ist vielleicht schwer zu vermitteln, während Schüler*innen von Abschiebung betroffen sind. Lehrkräfte sollten sich diese Widersprüche bewusst machen, um die Grenzen ihres Arbeitens nicht als individuelles Scheitern zu interpretieren. Dabei können die traumapädagogischen Konzepte wiederum helfen. So kann etwa die *Annahme eines guten Grundes* Lehrkräften helfen, klarzumachen, dass das störende Verhalten von Schüler*innen nicht unbedingt an ihnen und ihrem Verhalten liegt. Möglicherweise hilft dies, weniger affektiv auf durch das Verhalten der Schüler*innen ausgelöste Kränkungen zu reagieren, und mildert die Wut und den Impuls, die Schüler*innen durch Beschämung in ihre Rolle zu zwingen. Traumapädagogisches Arbeiten in der Schule sollte darüber hinaus zentral die möglichen traumabedingten Konzentrations- und Lernschwierigkeiten wahrnehmen und darauf mit einer *emotional orientierten Didaktik* reagieren (siehe Abschnitt 8.2 und 8.5.1).

Angesichts der empirischen Ergebnisse dieser Arbeit ist der in traumapädagogischen Schriften stets formulierte Anspruch der Selbstfürsorge, des geschützten Handlungsraums für pädagogische Professionelle besonders zu unterstreichen. Ohne diesen, das zeigen die Interviews mit den Lehrkräften in dieser Arbeit, geraten die Pädagog*innen in große Nöte, arbeiten stets an der Grenze des Zumutbaren. Dann ist es auch wahrscheinlich, dass sie *institutionalisierte Abwehrmöglichkeiten* wie den Rückzug auf die Rolle der reinen Wissensvermittler*innen nutzen und somit ein traumapädagogisches Fokussieren der pädagogischen Beziehungen von vornherein versperren. Daher setze ich die Forderung nach guten strukturellen (Arbeits-)Bedingungen, nach einem geschützten Handlungsraum und nach sicheren (Reflexions-)Räumen für Lehrkräfte an erste Stelle.

8.6 Die Chancen von Kooperation und Fortbildung

Um auch aktuell tätige Lehrkräfte in den Bereichen Psychotraumatologie, Psychoanalytische Pädagogik, Traumapädagogik und Rassismuskritik weiter zu professionalisieren, sollten die Landesinstitute für Schulqualität mit verschiedenen Organisationen kooperieren und ein umfassendes Fortbildungsprogramm auf den Weg bringen.

Auf die klargewordenen vielfältigen Notwendigkeiten zur Erweiterung der Professionalisierung von Lehrkräften muss strukturell in Studium und Vorbereitungsdienst reagiert werden. Um aber die aktuell tätigen Lehrkräfte dahingehend zu professionalisieren, könnten verschiedene Organisationen zusammenarbeiten, um einerseits ein Fortbildungsprogramm umzusetzen und andererseits regelmäßige Supervision anzubieten. Dafür könnten beispielsweise die Landesinstitute für schulische Qualitätsentwicklung mit den (sonder-)pädagogischen Instituten, psychosozialen und therapeutischen Zentren, Instituten für Traumapädagogik und rassismuskritischen Initiativen kooperieren. Angeboten werden sollte eine Fortbildungsreihe mit zentral folgenden vier Themenblöcken:

- **Psychotraumatologie**
  (psychoanalytischer Zugang zu Trauma, sequenzielle Traumatheorie, das Prinzip der Nachträglichkeit, Dissoziation)
- **Psychoanalytische Pädagogik**
  (Schule als emotionaler Raum, Übertragungs- und Gegenübertragungsdynamiken, die Funktionsweise von Reinszenierungen, *Szenisches Verstehen* und fördernder Dialog, die Rolle von projektiven Identifizierungen und die Möglichkeiten des Containments)
- **Traumapädagogik**
  (die Pädagogik des sicheren Ortes, die Fokussierung der pädagogischen Beziehungen, die Annahme des guten Grundes, die Pädagogik der Selbstermächtigung, Selbstfürsorge)
- **Rassismuskritik**
  (alltäglicher Rassismus, struktureller Rassismus, Anleitung zur rassismuskritischen und geschlechtersensiblen Selbstreflexion/Angebote des Empowerments)

sowie außerdem die Anleitung zum psychoanalytischen Fallverstehen in Verbindung mit dem fortlaufenden Angebot

- **regelmäßiger Supervision.**
  (Möglich wäre dies auch so zu organisieren, dass die Gruppen nur anfänglich von Gruppensupervisor*innen geleitet werden, bis ein selbstständiges Arbeiten möglich ist und sie dann zu Intervisionsgruppen werden können).

Ein solches Fortbildungsprogramm würde die Grundidee des lebenslangen Lernens stärken – diese ist besonders im Lehrkräfteberuf von fundamentaler Bedeutung, weil das Lehrkräftehandeln, wie ausgeführt (vgl. Abschnitt *5.2Die Aufgaben der Lehrkräfte*), hochkomplex ist, einem stetigen gesellschaftlichen Wandel unterliegt und immer auch kränkungsausgesetzt ist, sodass eine beständige Reflexion sowie immer neue Wissensaneignung in diesem Beruf besonders wichtig sind (vgl. Müller et al. 2010). Ein solches Fortbildungsprogramm wäre auch im

Gegensatz zu den bisherigen schulischen Maßnahmen der Landesregierungen, die sich im Wesentlichen in dem Einrichten von Sprachlernklassen erschöpft haben, ein Versuch, den vielfältigen momentanen pädagogischen Herausforderungen umfassender gerecht zu werden.

9 Zusammenfassung und Ausblick

Migration und Flucht sind Grundkonstanten der Menschheitsgeschichte, aber noch nie in der fast 70-jährigen Geschichte des UN-Flüchtlingshilfswerks waren so viele Menschen gleichzeitig zur Flucht gezwungen wie momentan (UNHCR 2019b). Jeder zweite Flüchtende ist dabei unter 18 Jahren alt (ebd.). Von den vergleichsweise wenigen Flüchtenden, die in Deutschland ankommen, ist die Mehrheit im schulpflichtigen Alter (Bundeszentrale für politische Bildung 2019d). Aufgrund der politischen Verhältnisse (Krieg, Terror, illegalisierte Flucht, unsicherer Aufenthaltsstatus usw.) haben die meisten von ihnen unvorstellbares Grauen erlebt und leben häufig auch im Ankunftsland noch unter unsicheren und prekären Bedingungen. Der Traumabegriff hat das Potenzial die Auswirkungen dieser vielfältigen psychosozialen Belastungen zu beschreiben.

Traumata unterscheiden sich vor allem in ihrem Ausmaß und durch ihre Auswirkungen auf das Leben der Betroffenen von sonstigen emotionalen Belastungen und Konflikten, die ein Mensch lebensgeschichtlich erleiden muss. Ein Trauma wirkt sich so aus, dass die Psyche derart überfordert wird, dass die Repräsentationsmöglichkeiten selbst in Frage gestellt werden (Küchenhoff 2005, S. 314). Die traumatischen Erfahrungen können nicht *verdaut* werden und bleiben, wenn niemand die Alpha-Funktion übernimmt, ein namenloses Grauen (vgl. Bion 1992, S. 52 f.). Infolgedessen können die traumatischen Erlebnisse nicht oder kaum symbolisiert werden.

Das geschieht besonders wahrscheinlich dann, wenn die Objektrepräsentanzen durch das Trauma verletzt oder zerstört wurden (Grubrich-Simitis 2007, S. 652). Auch schlimme äußere Erfahrungen führen nicht automatisch zu einem Trauma, wenn es eine ausreichend gute Begleitung durch die (primären) Bezugspersonen gibt und an den inneren Bildern von ihnen als stabile und schützende Objekte festgehalten werden kann (vgl. Freud und Burlingham 1971, S. 20).

C. Müller, *Pädagogisch arbeiten in traumatischen Prozessen*, Kritische Sozialpsychologie, https://doi.org/10.1007/978-3-658-32876-4_9

Dabei sind vor allem auch die Beziehungserfahrungen *nach* der „unmittelbaren Katastrophe" entscheidend (vgl. Keilson 1979/2005). Ob es eine gesellschaftliche Anerkennung des Leidens und ob es haltende und stabile Beziehungen gibt, die ein *Containment* ermöglichen, ist für die Frage, ob sich aus massiven Belastungen Leiden und Symptome herausbilden, entscheidender als die Ereignisse selbst (vgl. ebd.; Müller und Schwarz 2016). Es ist also gerade nicht so, wie das *PTBS*-Konzept unterstellt, dass ein Ereignis oder eine Situation zu einem Trauma führt und sich dies danach automatisch in bestimmten Symptomen ausdrückt, sondern gerade erst in den Beziehungserfahrungen danach entscheidet sich, wie sich die potenziell traumatischen Erfahrungen innerpsychisch niederschlagen.

Diese Erkenntnis bedeutet eine besondere Verantwortung für Lehrkräfte von geflüchteten Kindern und Jugendlichen. Denn wenn das traumatisch beeinflusste Miteinander in der Schule nicht im Sinn einer posttraumatischen Symptomatik gedeutet, sondern als Teil eines sequenziell traumatischen Prozesses verstanden wird, dann sind die Fachkräfte in der Schule unmittelbar an diesem Prozess beteiligt, ob chronifizierend oder bewältigend.

Dies gilt umso mehr, vergegenwärtigt man sich, dass auch äußerlich Vergangenes, das aber innerlich nicht verarbeitet werden konnte – und daher nicht vergangen ist –, entweder mithilfe des Mechanismus des *Wiederholungszwangs* immer wieder in neue Beziehungen eingebracht wird und sich dort reinszeniert oder als traumabezogene Affekte plötzlich diffus hereinbricht, sich durch Dissoziationen und die Tendenz zur *projektiven Identifizierung* äußert. Dies geschieht besonders schnell in der Schule, da diese ein *emotionaler Ort* ist, an dem sich das Verhältnis zwischen Schüler*innen und Lehrkräften besonders für die Entfaltung von Übertragungsdynamiken anbietet (Göppel und Hirblinger 2010, S. 9).

Geflüchtete Kinder und Jugendliche befinden sich einerseits wahrscheinlich noch inmitten eines sequenziell traumatischen Prozesses, indem sie aktuell beispielsweise noch unter einem unsicheren Aufenthaltsstatus leiden und getrennt von Familienangehörigen sind, um die sie Angst haben müssen, und haben andererseits in der Vergangenheit massiv Bedrohliches und Belastendes erlebt wie beispielsweise den plötzlichen Abbruch von Beziehungen zu Bezugspersonen und existenzielle Ängste während der Flucht. Diese äußerlich vergangenen und aktuellen Belastungen bringen geflüchtete Schüler*innen in die Schule mit und übertragen sie auf die Lehrkräfte. Dadurch steht die Schule implizit vor dem pädagogischen Auftrag, diesen Belastungen und dem daraus resultierenden Leiden etwas entgegenzusetzen und dabei gleichzeitig nicht die Lehrkräfte zu überfordern und überlasten.

Lehrkräfte sind dabei in ihren Handlungen nicht unabhängig von den institutionellen Bedingungen und den gesellschaftlichen Funktionen der Schule: Die

Schule ist Teil des *Erziehungssystems der Gesellschaft* (Luhmann 2002/2014) und muss widersprüchliche Anforderungen erfüllen. Sie soll die Schüler*innen so qualifizieren, dass sie zur Ausübung konkreter Arbeit im Kapitalismus fähig sind; sie soll die hierarchische Gesellschaft reproduzieren und den Zugang zu hohen oder niedrigen beruflichen Positionen regulieren und legitimieren und dafür sorgen, dass die Schüler*innen dem Staat und der gesellschaftlichen Ordnung gegenüber loyal sind (vgl. Fend 1980). Lehrkräfte müssen diesen widersprüchlichen Anforderungen irgendwie gerecht werden und dabei eine Reihe weiterer komplexer Aufgaben erfüllen. Sie müssen eine hinreichend gute Beziehung zu ihren Schüler*innen gestalten und brauchen einen hinreichend guten Sachbezug (vgl. Ilien 2009). Durch diese komplexen Anforderungen ist der Lehrkräfteberuf strukturell kränkungsausgesetzt: Lehrkräfte müssen sich innerlich-persönlich engagieren und sind dabei von der Resonanz der Schüler*innen emotional abhängig (Ilien 2008, S. 14). Gleichzeitig werden Lehrkräfte in ihrer Ausbildung auf diese unausweichlichen Kränkungen kaum vorbereitet. Der Umgang mit den eigenen Emotionen ist ein vernachlässigter Aspekt in der Lehrkräfteausbildung (ebd.). Dieser Mangel zeigt sich besonders deutlich in der pädagogischen Arbeit in sequenziell traumatischen Prozessen.

Um verstehen zu können, was es bedeutet, im sequenziell traumatischen Prozess pädagogisch zu arbeiten, und welche unbewussten Dynamiken sich dabei zwischen den geflüchteten Schüler*innen und ihren Lehrkräften abspielen, bedarf es spezifisch methodischer Überlegungen. Diesem Erkenntnisinteresse lässt sich nicht mit quantitativen Erhebungsmethoden gerecht werden. Aber auch bei der Anwendung qualitativer Methoden ergibt sich die Herausforderung, dass wesentliche Teile dessen, was erforscht werden soll, sich dem bewussten Zugang entziehen.

In dieser Arbeit wurde gezeigt, dass sich dieser Herausforderung mithilfe eines Forschungsdesigns gerecht werden lässt, bei dem die Erhebungsmethode des *themenzentrierten Tiefeninterviews* (Schorn 2000; König 2016a) mit am *Tavistock*-Konzept angelehnten teilnehmenden Einzelbeobachtungen (Bick 2009; Trunkenpolz et al. 2010) kombiniert wird und die so gewonnenen Materialien *tiefenhermeneutisch* (Lorenzer 1970/2000, 1986; König 2019) ausgewertet werden.

Die so erhobenen und interpretierten Interviews und Beobachtungen mit vier Lehrkräften von geflüchteten Kindern und Jugendlichen decken etwas von den Dynamiken zwischen Lehrkräften und geflüchteten Schüler*innen im sequenziell traumatischen Prozess – unter strukturell mangelnden Ressourcen – auf. Die potenziell traumatischen Erfahrungen der geflüchteten Schüler*innen und das daraus resultierende Verhalten lösen in den Lehrkräften heftige Emotionen aus. Diese erleben sie als etwas Bedrohliches, das sie loswerden wollen. Sie haben Angst, durch eine emotionale Beteiligung „kaputt zu gehen". Sie zeigen so eine typische angstbestimmte Reaktion auf das zerstörerische Potenzial von Traumata.

Die Lehrkräfte können kaum über die Erfahrungen ihrer Schüler*innen Auskunft geben. An Stellen, an denen sie dies versuchen, wird ihre Sprache brüchig, die Grammatik fehlerhaft, ihnen fehlen Worte und sie wechseln schnell wieder in Verallgemeinerungen oder das Thema. Die traumatypische Sprachzerstörung, die mangelnde Symbolisierungsfähigkeit des Traumas spiegelt sich so im Sprechen der Lehrkräfte wider.

Die Emotionen, die dabei ausgelöst werden, wie beispielsweise Wut und Aggressionen, sind für die Lehrkräfte nicht mit dem eigenen Selbstbild vereinbar und können auch deshalb kaum versprachlicht und reflektiert werden. Das Handeln der Lehrkräfte ist – unter den Bedingungen mangelnder Ressourcen – daher davon geprägt, möglichst wenig mit dem Trauma und infolgedessen auch mit den betroffenen Schüler*innen zu tun zu haben. Auch der alltägliche Rassismus, der geflüchtete Schüler*innen zu gänzlich *Anderen* macht, hilft den Lehrkräften unbewusst dabei, die Schüler*innen und ihre Erlebnisse von sich fernzuhalten.

Schließlich nutzen die Lehrkräfte *institutionalisierte Abwehrmöglichkeiten* (Mentzos 2001) wie den Rückzug auf die Rolle der reinen Wissensvermittler*innen, welche scheinbar ohne pädagogische Beziehungsarbeit auskommen (und lösen so die Komplexität des Lehrkräfteberufs quasi einseitig auf), oder greifen so motiviert auf die *Selektionsfunktion* der Schule zurück, um sich vor dem Bedrohlichen, das vom Trauma ausgeht, zu schützen. Diese Versuche sind dysfunktional, weil sie nicht dazu führen, dass die als bedrohlich erlebten Inhalte weniger innerlich erlebt werden oder das Handeln dadurch weniger beeinflusst wird – im Gegenteil.

Damit die Lehrkräfte selbst sprach- und handlungsfähig bleiben, brauchen sie dringend professionelle Reflexionsräume, die das Denken und bewusste Wahrnehmen und Fühlen wieder anregen. Supervision könnte ein solcher Raum sein, in dem die Lehrkräfte erfahren, dass ihre emotionalen Reaktionen behutsam und verstehend betrachtet werden und ihnen zumindest in Teilen das Bedrohliche genommen wird. Supervision könnte so dazu beitragen, dass ein Teil der beschriebenen Dynamiken wieder sprachlich verfügbar und damit reflektierbar werden würde.

Dazu ist es notwendig, dass die Lehrkräfte die Gestaltung pädagogischer Beziehungen und die Reflexion ihrer bei dieser Arbeit ausgelösten Emotionen überhaupt wieder als ihre dezidierten Aufgaben entdecken. Dafür braucht es auch einen entsprechenden Paradigmenwechsel in der Professionalisierung angehender Lehrkräfte.

Doch auch diese Veränderungen können die Notwendigkeit politischen Handelns nicht ersetzen. Der gravierende Ressourcenmangel muss zu bildungspolitischen Maßnahmen führen, die zu mehr Lehrkräften und Zusammenarbeit in multiprofessionellen Teams führen. Unter den gegebenen Bedingungen arbeiten die Lehrkräfte regelmäßig an ihren Belastungsgrenzen und haben schon deshalb auch nur geringe innere Ressourcen, sich auf die Schüler*innen und ihre emotionalen Nöte einzulassen.

Darüber hinaus ist in dieser Arbeit deutlich geworden, dass Lehrkräfte auch rassismuskritisch professionalisiert werden müssen, was einerseits Wissen über alltäglichen, strukturellen und institutionellen Rassismus bedarf und andererseits auch die Reflexion der emotionalen Funktion des Rassismus beinhalten muss.

Aus der jungen Disziplin der Traumapädagogik heraus haben in den letzten zwanzig Jahren zunehmend Autor*innen ebenfalls Vorschläge gemacht, wie auf potenzielle Traumata mit pädagogischen Mitteln reagiert werden sollte. Nimmt man diese Konzepte ernst, braucht es zur Umsetzung die beschriebenen strukturellen Veränderungen, d. h. die Bereitstellung ausreichender (personeller) Ressourcen, eine grundlegende traumapädagogische Professionalisierung sowie einen geschützten Handlungsraum, der Reflexion ermöglicht.

Diese Arbeit leistet damit einen Beitrag für verschiedene wissenschaftliche Fachbereiche: für die Traumatheorie und Traumapädagogik, für die Psychoanalytische Pädagogik, für den aktuellen Professionalisierungsdiskurs in den Bildungswissenschaften und für die empirische Sonderpädagogik.

Die Traumatheorie, wie sie bisher in der Traumapädagogik und der Sonderpädagogik aufgegriffen wird, kann von der hier vorliegenden Bestimmung und Konkretisierung des Traumabegriffs in Zeiten des Traumabooms profitieren. Trauma wurde von neurotischen Konflikten und sonstigen emotionalen Krisen abgegrenzt, metapsychologisch eingeordnet und repräsentationstheoretisch bestimmt.

Es wurde dargestellt, was an dem weit verbreiteten *PTBS*-Konzept für den vorliegenden Kontext problematisch ist, und diesem der theoretische Ansatz *Sequenzielle Traumatisierung* entgegengesetzt.

In dieser Arbeit wurde das Konzept *Sequenzielle Traumatisierung* als Grundlage einer empirischen Studie aufgegriffen, mit dem Ziel, aufbauend auf diesem theoretischen Verständnis und institutionellen Überlegungen etwas über die Dynamiken in konkreten Sequenzen verstehen zu können. Dadurch wurde greifbar, was die sequenziell traumatischen Prozesse der geflüchteten Kinder und Jugendlichen für die Schulen und für die Lehrkräfte bedeuten.

Mit dieser Arbeit ist ein Beitrag dazu geleistet worden, zu verstehen, wie sich Traumata unter spezifischen institutionellen Bedingungen auf das Gegenüber auswirken und was *Reinszenierung* im Kontext *sequenziell traumatischer* Prozesse bedeutet. Die Grundidee der Psychoanalytischen Pädagogik ist es, dass Kinder und Jugendliche belastende Erfahrungen aus ihrer Lebensgeschichte, die sie nicht verarbeiten konnten, in den Beziehungen zu den Pädagog*innen reinszenieren. Die Aufgabe der Pädagog*innen ist es demnach, an den Szenen emotional teilzuhaben, die dabei ausgelösten eigenen Gefühle zu reflektieren und aufbauend auf dem so Verstandenen eine pädagogische Antwort in den Dialog einzubringen, die eine neue (im Idealfall korrigierende) Beziehungserfahrung ermöglicht (vgl. beispielsweise Leber 1988). Dabei wird in der psychoanalytisch pädagogischen Literatur oftmals nicht weiter differenziert, was *Reinszenierung* und *korrigierende Beziehungserfahrungen* im Kontext traumatischer Erfahrungen im Unterschied zu sonstigen emotional belastenden Erfahrungen bedeuten. Dies wurde in der vorliegenden Arbeit theoretisch differenziert dargestellt und empirisch untersucht. So wurde deutlich, was *Reinszenierung* potenziell sequenziell traumatischer Erfahrungen geflüchteter Kinder und Jugendlicher in der Schule konkret bedeuten kann: Es hat sich gezeigt, dass die geflüchteten Kinder und Jugendlichen weniger konkrete Erlebnisse unmittelbar im Klassenraum in Szene setzen. Dafür fehlt ihnen möglicherweise traumabedingt die innere Repräsentanz zu diesen Erfahrungen. Stattdessen lösen sie unspezifisch heftige Emotionen in den Lehrkräften aus, die dazu führen, dass die Lehrkräfte stellenweise selbst Reflexions- und Symbolisierungsfähigkeiten verlieren. Dies lässt sich so erklären, dass *projektive Identifizierungen* stattgefunden haben, die Lehrkräfte emotional stark auf die von den Schüler*innen in ihnen deponierten unaushaltbaren dekontextualisierten traumatischen Erfahrungen reagieren und dadurch selbst Schwierigkeiten haben, diese zu verdauen. Statt einer Reinszenierung konkreter ersehnter und erlebter Erfahrungen tauchen die Traumata der Schüler*innen in Form plötzlich hereinbrechender ausgestoßener traumabezogener Affekte wieder. Die Wiederholung besteht dann darin, dass die Lehrkräfte – aufgrund der strukturellen Mängel, der diesbezüglich fehlenden Professionalisierung und der fehlenden Supervisionsmöglichkeiten – regelmäßig darin scheitern, das in sie *Verpflanzte* zu transformieren, was in ihnen unerträgliche Gefühle auslöst, die sie infolgedessen irgendwie versuchen, loszuwerden. Für die Schüler*innen wiederholt sich dadurch die Erfahrung, dass ihre Erlebnisse unaushaltbar sind, dass sie mit *namenlosem Schrecken* alleingelassen werden und dass sie nirgendwo dazugehören (wenn sie beispielsweise auch infolgedessen wieder durch Rassismus zu Fremden gemacht werden, die Lehrkräfte ihre diffusen Beziehungsanfragen affektiv zurückweisen oder sie wieder ausgeschult werden). Zentrales Kennzeichen *korrigierender Beziehungserfahrungen* im Kontext von traumatischen Erlebnissen wären dagegen gerade die Erfahrung des (Aus-)Gehalten-Werdens und des regelmäßigen *Containments*, dass die zuvor unaushaltbaren Affekte modifiziert werden können. Geschieht dies kontinuierlich und verlässlich, kann auch in dem betroffenen Kind oder Jugendlichen nach und nach wieder eine *Alphafunktion* aufgebaut werden. Die im psychoanalytisch pädagogischen Diskurs allgegenwärtigen Formulierungen *Reinszenierung* und *korrigierende Beziehungserfahrungen* wurden so für das bearbeitete Thema konkret modifiziert.

Die oft idealistisch und optimistisch formulierte Traumapädagogik kann zudem durch die Reflexion der gesellschaftlichen Funktion der Erziehung, speziell der Schulen, wie sie in dieser Arbeit angestrebt wurde, profitieren. Darüber hinaus kann die Traumapädagogik ebenso wie die anderen wissenschaftlichen Fachbereiche durch den in dieser Arbeit eingenommenen rassismuskritischen Blick profitieren. Zu häufig wird auch in wissenschaftlichen Arbeiten der *banale Rassismus* reproduziert, wenn beispielsweise unhinterfragt davon ausgegangen wird, dass geflüchtete Kinder und Jugendliche automatisch eine andere Kultur hätten und im Umkehrschluss alle nicht geflüchteten Schüler*innen die gleiche Kultur hätten. Oft genug wird dieses *Othering* auch noch mit Stereotypen aufgeladen, etwa dass die Kultur der Geflüchteten automatisch einen „mangelnden Respekt vor Frauen" beinhalten würde und die deutsche Gesellschaft dagegen kein Problem mit Sexismus hätte. Die Reproduktion solch eines alltäglichen Rassismus verdeutlicht die Notwendigkeit einer rassismuskritischen Reflexion in wissenschaftlichen Diskursen, wofür diese Arbeit als Impuls genommen werden kann.

Für den aktuellen Professionalisierungsdiskurs in den Bildungswissenschaften gehen von dieser Arbeit vielfältige Impulse aus. Strukturbezogen ist deutlich geworden, dass es dringend bildungspolitische Maßnahmen braucht, die zu mehr Lehrkräften, kleineren Klassen und multiprofessionellen Teams mit Sonderpädagog*innen – die unabhängig von feststehenden Diagnosen agieren können – führen.

Kompetenzorientiert wurde in dieser Arbeit deutlich, dass Lehrkräfte ausführliches Wissen über Psychotraumatologie (psychoanalytischer Zugang zu Trauma, sequenzielle Traumatheorie, das Prinzip der Nachträglichkeit, Dissoziation), Psychoanalytische Pädagogik (Schule als emotionaler Raum, Übertragungs- und Gegenübertragungsdynamiken, die Funktionsweise von Reinszenierungen, *Szenisches Verstehen* und fördernder Dialog), Traumapädagogik (die Pädagogik des sicheren Ortes, die Fokussierung der pädagogischen Beziehungen, die Annahme des guten Grundes, die Pädagogik der Selbstermächtigung, Selbstfürsorge) und Rassismuskritik benötigen.

Die wichtigste Konsequenz ist aber die Stärkung der *berufsbiografischen Professionalisierung* (vgl. Terhart 2011, S. 208 ff.): Eine Kernkompetenz des Lehrkräfteberufs ist die Reflexion der eigenen Emotionen. Angehende Lehrkräfte müssten schon im Studium eine Kultur des Sprechens über ihre eigenen Gefühle kennenlernen und die Reflexion der emotionalen Dynamiken im Klassenraumgeschehen in Supervision und Fallverstehen als Grundlage ihres pädagogischen Handelns etablieren. Sonst besteht die Gefahr – besonders im Zusammenhang mit potenziell traumatisierten Schüler*innen –, dass sie so verstrickt werden, dass ihr eigenes psychisches Wohlbefinden in Gefahr ist und sie die komplexen Anforderungen der Lehrkräfteprofession nicht hinreichend gut erfüllen können.

Pädagogisches Handeln lässt sich nicht evidenzbasiert gestalten: zumindest nicht in dem Sinne, dass die immer gleiche pädagogische Handlung die immer gleiche absehbare Reaktion bei jeder Schüler*in auslöst. Pädagogisches Handeln setzt immer voraus, dass die Pädagog*in situativ empathisch, *mentalisierend*, wahrnimmt, welche *Anfragen* an die pädagogische Beziehung hinter dem Verhalten der Kinder und Jugendlichen stehen (vgl. Zimmermann 2016b, S. 83 ff.). Die dafür benötigten Kompetenzen müssen zentraler Teil der Lehrkräfteprofessionalisierung sein.

Von dieser Arbeit geht in diesem Sinne auch ein Impuls für die empirische Sonderpädagogik aus. Die Vielschichtigkeit und Einzigartigkeit und die stets gegebene Ambivalenz und Konflikthaftigkeit, die jeglichem menschlichen Handeln zugrunde liegt, lassen sich schwer quantifizieren und zu Meta-Studien bündeln, aus denen dann scheinbar immer richtige und eindeutige Handlungsanweisungen abzuleiten sind. Dies gilt umso mehr für den Trauma-Kontext.

Das komplexe Geschehen unter bestimmten institutionellen Bedingungen zwischen Lehrkräften und (potenziell traumatisierten) Schüler*innen und das Ableiten pädagogischer Konsequenzen daraus war hier durch ein tiefenhermeneutisches Forschungsdesign entschlüsselbar. Dies unterstreicht den Wert der psychoanalytisch informierten Einzelfallstudien.

Von dieser Arbeit geht auch ein politischer Impuls aus. Die gegenwärtigen gesellschaftlichen Verhältnisse sind so, dass sie massives Leid erzeugen. Es gehört zu den größten Absurditäten im Flüchtlingsdiskurs, dass die Bundeskanzlerin Angela Merkel (CDU) immer noch als *Flüchtlingskanzlerin* angefeindet wird und ihre Flüchtlingspolitik im öffentlichen Diskurs (und in den *„sozialen" Medien*) hauptsächlich von rechts kritisiert wird. Merkel entschied sich Anfang September 2015, wenige Tage nachdem das Bild von Alan Kurdi, dem zweijährigen syrischen Jungen kurdischer Abstammung, dessen Leichnam nach Ertrinken an der türkischen Mittelmeerküste angeschwemmt wurde, um die Welt ging; und wenige Wochen nachdem auf der Autobahn A4 in einem Lastwagen 71 Leichen entdeckt wurden (Menschen aus dem Irak, aus Afghanistan, Syrien und dem Iran, die in einem Kühllastwagen von Ungarn aus nach Österreich einreisen wollten); im Angesicht von Bildern von Flüchtlingstrecks auf der Autobahn und prekären Zuständen auf Ungarns Bahnhöfen, im Angesicht von Druck und drohender Gewalt durch Orbán, die Menschen, die so auf der Balkanroute festhingen, kurzzeitig einreisen zu lassen.

In Reaktion auf die massive Kritik, die ihr dafür entgegenkam, sagte Merkel bei einer Pressekonferenz am 15. September 2015: „Ich muss ganz ehrlich sagen, wenn wir jetzt anfangen, uns noch entschuldigen zu müssen dafür, dass wir in Notsituationen ein freundliches Gesicht zeigen, dann ist das nicht mein Land" (Merkel zit. nach ntv 2015). Im Kontrast zu dieser Rhetorik hat es in den darauffolgenden Jahren weitere massive Verschärfungen des Asylrechts gegeben. Dazu gehören die sogenannten Asylpakte I („Asylverfahrensbeschleunigungsgesetz") und II („Gesetz zur Einführung beschleunigter Asylverfahren"), durch die Abschiebungen auch von erkrankten und traumatisierten Menschen (mit *PTBS*-Diagnose) ermöglicht wurden, Albanien, Kosovo und Montenegro[1] sowie Marokko, Algerien und Tunesien als weitere „sichere Herkunftsstaaten" eingestuft wurden und der Nachzug von Familienangehörigen von Flüchtlingen, die über subsidiären Schutz verfügen, für zwei Jahre ausgesetzt wurde.

Inzwischen gibt es sogar regelmäßig Sammelabschiebungen nach Afghanistan (vgl. Ehl 2019), trotz der massiv unsicheren Lage und der fast täglichen Anschläge dort (vgl. Pro Asyl 2019). Dazu kommt die von der Bundesregierung mitzuverantwortende weitere Abschottung auf europäischer Ebene und ihr Beitrag zum Weg der Europäischen Union „von einer vermeintlichen Wertegemeinschaft über eine Interessengemeinschaft zu einer Verteidigungsgemeinschaft im Kampf gegen Fluchtwanderungen mit globalstrategischen Abwehrbündnissen von Weißrussland im Osten bis Mali im Süden" (Bade 2017, S. 355).

Während hunderte Millionen für den europäischen Grenzschutz ausgegeben werden und staatliche Seenotrettungsprogramme beendet worden sind, werden die privaten Seenotrettungsorganisation wie Sea-Watch, Sea-Eye, SOS Méditerranée

[1] Dass die Balkanstaaten nach und nach zu „sicheren Drittstaaten" erklärt worden sind, trifft besonders Roma, die damit ferngehalten werden sollen oder noch leichter abgeschoben werden sollen (Bade 2017, S. 353). Roma können in diesen Ländern aber nicht sicher leben: „Sie unterliegen einer massiven Diskriminierung auf dem Arbeits- und Wohnungsmarkt, im Bildungssystem wie auch in der Gesundheits- und Sozialversorgung und sind – ohne jeden Schutz durch die staatlichen Sicherheitsbehörden – immer wieder Zielscheibe von antiziganistischen Gewaltattacken" (Stender 2015, S. 106).

und weitere kriminalisiert (vgl. Kaulertz et al. 2017, S. 6; Ärzte ohne Grenzen 2018). Legale und sichere Fluchtmöglichkeiten gibt es kaum.

Die EU versucht, den Grenzschutz quasi immer weiter nach außerhalb Europas zu verlagern. Durch „Flüchtlingsbekämpfungs-Deals" (Pro Asyl 2016), euphemistisch „Migrationspartnerschaften" genannt (Kaulertz et al. 2017, S. 7), mit Staaten wie der Türkei, Mali, Niger, Nigeria, Senegal und Äthiopien (vgl. Die Bundesregierung 2017) sowie eine Zusammenarbeit mit Tschad und Libyen (vgl. Der Tagesspiegel 2017) soll versucht werden, zu verhindern, dass es Flüchtende überhaupt bis aufs Mittelmeer schaffen. In diesen Staaten ist der Schutz grundlegender Menschenrechte häufig nicht gewährleistet (Kaulertz et al. 2017, S. 7). Der UNHCR-Kommissar für Menschenrechte Seid al-Hussein kritisierte diese Zusammenarbeit und stellt fest, dass besonders die Kooperation der EU mit der libyschen Küstenwache, „die manchmal Flüchtlinge rette, manchmal aber selber Hilfsbedürftigen nicht helfe, sie ausraube oder sogar erschieße" unmenschlich sei (Der Tagesspiegel 2017).

Auch die Balkan-Route wurde geschlossen. Entlang dieser sind so Lager entstanden, in denen Flüchtende unter verheerenden Lebensbedingungen und ohne Perspektiven festhängen (Kaulertz et al. 2017, S. 7). Diese Zustände verdeutlichen das „humanitäre Versagen" (ebd.), für das Merkel, die Bundesregierung, die EU und die weiteren verantwortlichen europäischen Regierungen eigentlich zentral kritisiert werden müssten.

Angesichts der weltweiten politischen Zustände dürfte sich an den weltweiten Flucht- und Migrationsbewegungen alles in allem so schnell nichts ändern (Bauman 2016, S. 10).[2]

Diese politischen Bedingungen sind der (Hinter-)Grund für die traumatischen Sequenzen, von denen in dieser Arbeit die Rede ist. Sie führen zu massivem Leid bei den Betroffenen, aber – unter den Bedingungen mangelnder Ressourcen – auch bei den Helfenden und Lehrkräften. Stimmen, die legale und sichere Fluchtmöglichkeiten und ein dauerhaftes Bleiberecht bzw. globale Bewegungsfreiheit fordern, sind dagegen im Diskurs marginalisiert.

---

[2]Im Gegenteil ist angesichts des anhaltenden menschengemachten Klimawandels davon auszugehen, dass wir momentan „erst den Anfang viel größerer Migrationsbewegungen" (Rackete und Weiss 2019, S. 41) erleben. „Aufgrund der Tatsache, dass die Emissionen weltweit ungebremst weiter steigen, wird sich das Erdklima weiterhin massiv erwärmen" (ebd.), was direkt „zum Ausfall von Ernten, zu Trinkwasserknappheit" (ebd.) führt, „die ihrerseits wiederum soziale Konflikte verstärken" (ebd.) und somit zu einer Zunahme an Klimaflüchtlingen führen.

Häufig wird von der gesellschaftlichen Spaltung zwischen *Willkommenskultur* und *Hilfsbereitschaft* einerseits und gesellschaftlichem *Rechtsruck* und *Fremdenfeindlichkeit* andererseits gesprochen (vgl. Bade 2017, S. 355; Haubl und Wirth 2017, S. 5; Kaulertz et al. 2017, S. 5). Die Interpretationen der Interviews dieser Arbeit lassen vermuten, dass diese Spaltung mitten durch die Subjekte geht, dass also nicht die eine Seite nur gut ist und die andere nur böse, sondern dass vielleicht auch gerade die, die auf der helfenden Seite stehen, manchmal von zweifelhaften Motiven angetrieben sind oder, weil sie das Schicksal geflüchteter Menschen besonders wahrnehmen, unbewusst rassistische Kategorisierungen nutzen, um das kaum aushaltbare Grauen von sich fernzuhalten. Es wäre Aufgabe der Sozialforschung, zu überprüfen, inwiefern sich dieser Konflikt in den Subjekten auch außerhalb dieses Feldes zeigt und welche Dynamiken sich daraus ergeben. Die Rede von der gesellschaftlichen Spaltung könnte so eine differenzierte Erweiterung erhalten.

Darüber hinaus wäre zu überprüfen, inwiefern sich eben dieser, in dieser Arbeit andeutende Zusammenhang zwischen dem Impuls, kaum aushaltbare Schicksale und Zustände von sich fernzuhalten, und latentem Rassismus, der eben dazu beiträgt, indem er die Flüchtenden zu *den Anderen* macht, auch in gesamtgesellschaftlichen Dynamiken zeigt.

Dafür könnte beispielsweise die auf den ersten Blick widersprüchliche Berichterstattung der BILD-Zeitung im Flüchtlingsdiskurs (tiefenhermeneutisch) untersucht werden. Einerseits erinnert diese immer wieder mit emotionalisierenden Titelbildern an das Leid von Kindern beispielsweise in Syrien oder auf der Flucht (siehe beispielsweise *Das Foto der Schande. 71 Flüchtlinge im Lkw erstickt, darunter vier Kinder*, 28.08.2015; *Schau auf diese Bilder, Heidenau! Flüchtlinge damals und heute*, 26.08.2015; *Die Fotos der Schande. Immer neue Flüchtlings-Tragödien im Mittelmeer*, 05.06.2016; *Assad bombt weiter, die Welt schaut weg. Sechs Jahre Krieg in Syrien*, 15.03.2017; *Seht ihr in die Augen! Hat die Welt das Leid in Syrien vergessen?*, 05.03.2019). Andererseits bedient sich die BILD nach wie vor immer wieder Rassismus und hetzt gegen Geflüchtete (Stichworte *Asyl-Wahnsinn, Asyl-Betrug, Asyl-Ansturm, Asyl-Lawine*; siehe dazu auch Marzock und Jäger 2017). Möglicherweise ist dies nicht nur als ein Schwanken zwischen zwei divergenten Positionen zu verstehen, sondern lassen sich auch schon in der Darstellung des Leidens Ambivalenzen aufdecken und emotionale Dynamiken entschlüsseln, die zu der scheinbar widersprüchlichen Berichterstattung beitragen. Merkel selbst sagte einmal, Deutschland könne die Aufnahmen von den erbärmlichen Zuständen in dem Flüchtlingscamp in Calais keine drei Tage ertragen (vgl. Blume et al. 2016).

Auch ich, in meiner Rolle als Forschender, bin nicht frei von diesen und ähnlichen Dynamiken. Es ist für mich sinnstiftend, über ein Thema zu promovieren, das mit einer Solidarisierung mit Geflüchteten und den mit ihnen arbeitenden Lehrkräften einhergeht. Das reflexive Interpretieren in der tiefenhermeneutischen Interpretationsgruppe hat dabei gleichwohl gezeigt, dass ich impulsiv zu einer einseitigen Solidarisierung mit den geflüchteten Kindern und Jugendlichen tendiere und darin auch das affektive Angebot der Vorstellung einer moralischen Überlegenheit liegt. Solche Tendenzen sind an sich nicht problematisch, sie sind bei jeder humanwissenschaftlichen Forschung unvermeidbar. Der Anspruch sollte aber sein, diese eigenen affektiven Verstrickungen so weit reflektieren zu können, dass sie den Erkenntnisprozess nicht trüben, sondern ihm nutzen. Dafür war für mich die Interpretationsgruppe als Korrektiv hilfreich und notwendig.

Die Lehrkräfte sind wirklich in einer prekären Situation. Es mutet fast schon kurios an, dass sie auf den Umgang mit den (eigenen) Emotionen nicht vorbereitet werden. In anderen sozialen, menschenbezogenen Berufen ist dies ganz anderes. Besonders im Vergleich zu der Ausbildung angehender psychodynamischer (Kinder- und Jugendlichen-)Psychotherapeut*innen wird die Kluft deutlich. In dieser nimmt die Auseinandersetzung mit den eigenen Emotionen einen zentralen Stellenwert ein. Viele hunderte Stunden eigene Analyse bzw. Selbsterfahrung sollen dem dienen, das eigene So-geworden-Sein, das eigene Unbewusste so gut wie möglich kennenzulernen. Nach jeder vierten Stunde mit den Patient*innen ist eine Supervisionsstunde obligatorisch, in der das Verstrickt-worden-Sein in die Szenen entschlüsselt und reflektiert wird. Und auch viele theoretische Überlegungen beziehen sich auf das emotionale Geschehen und die unbewussten Dynamiken zwischen Patient*in und Therapeut*in.

Von Lehrkräften wird dagegen erwartet, dass sie die Fähigkeiten, sich in die Schüler*innen einfühlend hineinzuversetzen, ebenso wie den reflexiven Umgang mit den eigenen Emotionen, die Fähigkeit, zu verhindern, diese einfach impulsiv in der Arbeit auszuagieren, automatisch mitbringen. Dabei ist die Schule der Ort, wo junge Menschen am meisten Zeit verbringen, ein *emotionaler Ort*, in dem sich permanent Übertragungs- und Gegenübertragungsdynamiken entfalten. Lehrkräfte müssen sich als Person, als Mensch einbringen und engagieren, damit Unterricht stattfinden kann, und sind dabei gleichzeitig von der Resonanz der Schüler*innen abhängig. Kränkungen sind daher berufsbedingt unvermeidbar. Die Vorstellung, dass Lehrkräfte damit einfach irgendwie klarkommen müssen, und dass sie auf diesen wesentlichen Teil ihrer Profession nicht vorbereitet werden müssen, stößt spätestens in der pädagogischen Arbeit im sequenziell traumatischen Prozess an ihre Grenzen.

Hier werden bei den Lehrkräften besonders heftige Emotionen ausgelöst und sie werden besonders schnell in destruktive Szenen verstrickt, die reflektiert werden müssen – sonst ist das eigene Wohlbefinden ebenso in Gefahr wie die Möglichkeit, den komplexen Anforderungen des Lehrkräfteberufs gerecht zu werden.

Für die geflüchteten Kinder und Jugendlichen bedeutet dies, dass sie die dringend benötigten Erfahrungen eines *Containments* in der Schule kaum machen können und dass ihre (wahrscheinlich oft diffus eingebrachten) Beziehungsanfragen zurückgewiesen werden.

Wer Krieg und Terror sowie den plötzlichen Abbruch von Beziehungen zu wichtigen Bezugspersonen, wer Gewalt und lebensbedrohliche Situationen auf der Flucht und dabei die Hilflosigkeit der eigenen Bezugspersonen erlebt hat, wer mit einem unsicheren Aufenthaltsstatus und eingeschränktem Familiennachzug lebt, d. h. mit einem Gefühl chronischer Vorläufigkeit und beständiger Angst um geliebte Menschen, der braucht erwachsene Professionelle, die mit ihm zuverlässige Beziehungen eingehen, die sich emotional einlassen und gleichzeitig ausreichend reflexiv distanzieren, die so weit wie möglich sichere Orte schaffen und an dem Ziel festhalten, solidarisch zur Selbstermächtigung zu verhelfen, ohne dabei in Rettungsfantasien zu verfallen und die gegebenen äußeren Verhältnisse zu verschleiern.

Lehrkräfte brauchen, um eine Chance zu haben, diese Ansprüche zu erfüllen, eine entsprechende Professionalisierung, mehr Kolleg*innen, alltägliches Arbeiten in multiprofessionellen Teams sowie die beständige Möglichkeit zum Fallverstehen und zur Supervision. Auf diese Art und Weise könnte die Auseinandersetzung mit geflüchteten Kindern und Jugendlichen im potenziell sequenziell traumatischen Prozess dazu beitragen, dass sich auch die Situation anderer Schüler*innen, der Lehrkräfte und anderer Professioneller in der Schule sukzessiv verbessert.

Literatur

Abt, S. (2018). Systemische Traumapädagogik in der Schule. *Zeitschrift für systemische Therapie und Beratung, 36*(1), 28–40.

Adorno, T. W. (1967/2019). *Aspekte des neuen Rechtsradikalismus. Ein Vortrag*. Berlin: Suhrkamp.

Adorno, T. W. (1969/1993). Soziologie und empirische Forschung. In T. W. Adorno, H. Albert, R. Dahrendorf, J. Habermas, H. Pilot, & K. R. Popper (Hrsg.), *Der Positivismusstreit in der deutschen Soziologie* (S. 81–101). München: dtv Verlag.

Aichhorn, A. (1925/1987). *Verwahrloste Jugend*. Bern, Stuttgart, Toronto: Huber.

Alexander, F. (1950). Analyse der therapeutischen Faktoren in der psychoanalytischen Behandlung. *Psyche, 4*(8), 401–416.

Anderson, B. (2005). *Die Erfindung der Nation. Zur Karriere eines folgenreichen Konzepts* (2., um ein Nachw. erw. Aufl.). Frankfurt am Main, New York: Campus-Verlag.

Arbeitskreis OPD-KJ-2 (Hrsg.) (2016). *OPD-KJ-2 - Operationalisierte Psychodynamische Diagnostik im Kindes- und Jugendalter. Grundlagen und Manual* (2., überarbeitete Auflage). Bern: Hogrefe, vorm. Verlag Hans Huber.

Argelander, H. (1970/2015). *Das Erstinterview in der Psychotherapie*. Darmstadt: WBG - Wissenschaftliche Buchgesellschaft.

Ärzte ohne Grenzen (2017). *„Wir haben es mit einer unsichtbaren Tragödie zu tun" - Interview*. https://www.aerzte-ohne-grenzen.de/article/wir-haben-es-mit-einer-unsichtbaren-tragoedie-zu-tun-interview. Zugegriffen: 19. August 2019.

Ärzte ohne Grenzen (2018). *EU und Mitgliedsstaaten kriminalisieren Seenotrettung im Mittelmeer - Schutzsuchende werden nach Libyen zurückgezwungen*. https://www.aerzte-ohne-grenzen.de/presse/eu-und-mitgliedsstaaten-kriminalisieren-seenotrettung-im-mittelmeer-schutzsuchende-werden-nach. Zugegriffen: 20. August 2019.

Auchter, T., & Strauss, L. V. (2003). *Kleines Wörterbuch der Psychoanalyse* (2., überarb. Aufl.). Göttingen: Vandenhoeck & Ruprecht.

Autor*innenkollektiv »Jugendliche ohne Grenzen« (2018). *Zwischen Barrieren, Träumen und Selbstorganisation. Erfahrungen junger Geflüchteter*. Göttingen: Vandenhoeck & Ruprecht.

C. Müller, *Pädagogisch arbeiten in traumatischen Prozessen*, Kritische Sozialpsychologie, https://doi.org/10.1007/978-3-658-32876-4

Ayse, A. (2008). Die dort oben - die da unten: Die Beschäftigung von Migrantinnen als Haushaltsbedienstete in Istanbuler gated communities. In B. Pusch (Hrsg.), *Facetten internationaler Migration in die Türkei. Gesellschaftliche Rahmenbedingungen und persönliche Lebenswelten* (S. 87–107). Würzburg: Ergon-Verlag.

Bade, K. J. (2017). Einwanderungsgesellschaft in der 'Flüchtlingskirse'. *Historical Social Research, Supplement* (30), 351–363.

Bade, K. J. (2018). Kritik und Gewalt: Sarrazin-Debatte, 'Islamkritik' und Terror in der Einwanderungsgesellschaft [2013/2014]. *Historical Social Research, Supplement*(30), 306–317.

Baierl, M. (2014). Traumapädagogik für Kinder und Jugendliche mit Migrationserfahrung. In S. B. Gahleitner (Hrsg.), *Traumapädagogik in psychosozialen Handlungsfeldern. Ein Handbuch für Jugendhilfe, Schule und Klinik* (S. 239–248). Göttingen: Vandenhoeck & Ruprecht.

Balint, M. (1970). Trauma und Objektbeziehung. *Psyche, 24*(5), 346–358.

Bär, C. (2016). *Migration im Jugendalter. Psychosoziale Herausforderungen zwischen Trennung, Trauma und Bildungsaufstieg im deutschen Schulsystem.* Gießen: Psychosozial-Verlag.

Barth, D. (2010). *Kinderheim Baumgarten. Siegfried Bernfelds „Versuch mit neuer Erziehung" aus psychoanalytischer und soziologischer Sicht.* Gießen: Psychosozial-Verlag.

Barth, D. (2019). Systematik und Anwendungen von Bernfelds Konzept des "sozialen Orts". In D. Zimmermann, B. Rauh, K. Trunkenpolz, & M. Wininger (Hrsg.), *Schriftenreihe der DGfE-Kommission Psychoanalytische Pädagogik. Band 9: Sozialer Ort und Professionalisierung. Geschichte und Aktualität psychoanalytisch-pädagogischer Konzeptualisierungen* (S. 39–53). Leverkusen: Verlag Barbara Budrich.

Bauman, Z. (2016). *Die Angst vor den anderen. Ein Essay über Migration und Panikmache.* Berlin: Suhrkamp.

Bausum, J., Besser, L.-U., Kühn, M., & Weiß, W. (Hrsg.) (2013). *Traumapädagogik. Grundlagen, Arbeitsfelder und Methoden für die pädagogische Praxis* (3., durchgesehene Auflage). Weinheim, Basel: Beltz Juventa.

Becker, D. (1997). Prüfstempel PTSD- Einwände gegen das herrschende Traumakonzept. *Medico International (Hg.). Schnelle Eingreiftruppe ,Seele'.* Frankfurt am Main: Medico International, 25–47.

Becker, D. (2006/2014). *Die Erfindung des Traumas. Verflochtene Geschichten.* Gießen: Psychosozial-Verlag.

Becker, D., & Weyermann, B. (2006). *Gender, Konflikttransformation und der psychosoziale Ansatz.* Bern: Direktion für Entwicklung und Zusammenarbeit (DEZA).

Bergold-Caldwell, D., Wuttig, B., & Scholle, J. (2017). "Always placed as the Other". Rassialisierende Anrufungen als traumatische Dimension im Kontext Schule. In M. Jäckle & B. Bendel (Hrsg.), *Handbuch TraumaPädagogik und Schule* (S. 281–306). Bielefeld: transcript.

Bernfeld, S. (1921). *Kinderheim Baumgarten. Bericht über einen ernsthaften Versuch mit neuer Erziehung.* Berlin: Jüdischer Verlag.

Bernfeld, S. (1925/2012). *Sisyphos oder die Grenzen der Erziehung* (12. Aufl.). Frankfurt am Main: Suhrkamp.

Bernfeld, S. (1926/2012). *Sozialpädagogik* (Erweiterte Neuauflage der Ausgabe von 1996 (Beltz)). Gießen: Psychosozial-Verlag.

Bernfeld, S. (1928/2016). Die Schulgemeinde und ihre Funktion im Klassenkampf. In *Sozialistische Pädagogik und Schulkritik* (S. 75–171). Gießen: Psychosozial-Verlag.

Bernfeld, S. (1929). Der soziale Ort und seine Bedeutung für Neurose, Verwahrlosung und Pädagogik. *Imago, 15*(3-4), 299–312.

Besser, L. U. (2013). Wenn die Vergangenheit Gegenwart und Zukunft bestimmt. Wie Erfahrungen und traumatische Ereignisse Spuren in unserem Kopf hinterlassen, Gehirn und Persönlichkeit strukturieren und Lebensläufe determinieren. In J. Bausum, L.-U. Besser, M. Kühn, & W. Weiß (Hrsg.), *Traumapädagogik. Grundlagen, Arbeitsfelder und Methoden für die pädagogische Praxis* (3., durchgesehene Auflage, S. 38–53). Weinheim, Basel: Beltz Juventa.

Bettelheim, B. (1950/1979). *Liebe allein genügt nicht. Die Erziehung emotional gestörter Kinder* (3. Aufl.). Stuttgart: Klett-Cotta.

Bick, E. (2009). Bemerkungen zur Säuglingsbeobachtung in der psychoanalytischen Ausbildung. In G. Diem-Wille & A. Turner (Hrsg.), *Ein-Blicke in die Tiefe. Die Methode der psychoanalytischen Säuglingsbeobachtung und ihre Anwendungen* (S. 19–36). Stuttgart: Klett-Cotta.

Bion, W. R. (1992). *Lernen durch Erfahrung*. Frankfurt am Main: Suhrkamp.

Bleher, C. (2008). Superlehrerin wird strafversetzt. *taz, die tageszeitung* vom 5.8.2008, S. 7.

Blume, G., Brost, M., Hildebrandt, T., Hock, A., Klormann, S., Köckritz, A., Krupa, M., Lau, M., Randow, G. von, Theile, M., Thumann, M., & Wefing, H. (2016). Grenzöffnung für Flüchtlinge. Was geschah wirklich? *DIE ZEIT, Nr. 35* vom 18.8.2016.

Bohleber, W. (2012). *Was Psychoanalyse heute leistet. Identität und Intersubjektivität, Trauma und Therapie, Gewalt und Gesellschaft*. Stuttgart: Klett-Cotta.

Bohleber, W. (2014). Auf der Suche nach Repräsentanz – Analytisches Arbeiten an der Schnittstelle von Ungedachtem und symbolisch Repräsentiertem. *Psyche, 68*(9–10), 777–786.

Böker, K., King, V., & Koller, H.-C. (2020). Elterliche Migrationserfahrung - Adoleszente Entwicklung und Bildung. Zur generationalen Dynamik in Migrantenfamilien. In D. Zimmermann, M. Wininger, & U. Finger-Trescher (Hrsg.), *Jahrbuch für psychoanalytische Pädagogik. Bd. 27: Migration, Flucht und Wandel. Herausforderungen für psychosoziale und pädagogische Arbeitsfelder* (S. 63–87). Gießen: Psychosozial-Verlag.

Böll, H. (1971). *Werke: Interviews 1*. Köln: Kiepenheuer & Witsch.

Böttcher, W., Maykus, S., Altermann, A., & Liesegang, T. (2014). *Individuelle Förderung in der Ganztagsschule. Anspruch und Wirklichkeit einer pädagogischen Leitformel*. Münster u. a.: Waxmann.

Bourdieu, P. (1979/1998). *Die feinen Unterschiede. Kritik der gesellschaftlichen Urteilskraft* (10. Aufl.). Frankfurt am Main: Suhrkamp.

Bourdieu, P. (1985). *Sozialer Raum und "Klassen". Leçon sur la leçon ; 2 Vorlesungen*. Frankfurt am Main: Suhrkamp.

Bourdieu, P. (1993/2010). *Das Elend der Welt* (Gekürzte Studienausg., 2. Aufl.). Konstanz: UVK Verlagsgesellschaft.

Bourdieu, P. (1998/2017). *Die männliche Herrschaft* (4. Auflage). Frankfurt am Main: Suhrkamp.

Bourdieu, P. (2018). *Bildung. Schriften zur Kultursoziologie 2*. Berlin: Suhrkamp.

Bourdieu, P., & Passeron, J.-C. (1971). *Die Illusion der Chancengleichheit. Untersuchungen zur Soziologie des Bildungswesens am Beispiel Frankreichs*. Stuttgart: Klett.

Brähler, E., Decker, O., & Kiess, J. (Hrsg.) (2016). *Die enthemmte Mitte. Autoritäre und rechtsextreme Einstellung in Deutschland die Leipziger "Mitte"-Studie 2016*. Gießen: Psychosozial-Verlag.

Brandmaier, M. (2015). Trauma und Gesellschaft - Kritische Reflexion. In S. B. Gahleitner, C. Frank, & A. Leitner (Hrsg.), *Ein Trauma ist mehr als ein Trauma. Biopsychosoziale Traumakonzepte in Psychotherapie, Beratung, Supervision und Traumapädagogik* (S. 38–51). Weinheim, Basel: Beltz Juventa.

Brügelmann, H. (2015). *Vermessene Schulen - standardisierte Schüler. Zu Risiken und Nebenwirkungen von PISA, Hattie, VerA & Co.* Weinheim, Basel: Beltz.

Brunner, J. (2014). *Frankfurter Adorno-Vorlesungen. Bd. 2009: Die Politik des Traumas. Gewalterfahrung und psychisches Leid in den USA, in Deutschland und im Israel/Palästina-Konflikt*. Berlin: Suhrkamp.

Brunner, M. (2010). *Zum Begriff des ‚kollektiven Traumas'. Oder: Wie angemessen über das Leid von Menschen sprechen in Zeiten inflationierender Opferdiskurse? Vortrag im Rahmen des Donnerstagscolloquiums an der Sigmund Freud Universität*. Wien.

Brunner, M. (2011). Trauma, Krypta, rätselhafte Botschaft. Einige Überlegungen zur intergenerationellen Konfliktdynamik. *Psychosozial, 124*(34), 43–59.

Brunner, M. (2012). *»Unsere Mauern brechen, aber unsere Herzen nicht«. Die Volksgemeinschaft als Trauma-Schiefheilungsangebot. Internationales Forschungszentrum Kulturwissenschaften (IFK)*. Wien.

Brunner, M. (2015). „... für jeden deutschen Menschen zwanzig Juden ...". Trauma-Schiefheilungsangebote im "Bombenkrieg". *Psychosozial, 38*(1), 43–56.

Brunner, M. (2019a). Trigger-Warnungen. Zur Politisierung eines traumatherapeutischen Konzepts. In E. Berendsen, M. Mendel, & S.-N. Cheema (Hrsg.), *Trigger Warnung. Identitätspolitik zwischen Abwehr, Abschottung und Allianzen* (S. 21–35). Berlin: Verbrecher Verlag.

Brunner, M. (2019b). *Blickwinkel. Antisemitismuskritisches Forum für Bildung und Wissenschaft: Re-Nationalisierungen in der postnationalsozialistischen Gesellschaft. Kommentar zum Vortrag von Astrid Messerschmidt*. Berlin.

Buber, M. (1923/2011). *Ich und du*. Stuttgart: Reclam.

Bundeszentrale für politische Bildung (2019a). *Abschiebungen in Deutschland. Infografiken zu Abschiebungen nach Herkunftsländern, Zielstaaten und Bundesländern*. https://www.bpb.de/gesellschaft/migration/flucht/265765/abschiebungen-in-deutschland. Zugegriffen: 4. August 2019.

Bundeszentrale für politische Bildung (2019b). *Asylanträge in Deutschland. Infografiken zu Asylanträgen und Asylsuchenden*. https://www.bpb.de/gesellschaft/migration/flucht/274044/redaktion. Zugegriffen: 9. Juli 2019.

Bundeszentrale für politische Bildung (2019c). *Asylentscheidungen und Klagen. Infografiken zu Entscheidungen und Klagen zu Asylanträgen*. https://www.bpb.de/gesellschaft/migration/flucht/265711/entscheidungen-und-klagen. Zugegriffen: 15. August 2019.

Bundeszentrale für politische Bildung (2019d). *Demografie von Asylsuchenden in Deutschland. Infografiken zu Alter, Geschlecht und Herkunft von Asylsuchenden*. https://www.bpb.de/gesellschaft/migration/flucht/265710/demografie. Zugegriffen: 9. Juli 2019.

Busch, C., Gehrlein, M., & Uhlig, T. D. (Hrsg.) (2016). *Schiefheilungen. Zeitgenössische Betrachtungen über Antisemitismus*. Wiesbaden: Springer VS.

Busch, E. (2006). Kinder aus „Problemfamilien". In Landesstelle Jugendschutz Niedersachsen (Hrsg.), *Wenn Eltern überfordert sind... Sucht, Armut, Vernachlässigung. Handlungsorientierung für die Arbeit in Kindertagesstätten und Grundschulen* (2. Auflage, S. 6–19). Hannover: Eigendruck.

Carlson, E., Armstrong, J., Loewenstein, R., & Roth, D. (1998). Relationships between traumatic experiences and symptoms of posttraumatic stress, dissociation, and amnesia. In D. Bremner & C. Marmar (Hrsg.), *Trauma, Memory, and Dissociation* (S. 205–228). Washington, DC: American Psychiatric Press.

Castles, S., Haas, H. de, & Miller, M. J. (2014). *The age of migration. International population movements in the modern world* (5. ed.). Basingstoke: Palgrave Macmillan.

Cohen, Y. (2014). *Das traumatisierte Kind. Psychoanalytische Therapie im Kinderheim.* Frankfurt am Main: Brandes & Apsel.

Connell, R. (1993/2015). *Der gemachte Mann. Konstruktion und Krise von Männlichkeiten* (4. durchgesehene und erweiterte Auflage). Wiesbaden: Springer VS.

Crepaldi, G. (2018). *Containing.* Gießen: Psychosozial-Verlag.

Czerny, S. (2011). *Was wir unseren Kindern in der Schule antun. ... und wie wir das ändern können.* München: Südwest.

Datler, W. (2009). Von der akademischen Entwicklungspsychologie zur psychoanalytischen Säuglingsbeobachtung: Über Esther Bick, die Methode der Infant Observation und die Entwicklung von psychosozialer Kompetenz. In G. Diem-Wille & A. Turner (Hrsg.), *Ein-Blicke in die Tiefe. Die Methode der psychoanalytischen Säuglingsbeobachtung und ihre Anwendungen* (S. 41–66). Stuttgart: Klett-Cotta.

Datler, W. (2015). Ethnographisches Forschen im geragogischen Bereich: Über emotionale Prozesse und die "Optimalstrukturierung" des Forschungsfeldes. In M. Fürstaller, W. Datler, & M. Wininger (Hrsg.), *Schriftenreihe der DGfE-Kommission Psychoanalytische Pädagogik. Band 5: Psychoanalytische Pädagogik: Selbstverständnis und Geschichte* (S. 193–216). Opladen u. a.: Budrich.

Datler, W., Hover-Reisner, N., & Steinhardt, K. (2008). Zweisamkeit oder Dreisamkeit? Infant Observation als Methode zur Untersuchung früher Triangulierungsprozesse. In F. Dammasch (Hrsg.), *Triangulierung. Lernen, Denken und Handeln aus psychoanalytischer und pädagogischer Sicht* (S. 85–109). Frankfurt am Main: Brandes & Apsel.

Datler, W., Müller, B., & Finger-Trescher, U. (Hrsg.) (2004). *Jahrbuch für psychoanalytische Pädagogik. Bd. 14: Sie sind wie Novellen zu lesen. Zur Bedeutung von Falldarstellungen in der psychoanalytischen Pädagogik.* Gießen: Psychosozial-Verlag.

Datler, W., & Steinhardt, K. (1999). Schulische Integration und Interaktionsforschung: Ein Plädoyer für differenzierte Einzelfalldarstellungen und Einzelfallanalysen. *Vierteljahresschrift für Heilpädagogik und ihre Nachbargebiete, 68*(4), 365–376.

Datler, W., & Wininger, M. (2010). Psychoanalytisches Fallverstehen als sonderpädagogische Kompetenz. In B. Ahrbeck & M. Willmann (Hrsg.), *Pädagogik bei Verhaltensstörungen. Ein Handbuch* (S. 226–235). Stuttgart: Kohlhammer.

Decker, O., Brähler, E., & Baier, D. (Hrsg.) (2018). *Flucht ins Autoritäre. Rechtsextreme Dynamiken in der Mitte der Gesellschaft die Leipziger Autoritarismus-Studie 2018.* Gießen: Psychosozial-Verlag.

Delen, I., & Nafilo, J. (2006). "Wir verzichten auf sämtliche Leistungen. Das war der Deal, um studieren zu dürfen". In Pro Asyl (Hrsg.), *Vom Fliehen und Ankommen. Flüchtlinge erzählen* (S. 101–109). Karlsruhe: Von Loeper Literaturverlag.

Der Tagesspiegel (2017). *UN-Hochkommissar prangert Europas Zusammenarbeit mit Libyen an. Der UN-Kommissar für Menschenrechte rügt die Flüchtlingspolitik der EU scharf. Besonders empört ist er über die Situation der Migranten in Libyen.* https://www.tagesspiegel.de/politik/fluechtlinge-un-hochkommissar-prangert-europas-zusammenarbeit-mit-libyen-an/20304028.html. Zugegriffen: 20. August 2019.

Deutscher Bundestag (2016): *Entwurf eines Gesetzes zur Einführung beschleunigter Asylverfahren. Gesetzentwurf der Fraktionen der CDU/CSU und SPD. Drucksache 18/7538.*

Deutscher Städtetag (Hrsg.) (1979). *Hinweise zur Arbeit in sozialen Brennpunkten, DST-Beiträge zur Sozialpolitik.* Köln.

Devereux, G. (1967/2018). *Angst und Methode in den Verhaltenswissenschaften.* Gießen: Psychosozial-Verlag.

Die Bundesregierung (2017). *EU-Migrationspartnerschaften mit Afrika. Die Bekämpfung der Fluchtursachen kommt voran. Die zu diesem Zweck initiierten EU-Migrationspartnerschaften mit Afrika zeigen erste Ergebnisse.* https://www.bundesregierung.de/breg-de/aktuelles/eu-europaeische-union-migrationspartnerschaften-mit-afrika-317418. Zugegriffen: 20. August 2019.

Diefenbach, H. (2005). Schulerfolg von ausländischen Kindern und Kindern mit Migrationshintergrund als Ergebnis individueller und institutioneller Faktoren. In Bundesministerium für Bildung und Forschung (Hrsg.), *Migrationshintergrund von Kindern und Jugendlichen. Wege zur Weiterentwicklung der amtlichen Statistik* (S. 43–54). Bonn: Eigendruck.

Diefenbach, H. (2010). *Kinder und Jugendliche aus Migrantenfamilien im deutschen Bildungssystem. Erklärungen und empirische Befunde* (3. Auflage). Wiesbaden: VS Verlag für Sozialwissenschaften.

Dilling, H., Mombour, W., & Schmidt, M. H. (Hrsg.) (2015). *Internationale Klassifikation psychischer Störungen. ICD-10 Kapitel V (F) klinisch-diagnostische Leitlinien* (10. Auflage, unter Berücksichtigung der Änderungen entsprechend ICD-10-GM 2015). Bern: Hogrefe Verlag.

Ding, U. (2013). Trauma und Schule. Was lässt Peter wieder lernen? Über unsichere Bedingungen und sichere Orte in der Schule. In J. Bausum, L.-U. Besser, M. Kühn, & W. Weiß (Hrsg.), *Traumapädagogik. Grundlagen, Arbeitsfelder und Methoden für die pädagogische Praxis* (3., durchgesehene Auflage, S. 56–67). Weinheim, Basel: Beltz Juventa.

Ding, U. (2014). "Ich kann mir sowieso nichts merken, also brauche ich auch nicht hin!" Wie kann Schule dissoziierende Kinder verstehen und im Lernen unterstützen? In W. Weiß, E. K. Friedrich, E. Picard, & U. Ding (Hrsg.), *"Als wär ich ein Geist, der auf mich runter schaut". Dissoziation und Traumapädagogik* (S. 166–222). Weinheim, Basel: Beltz Juventa.

Ding, U. (2015). Verstummten eine Sprach geben. ZwangsmigrantInnen in der Schule - Wissen, Willkommen, Worte. *Freie Assoziation, 18. Jahrgang* (1), 108–111.

Dörr, M. (2017). Verwickelte Abstinenz. In B. Rauh (Hrsg.), *Schriftenreihe der DGfE-Kommission Psychoanalytische Pädagogik. Band 7: Abstinenz und Verwicklung. Annäherungen in Theorie, Praxis, Forschung und Gesellschaft* (S. 25–40). Leverkusen: Budrich Barbara.

Dörr, M., & Müller, B. (Hrsg.) (2012). *Nähe und Distanz. Ein Spannungsfeld pädagogischer Professionalität* (3., aktualisierte Auflage). Weinheim, Basel: Beltz Juventa.

Drach, M. S. von (2015). *Warum der Name "Daesch" den Islamischen Staat ärgert. Wie heißt die Terrormiliz: IS, ISIS oder ISIL? Viele Politiker verwenden auch den Begriff Daesch - aus gutem Grund.* https://www.sueddeutsche.de/politik/terrororganisation-warum-der-name-daesch-den-islamischen-staat-aergert-1.2745175. Zugegriffen: 20. November 2019.

Eckhardt-Henn, A., Hoffmann, S. O., & Hochapfel, G. (Hrsg.) (2009). *Neurotische Störungen und psychosomatische Medizin. Mit einer Einführung in die Psychodiagnostik und Psychotherapie* (8., vollst. überarb. und erw. Aufl.). Stuttgart: Schattauer.

Ehl, D. (2019). *Afghanistan: Abgeschobene in der Klemme.* https://www.dw.com/de/afghanistan-abgeschobene-in-der-klemme/a-48828188. Zugegriffen: 23. August 2019.

Erdheim, M. (1993). Psychoanalyse, Adoleszenz und Nachträglichkeit. *Psyche, 47*(10), 934–950.

Farin, K., & Schami, R. (2018). *Flucht aus Syrien - neue Heimat Deutschland?* Berlin: Hirnkost KG.

Fassin, D., & Rechtman, R. (2009). *The empire of trauma. An inquiry into the condition of victimhood.* Princeton, NJ: Princeton Univ. Press.

Fatke, R. (1995). Fallstudien in der Pädagogik. Einführung in den Themenschwerpunkt. *Zeitschrift für Pädagogik*(41), 675–680.

Faulkner, W. (1951). *Requiem für eine Nonne. Roman in Szenen.* Zürich: Diogenes.

Fend, H. (1980). *Theorie der Schule.* München, Wien: Urban & Schwarzenberg.

Ferenczi, S. (1933). Sprachverwirrung zwischen den Erwachsenen und dem Kind. Die Sprache der Zärtlichkeit und der Leidenschaft (1933). *Internationale Zeitschrift für Psychoanalyse, XIX*(1/2), 5–15.

Finger-Trescher, U. (2004). Was ist ein Trauma? In C. Büttner (Hrsg.), *Kinder aus Kriegs- und Krisengebieten. Lebensumstände und Bewältigungsstrategien* (S. 127–140). Frankfurt am Main: Campus-Verlag.

Fischer, G., & Riedesser, P. (2016). *Lehrbuch der Psychotraumatologie* (4., aktualisierte und erweiterte Auflage). München, Basel: Ernst Reinhardt Verlag.

Fonagy, P., Gergely, G., Jurist, E. L., & Target, M. (2017). *Affektregulierung, Mentalisierung und die Entwicklung des Selbst* (6., Druckauflage). Stuttgart: Klett-Cotta.

Forschungsgruppe »Staatsprojekt Europa« (Hrsg.) (2014). *Kämpfe um Migrationspolitik. Theorie, Methode und Analysen kritischer Europaforschung.* Bielefeld: transcript Verlag.

Frank, J. A. (2004). *Bush auf der Couch. Wie denkt und fühlt George W. Bush?* Gießen: Psychosozial-Verlag.

Freie Assoziation (Hrsg.) (2015). *»Festung Europa«.* Gießen: Psychosozial-Verlag.

Freud, A., & Burlingham, D. T. (1973). *War and children*: Greenwood Publishing Group, Incorporated.

Freud, A., & Burlingham, D. (1971). *Heimatlose Kinder. Zur Anwendung psychoanalytischen Wissens auf die Kindererziehung.* Frankfurt am Main: S. Fischer.

Freud, S. (1885/1987). *Freud-Studienausgabe. Nachtragsband: Entwurf einer Psychologie.* Frankfurt am Main: S. Fischer.

Freud, S. (1895). *Gesammelte Werke. Bd. 1: Studien über Hysterie.* Frankfurt am Main: S. Fischer.

Freud, S. (1896/2006). *Freud-Studienausgabe. Bd. 6: Zur Ätiologie der Hysterie.* Frankfurt am Main: S. Fischer.

Freud, S. (1900/2015). *Freud-Studienausgabe. Bd. 2: Die Traumdeutung* (13. Auflage). Frankfurt am Main: S. Fischer.

Freud, S. (1912/2007). *Freud-Studienausgabe. Erg.-Bd.: Schriften zur Behandlungstechnik* (6., korr. Aufl.). Frankfurt am Main: S. Fischer.

Freud, S. (1915/2010). *Freud-Studienausgabe. Bd. 3: Triebe und Triebschicksale* (10. Auflage). Frankfurt am Main: S. Fischer.

Freud, S. (1917). Eine Schwierigkeit der Psychoanalyse. *Imago, 5*(1), 1–7.

Freud, S. (1920/2012). *Freud-Studienausgabe. Bd. 3: Jenseits des Lustprinzips* (11. Aufl.). Frankfurt am Main: S. Fischer.

Freud, S. (1921/2003). *Freud-Studienausgabe. Bd. 9: Massenpsychologie und Ich-Analyse* (9. Aufl.). Frankfurt am Main: S. Fischer.

Freud, S. (1925/1955). *Gesammelte Werke. Bd. 14: Geleitwort zu: Aichhorn, August (1925): Verwahrloste Jugend*. Frankfurt am Main: S. Fischer.

Freud, S. (1926/2006). *Freud-Studienausgabe. Bd. 6: Hemmung, Symptom und Angst* (10. Aufl.). Frankfurt am Main: S. Fischer.

Freud, S. (1933/2007). *Freud-Studienausgabe. Bd. 1: Neue Folge der Vorlesungen zur Einführung in die Psychoanalyse* (15. Aufl.). Frankfurt am Main: S. Fischer.

Freud, S. (1937/1997). *Freud-Studienausgabe. Ergänzungsband: Die endliche und die unendliche Analyse* (5., korrigierter Auflage). Frankfurt am Main: S. Fischer.

Freud, S. (1940/2007). *Freud-Studienausgabe. Erg.-Bd.: Die psychoanalytische Technik* (6., korr. Aufl.). Frankfurt am Main: S. Fischer.

Freud, S. (1985). *Briefe an Wilhelm Fließ 1887–1904. Hg. von J.M. Masson*. Frankfurt am Main: S. Fischer.

Freyberg, T. v., & Wolff, A. (Hrsg.) (2006). *Störer und Gestörte. Band 2: Konfliktgeschichten als Lernprozesse*. Frankfurt am Main: Brandes & Apsel.

Freyberg, T. v., & Wolff, A. (Hrsg.) (2009). *Störer und Gestörte. Band 1: Konfliktgeschichten nicht beschulbarer Jugendlicher* (2. Auflage). Frankfurt am Main: Brandes & Apsel.

Friebertshäuser, B., & Langer, A. (2013). Interviewformen und Interviewpraxis. In B. Friebertshäuser, A. Langer, & A. Prengel (Hrsg.), *Handbuch Qualitative Forschungsmethoden in der Erziehungswissenschaft* (4., durchges. Aufl., S. 437–455). Weinheim, Basel: Beltz Juventa.

Friedrich, E. K. (2014). Dissoziation und Multiplizität. In W. Weiß, E. K. Friedrich, E. Picard, & U. Ding (Hrsg.), *"Als wär ich ein Geist, der auf mich runter schaut". Dissoziation und Traumapädagogik* (S. 13–59). Weinheim, Basel: Beltz Juventa.

Füller, C. (2009). *Grundschul-Rebellin erhält Courage-Preis*. https://www.spiegel.de/lebenundlernen/schule/strafversetzt-wegen-guter-noten-grundschul-rebellin-erhaelt-courage-preis-a-628411.html. Zugegriffen: 13. Dezember 2018.

Gadinger, F. (2019). Lügenpresse, gesunder Volkskörper, tatkräftiger Macher. Erzählformen des Populismus. In M. Müller & J. Precht (Hrsg.), *Narrative des Populismus. Erzählmuster und -strukturen populistischer Politik* (S. 115–146). Wiesbaden: Springer Fachmedien Wiesbaden.

Gahleitner, S. B., Zito, D., & Zimmermann, D. (2017). *Psychosoziale und traumapädagogische Arbeit mit geflüchteten Menschen*. Göttingen: Vandenhoeck & Ruprecht.

Gambaro, L., Liebau, E., Peter, F. H., & Weinhardt, F. (2017). Viele Kinder von Geflüchteten besuchen eine Kita oder Grundschule: Nachholbedarf bei den unter Dreijährigen und der Sprachförderung von Schulkindern. *DIW-Wochenbericht, 84*(19), 379–386.

Gerspach, M. (2009). *Psychoanalytische Heilpädagogik. Ein systematischer Überblick*. Stuttgart: Kohlhammer.

Gerspach, M. (2012). Das heimliche Curriculum der Psychoanalytischen Pädagogik. In W. Datler, U. Finger-Trescher, & J. Gstach (Hrsg.), *Jahrbuch für psychoanalytische Pädagogik. Bd. 20: Psychoanalytisch-pädagogisches Können. Vermitteln – Aneignen – Anwenden* (S. 81–105). Gießen: Psychosozial-Verlag.

Gerspach, M. (2016). *Rezension zu: Bernd Ahrbeck, Stephan Ellinger, Oliver Hechler, Katja Koch, Gerhard Schad: Evidenzbasierte Pädagogik. Sonderpädagogische Einwände. Kohlhammer Verlag (Stuttgart) 2016.* https://www.socialnet.de/rezensionen/21424.php. Zugegriffen: 8. November 2017.

Gewerkschaft Erziehung und Wissenschaft (2018). *10-Punkte-Programm gegen den Lehrkräftemangel.* https://www.gew.de/fileadmin/media/publikationen/hv/Schule/Lehrerarbeitsmarkt/2018-10-10_10-Punkte-Programm-Lehrkraeftemangel.pdf. Zugegriffen: 20. Mai 2019.

Gingelmaier, S. (2018). Die Bedeutung des Mentalisierens für das Beratungsformat Supervision am Beispiel von Schulen. In S. Gingelmaier, S. Taubner, & A. Ramberg (Hrsg.), *Handbuch mentalisierungsbasierte Pädagogik* (S. 235–240). Göttingen: Vandenhoeck & Ruprecht.

Gogolin, I. (1994). *Der monolinguale Habitus der multilingualen Schule.* Münster: Waxmann.

Gomolla, M., & Radtke, F.-O. (2009). *Institutionelle Diskriminierung. Die Herstellung ethnischer Differenz in der Schule* (3. Auflage). Wiesbaden: VS Verlag für Sozialwissenschaften.

Gonschorek, G., & Schneider, S. (2000). *Einführung in die Schulpädagogik und die Unterrichtsplanung.* Donauwörth: Auer.

Göppel, R., & Hirblinger, H. (2010). Einleitung. In R. Göppel, A. Hirblinger, H. Hirblinger, & A. Würker (Hrsg.), *Schriftenreihe der DGfE-Kommission Psychoanalytische Pädagogik. Band 2: Schule als Bildungsort und "emotionaler Raum". Der Beitrag der Psychoanalytischen Pädagogik zu Unterrichtsgestaltung und Schulkultur* (S. 9–14). Opladen: Budrich.

Greenberg, D., & Wilke, M. (2014). *Endlich frei! Leben und Lernen an der Sudbury-Valley-Schule* (3. Aufl.). Freiamt im Schwarzwald: Arbor.

Groß, E., & Hövermann, A. (2015). Die Gefährdung des Sozialen im hoch entwickelten Kapitalismus. Inklusion, Abwertung und Ausgrenzung im Namen neoliberaler Leitbilder. In S. Kluge, A. Liesner, & E. Weiss (Hrsg.), *Jahrbuch für Pädagogik. Bd. 2015: Inklusion als Ideologie* (S. 41–57). Frankfurt a.M., Bern etc.: Peter-Lang-Edition.

Grubrich-Simitis, I. (1987). Trauma oder Trieb - Trieb und Trauma. *Psyche, 41*(11), 992–1023.

Grubrich-Simitis, I. (2007). Trauma oder Trieb - Trieb und Trauma: Wiederbetrachtet. *Psyche, 61*(7), 637–656.

Habbe, H. (2018). *Was ist eigentlich »subsidiärer Schutz«?* https://www.proasyl.de/hintergrund/was-ist-eigentlich-subsidiaerer-schutz/. Zugegriffen: 15. August 2019.

Halfhide, T. (2009). Teamteaching. In S. Fürstenau & M. Gomolla (Hrsg.), *Migration und schulischer Wandel: Unterrichtsqualität* (S. 103–120). Wiesbaden: VS Verlag für Sozialwissenschaften.

Hallway, W. (2004). An appropriate research paradigm for evaluating psychoanalytically-informed practices. *Infant Observation, 7*(2-3), 26–42.

Han, P. (2016). *Soziologie der Migration. Erklärungsmodelle, Fakten, Politische Konsequenzen, Perspektiven* (4., unveränderte Auflage). Konstanz: UVK Verlagsgesellschaft.

Hargasser, B. (2016). *Unbegleitete minderjährige Flüchtlinge. Sequentielle Traumatisierungsprozesse und die Aufgaben der Jugendhilfe* (3. Auflage). Frankfurt am Main: Brandes & Apsel.

Hasler, F. (2012). *Neuromythologie. Eine Streitschrift gegen die Deutungsmacht der Hirnforschung*. Bielefeld: transcript.

Hattie, J. (2013). *Lernen sichtbar machen*. Baltmannsweiler: Schneider-Verl. Hohengehren.

Haubl, R. (2011). Latenzschutz und Veränderungswiderstand. Grundfragen psychodynamisch-systemischer Organisationsberatung. In H. Schnoor (Hrsg.), *Psychodynamische Beratung* (197–112). Göttingen: Vandenhoeck & Ruprecht.

Haubl, R. (2017). Gelingt es, ohne Feindbilder zu leben? *Psychosozial, 40*(3), 9–16.

Haubl, R., & Wirth, H.-J. (2017). Editorial. *Psychosozial, 40. Jahrgang*(3), 5–8.

Hechler, O. (2015). Feinfühlig unterrichten – Emotion und Interaktion im Fokus der Lehrerbildung. *Seminar*(3), 1–19.

Hechler, O. (2016). Evidenzbasierte Pädagogik - Von der verlorenen Kunst des Erziehens. In B. Ahrbeck, S. Ellinger, & O. Hechler (Hrsg.), *Evidenzbasierte Pädagogik. Sonderpädagogische Einwände* (S. 42–83). Stuttgart: Kohlhammer Verlag.

Hechler, O. (2018a). *Feinfühlig unterrichten. Lehrerpersönlichkeit - Beziehungsgestaltung - Lernerfolg*. Stuttgart: Verlag W. Kohlhammer.

Hechler, O. (2018b). Mentalisierungsfördernder Unterricht. Bindungstheoretische Grundlagen und didaktische Ansätze. In S. Gingelmaier, S. Taubner, & A. Ramberg (Hrsg.), *Handbuch mentalisierungsbasierte Pädagogik* (S. 173–187). Göttingen: Vandenhoeck & Ruprecht.

Heck, G. (2008). *"Managing Migration" vor den Grenzen Europas: Das Beispiel Marokko*. https://www.uni-bielefeld.de/soz/ab6/ag_faist/downloads/workingpaper_45_heck.pdf. Zugegriffen: 19. August 2019.

Heinemann, E. (1997). Psychoanalyse und Pädagogik im Unterricht der Sonderschule. In E. Heinemann, U. Rauchfleisch, & T. Grüttner (Hrsg.), *Gewalttätige Kinder. Psychoanalyse und Pädagogik in Schule, Heim und Therapie* (S. 39–89). Frankfurt am Main: S. Fischer.

Heinrich, E.-M. (1994). *Verstehen und Intervenieren. Psychoanalytische Methode und genetische Psychologie Piagets in einem Arbeitsfeld psychoanalytischer Pädagogik*. Heidelberg: Asanger.

Heitmeyer, W. (2002–2012). *Deutsche Zustände*. Frankfurt am Main: Suhrkamp.

Helsper, W. (2004). Antinomien, Widersprüche, Paradoxien: Lehrerarbeit–ein unmögliches Geschäft? Eine strukturtheoretisch-rekonstruktive Perspektive auf das Lehrerhandeln. In B. Koch-Priewe, F.-U. Kolbe, & J. Wildt (Hrsg.), *Grundlagenforschung und mikrodidaktische Reformansätze zur Lehrerbildung* (S. 49–98). Bad Heilbrunn: Klinkhardt.

Hendrich, A. (2018). Wie kann ich dir helfen? Traumapädagogik - hilfreiches Verhalten von Pädagog(inn)en. *Theorie und Praxis der Sozialpädagogik*(3), 16–18.

Hensel, T. (2014). Die Psychotraumatologie des Kindes- und Jugendalters. In S. B. Gahleitner, T. Hensel, M. Baierl, M. Kühn, & M. Schmid (Hrsg.), *Traumapädagogik in psychosozialen Handlungsfeldern. Ein Handbuch für Jugendhilfe, Schule und Klinik* (S. 27–37). Göttingen: Vandenhoeck & Ruprecht.

Herman, J. L. (1992/2010). *Die Narben der Gewalt. Traumatische Erfahrungen verstehen und überwinden* (3. Aufl.). Paderborn: Junfermann.

Herz, B. (2014a). Das Provokative Essay. Inklusion: Barrierefreiheit außer für Kinder und Jugendliche mit Verhaltensstörungen? *Vierteljahresschrift für Heilpädagogik und ihre Nachbargebiete, 83*(3), 185.

Herz, B. (2014b). Pädagogik bei Verhaltensstörungen. An den Rand gedrängt? *Zeitschrift für Heilpädagogik* (1), 4–14.

Herz, B. (2015). Inklusionssemantik und Risikoverschärfung. In S. Kluge, A. Liesner, & E. Weiss (Hrsg.), *Jahrbuch für Pädagogik. Bd. 2015: Inklusion als Ideologie* (S. 59–76). Frankfurt a. M., Bern etc.: Peter-Lang-Edition.

Herz, B. (2019). Deprofessionalisierungstendenzen in der schulischen und außerschulischen Erziehungshilfe. Ein exemplarischer Blick auf das universitäre Qualifizierungs-"Setting". In D. Zimmermann, U. Fickler-Stang, L. Dietrich, & K. Weiland (Hrsg.), *Dialog Erziehungshilfe: Professionalisierung für Unterricht und Beziehungsarbeit mit psychosozial beeinträchtigten Kindern und Jugendlichen* (S. 23–36). Bad Heilbrunn: Klinkhardt Julius.

Herz, B., & Heuer, S. (2014). Eine Pädagogik der Beschämung? Emotionale Gewalt als Disziplinartechnik. *Vierteljahresschrift für Heilpädagogik und ihre Nachbargebiete*(3), 246–249.

Herz, B., & Müller, C. (2014). Angst, Beschämung, Isolation für die Lehrerfortbildung? Das Programm „Bei STOPP ist Schluss!“. *Sozial extra, 38*(3), 39–42.

Hess, S. (2009). *Globalisierte Hausarbeit. Au-pair als Migrationsstrategie von Frauen aus Osteuropa* (2. Aufl.). Wiesbaden: VS Verlag für Sozialwissenschaften.

Hinshelwood, R. D., & Sievers, B. (Hrsg.) (2006). *Organisationsbeobachtung. Psychodynamische Aspekte der Organisationskultur im Gesundheitswesen.* Gießen: Psychosozial-Verlag.

Hirsch, M. (2011). *Trauma.* Gießen: Psychosozial-Verlag.

Hobsbawm, E. J., & Ranger, T. (Hrsg.) (1983/2017). *The invention of tradition* (26th printing). Cambridge: Univ. Press.

Hochschild, A. R. (2001). Globale Betreuungsketten und emotionaler Mehrwert. In W. Hutton (Hrsg.), *Die Zukunft des globalen Kapitalismus* (S. 157–176). Frankfurt/Main: Campus-Verlag.

Holzkamp, K. (1972). *Kritische Psychologie.* Frankfurt am Main: Fischer.

Hopf, C. (2012a). Forschungsethik und qualitative Forschung. In U. Flick (Hrsg.), *Qualitative Forschung. Ein Handbuch* (9. Aufl., S. 589–599). Reinbek bei Hamburg: Rowohlt.

Hopf, C. (2012b). Qualitative Interviews - ein Überblick. In U. Flick (Hrsg.), *Qualitative Forschung. Ein Handbuch* (9. Aufl., S. 349–360). Reinbek bei Hamburg: Rowohlt.

Hopf, H. (2017). *Flüchtlingskinder - gestern und heute. Eine Psychoanalyse.* Stuttgart: Klett-Cotta.

Horkheimer, M., & Adorno, T. W. (1947/2004). *Dialektik der Aufklärung. Philosophische Fragmente* (23. Auflage, ungekürzte Ausgabe). Frankfurt am Main: S. Fischer.

Horstmann, L., Kreuznacht, K., Müller, C., Redlich, S., & Schilling, N. (2015). Klischeeautismus als verlockender Lebensentwurf. Eine tiefenhermeneutische Kulturanalyse der Darstellung von Autismus in der Sitcom The Big Bang Theory. *Sonderpädagogik in Niedersachsen, 43*(2), 52–60.

Huber, M. (2007). "Die Phobie vor dem Trauma überwinden«. Ein Gespräch mit Onno van der Hart. *Trauma und Gewalt, 1*(1), 58–61.

Huber, M. (2013). *Der Feind im Innern: Psychotherapie mit Täterintrojekten. Wie finden wir den Weg aus Ohnmacht und Gewalt?* Paderborn: Junfermann Verlag.

Hunsicker, K. (2018). Weiße Gemeinschaft und Schwarze „Gifthändler". In C. Rass & M. Ulz (Hrsg.), *Migrationsgesellschaften: Migration ein Bild geben. Visuelle Aushandlungen von Diversität* (S. 241–268). Wiesbaden: Springer VS.

Ilien, A. (2008). *Lehrerprofession. Grundprobleme pädagogischen Handelns* (2., überarb. Aufl.). Wiesbaden: VS Verlag für Sozialwissenschaften.

Ilien, A. (2009). *Grundwissen Lehrerberuf. Eine kulturkritische Einführung*. Wiesbaden: VS Verlag für Sozialwissenschaften.

Jäckle, M. (2016). Schulische BildungsPraxis für vulnerable Kinder und Jugendliche. In W. Weiß, T. Kessler, & S. B. Gahleitner (Hrsg.), *Handbuch Traumapädagogik* (S. 154–165). Weinheim, Basel: Beltz Juventa.

Jäckle, M., & Bendel, B. (Hrsg.) (2017). *Handbuch TraumaPädagogik und Schule*. Bielefeld: transcript.

Jäger, M., & Kauffmann, H. (Hrsg.) (2002). *Leben unter Vorbehalt. Institutioneller Rassismus in Deutschland*. Duisburg: DISS.

Kannankulam, J. (2014). Kräfteverhältnisse in der bundesdeutschen Asylpolitik. Die Asyldebatte als Schlüsselereignis des schwerfälligen Wandels vom Gastarbeiterregime hin zu Managed Migration in der Bundesrepublik Deutschland. In Forschungsgruppe »Staatsprojekt Europa« (Hrsg.), *Kämpfe um Migrationspolitik. Theorie, Methode und Analysen kritischer Europaforschung* (S. 93–112). Bielefeld: transcript Verlag.

Kastner, H. (2014). *Wut. Plädoyer für ein verpöntes Gefühl*. Wien: Kremayr & Scheriau.

Katzenbach, D. (2004). Wenn das Lernen zu riskant wird. Anmerkungen zu den emotionalem Grundlagen des Lernens. In F. Dammasch & D. Katzenbach (Hrsg.), *Lernen und Lernstörungen bei Kindern und Jugendlichen. Zum besseren Verstehen von Schülern, Lehrern, Eltern und Schule* (S. 83–104). Frankfurt am Main: Brandes & Apsel.

Kaulertz, M., Holz, A.-L., & Chakkarath, P. (2017). Reden über Flucht: Eine kurze Bestandsaufnahme zu Perspektiven, Defiziten und Möglichkeiten der Forschung. *Psychosozial, 40*(4), 5–18.

Keilson, H. (1979/2005). *Sequentielle Traumatisierung bei Kindern*. Gießen: Psychosozial-Verlag.

Kiper, H. (2013). *Theorie der Schule: Institutionelle Grundlagen pädagogischen Handelns*. Stuttgart: Kohlhammer Verlag.

Kirchhoff, C. (2009). *Das psychoanalytische Konzept der „Nachträglichkeit". Zeit, Bedeutung und die Anfänge des Psychischen*. Gießen: Psychosozial-Verlag.

Kirchhoff, C. (2018). Nachträglichkeit, Wiederholung, Neubeginn. *Psychosozial, 41*(IV), 11–22.

Kizilhan, I., & Cavelius, A. (2016). *Die Psychologie des IS. Die Logik der Massenmörder*. Berlin: Europa Verlag.

Klein, M. (1946/2011). Bemerkungen über einige schiziode Mechanismen. In M. Klein (Hrsg.), *Das Seelenleben des Kleinkindes und andere Beiträge zur Psychoanalyse* (9. Aufl., S. 131–163). Stuttgart: Klett-Cotta.

Klein, R. (2009). *Tiefenhermeneutische Analyse*. https://www.fallarchiv.uni-kassel.de/wp-content/uploads/2010/07/klein_tiefenhermeneutik.pdf. Zugegriffen: 24. Oktober 2017.

Kolbe, F.-U., & Reh, S. (2008). Kooperation unter Pädagogen. In T. Coelen (Hrsg.), *Grundbegriffe Ganztagsbildung. Das Handbuch* (S. 799–808). Wiesbaden: VS Verlag für Sozialwissenschaften.

König, H.-D. (1993). Die Methode der tiefenhermeneutischen Kultursoziologie. In T. J. Jung (Hrsg.), *„Wirklichkeit“ im Deutungsprozeß. Verstehen und Methoden in den Kultur- und Sozialwissenschaften* (S. 190–222). Frankfurt am Main: Suhrkamp.

König, H.-D. (2012). Tiefenhermeneutik. In U. Flick (Hrsg.), *Qualitative Forschung. Ein Handbuch* (9. Aufl., S. 556–569). Reinbek bei Hamburg: Rowohlt.

König, H.-D. (2016a). *Das narrative Tiefeninterview*. https://www.tiefenhermeneutik.org/glossar/narratives-tiefeninterview/. Zugegriffen: 16. Mai 2017.

König, H.-D. (2016b). *Tiefenhermeneutische Kulturanalyse*. https://www.tiefenhermeneutik.org/glossar/tiefenhermeneutische-kulturanalyse/. Zugegriffen: 23. Oktober 2017.

König, H.-D. (2019). Dichte Interpretation. In J. König, N. Burgermeister, M. Brunner, P. Berg, & H.-D. König (Hrsg.), *Kritische Sozialpsychologie. Bd. 1: Dichte Interpretation. Tiefenhermeneutik als Methode qualitativer Forschung* (S. 13–86). Wiesbaden: Springer VS.

Korczak, J. (1919/1974). *Wie man ein Kind lieben soll* (5. Aufl.). Göttingen: Vandenhoek & Ruprecht.

Korczak, J. (1928/2002). *Das Recht des Kindes auf Achtung*. Gütersloh: Gütersloher Verlagshaus.

Krauch, P. (2018). *Wer eine Therapie gemacht hat, wird nicht verbeamtet. Diese Erfahrung machen junge Lehrer immer wieder – und empfinden das als extrem unfair*. https://www.jetzt.de/job/junge-lehrer-werden-nach-psychotherapie-nicht-verbeamtet. Zugegriffen: 18. November 2019.

Kristeva, J. (2013). *Fremde sind wir uns selbst* (11. Aufl.). Frankfurt am Main: Suhrkamp.

Kruse, J. (2017). Qualitative Fallauswahl. In M. A. Wirtz, J. Strohmer, & F. Dorsch (Hrsg.), *Lexikon der Psychologie* (18., überarbeitete Auflage). Bern: Hogrefe.

Küchenhoff, J. (2004). Verlust des Selbst, Verlust des Anderen – die doppelte Zerstörung von Nähe und Ferne im Trauma. *Psyche, 58*(9-10), 811–835.

Küchenhoff, J. (2005). *Die Achtung vor dem Anderen. Psychoanalyse und Kulturwissenschaften im Dialog*. Weilerswist: Velbrück Wissenschaft.

Kühn, M. (2008). Wieso brauchen wir eine Traumapädagogik? *Trauma & Gewalt*(2), 318–327.

Kühn, M. (2013). "Macht eure Welt endlich wieder zu meiner!". Anmerkungen zum Begriff der Traumapädagogik. In J. Bausum, L.-U. Besser, M. Kühn, & W. Weiß (Hrsg.), *Traumapädagogik. Grundlagen, Arbeitsfelder und Methoden für die pädagogische Praxis* (3., durchgesehene Auflage, S. 24–37). Weinheim, Basel: Beltz Juventa.

Kühn, M., & Bialek, J. (2016). *Fremd und kein Zuhause. Traumapädagogische Arbeit mit Flüchtlingskindern*. Göttingen: Vandenhoeck & Ruprecht.

Kurth, A., & Salzborn, S. (2014). Türöffnerin nach Rechts: Die „Alternative für Deutschland“. *Gegenblende. Das gewerkschaftliche Debattenmagazin*(28 Juli/August).

Küsters, I. (2006). *Narrative Interviews. Grundlagen und Anwendungen*. Wiesbaden: VS Verlag für Sozialwissenschaften.

Land Niedersachsen: *Niedersächsisches Schulgesetz. NSchG.*

Lang, B., Schirmer, C., Lang, T., Hair, I. A. d., Wahle, T., Bausum, J., Weiß, W., & Schmid, M. (Hrsg.) (2013). *Traumapädagogische Standards in der stationären Kinder- und Jugendhilfe. Eine Praxis- und Orientierungshilfe der BAG Traumapädagogik*. Weinheim, Basel: Beltz Juventa.

Lang, K. (2015). *Trauma und Schule. Umgang mit traumatisierten Kindern und Jugendlichen in Regelschulen.* Saarbrücken: AV Akademikerverlag.

Laplanche, J. (1987/2017). *Die allgemeine Verführungstheorie und andere Aufsätze.* Frankfurt a.M: Brandes & Apsel.

Laplanche, J., & Pontalis, J.-B. (2008). *Das Vokabular der Psychoanalyse* (18. Aufl.). Frankfurt am Main: Suhrkamp.

Leber, A. (1988). Zur Begründung des Fördernden Dialogs in der psychoanalytischen Heilpädagogik. In G. Iben (Hrsg.), *Das Dialogische in der Heilpädagogik* (S. 41–61). Mainz: Matthias-Grünewald-Verlag.

Leithäuser, T., & Volmerg, B. (1979). *Anleitung zur empirischen Hermeneutik. Psychoanalytische Textinterpretation als sozialwissenschaftliches Verfahren.* Frankfurt am Main: Suhrkamp.

Leuzinger-Bohleber, M. (2017). *Vortrag im Rahmen des 4. Winnicott Symposions: Flucht, Migration, Trauma und frühe Elternschaft. Psychoanalytische Überlegungen.* Hannover.

Leuzinger-Bohleber, M. (2018). Psychoanalytisch basierte, kultursensible Angebote zur professionellen Betreuung von Geflüchteten in einer Erstaufnahmeeinrichtung. In M. Leuzinger-Bohleber & N. Hettich (Hrsg.), *„Fremd bin ich eingezogen …". STEP-BY-STEP: ein Pilotprojekt zur Unterstützung von Geflüchteten in einer Erstaufnahmeeinrichung* (S. 109–152). Gießen: Psychosozial-Verlag.

Leuzinger-Bohleber, M., & Andresen, S. (2018). Abschlussbericht über das Pilotprojekt STEP-BY-STEP zur Betreuung von traumatisierten Flüchtlingen in der Erstaufnahmeeinrichtung »Michaelisdorf« in Darmstadt. In M. Leuzinger-Bohleber & N. Hettich (Hrsg.), *"Fremd bin ich eingezogen …". STEP-BY-STEP: ein Pilotprojekt zur Unterstützung von Geflüchteten in einer Erstaufnahmeeinrichung* (S. 27–105). Gießen: Psychosozial-Verlag.

Leuzinger-Bohleber, M., & Hettich, N. (Hrsg.) (2018). *"Fremd bin ich eingezogen …". STEP-BY-STEP: ein Pilotprojekt zur Unterstützung von Geflüchteten in einer Erstaufnahmeeinrichung.* Gießen: Psychosozial-Verlag.

Link, P.-C., & Kramer, N. (2019). Überlegungen zu einer mentalisierungsbasierten Traumapädagogik, dargestellt am Beispiel traumatisierter Kinder mit Fluchterfahrung. In R. Stein, P. C. Link, & P. Hascher (Hrsg.), *Frühpädagogische Inklusion und Übergänge.* Berlin: Frank & Timme.

Lobenstein, C., & Lau, M. (2018). Oder soll man es lassen? Private Helfer retten Flüchtlinge und Migranten im Mittelmeer aus Seenot. Ist das legitim? Ein Pro und Contra. *DIE ZEIT, Nr. 29* vom 12.7.2018.

Loewenstein, R. J., & Ross, D. R. (1992). Multiple personality and psychoanalysis: An introduction. *Psychoanalytic Inquiry, 12*(1), 3–48.

Lohl, J. (2006). »Jüdischer Krieg« und »mörderische Wut«. Zum Stellenwert psychoanalytischer Traumakonzepte im wissenschaftlichen Diskurs über den Umgang mit der NS-Vergangenheit auf der »Täterseite«. *Psychosozial, 29*(4), 125–138.

Lorde, A., & Hall, J. W. (2004). *Conversations with Audre Lorde*: University Press of Mississippi.

Lorenzer, A. (1970/2000). *Sprachzerstörung und Rekonstruktion. Vorarbeiten zu einer Metatheorie der Psychoanalyse* (5. Aufl.). Frankfurt am Main: Suhrkamp.

Lorenzer, A. (1972). *Zur Begründung einer materialistischen Sozialisationstheorie.* Frankfurt am Main: Suhrkamp.

Lorenzer, A. (1974). *Die Wahrheit der psychoanalytischen Erkenntnis. Ein historisch-materialistischer Entwurf*. Frankfurt am Main: Suhrkamp.

Lorenzer, A. (1981). Zum Beispiel ‚Der Malteser Falke'. Analyse der psychoanalytischen Untersuchung literarischer Texte. In B. Urban & W. Kudszus (Hrsg.), *Psychoanalytische und psychopathologische Literaturinterpretation* (S. 23–46). Darmstadt: Wissenschaftliche Buchgesellschaft.

Lorenzer, A. (1986). Tiefenhermeneutische Kulturanalyse. In H.-D. König & A. u. a. Lorenzer (Hrsg.), *Kultur-Analysen. Psychoanalytische Studien zur Kultur* (S. 11–98). Frankfurt am Main: S. Fischer.

Lorenzer, A. (2006). Verführung zur Selbstpreisgabe -psychoanalytisch-tiefenhermeneutische Analyse eines Gedichtes von Rudolf Alexander Schröder. In U. Prokop (Hrsg.), *Kulturanalysen. Bd. 1: Szenisches Verstehen. Zur Erkenntnis des Unbewußten* (S. 173–200). Marburg: Tectum-Verl.

Löser, J. M., & Werning, R. (2015). Inklusion - allgegenwärtig, kontrovers, diffus? *Erziehungswissenschaft, 26*(51), 17–24.

Lüders, K. (2013). Bions Container-Contained-Modell. In R. Kennel & G. Reerink (Hrsg.), *Klein - Bion. Eine Einführung* (3. Aufl., S. 85–100). Frankfurt a. M.: Brandes & Apsel.

Luhmann, N. (1987). *Soziale Systeme. Grundriß einer allgemeinen Theorie.* Frankfurt am Main: Suhrkamp.

Luhmann, N. (2002/2014). *Das Erziehungssystem der Gesellschaft.* Frankfurt am Main: Suhrkamp.

Marx, K. (1843). Zur Kritik der Hegelschen Rechtsphilosophie. Einleitung. In K. Marx & F. Engels (Hrsg.), *MEW Band 1* (16., überarb. Aufl., in Textausw. und Komm. unveränd. Nachdr. der 13. Aufl.). Berlin: Karl Dietz.

Marzock, S., & Jäger, M. (2017). Von den Obergrenzen einer Willkommenskultur in Deutschland: Eine Feinanalyse einer BILD-ZEITUNGs-Ausgabe. In Duisburger Institut für Sprach- und Sozialforschung (Hrsg.), *Von der Willkommenskultur zur Notstandsstimmung. Der Fluchtdiskurs in deutschen Medien 2015 und 2016* (S. 125–144). Duisburg: Duisburger Institut für Sprach- und Sozialforschung.

Massumi, M., Dewitz, N. v., Grießbach, J., Terhart, H., Wagner, K., Hippmann, K., & Altinay, L. (2015). *Neu zugewanderte Kinder und Jugendliche im deutschen Schulsystem.* Köln: Mercator-Institut für Sprachförderung und Deutsch als Zweitsprache.

Massumi, M., & Fereidooni, K. (2017). Die rassismuskritische Professionalisierung von (angehenden) Lehrkräften. Die Notwendigkeit einer Kompetenzerweiterung. In S. Barsch, N. Glutsch, & M. Massumi (Hrsg.), *LehrerInnenbildung gestalten. Band 9: Diversity in der LehrerInnenbildung. Internationale Dimensionen der Vielfalt in Forschung und Praxis* (S. 51–76). Münster, New York: Waxmann.

Mecheril, P. (2007). Die Normalität des Rassismus. *Überblick. Herausgegeben vom Informations- und Dokumentationszentrum für Antirassismusarbeit in Nordrhein-Westfalen (IDA-NRW), 13 Jg.*(2), 3–9.

Mecheril, P. (2016). Migrationspädagogik– ein Projekt. In P. Mecheril (Hrsg.), *Handbuch Migrationspädagogik* (S. 8–31). Weinheim, Basel: Beltz.

Mecheril, P. (2018). *»mittwochs um vier«: Solidarische Bildung weitergedacht. Migrationspädagogische Überlegungen.* Universität Hannover.

Mecheril, P., Kalpaka, A., Melter, C., Dirim, İ., & Castro Varela, M. d. M. (2010). *Migrationspädagogik.* Weinheim, Basel: Beltz Verlag.

Mecheril, P., Thomas-Olalde, O., & Melter, C. (2013). Migrationsforschung als Kritik? In P. Mecheril, O. Thomas-Olalde, C. Melter, S. Arens, & E. Romaner (Hrsg.), *Migrationsforschung als Kritik? Spielräume kritischer Migrationsforschung* (S. 7–55). Wiesbaden: Springer VS.

Mentzos, S. (2001). *Interpersonale und institutionalisierte Abwehr*. Frankfurt am Main: Suhrkamp.

Mentzos, S. (2013). *Neurotische Konfliktverarbeitung. Einführung in die psychoanalytische Neurosenlehre unter Berücksichtigung neuer Perspektiven* (23. Aufl.). Frankfurt am Main: S. Fischer.

Merkens, H. (2012). Auswahlverfahren, Sampling, Fallkonstruktion. In U. Flick (Hrsg.), *Qualitative Forschung. Ein Handbuch* (9. Aufl., S. 286–299). Reinbek bei Hamburg: Rowohlt.

Mertens, S., & Gräsel, C. (2018). Entwicklungsbereiche bildungswissenschaftlicher Kompetenzen von Lehramtsstudierenden im Praxissemester. *Zeitschrift für Erziehungswissenschaft, 21*(6), 1109–1133.

Milz, K., & Tuckermann, A. (Hrsg.) (2019). *Todesursache: Flucht. Eine unvollständige Liste* (2. Auflage). Berlin: Hirnkost.

Missing Migrants (2019). *Tracking Deaths Along Migratory Routes*. https://missingmigrants.iom.int/. Zugegriffen: 10. Juli 2019.

Moebius, S. (2019). Pierre Bourdieu und die Kultursoziologie. In S. Moebius, F. Nungesser, & K. Scherke (Hrsg.), *Handbuch Kultursoziologie. Band 1: Begriffe – Kontexte – Perspektiven – Autor_innen* (S. 399–408). Wiesbaden: Springer VS.

Möhrlein, G., & Hoffart, E.-M. (2014). Traumapädagogische Konzepte in der Schule. In S. B. Gahleitner, T. Hensel, M. Baierl, M. Kühn, & M. Schmid (Hrsg.), *Traumapädagogik in psychosozialen Handlungsfeldern. Ein Handbuch für Jugendhilfe, Schule und Klinik* (S. 91–102). Göttingen: Vandenhoeck & Ruprecht.

Montessori, M. (1914/1968). *Grundlagen meiner Pädagogik* (2. Aufl.). Heidelberg: Quelle & Meyer.

Moré, A. (2013). Die unbewusste Weitergabe von Traumata und Schuldverstrickungen an nachfolgende Generationen. *Journal für Psychologie, 21*(2).

Morgenroth, C. (1990). *Sprachloser Widerstand. Zur Sozialpathologie der Lebenswelt von Arbeitslosen*. Frankfurt am Main: S. Fischer.

Morgenroth, C. (2010). *Die dritte Chance. Therapie und Gesundung von jugendlichen Drogenabhängigen*. Wiesbaden: VS-Verlag.

Moser, V. (2017). Beliefs sonderpädagogischer Lehrkräfte. In C. Lindmeier & H. Weiß (Hrsg.), *Sonderpädagogische Förderung heute. 1. Beiheft (2017): Pädagogische Professionalität im Spannungsfeld von sonderpädagogischer Förderung und inklusiver Bildung* (S. 202–217). Weinheim: Beltz Juventa.

Müller, C. (2014a). Aggression und Männlichkeiten. Geschlechtertheoretische Überlegungen zum Förderschwerpunkt Emotionale und Soziale Entwicklung. *Zeitschrift für Heilpädagogik, Jg. 65*(1), 15–21.

Müller, C. (2014b). Emotionale Gewalt als Methode. *Behindertenpädagogik*(4), 391–398.

Müller, C. (2016a). *Haftschaden. Die Folgewirkungen von Jugendarrest und Warnschussarrest*. Stuttgart: ibidem-Verlag.

Müller, C. (2016b). Imaginierte Opfer. Vom neu inszenierten deutschen Opferdiskurs zum neu artikulierten deutschen Nationalismus. In L. Dopke, J. Heinemann, M. Lahme, P. Marcus,

M. Monecke, M. A. Z. Ott, & A. Rößler (Hrsg.), *Deutsche Kontinuitäten…?! Beiträge zur interdisziplinären studentischen Tagung an der Universität Hannover im März 2016* (S. 214–247). Hannover: scius.

Müller, C. (2017). Geflüchtete Kinder und Jugendliche im sequentiell traumatischen Prozess. In I. Sievers, F. Grawan, & H. M. Griese (Hrsg.), *Fluchtmigration, gesellschaftliche Teilhabe und Bildung. Handlungsfelder und Erfahrungen* (S. 98–109). Frankfurt am Main: Brandes & Apsel Verlag.

Müller, C. (2018). Rezension zu Hans Hopf (2017). Flüchtlingskinder - gestern und heute. Eine Psychoanalyse. Stuttgart: Klett-Cotta. *Freie Assoziation, 21*(1), 138–142.

Müller, C. (2020). »Es gibt keine Sprachlernklassen mehr, weil man gesagt hat, nein, die Kinder sollen wirklich inklusiv beschult werden«. Die (pseudo-)inklusive Schule im sequentiell traumatischen Prozess. In D. Zimmermann, M. Wininger, & U. Finger-Trescher (Hrsg.), *Jahrbuch für psychoanalytische Pädagogik. Bd. 27: Migration, Flucht und Wandel. Herausforderungen für psychosoziale und pädagogische Arbeitsfelder* (S. 221–238). Gießen: Psychosozial-Verlag.

Müller, C., & Schwarz, U. J. (2016). Psychosoziale Aspekte der pädagogischen Arbeit mit geflüchteten Kindern und Jugendlichen. *Sonderpädagogische Förderung heute*(1), 23–38.

Müller, F. H., Eichenberger, A., Lüders, M., & Mayr, J. (Hrsg.) (2010). *Lehrerinnen und Lehrer lernen. Konzepte und Befunde zur Lehrerfortbildung*. Münster, New York, München, Berlin: Waxmann.

Müller, M., Klewer, J., & Karutz, H. (2018). Ambulante psychotherapeutische Versorgungssituation von traumatisierten Kindern und Jugendlichen in Deutschland. *Zeitschrift für Kinder- und Jugendpsychiatrie und Psychotherapie*, 1–9.

Natarajan, R. (2013). Das biographische Gepäck: Ehrenamtliches Engagement bei srilankisch-tamilischen Flüchtlingsfrauen. In S. Brogi, C. Freier, U. Freier-Otten, & K. Hartosch (Hrsg.), *Repräsentationen von Arbeit* (S. 281–298). Bielefeld: transcript.

Natarajan, R. (2016). Die Erfindung der Einsprachigen. Überlegungen zur sprachlichen Vielfalt. In M. Ziese & C. Gritschke (Hrsg.), *Geflüchtete und Kulturelle Bildung. Formate und Konzepte für ein neues Praxisfeld* (S. 261–274). Bielefeld: transcript Verlag.

Natarajan, R. (2019). Sprache, Flucht und Migration. In R. Natarajan (Hrsg.), *Sprache, Flucht, Migration. Kritische, historische und pädagogische Annäherungen* (S. 3–47). Wiesbaden: Springer VS.

Neudecker, B. (2019). Das Konzept der Korrigierenden Emotionalen Erfahrung und seine Bedeutung für die Traumapädagogik und Psychoanalytischen Pädagogik. In D. Zimmermann, B. Rauh, K. Trunkenpolz, & M. Wininger (Hrsg.), *Schriftenreihe der DGfE-Kommission Psychoanalytische Pädagogik. Band 9: Sozialer Ort und Professionalisierung. Geschichte und Aktualität psychoanalytisch-pädagogischer Konzeptualisierungen* (211–225). Leverkusen: Verlag Barbara Budrich.

Niederland, W. G. (1980). *Folgen der Verfolgung. Das Überleben-Syndrom, Seelenmord.* Frankfurt am Main: Suhrkamp.

Niedersächsisches Kultusministerium (2019a). *Beschulung von neu zugewanderten Schülerinnen und Schülern ohne ausreichende Deutschkenntnisse.* https://www.mk.niedersachsen.de/startseite/schule/schuelerinnen_und_schueler_eltern/neuzugewanderte_kinder_und_jugendliche/foerderung-von-fluechtlingskindern-136434.html. Zugegriffen: 16. Juli 2019.

Niedersächsisches Kultusministerium (2019b). *Die Eingangsstufe*. https://www.mk.niedersachsen.de/startseite/schule/unsere_schulen/allgemein_bildende_schulen/grundschule/eingangsstufe/die-eingangsstufe-6230.html. Zugegriffen: 16. Januar 2020.

ntv (2015). *Kanzlerin wird emotional. Merkel: "Dann ist das nicht mein Land"*. https://www.n-tv.de/politik/Merkel-Dann-ist-das-nicht-mein-Land-article15938301.html. Zugegriffen: 18. August 2019.

Oevermann, U. (2001). *Strukturprobleme supervisorischer Praxis. Eine objektiv hermeneutische Sequenzanalyse zur Überprüfung der Professionalisierungstheorie*. Frankfurt am Main: Humanities Online.

Oevermann, U. (2009). Die Problematik der Strukturlogik des Arbeitsbündnisses und der Dynamik von Übertragung und Gegenübertragung in einer professionalisierten Praxis von Sozialarbeit. In R. Becker-Lenz, S. Busse, G. Ehlert, & S. Müller (Hrsg.), *Professionalität in der Sozialen Arbeit. Standpunkte, Kontroversen, Perspektiven* (S. 113–142). Wiesbaden: VS Verlag für Sozialwissenschaften.

Oltmer, J. (2017). *Migration. Geschichte und Zukunft der Gegenwart*. Bonn: Bundeszentrale für politische Bildung.

Pichl, M. (2017). Die Asylpakete I und II: Der politische und rechtliche Kampf um die Asylrechtsverschärfungen. In S. Hess, B. Kasparek, S. Kron, M. Rodatz, M. Schwertl, & S. Sontowski (Hrsg.), *Grenzregime. Bd. 3: Der lange Sommer der Migration* (2. korrigierte Auflage, S. 163–175). Berlin, Hamburg: Assoziation A.

Pichl, M., & Tohidipur, T. (Hrsg.) (2019). *An den Grenzen Europas und des Rechts. Interdisziplinäre Perspektiven auf Migration, Grenzen und Recht*. Bielefeld: transcript-Verlag.

Piening, G. (2018). *Die Macht der Migration. Zehn Gespräche zu Mobilität und Kapitalismus*. Münster, Westfalen: Unrast.

Piesker, I., Glaesmer, H., Kaiser, M., Sierau, S., & Nesterko, Y. (2018). Sequentielle Traumatisierungsprozesse bei unbegleiteten minderjährigen Geflüchteten. *Trauma und Gewalt, 12*(01), 14–27.

Pohl, R. (2010). Der antisemitische Wahn. In W. Stender, G. Follert, & M. Özdogan (Hrsg.), *Konstellationen des Antisemitismus. Antisemitismusforschung und sozialpädagogische Praxis* (S. 41–68). Wiesbaden: VS Verlag für Sozialwissenschaften.

Pohl, R. (2017). Das Eigene und das Andere. Zur Sozialpsychologie der Fremdenfeindlichkeit. In B. Milbradt, F. Biskamp, Y. Albrecht, & L. Kiepe (Hrsg.), *Ruck nach Rechts? Rechtspopulismus, Rechtsextremismus und die Frage nach Gegenstrategien* (S. 33–50). Leverkusen-Opladen: Budrich Barbara.

Pohl, R. (2019). Sexismus und destruktive Sexualität in männlich dominierten Gesellschaften. In medica mondiale (Hrsg.), *Kein Krieg auf meinem Körper. Fachbeiträge zu sexualisierter Gewalt, Trauma und Gerechtigkeit* (S. 12–13). Köln: medica mondiale (Eigendruck).

Portmann, A. (1969). *Biologische Fragmente zu einer Lehre vom Menschen* (3. erw. Aufl.). Basel, Stuttgart: Schwabe.

Preitler, B. (2016). *An ihrer Seite sein. Psychosoziale Betreuung von traumatisierten Flüchtlingen*. Innsbruck: Studien Verlag.

Pro Asyl (2016). *Ein Flüchtlingsbekämpfungs-Deal nach dem anderen: Die EU und ihre »Migrationspartnerschaften«*. https://www.proasyl.de/news/ein-fluechtlingsbekaempfungs-deal-nach-dem-anderen-die-eu-und-ihre-migrationspartnerschaften/. Zugegriffen: 20. August 2019.

Pro Asyl (2019). *Afghanistan ist nicht sicher – eine interaktive Karte.* https://www.proasyl.de/news/afghanistan-ist-nicht-sicher-eine-interaktive-karte/. Zugegriffen: 23. August 2019.

Prokop, U. (Hrsg.) (2006). *Kulturanalysen. Bd. 2: Doku-Soap, Reality-TV, Affekt-Talkshow, Fantasy-Rollenspiele. Neue Sozialisationsagenturen im Jugendalter.* Marburg: Tectum-Verl.

Prokop, U. (Hrsg.) (2009). *Kulturanalysen. Bd. 10: Geiles Leben, falscher Glamour. Beschreibungen, Analysen, Kritiken zu Germany's Next Topmodel ; ein Projekt mit Studierenden am Institut für Erziehungswissenschaft der Philipps-Universität Marburg.* Marburg: Tectum-Verl.

Quehl, T. (2018). Sprachliche Bildung und der Umgang mit Mehrsprachigkeit in der Schule - aktualisierte Verhältnisse. In M. Grimm & S. Schlupp (Hrsg.), *Flucht und Schule. Herausforderungen der Migrationsbewegung im schulischen Kontext* (S. 42–56). Weinheim: Beltz Juventa.

Quindeau, I. (2008). *Psychoanalyse.* Paderborn: UTB.

Quindeau, I. (2011). *Queer lectures. Bd. 10: Wie wird man heterosexuell? Neues vom Sexuellen aus psychoanalytischer Sicht.* Hamburg: Männerschwarm-Verl.

Rackete, C., & Weiss, A. (2019). *Handeln statt hoffen. Aufruf an die letzte Generation.* München: Droemer.

Ramberg, A. (2018). Mentalisierungsbasierte Interventionen und professionelle Haltung in der Pädagogik am Beispiel von Schule. In S. Gingelmaier, S. Taubner, & A. Ramberg (Hrsg.), *Handbuch mentalisierungsbasierte Pädagogik* (S. 107–119). Göttingen: Vandenhoeck & Ruprecht.

Rauh, B. (2010). Szenisches Verstehen. In B. Ahrbeck & M. Willmann (Hrsg.), *Pädagogik bei Verhaltensstörungen. Ein Handbuch* (S. 173–181). Stuttgart: Kohlhammer.

Rauh, B. (Hrsg.) (2017). *Schriftenreihe der DGfE-Kommission Psychoanalytische Pädagogik. Band 7: Abstinenz und Verwicklung. Annäherungen in Theorie, Praxis, Forschung und Gesellschaft.* Leverkusen: Budrich Barbara.

Rauwald, M. (Hrsg.) (2013). *Vererbte Wunden. Transgenerationale Weitergabe traumatischer Erfahrungen.* Weinheim u.a.: Beltz.

Reddemann, L., Joksimovic, L., Kaster, S. D., & Gerlach, C. (2019). *Trauma ist nicht alles. Ein Mutmach-Buch für die Arbeit mit Geflüchteten.* Stuttgart: Klett-Cotta.

Redl, F., & Wineman, D. (1979). *Kinder, die hassen. Auflösung und Zusammenbruch der Selbstkontrolle.* München, Zürich: Piper.

Reh, S., Fritzsche, B., Idel, T.-S., & Rabenstein, K. (Hrsg.) (2015). *Lernkulturen. Rekonstruktion pädagogischer Praktiken an Ganztagsschulen.* Wiesbaden: Springer VS.

Reiser, H. (2016). Psychodynamische Aspekte von Leistungsstörungen im Schulfach Mathematik. In D. Zimmermann, M. Meyer, & J. Hoyer (Hrsg.), *Dialog Erziehungshilfe: Ausgrenzung und Teilhabe. Perspektiven einer kritischen Sonderpädagogik auf emotionale und soziale Entwicklung* (S. 79–93). Bad Heilbrunn: Klinkhardt, Julius.

Rekus, J., & Mikhail, T. (2013). *Neues schulpädagogisches Wörterbuch* (4., überarb. Aufl., Neuausg). Weinheim: Beltz Juventa.

Retz-Junginger, P., Arweiler, A., & Retz, W. (2015). Trauma-Erfahrungen und sexueller Missbrauch bei ADHS. *Zeitschrift für Psychiatrie, Psychologie und Psychotherapie, 63*(1), 47–52.

Roepert, L. (2019). Verteidiger der Normalität – Differenzkonstruktionen der neuen Rechten. *Nicole Burzan (Hg.) 2019: Komplexe Dynamiken globaler und lokaler Entwicklungen.*

Verhandlungen des 39. Kongresses der Deutschen Gesellschaft für Soziologie in Göttingen 2018., 39.

Rohr, E. (2015). Migration, Trauma und Schule. Kommentar zum Beitrag von David Zimmermann. *Freie Assoziation, 18. Jahrgang*(1), 114–118.

Rohr, E. (2020). Flucht als Trennungserfahrung und der pädagogische Umgang mit unbegleiteten minderjährigen Geflüchteten. In D. Zimmermann, M. Wininger, & U. Finger-Trescher (Hrsg.), *Jahrbuch für psychoanalytische Pädagogik. Bd. 27: Migration, Flucht und Wandel. Herausforderungen für psychosoziale und pädagogische Arbeitsfelder* (S. 107–122). Gießen: Psychosozial-Verlag.

Rothdeutsch-Granzer, C., Weiß, W., & Gahleitner, S. B. (2015). Traumapädagogik - eine junge Fachrichtung mit traditionsreichen Wurzeln und hoffnungsvollen Perspektiven. In S. B. Gahleitner, C. Frank, & A. Leitner (Hrsg.), *Ein Trauma ist mehr als ein Trauma. Biopsychosoziale Traumakonzepte in Psychotherapie, Beratung, Supervision und Traumapädagogik* (S. 171–185). Weinheim, Basel: Beltz Juventa.

Said, E. W. (2017). *Orientalismus* (5. Auflage). Frankfurt am Main: S. Fischer.

Salloum, R. (2019). *Darum gehen Libyens Milizen immer brutaler gegen Migranten vor. In Libyen werden immer mehr Migranten gefoltert und vergewaltigt. Zu diesem Ergebnis kommt eine neue Studie. Unter den Tätern sind offenbar auch die lokalen Partner der EU.* https://www.spiegel.de/politik/ausland/libyen-studie-belegt-folter-und-vergewalt igung-von-fluechtlingen-a-1259372.html. Zugegriffen: 29. Dezember 2019.

Salzborn, S. (2002). Ein neuer deutscher Opferdiskurs. In C. Butterwegge u.a. (Hrsg.), *Themen der Rechten Themen der Mitte. Zuwanderung, demografischer Wandel und Nationalbewusstsein* (S. 147–166).

Salzborn, S. (2010). *Antisemitismus als negative Leitidee der Moderne. Sozialwissenschaftliche Theorien im Vergleich.* Frankfurt am Main, New York: Campus Verlag.

Salzborn, S. (2015). *Rechtsextremismus: Erscheinungsformen und Erklärungsansätze.* Baden-Baden: Nomos/UTB.

Sänger, R., & Udolf, M. (2017). Traumapädagogik in der Arbeit mit unbegleiteten minderjährigen Flüchtlingen. *Unsere Jugend, 69*(3), 107–116.

Sanyal, M. M. (2016). *Vergewaltigung. Aspekte eines Verbrechens.* Hamburg: Edition Nautilus.

Sassen, S. (2003). Global Cities and Survival Circuits. In B. Ehrenreich & A. R. Hochschild (Hrsg.), *Global woman. Nannies, maids, and sex workers in the new economy* (S. 254–274). New York, NY: Metropolitan Books.

Schaarschmidt, U. (2005). *Halbtagsjobber? Psychische Gesundheit im Lehrerberuf - Analyse eines veränderungsbedürftigen Zustandes* (2. Auflage). Weinheim, Basel: Beltz Juventa.

Schädlich, S. (2016). *Wenn Menschen flüchten.* Hamburg: Carlsen.

Scherr, A. (2014). Entwicklungstendenzen der Sicherheitspolitik. In A. Scherr (Hrsg.), *Kriminalität, innere Sicherheit und soziale Unsicherheit* (S. 5–9): Springer.

Scherwath, C., & Friedrich, S. (2012). *Soziale und pädagogische Arbeit bei Traumatisierung. Mit 7 Tabellen.* München: Reinhardt.

Schlachzig, L. (2020). Rezension zu Marianne Leuzinger-Bohleber, Nora Hettich: »Fremd bin ich eingezogen …« STEP-BY-STEP: Ein Pilotprojekt zur Unterstützung von Geflüchteten in einer Erstaufnahmeeinrichung. In D. Zimmermann, M. Wininger, & U. Finger-Trescher

(Hrsg.), *Jahrbuch für psychoanalytische Pädagogik. Bd. 27: Migration, Flucht und Wandel. Herausforderungen für psychosoziale und pädagogische Arbeitsfelder* (S. 305–309). Gießen: Psychosozial-Verlag.

Schorn, A. (2000). *Das "themenzentrierte Interview". Ein Verfahren zur Entschlüsselung manifester und latenter Aspekte subjektiver Wirklichkeit.* https://www.qualitative-research.net/index.php/fqs/article/view/1092/2393. Zugegriffen: 16. Mai 2019.

Schulte, K., Hartig, J., & Pietsch, M. (2014). *Der Sozialindex für Hamburger Schulen.* https://www.hamburg.de/contentblob/4458462/5f7d1b2af92c58e7328be298374bbb05/data/pdf-schulte-und-hartig.pdf. Zugegriffen: 14. Mai 2019.

Schütze, F. (1977). *Die Technik des narrativen Interviews in Interaktionsfeldstudien dargestellt an einem Projekt zur Erforschung von kommunalen Machtstrukturen.* Bielefeld: Univ.

Schwarz, U. J. (2017). "Und weiß dann auch gar nich, wo ich mit mir hin soll mit mein Gefühlen.". Anhaltspunkte für eine traumapädagogische Beziehungsgestaltung in der Schule aus der Forschung. In D. Zimmermann, H. Rosenbrock, & L. Dabbert (Hrsg.), *Praxis Traumapädagogik. Perspektiven einer Fachdisziplin und ihrer Herausforderungen in verschiedenen Praxisfeldern* (S. 187–205). Weinheim, Basel: Beltz Juventa.

Schwarz, U. J., & Müller, C. (2015). Begleitung von Kindern und Jugendlichen in Krisensituationen. *Sonderpädagogik in Niedersachsen, 43. Jahrgang*(2), 47–51.

Schweizer, K., & Richter-Appelt, H. (2012). Die Hamburger Studie zur Intersexualität. Ein Überblick. In K. Schweizer & H. Richter-Appelt (Hrsg.), *Intersexualität kontrovers: Grundlagen, Erfahrungen, Positionen* (S. 187–206). Gießen: Psychosozial-Verlag.

Sekretariat der Ständigen Konferenz der Kultusminister der Länder in der Bundesrepublik Deutschland (2000). *Empfehlungen zum Förderschwerpunkt emotionale und soziale Entwicklung.* https://www.kmk.org/fileadmin/veroeffentlichungen_beschluesse/2000/2000_03_10-FS-Emotionale-soziale-Entw.pdf. Zugegriffen: 30. April 2019.

Sello, S. (2016). *Erziehung als Trivialisierung von Zöglingen. Unterwerfungsrituale in der Schule.* https://soziologieblog.hypotheses.org/9419. Zugegriffen: 11. Dezember 2018.

Shah, H. (2017). Geflüchtete Kinder und Jugendliche in der Schule. In I. Quindeau & M. Rauwald (Hrsg.), *Soziale Arbeit mit unbegleiteten minderjährigen Flüchtlingen. Traumapädagogische Konzepte für die Praxis* (S. 66–76). Weinheim, Basel: Beltz Juventa.

Silkenbeumer, M., & Wernet, A. (2012). *Die Mühen des Aufstiegs: von der Realschule zum Gymnasium. Fallrekonstruktionen zur Formierung des Bildungsselbst.* Opladen, Berlin, Farmington Hills, MI: Verlag Barbara Budrich.

Simmel, E. (1944/1993). Kriegsneurosen. In E. Simmel & L. M. Hermanns (Hrsg.), *Psychoanalyse und ihre Anwendungen. Ausgewählte Schriften.* Frankfurt am Main: S. Fischer.

Sökefeld, M. (2007). Problematische Begriffe. „Ethnizität", „Rasse", „Kultur", „Minderheit". In B. Schmidt-Lauber (Hrsg.), *Ethnizität und Migration. Einführung in Wissenschaft und Arbeitsfelder* (S. 31–50). Berlin: Reimer.

Sonnenmoser, M. (2004). Dissoziative Störungen: Häufig fehlgedeutet. *Deutsche Ärzteblatt*(8), 372–373.

Sow, N. (2008). *Deutschland Schwarz Weiß. Der alltägliche Rassismus.* München: Bertelsmann.

Sow, N. (2018). *deutschand schwarz weiß.* Norderstedt: Books ON DEMAND.

Spivak, G. C. (1985). The Rani of Sirmur. An Essay in Reading the Archives. *History and Theory, 24*(3), 247.

Steinke, I. (2012). Gütekriterien qualitativer Forschung. In U. Flick (Hrsg.), *Qualitative Forschung. Ein Handbuch* (9. Aufl., S. 319–331). Reinbek bei Hamburg: Rowohlt.

Stender, W. (2015). Wie Politik traumatische Prozesse verstärkt. *Freie Assoziation, 18. Jahrgang*(105–108).

Stierlin, H. (1982). *Delegation und Familie. Beitr. zum Heidelberger familiendynamischen Konzept*. Frankfurt am Main: Suhrkamp.

Stiftung Deutsche Depressionshilfe (2011). *Fünf Gründe gegen des Modewort Bunrout*. https://www.deutsche-depressionshilfe.de/stiftung/pm-fuenf-gruende-gegen-das-modewort-burnout.php. Zugegriffen: 10. März 2017.

Streeck-Fischer, A. (2014). *Trauma und Entwicklung. Adoleszenz ; frühe Traumatisierungen und ihre Folgen* (2. Aufl.). Stuttgart: Schattauer.

Sturm, E. (2018). Behandlung in sieben Stunden? Gedanken zu analytischen Gesprächen mit einem jungen Geflüchteten. *Kinder- und Jugendlichen-Psychotherapie, 49*(3), 383–404.

Taylor, H. M. (2011). *Gehirnwäsche*. https://filmlexikon.uni-kiel.de/index.php?action=lexikon&tag=det&id=4933. Zugegriffen: 17. Januar 2019.

Terhart, E. (2011). Lehrerberuf und Professionalität. Gewandeltes Begriffsverständnis - neue Herausforderungen. In W. Helsper & R. Tippelt (Hrsg.), *Zeitschrift für Pädagogik. 57. Beiheft: Pädagogische Professionalität* (S. 202–224). Weinheim: Beltz.

Terhart, E. (2014). Der Heilige Gral der Schul- und Unterrichtsforschung - gefunden? Eine Auseinandersetzung mit Visible Learning. In E. Terhart (Hrsg.), *Die Hattie-Studie in der Diskussion. Probleme sichtbar machen* (S. 10–23). Seelze: Klett Kallmeyer.

Terkessidis, M. (2004). *Die Banalität des Rassismus. Migranten zweiter Generation entwickeln eine neue Perspektive*. Bielefeld: transcript.

Tiefenthaler, D. (2015). *Wenn Menschen zur „Flut" werden*. https://newsv2.orf.at/stories/2292457/2292454/. Zugegriffen: 29. Oktober 2018.

Tiesler, N. C. (2017a). Ethnoheterogenese. (De-)Ethnisierung, Diversifizierung und multiple Mitgliedschaftsrollen in modernen Migrationsgesellschaften. *Berliner Debatte Initial, 28. Jg., 4 (2017)*, 108–121.

Tiesler, N. C. (2017b). Ethnoheterogenesis. The dialectics of hetero- and homogenization in processes of ethnic framing and membership. *ISH-Arbeitspapiere*(2).

Tillack, A., & Nau, N. (2019). *Grenzschutzagentur Frontex. Exzessive Gewalt, Schläge, Misshandlungen*. https://www.tagesschau.de/investigativ/report-muenchen/frontex-menschenrechte-101.html. Zugegriffen: 5. August 2019.

Tlusty, A.-K. (2018). "Nirgendwo ist der Mann schwächer als in der Sexualität". Interview mit Rolf Pohl. *Süddeutsche Zeitung* vom 4.10.2018.

Trojanow, I. (2017). *Nach der Flucht*. Frankfurt am Main: S. Fischer.

Trunkenpolz, K. (2015). „I wart auf an, der ma ane am Schädl gibt, dann war's aus.". Zur Bedeutung des Schmerzlichen im Rahmen psychoanalytisch orientierter Einzelfallforschung nach dem Tavistock-Konzept. In M. Fürstaller, W. Datler, & M. Wininger (Hrsg.), *Schriftenreihe der DGfE-Kommission Psychoanalytische Pädagogik. Band 5: Psychoanalytische Pädagogik: Selbstverständnis und Geschichte* (S. 235–249). Opladen u. a.: Budrich.

Trunkenpolz, K., Funder, A., & Hover-Reisner, N. (2010). »If one wants to ›see‹ the unconscious, one can find it in the setting of Infant Observation …« Beiträge zum Einsatz des

Beobachtens nach dem Tavistock-Konzept im Kontext von Forschung. In B. Ahrbeck, A. Eggert-Schmid Noerr, U. Finger-Trescher, & J. Gstach (Hrsg.), *Jahrbuch für psychoanalytische Pädagogik. Bd. 18: Psychoanalyse und Systemtheorie in Jugendhilfe und Pädagogik* (S. 167–208). Gießen: Psychosozial-Verlag.

UNHCR (2019a). *Desperate Journeys. Refugees and migrants arriving in Europe and at Europe's borders. January – December 2018.* Genf: United Nations High Commissioner for Refugees.

UNHCR (2019b). *Global Trends. Forced Displacement in 2018.* Genf: United Nations High Commissioner for Refugees.

Uttendörfer, J. (2005). *Ein Sicherer Ort für Leitungen, MitarbeiterInnen und junge Menschen.* https://www.traumapaedagogik.de/?p=52. Zugegriffen: 10. März 2017.

Uttendörfer, J. (2006). *Traumazentrierte Pädagogik. Von der Entwicklung einer Kultur des Sicheren Ortes.* https://www.traumapaedagogik.de/?p=55. Zugegriffen: 10. März 2017.

van der Hart, O., Nijenhuis, E. R. S., & Steele, K. (2008). *Das verfolgte Selbst. Strukturelle Dissoziation und die Behandlung chronischer Traumatisierung.* Paderborn: Junfermann.

Warzecha, B. (1997). *Grundlagen der Verhaltensgestörtenpädagogik (II). Eine unterrichtspraktisch orientierte Einführung.* Hamburg: Lit-Verl.

Weiß, W. (2013a). „Wer macht die Jana wieder ganz?". Über Inhalte von Traumabearbeitung und Traumaarbeit. In J. Bausum, L.-U. Besser, M. Kühn, & W. Weiß (Hrsg.), *Traumapädagogik. Grundlagen, Arbeitsfelder und Methoden für die pädagogische Praxis* (3., durchgesehene Auflage, S. 14–23). Weinheim, Basel: Beltz Juventa.

Weiß, W. (2013b). Selbstermächtigung - ein Kernstück der Traumapädagogik. In J. Bausum, L.-U. Besser, M. Kühn, & W. Weiß (Hrsg.), *Traumapädagogik. Grundlagen, Arbeitsfelder und Methoden für die pädagogische Praxis* (3., durchgesehene Auflage, S. 167–181). Weinheim, Basel: Beltz Juventa.

Weiß, W. (2013c). Traumapädagogik - Geschichte, Entstehung und Bezüge. In B. Lang, C. Schirmer, T. Lang, I. A. d. Hair, T. Wahle, J. Bausum, W. Weiß, & M. Schmid (Hrsg.), *Traumapädagogische Standards in der stationären Kinder- und Jugendhilfe. Eine Praxis- und Orientierungshilfe der BAG Traumapädagogik.* Weinheim, Basel: Beltz Juventa.

Weiß, W. (2016). Traumapädagogik: Entstehung, Inspiration, Konzepte. In W. Weiß, T. Kessler, & S. B. Gahleitner (Hrsg.), *Handbuch Traumapädagogik.* Weinheim, Basel: Beltz Juventa.

Weiß, W., Friedrich, E. K., Picard, E., & Ding, U. (Hrsg.) (2014). *„Als wär ich ein Geist, der auf mich runter schaut". Dissoziation und Traumapädagogik.* Weinheim, Basel: Beltz Juventa.

Wengelski-Strock, S. (2004). Schule - beratungsresistent? Psychoanalytische Aspekte zur Schule als Institution. *FoRuM Supervision, 12*(23), 34–49.

Werbik, H., & Benetka, G. (2016). *Kritik der Neuropsychologie. Eine Streitschrift.* Gießen: Psychosozial-Verlag.

Wernet, A. (2009). *Einführung in die Interpretationstechnik der Objektiven Hermeneutik* (3. Aufl.). Wiesbaden: VS Verlag für Sozialwissenschaften.

Widmer-Wolf, P. (2018). Kooperation in multiprofessionellen Teams an inklusiven Schulen. In T. Sturm & M. Wagner-Willi (Hrsg.), *Handbuch schulische Inklusion* (S. 299–314). Konstanz: UTB.

Wininger, M. (2012). »Reflection on action« im Dienst pädagogischer Professionalisierung. Psychoanalytisch-pädagogische Überlegungen zur Vermittlung sonderpädagogischer Kompetenzen an Hochschulen. In W. Datler, U. Finger-Trescher, & J. Gstach (Hrsg.), *Jahrbuch für psychoanalytische Pädagogik. Bd. 20: Psychoanalytisch-pädagogisches Können. Vermitteln – Aneignen – Anwenden* (S. 53–80). Gießen: Psychosozial-Verlag.

Winnicott, D. W. (1947/1997). *Von der Kinderheilkunde zur Psychoanalyse.* Frankfurt am Main: S. Fischer.

Winnicott, D. W. (1971/2012). *Vom Spiel zur Kreativität* (13. Aufl.). Stuttgart: Klett-Cotta.

Winnicott, D. W. (1992). *Kind, Familie und Umwelt* (5., unveränd. Aufl.). München: Reinhardt.

Würker, A. (2007). *Lehrerbildung und szenisches Verstehen. Professionalisierung durch psychoanalytisch orientierte Selbstreflexion.* Baltmannsweiler: Schneider-Verlag.

Würker, A. (2013). Scham und Gewalt in der Schule. Tiefenhermeneutische Überlegungen zum Thema School Shooting. In M. Brunner & J. Lohl (Hrsg.), *Normalungetüme. School Shootings aus psychoanalytisch-sozialpsychologischer Perspektive* (S. 77–102). Giessen: Psychosozial-Verlag.

Yiğit, N., & Can, H. (2009). Die Überwindung der Ohn-Macht – Politische Bildungs- und Empowerment-Arbeit gegen Rassismus in People of Color-Räumen – das Beispiel der Projektinitiative HAKRA. In G. Elverich, A. Kalpaka, & K. Reindlmeier (Hrsg.), *Spurensicherung. Reflexion von Bildungsarbeit in der Einwanderungsgesellschaft* (2. Auflage, S. 167–193). Münster: Unrast.

Young, A. (2001). *The Harmony of Illusions. Inventing Post-Traumatic Stress Disorder.* Princeton: Princeton University Press.

Zeit Online (2018). *Soziale Herkunft entscheidet über Bildungserfolg.* https://www.zeit.de/gesellschaft/schule/2018-10/chancengleichheit-bildung-studium-herkunft-oecd. Zugegriffen: 13. Dezember 2018.

Zick, A., Küpper, B., & Berghan, W. (Hrsg.) (2019). *Verlorene Mitte - Feindselige Zustände. Rechtsextreme Einstellungen in Deutschland 2018.* Bonn: Dietz.

Zick, A., Küpper, B., & Krause, D. (Hrsg.) (2016). *Gespaltene Mitte - feindselige Zustände. Rechtsextreme Einstellungen in Deutschland 2016.* Bonn: Dietz.

Zimmermann, D. (2012a). Die Beziehung nutzen. Verstehen und Handeln in der schulischen Arbeit mit jungen traumatisierten Flüchtlingen. *Trauma und Gewalt, 6*(4), 306–317.

Zimmermann, D. (2012b). *Migration und Trauma. Pädagogisches Verstehen und Handeln in der Arbeit mit jungen Flüchtlingen.* Gießen: Psychosozial-Verlag.

Zimmermann, D. (2015). Psychoanalytisches Fallverstehen als Methode schulischer Traumapädagogik. In M. Fürstaller, W. Datler, & M. Wininger (Hrsg.), *Schriftenreihe der DGfE-Kommission Psychoanalytische Pädagogik. Band 5: Psychoanalytische Pädagogik: Selbstverständnis und Geschichte* (S. 163–174). Opladen u.a.: Budrich.

Zimmermann, D. (2016a). *"Fluchterfahrungen sind immer schwer belastend" – Zum Umgang mit traumatisierten Kindern und Jugendlichen im Schulalltag.* https://www.bpb.de/gesellschaft/migration/kurzdossiers/225113/interview-david-zimmermann?p=all. Zugegriffen: 13. Dezember 2019.

Zimmermann, D. (2016b). *Traumapädagogik in der Schule. Pädagogische Beziehungen mit schwer belasteten Kindern und Jugendlichen.* Gießen: Psychosozial-Verlag.

Zimmermann, D. (2017). Die innere und äußere Beziehungsstörung - eine (psychoanalytisch-) pädagogische Perspektive auf das Phänomen Trauma. In M. Jäckle & B. Bendel (Hrsg.), *Handbuch TraumaPädagogik und Schule* (S. 87–107). Bielefeld: transcript.

Zimmermann, D. (2018). Mentalisierung in traumapädagogisch orientierter Supervision. Über Notwendigkeiten und Grenzen. In S. Gingelmaier, S. Taubner, & A. Ramberg (Hrsg.), *Handbuch mentalisierungsbasierte Pädagogik* (S. 241–253). Göttingen: Vandenhoeck & Ruprecht.

Zimmermann, D. (2019). Professionalisierung für Unterricht und Beziehungsarbeit mit psychosozial beeinträchtigten Kindern und Jugendlichen - eine Einführung. In D. Zimmermann, U. Fickler-Stang, L. Dietrich, & K. Weiland (Hrsg.), *Dialog Erziehungshilfe: Professionalisierung für Unterricht und Beziehungsarbeit mit psychosozial beeinträchtigten Kindern und Jugendlichen* (S. 12–22). Bad Heilbrunn: Klinkhardt Julius.

Zimmermann, D., & Lindmeier, C. (2016). Editorial. *Sonderpädagogische Förderung heute, 61*(1), 5–9.

Zimmermann, D., Müller, C., & Scheele, L. (2017). Möglichkeiten und Grenzen der reflexiven pädagogischen Beziehungsarbeit. In B. Rauh (Hrsg.), *Schriftenreihe der DGfE-Kommission Psychoanalytische Pädagogik. Band 7: Abstinenz und Verwicklung. Annäherungen in Theorie, Praxis, Forschung und Gesellschaft* (S. 215–230). Leverkusen: Budrich Barbara.

Zimmermann, D., & Wininger, M. (2014). Dialog: Kann man Reflexionsfähigkeit und Beziehungsgestaltung lernen? *Vierteljahresschrift für Heilpädagogik und ihre Nachbargebiete, 83*, 250–255.

Zimmermann, D., Wininger, M., & Finger-Trescher, U. (2020). Migration, Flucht und Wandel. Psycho- und soziodynamische Perspektiven auf aktuelle Herausforderungen für psychosoziale und pädagogische Arbeitsfelder. Eine Einführung in den Band. In D. Zimmermann, M. Wininger, & U. Finger-Trescher (Hrsg.), *Jahrbuch für psychoanalytische Pädagogik. Bd. 27: Migration, Flucht und Wandel. Herausforderungen für psychosoziale und pädagogische Arbeitsfelder* (S. 17–31). Gießen: Psychosozial-Verlag.

Zulliger, H. (1958/1977). *Schwierige Kinder. 12 Kap. über Erziehung, Erziehungsberatung u. Erziehungshilfe* (7., unveränd. Aufl.). Bern, Stuttgart, Wien: Huber.